Autobiografía de un yogui

PARAMAHANSA YOGANANDA

Autobiografía de un yogui

«Si no veis señales y prodigios, no creeréis»
(Juan 4, 48).

EDICIONES OBELISCO

Si este libro le ha interesado y desea que le mantengamos informado
de nuestras publicaciones, escríbanos indicándonos qué temas son de su interés
(Astrología, Autoayuda, Ciencias Ocultas, Artes Marciales, Naturismo,
Espiritualidad, Tradición…) y gustosamente le complaceremos.

Puede consultar nuestro catálogo en www.edicionesobelisco.com

Colección Espiritualidad y Vida interior
Autobiografía de un yogui
Paramahansa Yogananda

1.ª edición: noviembre de 2025

Título original: *Autobiography of a Yogui*
Traducción: *Juli Peradejordi*
(Traducido de la versión americana de 1946)
Maquetación: *Juan Bejarano*
Corrección: *Ediciones Obelisco*
Diseño de cubierta: *Carlos Pan*

Edita: Ediciones Obelisco, S. L.
Collita, 23-25. Pol. Ind. Molí de la Bastida
08191 Rubí - Barcelona - España
Tel. 93 309 85 253
E-mail: info@edicionesobelisco.com

ISBN: 978-84-1172-340-4
DL B 16395-2025

Impreso en CPI - Black Print

Printed in Spain

Dedicado a la memoria de
LUTHER BURBANK
Un santo americano

Agradecimientos del autor
Deseo expresar mi más sincero agradecimiento a la señorita L. V. Pratt por su labor editorial constante y meticulosa en la preparación de este manuscrito. Extiendo también mi gratitud a la señorita Ruth Zahn por la elaboración del índice, al señor C. Richard Wright por autorizar el uso de fragmentos de su diario de viaje por la India y al doctor W. Y. Evans-Wentz por sus valiosas sugerencias y su generoso apoyo.

PARAMHANSA YOGANANDA
28 de octubre de 1945
Encinitas, California

CAPÍTULO 1

Mis padres y mis primeros años

Las características distintivas de la cultura india han sido, desde hace mucho tiempo, la búsqueda de las verdades últimas y la relación complementaria entre discípulo y gurú.[1] Mi propio camino me llevó a un sabio con cualidades críticas, cuya hermosa vida quedó esculpida para la eternidad. Fue uno de los grandes maestros, la única riqueza perdurable de la India. Surgiendo en cada generación, han protegido su tierra del destino que corrieron Babilonia y Egipto.

Mis recuerdos más tempranos parecen llevar la impronta anacrónica de una existencia anterior. Se me presentan con nitidez escenas de una vida remota: un yogui[2] entre las nieves del Himalaya. Estos destellos del pasado, ligados a mí por un víncu-

---

1. Maestro espiritual; de la raíz sánscrita *gur*, que significa «elevar», «levantar».
2. Practicante de yoga, que significa «unión»; antigua ciencia india de la meditación en Dios.

lo que desafía el tiempo y el espacio, me ofrecieron también vislumbres del porvenir.

Las impotencias humillantes de la infancia no se han borrado de mi memoria. Sentía un resentimiento consciente por no poder caminar ni expresarme con libertad. Olas de oración brotaban de mí cada vez que tomaba conciencia de la fragilidad de mi cuerpo. Mi vida emocional, intensa y contenida, encontraba una forma silenciosa en palabras que eran pronunciadas en múltiples lenguas. Entre esa confusión interna de idiomas, mi oído fue acostumbrándose poco a poco a las sílabas envolventes del bengalí, la lengua de mi pueblo.

El tumulto interior y la torpeza de mi cuerpo me empujaban con frecuencia a arrebatos obstinados de llanto. Recuerdo la perplejidad general de mi familia ante mi desconsuelo. Pero también emergen, con una dulzura persistente, imágenes más luminosas: las caricias de mi madre y mis primeros intentos por articular palabras y dar pasos vacilantes. Esos logros iniciales, que suelen desvanecerse pronto en la memoria, constituyen, no obstante, una base natural y firme de autoconfianza.

Mis recuerdos lejanos no son únicos. Muchos yoguis son conocidos por haber mantenido su autoconciencia sin interrupción durante la dramática transición entre «vida» y «muerte». Si el hombre fuera tan sólo un cuerpo, su pérdida ciertamente marcaría el punto final de la identidad. Pero si los profetas a lo largo de los milenios hablaron con verdad, el hombre, en esencia, tiene una naturaleza incorpórea. El núcleo persistente del ego humano está sólo temporalmente aliado a la percepción sensorial.

Aunque pueda parecer insólito, los recuerdos nítidos de la infancia no son, en realidad, tan excepcionales. A lo largo de mis viajes por numerosas tierras, he oído cómo hombres y mujeres sinceros evocaban escenas tempranas con una claridad vívida.

Nací en la última década del siglo XIX y pasé mis primeros ocho años en Gorakhpur, en las Provincias Unidas del noreste de la India. Ése fue mi lugar de nacimiento. Éramos ocho hermanos: cuatro varones y cuatro mujeres. Yo, Mukunda Lal

Ghosh,[3] era el segundo hijo varón y el cuarto en orden de nacimiento.

Mi padre y mi madre eran bengalíes y pertenecían a la casta *kshatriya*.[4] Ambos estaban dotados de una naturaleza profundamente piadosa. Su amor mutuo –tranquilo, digno– jamás se expresó en gestos vanos. Una perfecta armonía entre ellos constituía el centro sereno del torbellino vital de ocho jóvenes existencias.

Mi padre, Bhagabati Charan Ghosh, era amable, grave y, en ocasiones, severo. A pesar de que lo queríamos mucho, nosotros, los niños, manteníamos cierta distancia reverencial. Destacado matemático y lógico, se guiaba sobre todo por su intelecto. Pero mi madre era la reina de los corazones y nos enseñaba sólo a través del amor. Después de su muerte, mi padre mostró más de su ternura interior. Noté entonces que su mirada a menudo se transformaba en la de mi madre.

En presencia de mi madre, probamos nuestra primera experiencia agridulce con las escrituras. Se recurría a relatos del *Mahabharata* y el *Ramayana*[5] para atender las exigencias de la disciplina. La instrucción y el castigo iban de la mano.

Mi madre mostraba un gesto diario de respeto hacia mi padre al vestimos cuidadosamente todas las tardes para darle la bienvenida a casa después de su trabajo. Su posición era similar a la de un vicepresidente en el Ferrocarril Bengal-Nagpur, una de las grandes compañías de la India. Su trabajo implicaba viajar, y por ello nuestra familia vivió en varias ciudades durante mi infancia.

---

3. Mi nombre fue cambiado a Yogananda cuando ingresé en la antigua Orden monástica de los Swamis en 1914. Mi gurú me otorgó el título religioso de *Paramhansa* en 1935 (*véase* capítulos 24 y 42).

4. Tradicionalmente, la segunda casta de guerreros y gobernantes.

5. Estas antiguas historias épicas son el tesoro de la historia, mitología y filosofía de India. Un volumen de «Biblioteca del Hombre Común», *Ramayana* y *Mahabharata*, es una condensación en verso inglés de Romesh Dutt (Nueva York: E. P. Dutton).

Mi madre tenía una generosidad natural, una mano siempre abierta hacia los necesitados. Mi padre también era bondadoso, aunque su sentido del orden y la responsabilidad se extendía con firmeza a la gestión del presupuesto familiar. En una ocasión, durante una sola quincena, mi madre gastó en alimentar a los pobres más de lo que mi padre ganaba en todo un mes.

—Sólo te pido, por favor, que limites tus obras de caridad a un margen razonable –le dijo con suavidad.

Incluso una ligera reprensión de su esposo resultaba dolorosa para mi madre. Sin una palabra de queja ni una insinuación del desacuerdo ante sus hijos, pidió con discreción un coche de alquiler y se retiró.

—Adiós. Me voy a casa de mi madre.

¡El ultimátum que nunca falla!

Sorprendidos, estallamos en llanto. Nuestro tío materno llegó justo a tiempo y, con tono confidencial, le susurró a mi padre algunos consejos que, sin duda, venían destilados de siglos de experiencia conyugal. Tras un par de comentarios conciliadores de mi padre, mi madre despidió el taxi con una sonrisa. Así concluyó el único desacuerdo que alcancé a presenciar entre ellos. Aunque conservo el recuerdo de otra escena muy característica.

—Por favor, dame diez rupias para una mujer desafortunada que acaba de llegar a la casa. –La sonrisa de mi madre tenía su propia persuasión.

—¿Por qué diez rupias? Una es suficiente.

Mi padre añadió una justificación:

—Cuando mi padre y mis abuelos murieron de repente, tuve mi primer contacto con la pobreza. Mi único desayuno, antes de caminar muchos kilómetros hasta la escuela, era un pequeño plátano. Más tarde, en la universidad, estaba tan necesitado que solicité a un juez adinerado ayuda de una rupia por mes. Él no me la concedió, comentando que incluso una rupia es importante.

—¡Qué amargamente recuerdas la negación de esa rupia!

El corazón de mi madre tenía una lógica instantánea.

—¿Quieres que esta mujer también recuerde con dolor tu negativa de las diez rupias que necesita urgentemente?

—¡Tú ganas!

Con el gesto inmemorial de los esposos vencidos, abrió su billetera.

—Aquí tienes un billete de diez rupias. Dáselo con mis buenos deseos.

Mi padre tenía la costumbre de responder primero con un «no» ante cualquier nueva propuesta. Su reacción hacia la extraña mujer que tan fácilmente se ganó la simpatía de mi madre fue un ejemplo típico de su cautela habitual. Esa aversión a la aceptación instantánea –tan parecida a la actitud reflexiva que caracteriza a la mente francesa en Occidente– no era más que una forma de tributo al principio del «debido juicio». Siempre encontré en él un espíritu razonable y ecuánime. Si podía respaldar mis múltiples peticiones con uno o dos argumentos sólidos, invariablemente acababa concediéndome el anhelado deseo, ya fuera un viaje de vacaciones o una nueva motocicleta.

En los primeros años, fue estricto y disciplinario con sus hijos, aunque consigo mismo era un hombre austero. Jamás iba al teatro; encontraba gozo en prácticas espirituales y en la lectura constante del *Bhagavad Gita*.[6] Huía de cualquier lujo y se aferraba con obstinación a un viejo par de zapatos hasta que ya no podían sostenerse. Mientras sus hijos acabaron teniendo automóvil, él permanecía fiel al tranvía para sus desplazamientos diarios a la oficina.

La acumulación de riqueza por afán de poder le resultaba del todo ajena. Tras fundar el Banco Urbano de Calcuta, se

---

6. Este noble poema sánscrito, que forma parte de la épica *Mahabharata*, es la Biblia hindú. La traducción al inglés más poética es *The Song Celestial de Edwin Arnold*, Filadelfia: David McKay. Una de las mejores traducciones con comentarios detallados es Message Of The Gita de Sri Aurobindo, Jupiter Press, 16 Semudoss St., Madras, India.

negó a obtener beneficios personales manteniendo acciones para él. Lo movía tan sólo el deseo de cumplir, en su tiempo libre, con lo que consideraba un deber cívico.

MI PADRE
Bhagabati Charan Ghosh
Un discípulo de Lahiri Mahasaya

Varios años después de que mi padre se jubilara con una modesta pensión, enviaron a un contador inglés a revisar los libros de la Compañía de Ferrocarriles Bengal-Nagpur. El investigador, visiblemente asombrado, descubrió que mi padre jamás había solicitado las bonificaciones que le correspondían.

—¡Hizo el trabajo de tres hombres! –informó el contador a la compañía–. Le deben 125 000 rupias (unos 41 250 dólares) en compensaciones retroactivas.

Los directivos, consternados y agradecidos, le extendieron un cheque por el importe completo. Mi padre pensó tan poco en ello que ni siquiera mencionó el tema en casa. Fue mucho después, al ver un inusual depósito bancario, cuando mi hermano menor, Bishnu, le preguntó al respecto.

—¿Por qué habría de alegrarme por una ganancia material? –respondió mi padre con serenidad–. Quien busca la ecuanimidad no se exalta con la ganancia ni se abate con la pérdida. Sabe que el hombre llega a este mundo sin un centavo y lo abandona sin una sola rupia.

Al principio de su vida como matrimonio, mis padres se convirtieron en discípulos de un gran maestro, Lahiri Mahasaya de Benarés. Este contacto fortaleció el temperamento ascético de mi padre. Mi madre hizo una notable confesión a mi hermana mayor Roma:

—Tu padre y yo vivimos juntos como hombre y mujer sólo una vez al año con el propósito de tener descendencia.

Mi padre conoció a Lahiri Mahasaya a través de Abinash Babu,[7] un empleado en la oficina de Gorakhpur del Ferrocarril Bengal-Nagpur. Abinash instruyó mis jóvenes oídos con cautivadoras historias de muchos santos indios. Invariablemente concluía las historias con un homenaje a las glorias superiores de su propio gurú.

—¿Alguna vez has escuchado las circunstancias extraordinarias bajo las cuales tu padre se convirtió en discípulo de Lahiri Mahasaya? –me preguntó Abinash en una perezosa tarde de verano mientras compartíamos la sombra del patio de mi casa.

Negué con la cabeza, esbozando una sonrisa de anticipación.

—Hace años, antes de que nacieras, le pedí a mi superior, tu padre, que me diera una semana de permiso de mis deberes en Gorakhpur para visitar a mi gurú en Benarés. Tu padre se burló de mi plan.

»—¿Vas a convertirte en un fanático religioso? –me preguntó–. Concéntrate en tu trabajo de oficina si quieres avanzar.

»Caminando tristemente a casa por un sendero boscoso, ese día encontré a tu padre en un palanquín. Despidió a sus sirvien-

7. *Babu* (señor) se sitúa al final de los nombres bengalíes.

tes y al medio de transporte y comenzó a caminar a mi lado. Para tratar de consolarme, me habló de las ventajas de buscar el éxito mundano. Pero lo escuchaba sin interés. Mi corazón no dejaba de repetir: "¡Lahiri Mahasaya! ¡No puedo vivir sin verte!".

»Nuestro camino nos llevó al borde de un campo tranquilo, donde los rayos del sol del atardecer aún coronaban las altas ondas del pasto silvestre. Nos detuvimos, asombrados. ¡Y allí, en el campo, a sólo unos metros de nosotros, la figura de mi gran gurú apareció de pronto![8]

»—¡Bhagabati, eres demasiado duro con tu empleado! –Su voz resonó en nuestros oídos atónitos. Desapareció tan misteriosamente como había llegado.

»De rodillas, yo exclamé:

»—¡Lahiri Mahasaya! ¡Lahiri Mahasaya!

»Tu padre quedó inmóvil, paralizado por la sorpresa durante unos momentos.

»—Abinash, no sólo te doy permiso, sino que yo mismo me doy permiso para partir mañana hacia Benarés. ¡Debo conocer a este gran Lahiri Mahasaya, que puede materializarse a voluntad para interceder por ti! Llevaré a mi esposa y le pediré a este maestro que nos inicie en su camino espiritual. ¿Nos guiarás hacia él?

»—Por supuesto –le contesté.

»La alegría llenó mi corazón ante la respuesta milagrosa a mi oración y el rápido giro favorable de los acontecimientos. A la noche siguiente, tus padres y yo tomamos el tren hacia Benarés. Al día siguiente, tomamos una carreta con caballos y luego tuvimos que caminar por callejones estrechos hasta la casa aislada de mi gurú. Al entrar en su pequeño salón, nos inclinamos ante el maestro, inmóvil en su habitual postura del loto. Parpadeó con sus ojos penetrantes y los fijó en tu padre.

»—¡Bhagabati, eres demasiado duro con tu empleado! –Las palabras eran idénticas a las que había pronunciado dos días

8. Los poderes fenomenales que poseen los grandes maestros se explican en el capítulo 30, «La ley de los milagros».

antes en los campos de Gorakhpur. Y añadió con una sonrisa–: Me alegra que hayas permitido la visita de Abinash y que tú y tu esposa lo hayáis acompañado.

»Para su dicha, el maestro inició a tus padres en la práctica espiritual del Kriya Yoga.[9] Desde aquel día memorable, tu padre y yo, hermanos en el discipulado, hemos mantenido una estrecha amistad. Lahiri Mahasaya expresó un claro interés por tu nacimiento. Sin duda, tu vida estará entrelazada con la suya: la bendición del maestro no yerra jamás.

Lahiri Mahasaya abandonó este mundo poco después de que yo apareciera en él. Su retrato, enmarcado con una gran delicadeza, presidía siempre el altar familiar en cada ciudad a la que el trabajo de mi padre nos llevaba. Muchas mañanas y tardes, mi madre y yo nos reuníamos ante un pequeño santuario improvisado, donde ofrecíamos flores impregnadas en pasta aromática de sándalo. Con incienso y mirra, y a través de nuestra devoción compartida, rendíamos homenaje a la divinidad que encontró plena expresión en Lahiri Mahasaya.

Su imagen ejerció una influencia profunda y constante en mi vida. A medida que crecía, el pensamiento del maestro también lo hacía conmigo. En mis meditaciones, era frecuente que su fotografía pareciera cobrar vida: emergía del pequeño marco, tomaba una forma tangible y se sentaba frente a mí. Cuando intentaba tocar los pies de su cuerpo luminoso, la visión se desvanecía y recuperaba de nuevo la imagen inmóvil.

A medida que fui entrando en la infancia, Lahiri Mahasaya dejó de ser una figura atrapada en un marco: en mi mente, se convirtió en una presencia viva, iluminadora. En momentos de prueba o incertidumbre, le ofrecía mis oraciones, y siempre hallaba dentro de mí su guía reconfortante. Al principio me dolía que ya no estuviera presente físicamente. Pero al ir compren-

---

9. Técnica yóguica mediante la cual se aquieta el tumulto de los sentidos, permitiendo al ser humano lograr una identidad cada vez mayor con la conciencia cósmica (*véase* capítulo 26).

diendo su silenciosa omnipresencia, el duelo se desvaneció.

Solía escribir a aquellos discípulos que se mostraban demasiado ansiosos por verlo en persona: «¿Por qué deseáis contemplar mis huesos y mi carne cuando siempre estoy al alcance de vuestro *kutastha* (visión interior)?».

Fui bendecido alrededor de los ocho años con una maravillosa sanación a través de la fotografía de Lahiri Mahasaya. Esta experiencia intensificó mi amor. Mientras estaba en nuestra finca familiar en Ichapur, en Bengala, enfermé de cólera asiático. Mi vida estaba en peligro; los médicos no podían hacer nada. Al lado de mi cama, mi madre me hizo gestos frenéticos para que mirara la imagen de Lahiri Mahasaya que se encontraba en la pared sobre mi cabeza.

—¡Inclínate ante él mentalmente! –Mi madre sabía que estaba demasiado débil para levantar las manos a modo de saludo–. ¡Si realmente muestras devoción y te arrodillas ante él en tu interior, te salvará la vida!

Fijé la vista en su fotografía, y de pronto una luz deslumbrante la envolvió, iluminando mi cuerpo y llenando toda la habitación. Las náuseas, junto con los demás síntomas incontrolables, se desvanecieron al instante: había sanado. De repente, me sentí lo bastante fuerte como para inclinarme y tocar los pies de mi madre, agradecido por su inmensa fe en su gurú. Ella, conmovida, presionó repetidamente la frente contra la pequeña imagen.

—¡Oh, Maestro Omnipresente, te agradezco que tu luz haya sanado a mi hijo! –exclamó.

Entonces comprendí que también ella había sido testigo del resplandor luminoso que me había devuelto la vida, librándome de una dolencia que, por lo general, resultaba fatal. Desde entonces, una de mis posesiones más queridas es esa misma fotografía. Como obsequio de Lahiri Mahasaya a mi padre, conserva todavía una vibración sagrada.

La imagen tiene un origen milagroso, cuya historia escuché de boca de Kali Kumar Roy, hermano discípulo de mi padre. Al parecer, el maestro albergaba una marcada aversión a ser fotografiado. En cierta ocasión, a pesar de su resistencia, se tomó una fotografía grupal junto a varios devotos, entre ellos Kali Kumar Roy. Pero al revelar la placa, el fotógrafo –visiblemente desconcertado– descubrió que, mientras todos los discípulos aparecían con nitidez, en el centro, donde se esperaba ver la silueta del maestro, no había más que un espacio en blanco. Aquel fenómeno fue muy comentado.

Un estudiante y fotógrafo experto, Ganga Dhar Babu, se propuso con orgullo captar la esquiva figura del maestro. Convencido de su pericia técnica, juró que esta vez Lahiri Mahasaya no escaparía a su lente. A la mañana siguiente, mientras el gurú permanecía sentado en la postura del loto sobre un banco de madera, con una pantalla como fondo, Ganga Dhar llegó con su equipo y unos preparativos meticulosos. Expuesto a su codicia devocional, disparó doce placas sucesivas.

Al revelarlas, en cada una se distinguían con claridad el banco y la pantalla... pero, una vez más, el cuerpo del maestro no aparecía. La figura seguía ausente.

Con lágrimas en los ojos y su orgullo por los suelos, Ganga Dhar buscó a su gurú. Pasaron muchas horas antes de que Lahiri Mahasaya, desde su habitual silencio, pronunciara finalmente una respuesta cargada de sentido:

—Soy Espíritu. ¿Puede tu cámara reflejar lo Omnipresente e Invisible?

—¡Veo que no puede! –respondió el discípulo–. Pero, Santo Señor, anhelo con amor una imagen del templo corporal, donde ese Espíritu parece residir por entero.

—Ven entonces mañana por la mañana –le dijo el maestro con dulzura–. Posaré para ti.

De nuevo, el fotógrafo preparó su cámara. Esta vez, la figura sagrada no se replegó en una imperceptibilidad misteriosa: quedó impresa con claridad en la placa. El maestro nunca volvió a posar para otra imagen; al menos, no he visto ninguna otra.

La fotografía se reproduce en este libro. Las facciones de Lahiri Mahasaya, de una universalidad apacible, apenas permiten adivinar su raza. Su comunión gozosa con lo divino se insinúa en una sonrisa leve, casi enigmática. Sus ojos –no del todo cerrados, como en gesto de cortesía hacia el mundo exterior– revelan una conciencia de recogimiento, indiferente a los pobres encantos de la Tierra. Estaba completamente despierto, en cada instante, al clamor espiritual de las personas que acudían a él en busca de gracia.

Poco después de mi curación, que tuvo lugar gracias a la potencia invisible de la imagen del gurú, tuve una visión espiritual de gran impacto. Una mañana, mientras estaba sentado en mi cama, me vi sumido en una profunda reflexión…

«¿Qué hay más allá de la oscuridad de los ojos cerrados?»; esta inquietud profunda emergió con fuerza en mi conciencia. Un inmenso destello de luz se manifestó de inmediato a mi mirada interna. Formas sagradas de santos meditando en grutas de montaña se revelaron como proyecciones vivas en la pantalla radiante de mi frente interior.

—¿Quiénes sois? –pregunté en voz alta.

—Somos los yoguis del Himalaya –respondió una voz celestial cuya resonancia es difícil de describir. Mi corazón se estremeció.

—¡Ah, cuánto anhelo ir al Himalaya y ser como vosotros!

La visión se desvaneció, pero los rayos plateados se expandieron en círculos cada vez más amplios hasta perderse en la infinitud.

—¿Qué es este resplandor maravilloso? –pregunté, embargado por la luz.

—Soy Íshwara.[10] Soy Luz –respondió una voz que sonaba como un murmullo de nubes.

—¡Quiero ser uno contigo!

---

10. Nombre sánscrito de Dios como Gobernante del universo; proviene de la raíz *Īś*, que significa «gobernar». En las escrituras hindúes existen 108 nombres para Dios, cada uno con un matiz filosófico diferente.

Del lento desvanecerse de aquel éxtasis divino, conservé un legado imperecedero: la inspiración ardiente de buscar a Dios. ¡Él es la alegría eterna, siempre renovada! Ese recuerdo luminoso permanecería vivo en mí mucho tiempo después.

Otro recuerdo de mis primeros años me dejó marcado con particular viveza (de manera literal, pues conservo la cicatriz hasta el día de hoy). Mi hermana mayor, Uma, y yo estábamos sentados por la mañana bajo un árbol de *neem* en el patio de nuestra casa en Gorakhpur. Ella me ayudaba con un libro de bengalí, y yo intentaba no distraerme mirando a los loros que picoteaban las frutas maduras del margosa cercano.

En un momento dado, Uma se quejó de un forúnculo en la pierna y fue a buscar un tarro de ungüento. Mientras tanto, yo me apliqué un poco de la pomada en el antebrazo.

—¿Por qué te aplicas esta medicina en un brazo que está perfectamente sano? –preguntó al volver.

—Bueno, hermana… siento que mañana me saldrá un forúnculo justo aquí. Estoy probando tu ungüento en el sitio donde aparecerá –respondí con toda la lógica de un profeta precoz.

—¡Eres un mentiroso! –exclamó ella indignada.

—Hermana, no me llames mentiroso hasta que veas qué sucede por la mañana –repliqué con gran indignación.

Pero Uma no se conmovió. Repitió su burla tres veces, imperturbable. Entonces hablé con una resolución solemne, con cada una de las palabras cargada de una extraña certidumbre:

—Por el poder de la voluntad que reside en mí, declaro que mañana tendré un forúnculo bastante grande justo en este punto del brazo. Y el tuyo alcanzará el doble de su tamaño actual.

A la mañana siguiente, un gran forúnculo se encontraba justo en el lugar exacto que había señalado. Y el de Uma, en efecto, había duplicado su tamaño. Con un grito, mi hermana corrió hacia mi madre:

—¡Mukunda se ha convertido en un nigromante!

Con un porte serio, mi madre me apartó y me instruyó con una ternura firme:

—Hijo, nunca uses el poder de las palabras para causar daño.

Aquel consejo me quedó marcado profundamente, y lo he seguido desde entonces.

Me tuvieron que tratar el forúnculo quirúrgicamente. La incisión dejó una cicatriz bastante visible, que aún hoy permanece en mi antebrazo derecho. Es un recordatorio constante del poder que reside en la palabra humana cuando nace de la voluntad pura.

Esas frases simples y en apariencia inofensivas dirigidas a Uma, pronunciadas con profunda concentración, poseían la suficiente fuerza oculta para explotar como bombas y producir efectos concretos aunque dañinos. Más adelante comprendí que el poder vibrante y dinámico de la palabra, cuando se guía con sabiduría, puede liberar la vida de obstáculos y así actuar sin dejar heridas ni provocar reproches.[11]

---

11. Las infinitas potencias del sonido derivan de la Palabra Creativa, *Aum*, el poder vibratorio cósmico que subyace a todas las energías atómicas. Cualquier palabra pronunciada con una clara realización y una profunda concentración tiene un valor materializador. La repetición fuerte o silenciosa de palabras inspiradoras ha demostrado que es efectiva en el coueismo y sistemas de psicoterapia similares; el secreto radica en el aumento de la tasa vibratoria de la mente. El poeta Tennyson nos dejó, en sus *Memorias*, un relato de su dispositivo repetitivo para pasar más allá de la mente consciente hacia la supraconciencia: «he vivido con frecuencia desde mi infancia una especie de trance despierto –por falta de una mejor palabra– cuando estaba completamente sólo. Me ha sucedido al repetir mi propio nombre en silencio, hasta que, de repente, como si fuera de la intensidad de la conciencia de la individualidad, la individualidad misma pareciera disolverse y desvanecerse en el ser sin límites, y esto no es un estado de confusión, sino el más claro y el más seguro de los seguros, más allá de las palabras –donde la muerte era una imposibilidad casi risible–, la pérdida de la personalidad (si así fuera) pareciendo no una extinción, sino la única vida verdadera». Escribió, además: «no es un éxtasis nebuloso, sino un estado de maravilla trascendente, asociado a una claridad absoluta de mente».

Nuestra familia se mudó a Lahore, en el Punjab. Allí adquirí una imagen de la Divina Madre en forma de la Diosa Kali.[12] Santificó un pequeño santuario informal en el balcón de nuestro hogar. Se apoderó de mí una convicción inequívoca de que la realización coronaría cualquiera de mis oraciones pronunciadas en ese lugar sagrado. Un día, de pie con Uma, vi dos cometas volando sobre los tejados de los edificios en el lado opuesto de calle que era, por cierto, excepcionalmente estrecha.

—¿Por qué estás tan callado? –Uma me empujó juguetonamente.

—Sólo estoy pensando en lo maravilloso que es que la Divina Madre me dé lo que pido.

—Supongo que te daría si así fuera esas dos cometas. –Mi hermana se rio despectivamente.

—¿Por qué no? –Y comencé a rezar una serie de oraciones silenciosas por poder poseerlas.

En la India, las partidas de cometas se juegan con hilos cubiertos de pegamento y vidrio molido. Cada jugador intenta cortar el hilo del oponente; cuando lo consigue, la cometa queda libre y vuela errante sobre los tejados. Es una gran diversión perseguir y atrapar esas presas fugaces.

Uma y yo estábamos en el balcón, un lugar desde el cual parecía imposible que alguna de esas cometas liberadas pudiera llegar a nuestras manos. El hilo, inevitablemente, caería sobre los tejados.

Los jugadores al otro lado de la calle iniciaron su partida. Se cortó un hilo y la cometa comenzó a flotar en mi dirección. Durante un instante quedó suspendida, detenida por una súbita pausa en la brisa. Aquello bastó para que el hilo se enredara con firmeza en un cactus que crecía en lo alto de la casa al otro lado. Se formó un lazo perfecto y pude atrapar la cometa. Se la entregué a Uma.

---

12. Kali es un símbolo de Dios con el aspecto de la eterna Madre Naturaleza.

—Ha sido sólo una casualidad extraordinaria, no una respuesta a tu oración –dijo ella, aunque sus ojos oscuros revelaban más asombro que escepticismo–. Si la otra cometa viene también hacia ti, entonces creeré.

Reanudé mis oraciones, esta vez con una intensidad renovada. El jugador de la segunda cometa dio un tirón violento que provocó la pérdida repentina del hilo. La cometa, liberada, se lanzó hacia mí danzando con el viento. Mi aliada vegetal, el fiel cactus, aseguró de nuevo el hilo en un lazo preciso que me permitió sujetarlo. Le ofrecí el segundo trofeo a Uma.

—¡Es cierto, la Divina Madre te escucha! Esto es demasiado extraño para mí…

Mi hermana salió corriendo como un cervatillo asustado.

CAPÍTULO 2

La muerte de mi madre y el amuleto místico

El mayor anhelo de mi madre era ver casado a mi hermano mayor.

—¡Ah, cuando contemple el rostro de la esposa de Ananta, encontraré el Cielo en esta Tierra! –solía decir.

Estas palabras, que tantas veces escuché, expresaban con intensidad su profunda preocupación, característicamente india, por la continuidad familiar.

Yo tenía unos once años cuando se formalizó el compromiso de Ananta. Mi madre se encontraba en Calcuta, supervisando con entusiasmo los preparativos de la boda. Mi padre y yo éramos los únicos que permanecíamos en nuestra casa de Bareilly, en el norte de la India, donde él había sido destinado tras dos años de servicio en Lahore.

Ya había presenciado el esplendor de las bodas de mis hermanas mayores, Roma y Uma; pero tratándose de Ananta, el hijo primogénito, los planes eran aún más fastuosos. Mi madre acogía a numerosos parientes que llegaban cada día a Calcuta desde sus lejanos hogares. Los alojó con comodidad en una gran casa recién adquirida en el número 50 de la calle Amherst. Todo estaba dispuesto: las delicias del banquete, el alegre trono en el que Ananta sería conducido a casa de su prometida, las hileras de luces de colores, los imponentes elefantes y camellos de cartón, las orquestas inglesa, escocesa e india, los artistas profesionales, los sacerdotes dispuestos para los rituales ancestrales.

Mi padre y yo, animados por el espíritu festivo, planeábamos unirnos a la familia justo a tiempo para la ceremonia. Sin embargo, poco antes del gran día, tuve una visión ominosa.

Ocurrió en Bareilly, pasada la medianoche. Dormía junto a mi padre, en el porche de nuestro bungaló, cuando me despertó un peculiar aleteo de la mosquitera que se encontraba sobre la cama. Las ligeras cortinas se abrieron, y allí, ante mí, se reveló la figura amada de mi madre.

—¡Despierta a tu padre! –susurró–. Toma el primer tren, a las cuatro de la mañana. ¡Corre a Calcuta si deseas verme una vez más!

La figura etérea se desvaneció sin ningún tipo de ruido.

—¡Padre, padre! ¡Madre está muriendo! –grité sacudido por el terror. Mi tono lo despertó de inmediato. Entre sollozos, le conté lo ocurrido.

—No te inquietes por esa alucinación –respondió, fiel a su costumbre de negar todo lo inesperado–. Tu madre está perfectamente. Si recibimos malas noticias, partiremos mañana.

—¡Nunca te perdonarás no haber salido ahora! –exclamé con angustia creciente–. ¡Y yo nunca te perdonaré!

La mañana, sombría y pesada, trajo consigo un mensaje claro: «Madre gravemente enferma; boda pospuesta; venid de inmediato».

Mi padre y yo partimos, turbados, sin palabras. En uno de los puntos de transbordo, un tío mío nos interceptó. El tren se aproximaba y su estruendo crecía como si se desplegara a través de una lente telescópica, ensordeciendo el mundo.

Desde mi agitación interior, brotó de pronto una resolución tan feroz como desesperada: arrojarme a las vías. Ya sin mi madre, sentía que no podría soportar un mundo repentinamente seco, árido hasta los huesos. Había amado a mi madre como a mi más íntima amiga en la Tierra. Sus ojos negros, tiernos y firmes, habían sido siempre mi refugio en las pequeñas tragedias de la infancia.

—¿Aún vive? –pregunté con un hilo de voz, conteniéndome en el último instante.

—¡Por supuesto que está viva! –respondió mi tío, aunque no tardó en percibir la sombra de desesperación en mi rostro.

Apenas lo creí.

Al llegar a nuestro hogar en Calcuta, nos esperaba el sobrecogedor misterio de la muerte. Me desplomé, devastado, como si la vida misma se hubiera desvanecido en mí. Tuvieron que pasar años antes de que alguna forma de reconciliación lograra abrirse paso en mi corazón. Gritando contra las mismas puertas del cielo, mis clamores finalmente invocaron a la Divina Madre. Sus palabras portaron la curación definitiva a mis heridas abiertas: «Soy yo quien te ha vigilado, vida tras vida, en la ternura de muchas madres. Observa en mi mirada los dos ojos negros, los bellos ojos perdidos que buscas».

Mi padre y yo regresamos a Bareilly poco después de los ritos de cremación de la bienamada. Cada mañana, muy temprano, realizaba una patética peregrinación hacia un gran árbol *sheoli* que extendía su sombra sobre el césped dorado frente a nuestro bungaló. En mis momentos más poéticos, me gustaba pensar que las flores blancas del *sheoli* se esparcían con devoción sobre el altar de hierba.

Mezclando lágrimas con el rocío, contemplaba con frecuencia una extraña luz de otro mundo emerger con el amanecer. Sentía intensos arrebatos de anhelo por Dios. El Himalaya me atraía con una fuerza que parecía no provenir de este mundo.

Fue entonces cuando uno de mis primos, que acababa de regresar tras pasar un tiempo en las colinas sagradas, vino a visitarnos en Bareilly. Escuché con ansias sus relatos sobre la morada de altos yoguis y *swamis*.[1]

---

1. El significado de la raíz sánscrita de *swami* es «el que es uno con su Ser (*Swa*)». Aplicado a un miembro de la orden india de monjes, el título tiene el respeto formal de «el reverendo».

—Fuguémonos al Himalaya –le propuse un día a Dwarka Prasad, el joven hijo de nuestro arrendador en Bareilly.

Mi sugerencia, que para mí llevaba el peso de un anhelo auténtico, no encontró eco. Dwarka reveló mi plan a mi hermano mayor, que acababa de llegar para visitar a mi padre. En lugar de responder con una sonrisa indulgente ante el arrebato de un niño, Ananta se dedicó a ridiculizarme. Su tono no dejaba espacio para la esperanza: hizo de mi deseo el blanco de su burla.

—¿Dónde está tu túnica naranja? ¡No puedes ser un *swami* sin ella!

Pero, inexplicablemente, las palabras de Ananta me emocionaron. Despertaron en mí una imagen vívida: me vi vagando por la India como un monje errante. Quizás se trataba de ecos de una vida pasada; en cualquier caso, empecé a contemplar con naturalidad la idea de vestir la túnica de aquella antigua orden monástica.

Una mañana, mientras charlaba con Dwarka, sentí que en mi interior descendía, con la fuerza de una avalancha, un gran amor por Dios. Mi compañero apenas prestaba atención a la elocuencia que fluía de mis labios, pero yo me escuchaba a mí mismo con el corazón.

Esa misma tarde huí hacia Naini Tal, en las estribaciones del Himalaya. Ananta, decidido, me siguió. Me vi obligado a regresar a Bareilly con el alma apesadumbrada. La única peregrinación que me permitían era la de cada mañana al árbol *sheoli*. Mi corazón lloraba por las madres perdidas, tanto humanas como divinas.

La muerte de mi madre había producido una grieta irreversible en la estructura familiar. Mi padre nunca volvió a casarse en los casi cuarenta años que le restaban de vida. Asumió el doble papel de padre y madre con una entereza silenciosa. Con una ternura inusitada y una sabiduría serena, resolvía los asuntos de la casa y nos guiaba con discreción. Después de la jornada en la oficina, se recogía en la calma de su habitación como un ermitaño, dedicado al Kriya Yoga en dulce contemplación.

Mucho tiempo después de la muerte de mi madre, traté de contratar a una enfermera inglesa para que atendiera los detalles con el fin de facilitar la vida doméstica. Pero mi padre se negó.

Mi madre
Una discípula de Lahiri Mahasaya

—El servicio hacia mí terminó con tu madre –dijo mi padre, con la mirada distante, colmada de una devoción que había pervivido toda una vida–. No aceptaré cuidados de ninguna otra mujer.

Catorce meses después del fallecimiento de mi madre, me enteré de que ella me había dejado un mensaje trascendental. Ananta estuvo a su lado en el lecho de muerte y escuchó con atención sus últimas palabras. Aunque mi madre había pedido que me las revelaran un año después, mi hermano demoró el momento. Pronto partiría de Bareilly hacia Calcuta para casarse con la muchacha que mi madre había elegido para él.[2]

Una tarde, antes de marcharse, me llamó para hablar conmigo.

2. La costumbre india, según la cual los padres eligen la pareja de vida para su hijo, ha resistido los embates del tiempo. El porcentaje de matrimonios felices en la India es alto.

—Mukunda, he sido reacio a decirte cosas extrañas –afirmó Ananta con un tono teñido de resignación–. Temía avivar aún más tu deseo de abandonar el hogar. Pero, en realidad, ya estás lleno de un ardor divino. Cuando te encontré cuando partías hacia el Himalaya, comprendí algo con claridad: no debo seguir postergando el cumplimiento de mi solemne promesa.

Me entregó una pequeña caja y, con ella, el mensaje que mi madre había dejado para mí:

—Que estas palabras sean mi bendición final, mi querido hijo Mukunda –había dicho madre a mi hermano–. Ha llegado el momento de revelarte una serie de acontecimientos extraordinarios que siguieron a tu nacimiento. Tuve noticias, por primera vez, de tu camino destinado cuando aún eras un bebé en mis brazos. Entonces te llevé a la casa de mi gurú en Benarés. Casi oculta detrás de una multitud de discípulos, apenas podía ver a Lahiri Mahasaya sentado en profunda meditación.

»Mientras te acariciaba, oraba con todo mi corazón para que el gran gurú se fijara en ti y te otorgara una bendición. A medida que mi súplica silenciosa se intensificaba, él abrió los ojos y me hizo señas para que me acercara. Los demás apartaron sus cuerpos y formaron un pasillo. Me incliné ante sus sagrados pies. Entonces, mi maestro te tomó en brazos, te sentó sobre su regazo y colocó una mano sobre tu frente, como si te bautizara espiritualmente.

»—Pequeña madre, tu hijo será un yogui. Como motor espiritual, llevará muchas almas al reino de Dios.

»Mi corazón se llenó de alegría al ver que mi oración secreta había sido escuchada por el gurú omnisciente. Poco antes de tu nacimiento, me había dicho que seguirías su camino.

»Más tarde, hijo mío, reconocí, junto con tu hermana Roma, tu visión de la Gran Luz, ya que, desde la habitación contigua, observamos cómo permanecías inmóvil en la cama. Tu pequeño rostro estaba iluminado; tu voz resonaba con una determinación de hierro mientras hablabas de marcharte al Himalaya en busca de lo Divino.

»De esta manera, querido hijo, llegué a comprender que tu sendero se alejaba de las ambiciones del mundo. Pero el evento más singular de mi vida me proporcionó una confirmación aún mayor. Ese hecho, que ahora da fuerza a este mensaje que te dejo en mi lecho de muerte, ocurrió durante una entrevista con un sabio en el Punjab.

»Mientras vivíamos en Lahore, una mañana, el sirviente irrumpió en mi habitación, visiblemente agitado.

»—Señora, hay un extraño *sadhu3* aquí. Insiste en que quiere ver a la madre de Mukunda.

»Estas simples palabras resonaron profundamente en mi interior; de inmediato fui a saludar al visitante. Al inclinarme ante sus pies, supe con certeza que me encontraba frente a un verdadero hombre de Dios.

»—Madre –dijo–, los grandes maestros desean que sepas que tu estancia en la Tierra no será larga. La siguiente enfermedad que padezcas será la última.[4] –Un profundo silencio siguió a su anuncio. No sentí temor, sino una vibración de paz inmensa. Finalmente, volvió a dirigirme la palabra–: Vas a ser el custodio de cierto amuleto de plata. No te lo entregaré hoy. Para demostrar la verdad de mis palabras, el talismán se materializará en tus manos mañana, mientras meditas. En tu lecho de muerte, deberás instruir a tu hijo mayor, Ananta, para que lo custodie durante un año y luego se lo entregue a tu segundo hijo. Mukunda comprenderá su significado a través de los grandes. Deberá recibirlo en el momento en que esté preparado para abandonar todas las esperanzas mundanas y comenzar su bús-

3. Un anacoreta; alguien que sigue un *sadhana* o camino de disciplina espiritual.

4. Cuando comprendí por estas palabras que Madre había tenido un conocimiento secreto sobre una vida corta, entendí por primera vez por qué había insistido tanto en apresurar los planes para el matrimonio de Ananta. Aunque murió antes de la boda, su deseo natural como madre había sido presenciar los ritos.

queda vital de Dios. Cuando haya tenido el amuleto durante algunos años, y cuando éste haya cumplido su propósito, desaparecerá. Incluso si se guarda en el lugar más secreto, regresará a lugar de donde vino.

»Le ofrecí una limosna[5] al santo y me incliné con una profunda reverencia. No aceptó la ofrenda y se marchó con una bendición.

»La noche siguiente, mientras meditaba con las manos juntas, sentí de pronto algo frío y suave: entre mis manos tenía un amuleto de plata, como el *sadhu* me había prometido. Lo he guardado con celo durante más de dos años, y ahora se lo dejo a Ananta para que lo guarde.

»No llores por mí, ya que mi gran gurú me habrá conducido a los brazos del Infinito. Adiós, hijo mío. La Madre Cósmica te protegerá.

Una explosión de iluminación me invadió al recibir el amuleto; despertaron en mí recuerdos que dormían en lo más profundo. El talismán, de forma redonda y aspecto antiguo, estaba cubierto de caracteres en sánscrito. Supe con certeza que provenía de maestros de otras vidas, que desde planos invisibles seguían guiando mis pasos. Sin duda, había en él un significado más profundo, pero el corazón de un amuleto nunca se revela por completo.

La forma en que desapareció, envuelto en circunstancias profundamente dolorosas, y cómo anticipó su partida como un presagio del encuentro con mi gurú, es algo que aún no puede ser contado. Esta historia pertenece a otro capítulo.

Pero aquel niño, frustrado una y otra vez en sus intentos de alcanzar el Himalaya, viajaba cada día muy lejos, gracias a las alas invisibles de su amuleto.

---

5. Un gesto tradicional de respeto hacia los *sadhus*.

CAPÍTULO 3

El santo con dos cuerpos

—Padre, si prometo regresar a casa sin necesidad de que me obliguéis, ¿puedo hacer un viaje turístico a Benarés?

Mi gran amor por los viajes rara vez encontraba obstáculos por parte de mi padre. Incluso siendo niño, me permitía visitar muchas ciudades y lugares de peregrinación. Solía ir acompañado de uno o más amigos, y viajábamos cómodamente gracias a los pases de primera clase que él conseguía para nosotros. Su puesto como funcionario del ferrocarril era una bendición para los nómadas de la familia.

Mi padre me prometió que consideraría mi petición. Al día siguiente me llamó, y, con un gesto resuelto, me entregó un billete de ida y vuelta de Bareilly a Benarés, varias rupias y dos cartas.

—Tengo un tema de negocios con un amigo en Benarés, Kedar Nath Babu. Por desgracia, he perdido su dirección. Creo que podrás hacerle llegar esta carta a través de nuestro amigo común, Swami Pranabananda. El *swami*, mi hermano en el discipulado, ha alcanzado un elevado nivel espiritual. Te beneficiarás de su compañía; esta segunda nota será tu presentación.

Sus ojos brillaban mientras añadía con una sonrisa:

—Recuerda: nada de escaparse otra vez de casa.

Partí con el entusiasmo de mis doce años, aunque el tiempo jamás ha aplacado mi deleite por las nuevas escenas y rostros desconocidos. Al llegar a Benarés, me dirigí sin demora a la residencia del *swami*. La puerta principal estaba abierta. Subí al segundo piso y entré en una sala larga y sencilla.

Allí, sentado en la postura del loto sobre una plataforma un poco elevada, vi a un hombre algo robusto, cubierto apenas por un taparrabos. Su cabeza y su rostro, totalmente rasurados, no mostraban ninguna arruga; una sonrisa serena y luminosa se dibujaba en sus labios. Para disipar mi temor por haber interrumpido, me saludó con la calidez de un viejo amigo.

—*Baba anand* –dijo con alegría–, felicidad para mi querido.

Su bienvenida resonó con una voz infantil, espontánea. Me arrodillé y le toqué los pies.

—¿Eres Swami Pranabananda?

Asintió, y antes de que pudiera sacar la carta de mi padre, añadió:

—¿Eres hijo de Bhagabati?

Asombrado, le entregué la carta de presentación, que en ese instante me pareció innecesaria.

—Por supuesto que localizaré a Kedar Nath Babu para ti –añadió, volviendo a sorprenderme con su clarividencia. Echó un vistazo a la carta e hizo algunos comentarios afectuosos sobre mi padre.

—Yo… –continuó– disfruto de dos pensiones. Una, gracias a tu padre, para quien trabajé un tiempo en la oficina del ferrocarril. La otra, por recomendación de mi Padre Celestial, para quien he cumplido mis deberes terrenales con conciencia.

Encontré aquella afirmación confusa.

—¿Qué clase de pensión, señor, os concede el Padre Celestial? ¿Os deja dinero en las manos?

Él rio con dulzura.

—Me refiero a una pensión de paz insondable, una recompensa por los numerosos años de profunda meditación. Ya no deseo dinero. Mis escasas necesidades materiales están cubiertas. Más adelante comprenderás lo que significa recibir una segunda pensión.

Sin previo aviso, el *swami* interrumpió nuestra conversación y permaneció inmóvil, envuelto en una gravedad repentina. Un aire enigmático lo rodeaba. Al principio, sus ojos parecían brillar, como si observara algo invisible, pero poco a poco se fueron apagando. Me sentí cohibido por el silencio inesperado; aún no me había dicho cómo encontrar al amigo de mi padre. Un poco inquieto, recorrí con la vista la habitación vacía, excepto por nosotros dos. Mi mirada se posó finalmente en sus sandalias de madera, colocadas bajo la plataforma.

—Pequeño señor,[1] no te preocupes. El hombre que deseas ver estará contigo en media hora.

El yogui había leído mi mente, lo cual, en ese momento, no debía de ser una hazaña especialmente difícil. Una vez más, cayó en un silencio impenetrable.

Consulté mi reloj: habían pasado exactamente treinta minutos. El *swami* abrió los ojos y, con una tranquila seguridad, afirmó:

—Creo que Kedar Nath Babu está cerca de la puerta.

En efecto, escuché pasos subiendo por las escaleras. Un asombro confuso me invadió: mis pensamientos se agitaron con incredulidad. ¿Cómo era posible que el amigo de mi padre hubiera sido convocado sin que el *swami* hablara con nadie? Desde mi llegada no había intercambiado una sola palabra con ninguna persona.

Salí con rapidez de la habitación y bajé las escaleras. A mitad del camino, me crucé con un hombre delgado, de piel clara y estatura media. Se le notaba apurado.

—¿Es usted Kedar Nath Babu? –pregunté con la voz cargada de emoción.

---

1. *Choto Mahasaya* es el término con el que varios santos indios me dirigían la palabra. Se traduce como «pequeño señor».

—Sí. ¿No eres tú el hijo de Bhagabati que ha estado esperando para verme? –respondió con una sonrisa amistosa.

—Señor, ¿cómo ha llegado hasta aquí? –pregunté, todavía desconcertado por su inexplicable presencia.

—Todo es un misterio hoy –dijo sin dejar de sonreír–. Hace menos de una hora había terminado mi baño en el Ganges cuando se me acercó Swami Pranabananda. No sé cómo sabía que yo estaba justo allí en ese momento.

»—El hijo de Bhagabati te está esperando en mi apartamento –me dijo–. ¿Vienes conmigo?

»Acepté con gusto. Mientras caminábamos tomados de la mano, noté algo curioso: el *swami*, con sus sandalias de madera, lograba adelantarse a mí, a pesar de que yo llevaba estos zapatos robustos para caminar.

»—¿Cuánto tardarás en llegar a mi casa? –me preguntó de pronto Pranabanandaji, deteniéndose en seco.

»—Unos treinta minutos.

»—Todavía tengo algo más que hacer. –Me lanzó una mirada enigmática–. Debo dejarte. Puedes reunirte conmigo en mi casa, donde el hijo de Bhagabati y yo te estaremos esperando.

»Antes de que pudiera reaccionar, se adelantó con rapidez y desapareció entre la multitud. Caminé tan deprisa como me fue posible para llegar hasta aquí.

Su explicación no hizo más que aumentar mi desconcierto. Le pregunté desde cuándo conocía al *swami*.

—Nos vimos algunas veces el año pasado, pero no recientemente. Me he alegrado mucho de verle hoy de nuevo en el *ghat* de baño.

—¡No puedo creer lo que oigo! ¿Estoy perdiendo el juicio? ¿Lo viste en una visión, o de verdad lo viste, lo tocaste, oíste el sonido de sus pasos?

—¡No entiendo a qué te refieres! –Se sonrojó algo ofendido–. No te estoy mintiendo. ¿No comprendes que si no fuera por él, no sabría que me estabas esperando aquí?

—¡Pero si ese hombre, Swami Pranabananda, no se ha alejado de mi vista ni un instante desde que llegué hace una hora!

–exclamé, y le conté toda la historia. Sus ojos se abrieron, desmesurados.

—¿Estamos viviendo en esta era material o estamos soñando? ¡Nunca esperé presenciar un milagro así! Pensaba que ese *swami* era un hombre corriente, y ahora descubro que puede materializar un cuerpo y actuar a través de él...

Juntos, entramos en la habitación del santo.

—Mira, ésas son las mismas sandalias que llevaba en el *ghat* –susurró Kedar Nath Babu–. Iba vestido sólo con un taparrabos, como ahora.

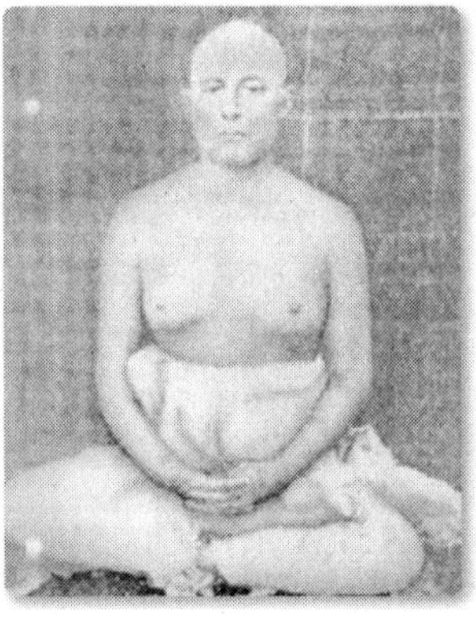

Swami Pranabananda, conocido como
«El Santo de los Dos Cuerpos»,
fue un exaltado discípulo de Lahiri Mahasaya.

Cuando se inclinó para saludarlo, el santo se volvió hacia mí con una sonrisa tranquila y una mirada repleta de significado.

—¿Por qué estás tan asombrado con todo esto? La sutil unidad del mundo fenomenal no está oculta para los verdaderos yoguis. Instintivamente veo y converso con mis discípulos en la distante Calcuta. Ellos, de manera similar, pueden trascender a voluntad cualquier obstáculo de la materia burda.

Quizá con el propósito de avivar el ardor espiritual en mi joven corazón, el *swami* quiso compartir conmigo algunos de sus poderes astrales.[2] Pero en lugar de entusiasmo, lo que sentí fue un profundo temor reverente. Estaba destinado a emprender mi búsqueda divina a través de un gurú en particular –Sri Yukteswar, a quien aún no conocía–, y por eso no sentí inclinación a aceptar a Pranabananda como maestro. Lo observé con cierta duda, preguntándome si él o su doble espiritual estaba realmente frente a mí.

Swami Pranabananda, conocido como «El Santo de los Dos Cuerpos», era un discípulo exaltado de Lahiri Mahasaya. Con una mirada que despertaba el alma y algunas palabras inspiradoras sobre su maestro, intentó disipar mi inquietud.

—Lahiri Mahasaya es el mayor yogui que jamás he conocido. Era la misma Divinidad en forma de carne.

---

2. A su manera, la ciencia física afirma la validez de leyes descubiertas por los yoguis a través de la ciencia mental. Por ejemplo, el 26 de noviembre de 1934 se ofreció una demostración de que el ser humano posee poderes de tipo perceptivo en la Universidad Real de Roma. El doctor Giuseppe Calligaris, profesor de neuropsicología, presionó ciertos puntos del cuerpo de un sujeto, y éste respondió con descripciones detalladas de personas y objetos que se encontraban al otro lado de una pared. El doctor Calligaris explicó a otros profesores que, si se estimulan ciertas zonas de la piel, el sujeto recibe impresiones suprasensoriales que le permiten ver objetos que normalmente no podría percibir. Para que su sujeto pudiera discernir lo que había del otro lado de la pared, el profesor Calligaris presionó durante quince minutos un punto a la derecha del tórax. Añadió que, si se estimulaban otros puntos del cuerpo, los sujetos podrían ver objetos a cualquier distancia, sin importar si los habían visto antes o no.

Reflexioné: si un discípulo era capaz de materializar un segundo cuerpo físico a voluntad, ¿qué milagros estarían fuera del alcance de su maestro?

—Te contaré lo valiosa que es la ayuda de un gurú –prosiguió el *swami*–. Durante años, otro discípulo y yo meditábamos ocho horas cada noche. Durante el día trabajábamos en la oficina del ferrocarril. Con el tiempo, me resultaba difícil cumplir con mis tareas; deseaba entregar mi tiempo a Dios. Durante ocho años perseveré, meditando cada noche hasta la madrugada. Logré grandes avances: percepciones espirituales luminosas irradiaban mi mente. Y, sin embargo, siempre quedaba un velo sutil entre mi persona y el Infinito. A pesar de una entrega casi sobrehumana, se me negó la unión final e irrevocable.

»Una noche acudí a Lahiri Mahasaya y le rogué su intercesión divina.

»—Gurú angélico –dije–, mi angustia espiritual es tan profunda que ya no puedo soportar esta vida sin encontrarme cara a cara con el Gran Amado.

»—¿Qué puedo hacer? –respondió él–. Debes meditar con más profundidad.

»—Apelo a Ti, oh Dios, mi Maestro. Te veo ahora en forma física; concédeme la gracia de percibirte en Tu forma infinita.

»Entonces Lahiri Mahasaya extendió su mano con un gesto de bendición:

»—Ya puedes irte a meditar. He intercedido por ti ante Brahma.[3]

»Elevado en lo más íntimo del ser, regresé a casa. Aquella noche, en meditación, alcancé la meta ardiente de mi vida. Desde entonces, disfruto sin cesar de la pensión espiritual.

3. Dios en su aspecto de Creador; del sánscrito *brih*, que significa «expandir». Cuando el poema Brahma de Emerson apareció en *The Atlantic Monthly* en 1857, la mayoría de los lectores se mostraron desconcertados. Emerson se rio y dijo: «Díganles que digan "Jehová" en lugar de "Brahma" y no sentirán ninguna confusión».

Nunca más, desde ese día, el Bienaventurado Creador se ha ocultado de mis ojos detrás de ningún velo de ilusión.

El rostro de Pranabananda se iluminó con una luz serena, casi irreal. Una paz de otro mundo descendió sobre mi corazón; todo temor se disipó. Entonces el santo me confió otro episodio de su vida.

—Algunos meses después –dijo–, regresé a Lahiri Mahasaya e intenté darle las gracias por aquella dádiva infinita. Luego mencioné otro asunto:

»—Divino Gurú, ya no puedo seguir trabajando en la oficina. Por favor, libérame. Brahma me mantiene continuamente intoxicado –le dije.

»—Solicita una pensión a tu empresa.

»—¿Qué razón debería dar?

»—Di lo que sientes.

»Al día siguiente presenté mi solicitud. El médico encargado del examen me preguntó los motivos de mi petición prematura.

»—En el trabajo –le respondí–, siento una sensación abrumadora que me asciende por la columna. Me deja en un estado de éxtasis constante. No puedo concentrarme en las tareas. Es como si Dios me abrazara desde dentro. Permea todo mi cuerpo, de manera que me impide realizar mis deberes.[4]

»Sin más preguntas, el médico me recomendó para una pensión, que pronto recibí. Sé que la voluntad divina de Lahiri Mahasaya obró a través del médico y de los funcionarios del ferrocarril, incluido tu padre. Automáticamente obedecieron la dirección espiritual del gran gurú y me liberaron para conseguir una vida de comunión ininterrumpida con el Amado.[5]

---

4. En la meditación profunda, la primera experiencia del espíritu ocurre en el altar de la columna vertebral y luego en el cerebro. La dicha torrencial es abrumadora, pero el yogui aprende a controlar sus manifestaciones externas.

5. Después de su retiro, Pranabananda escribió uno de los comentarios más profundos sobre el *Bhagavad Gita*, disponible en bengalí e hindi.

Tras esta extraordinaria revelación, Swami Pranabananda volvió a sumirse en uno de sus prolongados silencios. El aire a su alrededor parecía suspendido, como si el tiempo mismo hubiera hecho una pausa. Me incliné y toqué sus pies con devoción. Al despedirme, el santo me bendijo con una mirada profunda y una voz que parecía proceder desde más allá del instante:

—Tu vida pertenece al camino de la renunciación y el yoga. Te veré de nuevo, junto a tu padre, más adelante.

Los años llevaron consigo el cumplimiento de ambas predicciones.[6]

Caminábamos juntos en la creciente oscuridad. Kedar Nath Babu iba a mi lado cuando le entregué la carta de mi padre, que leyó bajo la luz titilante de una farola.

—Tu padre sugiere que acepte un puesto en la oficina de Calcuta de su compañía ferroviaria –dijo pensativo–. ¡Qué agradable sería aspirar, al menos, a una de las pensiones de las que disfruta Swami Pranabananda! Pero es imposible. No puedo dejar Benarés. ¡Ay, aún no he conseguido dos cuerpos!

6. *Véase* capítulo 27.

CAPÍTULO 4

Mi fuga interrumpida al Himalaya

—Sal de tu clase con cualquier excusa trivial y toma un carruaje de alquiler. Detente en el callejón donde nadie de mi casa pueda verte.

Ésas fueron mis instrucciones a Amar Mitter, un compañero de la escuela secundaria que planeaba unirse a mí en la fuga al Himalaya. Habíamos fijado la partida para el día siguiente. Las precauciones eran necesarias: Ananta mantenía una vigilancia constante y estaba decidido a frustrar los planes de escape que, con razón, sospechaba que ocupaban la mayor parte de mi mente.

El amuleto actuaba en mi interior como una levadura espiritual. Soñaba con encontrar entre las nieves del Himalaya al maestro cuyo rostro se me aparecía con frecuencia en visiones. La familia vivía entonces en Calcuta, adonde mi padre había sido trasladado permanentemente. Siguiendo la costumbre patriarcal india, Ananta había traído a su esposa a vivir con nosotros, en nuestra nueva casa del número 4 de Gurpar Road. Allí, en una pequeña habitación del ático, me entregaba a meditaciones diarias y preparaba la mente para la gran búsqueda.

La mañana señalada amaneció con lluvia. Al oír el traqueteo del carruaje de Amar en la carretera, hice rápidamente un hatillo con una manta, un par de sandalias, la fotografía de Lahiri

Mahasaya, una copia del *Bhagavad Gita*, una sarta de cuentas para la oración y dos taparrabos. Lancé el bulto por la ventana del tercer piso, descendí las escaleras a toda prisa y pasé junto a mi tío, que compraba pescado en la entrada.

«¿Qué prisa tiene?», decían sus ojos, clavados en mí con sospecha. Le devolví una sonrisa evasiva y me escabullí hacia el callejón. Recuperé mi hatillo y me uní a Amar, con el espíritu de conspiración que habíamos cultivado durante semanas.

Nos dirigimos a Chadni Chowk, un centro comercial muy concurrido. Durante meses habíamos estado ahorrando nuestra paga comprar ropa occidental. Nos anticipamos a mi astuto hermano, que no tardaría en asumir el papel de detective, así que pensamos en confundirlo con un disfraz europeo.

Antes de llegar a la estación, recogimos a mi primo Jotin Ghosh, a quien llamaba Jatinda. Era un nuevo converso a nuestra causa, ansioso por hallar un gurú en el Himalaya. Le dimos el traje nuevo que le habíamos preparado. Con nuestras ropas impecables y falsas identidades, sentíamos que el camuflaje era perfecto. Nos poseía una intensa alegría.

—Lo único que nos falta ahora son zapatos de lona –dije.

Llevé a mis compañeros a una tienda que tenía expuesto calzado con suela de goma.

—Los artículos de cuero, obtenidos mediante el sacrificio de animales, no deben formar parte de este viaje sagrado –añadí, mientras me detenía en plena calle para arrancar la cubierta de cuero de mi *Bhagavad Gita* y quitar las correas de cuero del casco inglés que llevaba.

En la estación compramos los billetes para Burdwan, donde planeábamos hacer trasbordo rumbo a Hardwar, en las estribaciones del Himalaya. Tan pronto como el tren, al igual que nosotros, se puso en marcha, di voz a algunas de mis gloriosas expectativas.

—¡Imagínate! –exclamé–. Seremos iniciados por los maestros y experimentaremos el trance de la conciencia cósmica. Nuestra carne estará cargada de tal magnetismo que los animales salvajes del Himalaya se acercarán a nosotros con docilidad.

¡Los tigres no serán más que unos mansos gatos domésticos esperando nuestras caricias!

Este comentario, que describía una perspectiva que consideraba cautivadora, tanto metafórica como literalmente, provocó una sonrisa entusiasta en Amar. Pero Jatinda apartó la mirada, dirigiéndola por la ventanilla hacia el paisaje que pasaba rápidamente.

—Dividamos el dinero en tres partes. –Jatinda rompió un largo silencio con esta sugerencia–. Cada uno de nosotros debería comprar su propio billete en Burdwan. Así, nadie en la estación sospechará que escapamos juntos.

Acepté sin pensar nada más de ello. Al anochecer, nuestro tren se detuvo en Burdwan. Jatinda entró en la taquilla; Amar y yo nos sentamos en el andén. Esperamos quince minutos, luego empezamos a inquietarnos y a hacernos preguntas inútiles, sin respuesta. Miramos en todas direcciones, llamando a Jatinda con la urgencia que nace del miedo. Pero se había desvanecido por completo en la desconocida oscuridad de la estación. Estaba completamente desquiciado, conmocionado hasta un peculiar estado de entumecimiento. ¡Que Dios permitiera este episodio tan desalentador! La ocasión romántica de mi primera huida cuidadosamente planeada tras Él se vio empañada.

—Amar, debemos regresar a casa. –Yo lloraba como un niño–. La partida insensible de Jatinda es un mal presagio. Este viaje está condenado al fracaso.

—¿Es éste tu amor por el Señor? ¿No puedes soportar la pequeña prueba de un compañero traicionero?

Gracias a la sugerencia de Amar de una prueba divina, mi corazón se serenó. Nos refrescamos con los famosos dulces de Burdwan, *sitabhog* (comida para la diosa) y *motichur* (perlas dulces). En unas horas, tomamos el tren hacia Hardwar, vía Bareilly. Al cambiar de tren en Moghul Serai, discutimos un asunto vital mientras esperábamos en el andén.

—Amar, pronto seremos interrogados inquisitivamente por los funcionarios del ferrocarril. ¡No subestimo la astucia de mi hermano! Sean cuales sean las consecuencias, no mentiré.

—Sólo te pido, Mukunda, que no digas nada. No te rías ni sonrías mientras yo hablo.

En ese momento, un agente europeo de la estación se me acercó. Agitaba un telegrama cuyo contenido comprendí de inmediato.

—¿Estás escapando de casa por un arrebato de ira?

—¡No! –respondí con firmeza, agradecido de que la elección de palabras del oficial me permitiera contestar de forma enfática. No era la ira, sino esa divina melancolía, lo que daba forma a mi comportamiento poco convencional.

El oficial se volvió entonces hacia Amar. El duelo verbal que siguió apenas me permitió mantener la gravedad estoica que tanto me habían aconsejado.

—¿Dónde está el tercer chico? –preguntó con tono autoritario–. ¡Vamos, di la verdad!

—Señor, veo que lleva gafas. ¿No puede ver que sólo somos dos? –Amar sonrió con insolencia–. No soy mago; no puedo hacer aparecer a un tercer compañero.

Visiblemente desconcertado por la impertinencia, el oficial buscó un nuevo frente de ataque.

—¿Cuál es tu nombre?

—Me llaman Thomas. Soy hijo de madre inglesa y de un padre indio convertido al cristianismo.

—¿Y cómo se llama tu amigo?

—Yo lo llamo Thompson.

A esas alturas, mi diversión interna había alcanzado su punto máximo. Me dirigí sin ceremonias hacia el tren, silbando para la partida. Amar me siguió, mientras el oficial, crédulo y cortés, tuvo incluso la deferencia de asignarnos un compartimento europeo. Le debía dar lástima el que dos muchachos medio ingleses viajaran en el vagón asignado para los nativos.

Una vez se hubo marchado, me dejé caer en el asiento y estallé en carcajadas. Amar tenía una expresión de satisfacción alegre: había superado al veterano agente con descaro juvenil.

En la plataforma, logré leer el telegrama que nos había alcanzado. Era de mi hermano: «Tres chicos bengalíes con ropa inglesa escapando de casa hacia Hardwar, vía Moghul Serai. Deténganlos hasta mi llegada. Amplia recompensa por sus servicios».

—Amar, te dije que no dejaras horarios en tu casa –dije con tono de reproche–. Tu hermano debe haber encontrado uno.

Mi amigo reconoció con timidez su error. Hicimos una breve parada en Bareilly, donde Dwarka Prasad nos esperaba con otro telegrama de Ananta. Mi viejo amigo intentó detenernos con valentía, pero lo convencí de que nuestra fuga no era un capricho pasajero. Como ya lo había hecho en una ocasión anterior, rechazó mi invitación de unirse a la aventura hacia el Himalaya.

Esa noche, mientras nuestro tren dormía en la estación y yo dormía en el tren, un oficial despertó a Amar y empezó a interrogarlo. También él cayó bajo el hechizo de «Thomas» y «Thompson». El tren, cómplice de nuestra farsa, nos condujo triunfantes hasta el amanecer en Hardwar. Las montañas se alzaban a lo lejos, majestuosas, como invitándonos a entrar. Salimos corriendo de la estación y nos adentramos en la libertad del bullicio urbano. Lo primero que hicimos fue cambiarnos la ropa por una vestimenta local, ya que Ananta, de alguna manera, había descubierto nuestro truco del disfraz europeo.

Una premonición de captura pesaba en mí. Considerando prudente no permanecer durante más tiempo en Hardwar, compramos pasajes rumbo al norte, hacia Rishikesh, tierra santificada desde antiguo por los pasos de muchos maestros.

Ya estaba a bordo cuando oí un grito en la plataforma: un policía detenía a Amar. Nuestro indeseado guardián nos escoltó hasta un bungaló de la estación y se hizo cargo de nuestro dinero. Con una cortesía impecable, nos explicó que tenía el deber de retenernos hasta la llegada de mi hermano mayor.

Al enterarse de que nuestro destino era el Himalaya, el oficial compartió con nosotros una historia sorprendente.

—¡Veo que estáis locos por los santos! Pero creedme, nunca conoceréis a un hombre más piadoso que el que fui a visitar ayer. Mi hermano oficial y yo nos lo encontramos por primera vez hace cinco días. Patrullábamos junto al Ganges, buscando a un asesino que se hacía pasar por *sadhu* para robar a los peregrinos. Teníamos la orden de capturarlo, vivo o muerto.

»Más adelante, divisamos a una figura que coincidía con la descripción. Ignoró nuestra orden de detenerse. Corrimos tras él. Al acercarme, levanté mi hacha y le asesté un golpe tremendo: su brazo derecho quedó casi seccionado del cuerpo. Pero no gritó. Ni siquiera se miró la herida. Siguió andando a paso firme.

»Cuando lo interceptamos de frente, habló con calma:

»—No soy el asesino que buscáis.

»Me sentí profundamente abrumado al ver que había herido a una persona con apariencia de sabio divino. Me postré a sus pies, implorándole perdón y ofreciéndole mi turbante para detener la hemorragia.

»—Hijo –dijo el santo con infinita bondad–, eso fue un error comprensible. Vete en paz. No te reproches nada. La Amada Madre me cuida. –Entonces empujó su brazo colgante contra el muñón... y, he aquí, se adhirió a su cuerpo. La sangre dejó de brotar–. Ven a verme bajo aquel árbol en tres días y comprobarás que estoy completamente curado. Así no sentirás remordimiento alguno.

»Ayer, mi compañero y yo regresamos al lugar. El *sadhu* estaba allí. Nos permitió examinarle el brazo. No quedaba ni rastro de ninguna cicatriz. Ni una marca. Nada.

»—Voy a Rishikesh, hacia la soledad del Himalaya –dijo al despedirse. Nos bendijo y partió.

»Siento que mi vida se ha elevado a través de su santidad.

El oficial concluyó con una exclamación piadosa. Sus ojos brillaban con devoción. Nos entregó un recorte de periódico que hablaba de aquel suceso. Como era de esperar, el reportero había exagerado la historia: afirmaba que el *sadhu* había sido casi decapitado.

Amar y yo lamentamos no haber encontrado al gran yogui que había perdonado a su agresor de forma tan... cristiana. La India, empobrecida en lo material desde hace siglos, aún guarda una riqueza inagotable: sus santos. Grandes «rascacielos» espirituales aparecen, a veces, al borde del camino. Incluso los hombres más mundanos, como este policía, pueden encontrarlos sin buscarlos.

Le dimos las gracias por haber aliviado el tedio con su relato. Sospeché que, más que entretenernos, intentaba dejar claro que había tenido más suerte que nosotros: él había encontrado a un iluminado sin esfuerzo; nosotros, con toda nuestra devoción, habíamos acabado en una comisaría.

Tan cerca del Himalaya y, sin embargo, tan lejos.

Me volví hacia Amar con un brillo decidido:

—En cuanto veamos una oportunidad, nos escapamos. Podemos ir a pie hasta la sagrada Rishikesh.

Sonreí, tratando de contagiar esperanza. Pero Amar ya había perdido la chispa. Le habían quitado lo más sólido, aquello a lo que se aferraba: el dinero.

—Si comenzáramos una travesía por esas tierras peligrosas de la jungla, no terminaríamos en la ciudad de los santos... ¡sino en el estómago de los tigres!

La sentencia de Amar puso fin a mis últimos intentos de entusiasmarlo. Tres días después, Ananta y el hermano de Amar llegaron a nuestra «prisión» sagrada. Amar saludó a su pariente con un afectuoso alivio. Yo, en cambio, no me mostré reconciliado: dirigí a Ananta una reprimenda seca y severa.

—Entiendo cómo te sientes –respondió él con calma–. Lo único que te pido es que me acompañes a Benarés para conocer a cierto santo... y que vayas a Calcuta para visitar durante unos días a nuestro padre, que está afligido. Después, si lo deseas, podrás reanudar tu búsqueda aquí, en Hardwar.

Amar intervino en ese momento para comentar que renunciaba a cualquier plan de regreso conmigo. Se sentía feliz de volver al calor familiar. Pero yo sabía, sin la menor duda, que jamás abandonaría la búsqueda de mi gurú.

Nos embarcamos en el tren rumbo a Benarés. Allí recibí una respuesta singular e inmediata a mis oraciones. Sin saberlo, Ananta había preparado un plan con antelación. Antes de reunirse conmigo en Hardwar, había pasado por Benarés y hablado con cierta autoridad en las escrituras. Su propósito era claro: conseguir que tanto ese erudito como su hijo me entrevistaran más tarde para disuadirme del camino del *sannyasi*.[1] Ananta me llevó a casa del erudito. En el patio me recibió su hijo, un joven de modales efusivos. Me estrechó la mano con entusiasmo forzado y, sin demora, comenzó un largo discurso filosófico. Alegaba que tenía conocimiento clarividente de mi futuro y se dedicó a disuadirme en un tono paternal.

—Insistir en convertirte en monje sólo te traerá desgracias. No encontrarás a Dios abandonando tus responsabilidades mundanas. No podrás resolver tu karma del pasado si no pasas por las experiencias que la vida común exige.

Me miró con gravedad, convencido de haber pronunciado una sentencia irrefutable. Pero en mi boca surgieron, sin esfuerzo, las inmortales palabras de Krishna:

—Incluso aquel con el peor karma,[2] que medita en Mí sin cesar, pronto pierde los efectos de sus malas acciones pasadas. Al convertirse en un ser de alma elevada, alcanza rápidamente la paz perenne. Arjuna, debes saber esto con certeza: ¡el devoto que confía en Mí nunca perece![3]

Sin embargo, las poderosas predicciones del joven habían sacudido ligeramente mi confianza. Con todo el fervor de mi corazón, oré en silencio: «Por favor, resuelve mi confusión y respóndeme, aquí y ahora, si deseas que lleve una vida de renunciante o de hombre mundano».

En ese instante, noté a un *sadhu* de noble presencia parado justo fuera del recinto. Había escuchado, sin duda, la animada conversación que manteníamos el joven clarividente y yo, pues

---

1. Literalmente, «renunciante». Deriva de raíces verbales sánscritas que significan «dejar de lado».

2. Efectos de acciones pasadas, en esta vida o en una anterior; del sánscrito *kri*, «hacer».

3. *Bhagavad Gita*, IX, págs. 30-31. Krishna fue el mayor profeta de la India; Arjuna fue su discípulo más destacado.

me llamó con voz firme. Al acercarme, sentí cómo una corriente de energía poderosa brotaba de sus ojos serenos.

—Hijo, no escuches a ese ignorante. En respuesta a tu oración, el Señor me ha dicho que te asegure que tu único camino en esta vida es el del renunciante.

Me llené de asombro y gratitud. Sonreí aliviado ante esta respuesta tan clara, tan directa.

—¡Aléjate de ese hombre! –me gritaba desde el patio el autoproclamado clarividente. Mi guía levantó la mano en señal de bendición y, sin apuro, se alejó.

—Ese *sadhu* está tan loco como tú –dijo entonces el viejo erudito sin ocultar su fastidio. Él y su hijo me miraban con una mezcla de compasión y desaprobación–. He oído que él también abandonó su hogar, entregado a una vaga búsqueda de Dios.

Me alejé. Le comenté a Ananta que no quería seguir discutiendo con nuestros anfitriones. Mi hermano estuvo de acuerdo en partir de inmediato; pronto abordamos el tren hacia Calcuta.

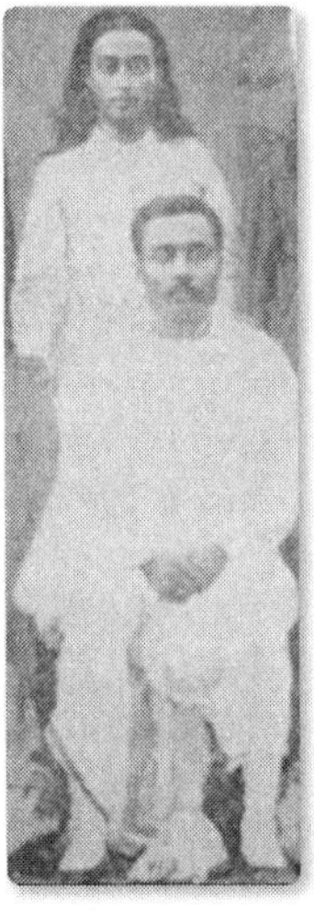

Posando detrás de mi hermano mayor, Ananta.

Último Festival del Solsticio celebrado
por Sri Yukteswar, en diciembre de 1935.
Mi gurú está sentado en el centro; yo estoy
a su derecha, en el gran patio de su ermita
en Serampore.

—Señor detective, ¿cómo descubrió que había huido con dos compañeros? –Así liberé mi viva curiosidad hacia Ananta mientras regresábamos a casa.

Él sonrió con picardía, disfrutando del relato que se avecinaba.

—En tu escuela descubrí que Amar había salido de su aula y no había regresado. Al día siguiente fui a su casa y desenterré un horario marcado. El padre de Amar estaba a punto de salir en carruaje y conversaba con el cochero.

»—Mi hijo no irá conmigo a la escuela esta mañana. ¡Ha desaparecido! –se lamentaba el hombre.

»—Oí decir a un compañero cochero que su hijo y otros dos, vestidos con ropa europea, abordaron el tren en la estación de Howrah –declaró el cochero–. Al conductor del coche le regalaron sus zapatos de cuero.

»Así que tenía tres pistas –continuó Ananta con satisfacción–: el horario, el trío de chicos y la ropa inglesa.

Escuchaba las revelaciones de Ananta con una mezcla de diversión y fastidio. ¡Nuestra generosidad con el cochero se había tornado en nuestra contra!

»Envié inmediatamente telegramas a los oficiales de las estaciones en todas las ciudades que Amar había marcado. Una de ellas era Bareilly, así que le escribí a tu amigo Dwarka. Después, hice algunas averiguaciones en nuestro vecindario en Calcuta. Supe que nuestro primo Jatinda había estado ausente una noche y había regresado al amanecer, ataviado con ropa occidental. Lo busqué y lo invité a cenar. Aceptó encantado, desarmado por mi actitud amistosa. Pero en el camino lo llevé, sin despertar sospechas, a una estación de policía. Lo esperaban varios oficiales de aspecto imponente que había escogido cuidadosamente. Bajo su mirada severa, Jatinda acabó confesando.

»—Comencé mi viaje al Himalaya con gran inspiración –contó–. Me sentía elevado ante la idea de conocer a los maestros. Pero entonces Mukunda dijo: "Durante nuestros éxtasis en las cuevas del Himalaya, los tigres se sentarán a nuestro alrededor como gatitos dóciles". En ese momento mi entusiasmo se congeló. Me empezó a sudar la frente. Pensé: "¿Y si los tigres no sienten nada de nuestro trance? ¿Nos tratarán entonces con la amabilidad de los gatos domésticos? Ya me estaba imaginando como un inquilino forzado del estómago de un tigre… Entrando a él no de una vez, sino por partes".

La indignación que aún sentía por la deserción de Jatinda se evaporó en una carcajada. La hilarante escena en el tren bien valía toda la angustia que su fuga silenciosa me había causado. No pude evitar sentir una leve y maliciosa satisfacción: Jatinda tampoco se había escapado de un encuentro con la policía.

—Ananta,[4] ¡eres un sabueso nato! –Mi mirada, aunque divertida, no estaba exenta de una pizca de exasperación–. Y le diré a Jatinda que me alegra saber que no actuó por traición como parecía, sino simplemente por ese instinto prudente de autoconservación que a veces se impone a la inspiración espiritual.

De vuelta en casa, en Calcuta, mi padre me recibió con ternura y gravedad. Me pidió de forma conmovedora que contuviera mis pies inquietos al menos hasta terminar mis estudios de secundaria. En mi ausencia había elaborado un plan con mucho cariño: había hecho los arreglos necesarios para que un santo erudito, Swami Kebalananda,[5] viniera regularmente a casa.

—El sabio será tu tutor de sánscrito –anunció mi padre con confianza.

Esperaba satisfacer mis anhelos religiosos mediante las enseñanzas de un filósofo erudito. Pero la situación tomó un giro inesperado. Mi nuevo maestro, lejos de ofrecerme áridas intelectualidades, avivó las brasas de mi aspiración a Dios. Lo que mi padre no sabía era que Swami Kebalananda era un discípulo exaltado de Lahiri Mahasaya. El gurú incomparable había tenido miles de discípulos, atraídos silenciosamente por la fuerza irresistible de su magnetismo divino. Más tarde supe que a menudo se refería a Kebalananda como a un *rishi*, un sabio iluminado.

Muchos rizos enmarcaban el rostro hermoso y sereno de mi tutor. Sus ojos oscuros eran ingenuos, como los de un niño,

---

4. Siempre me dirigí a él como *Ananta-da. Da* es un sufijo respetuoso que el hermano mayor en una familia india recibe de sus hermanos y hermanas menores.

5. En el momento de nuestro encuentro, Kebalananda aún no se había unido a la Orden de los Swami y generalmente se le llamaba Shastri Mahasaya. Para evitar confusión con el nombre de Lahiri Mahasaya y Maestro Mahasaya (capítulo 9), me refiero a mi tutor de sánscrito sólo por su nombre monástico posterior de Swami Kebalananda. Su biografía ha sido publicada recientemente en bengalí. Nació en el distrito de Khulna en Bengala en 1863 y dejó su cuerpo en Benarés a los 68 años. Su nombre de familia era Ashutosh Chatterji.

limpios y abiertos. Cada uno de sus gestos, en su cuerpo delgado, estaba marcado por una deliberación serena. Siempre gentil, siempre cariñoso, estaba firmemente anclado en la conciencia infinita. Muchos de nuestros momentos felices juntos transcurrían en profunda meditación de Kriya.

Kebalananda era una autoridad reconocida en los antiguos *shastras* o libros sagrados: su erudición le había valido el título de Shastri Mahasaya, por el que era comúnmente conocido. Sin embargo, mis progresos en sánscrito eran modestos. Yo aprovechaba cada ocasión para desviarme de la gramática y lanzarme a hablar sobre yoga, sobre Lahiri Mahasaya. Un día, mi tutor accedió a mi insistencia y comenzó a contarme algo de su propia vida con el maestro.

—Tuve la rara fortuna de estar cerca de Lahiri Mahasaya durante diez años. Cada noche, su casa en Benarés era mi lugar de peregrinación. El maestro siempre se hallaba en un pequeño salón del primer piso. Sentado en la postura del loto sobre un simple asiento de madera sin respaldo, lo rodeábamos en semicírculo, adornado con guirnaldas. Sus ojos brillaban con el gozo del Divino. Siempre estaban medio cerrados, como si contemplaran desde el orbe telescópico interior una esfera de dicha eterna. Rara vez hablaba durante mucho tiempo. A veces su mirada se posaba en uno de nosotros y entonces fluían palabras sanadoras, como una avalancha de luz.

»Una paz indescriptible florecía en mi persona al recibir su mirada. Me impregnaba de su presencia, como si aspirara la fragancia de un loto sin forma. Estar a su lado, aun sin cruzar una sola palabra durante días, transformaba todo mi ser. Si alguna barrera invisible se interponía en mi meditación, bastaba con sentarme a sus pies. Allí, los estados más sutiles del alma acudían fácilmente a mí. Eran percepciones que me resultaban inalcanzables junto a maestros menores. Él era un templo viviente de Dios, cuyas puertas internas se abrían por la vía de la devoción.

»Lahiri Mahasaya no interpretaba las escrituras desde el intelecto. Se sumergía sin esfuerzo en la biblioteca divina. Palabras y pensamientos surgían de él como espuma de la fuente de su omnisciencia. Poseía la clave maravillosa que descifraba la ciencia filosófica oculta desde hacía siglos en los Vedas.[6] Si se le pedía que explicara los distintos planos de conciencia mencionados en los textos antiguos, él simplemente asentía y sonreía.

»—Voy a experimentar esos estados y luego te diré lo que percibo.

»Así hablaba Lahiri Mahasaya, lo cual era diametralmente opuesto a cómo lo hacían los maestros que repiten las escrituras como loros sagrados, recitando abstracciones que jamás han encarnado.

»—Por favor, expón las estrofas sagradas a medida que se te revelen –decía a menudo el taciturno gurú a un discípulo cercano–. Guiaré tus pensamientos para que se pronuncie la interpretación correcta.

»De este modo, se registraron muchas de sus percepciones, con extensos comentarios de varios estudiantes. Lahiri Mahasaya no recomendaba la creencia ciega.

»—Las palabras son sólo conchas –decía–. Gana la convicción de la presencia de Dios por tu propio contacto gozoso en la meditación.

»Fuera cual fuera el problema del discípulo, el gurú aconsejaba siempre el Kriya Yoga como solución.

»—La llave yóguica no perderá su eficacia cuando yo ya no esté en el cuerpo físico para guiarte. Esta técnica no se archiva

---

6. Los antiguos cuatro Vedas comprenden más de 100 libros canónicos que aún existen. Emerson rindió el siguiente homenaje al pensamiento védico en su *Journal*: «Es sublime como el calor, la noche y un océano sin aliento. Contiene todo sentimiento religioso, toda la gran ética que visita, una tras otra, cada noble mente poética... No sirve de nada apartar el libro; si me fío de mí mismo en el bosque o en un bote sobre el estanque, la Naturaleza pronto me convierte en *brahmán*: necesidad eterna, compensación eterna, poder insondable, silencio inquebrantable... Éste es su credo. Paz, me dice, y pureza y abandono absoluto: estas panaceas expían todo pecado y te llevan a la beatitud de los Ocho Dioses».

ni se olvida como tantas inspiraciones teóricas. Sigue sin cesar por el sendero de liberación a través del Kriya, cuyo poder reside en la práctica constante.

»Yo mismo considero el Kriya como el dispositivo más eficaz de salvación mediante el esfuerzo propio que el hombre haya encontrado jamás en su búsqueda de lo Infinito. A través de su uso, el Dios omnipotente, oculto en todos los hombres, se encarnó visiblemente en Lahiri Mahasaya... y también en varios de sus discípulos.

Uno de esos prodigios, semejante a los milagros atribuidos a Cristo, ocurrió en presencia del propio Kebalananda. Me lo contó un día, apartando suavemente los ojos de los textos de sánscrito que teníamos delante.

—Un discípulo ciego, Ramu, despertó mi compasión. ¿No debía tener luz en sus ojos aquel que servía fielmente a nuestro maestro, en quien brillaba la plenitud del Divino? Una mañana intenté hablarle, pero él se sentó durante horas abanicando al gurú con un *punkha* de hoja de palma. Finalmente, cuando salió de la habitación, lo seguí.

»—Ramu, ¿cuánto tiempo llevas ciego? –le pregunté.

»—Desde mi nacimiento, señor. Nunca han sido bendecidos mis ojos con la visión breve del sol.

»—Nuestro gurú omnipotente puede ayudarte. Por favor, haz una súplica.

»Al día siguiente, Ramu se acercó con timidez a Lahiri Mahasaya. Se sentía casi avergonzado de pedir una gracia física cuando ya rebosaba riqueza espiritual.

»—Maestro, el Iluminador del cosmos está en tu persona. Te ruego que traigas Su luz a mis ojos para que pueda percibir el resplandor menor del sol.

»—Ramu, alguien ha tramado ponerme en una situación difícil. Yo no tengo poder curativo.

»—Señor, el Infinito que está dentro de ti ciertamente puede sanar.

»—Eso es muy distinto, Ramu. ¡El límite de Dios no está en ningún lugar! Aquel que enciende las estrellas y las células de carne con la misteriosa refulgencia de la vida seguramente puede traer el brillo de la visión a tus ojos. –El maestro tocó con suavidad la frente de Ramu, justo en el punto entre las cejas–.[7] Mantén tu mente concentrada ahí y canta con frecuencia el nombre del profeta Rama[8] durante siete días. El esplendor del sol tendrá un amanecer especial para ti.

»Y así fue. En una semana, Ramu contempló por primera vez el rostro de la naturaleza. El Omnisciente había guiado con precisión a su discípulo hacia el nombre sagrado que más veneraba. Rama era, para Ramu, el más amado entre los santos. La fe fue el suelo devotamente labrado donde la semilla del gurú germinó en una sanación duradera.

Kebalananda guardó silencio unos instantes. Luego, su voz volvió con una sencillez aún más profunda:

—Era evidente en todos los milagros realizados por Lahiri Mahasaya que jamás permitió que el principio del ego[9] se considerara una fuerza causal. Por la perfección de una rendición irresistible, el maestro permitió que el Poder Sanador Supremo fluyera con libertad a través de él. Los numerosos cuerpos que fueron curados por Lahiri Mahasaya de una manera espectacular –concluyó Kebalananda– acabaron, al fin, por alimentar las llamas de la cremación. Pero los silenciosos despertares espirituales que él sembró, los discípulos semejantes a Cristo que formó… ésos son sus milagros imperecederos.

Nunca llegué a convertirme en un erudito del sánscrito. Pero Kebalananda me enseñó un lenguaje más divino.

---

7. El asiento del «ojo único» o espiritual. Al morir, la conciencia del hombre suele dirigirse a este lugar sagrado, lo que explica los ojos elevados que se observan en los fallecidos.

8. La figura central sagrada de la épica en sánscrito Ramayana.

9. *Ahankara*, egoísmo; literalmente, «Yo hago». La causa raíz del dualismo o ilusión de maya, por la cual el sujeto (ego) aparece como objeto; las criaturas se imaginan a sí mismas como creadores.

CAPÍTULO 5

Un «Santo del Perfume» muestra sus maravillas

«Cada cosa tiene su momento, y todo propósito bajo el cielo tiene su tiempo».

Yo no tenía aún esa sabiduría de Salomón para consolarme. En cada excursión fuera de casa, buscaba con ansiedad el rostro de mi gurú destinado. Pero mi camino no se cruzó con el suyo hasta después de completar mis estudios de secundaria.

Pasaron dos años desde aquella huida hacia el Himalaya con Amar hasta el gran día en que Sri Yukteswar entró en mi vida. Durante ese intervalo de tiempo conocí a varios sabios: el Santo del Perfume, el Swami Tigre, Nagendra Nath Bhaduri, el Maestro Mahasaya y el célebre científico bengalí Jagadis Chandra Bose.

Mi encuentro con el Santo del Perfume tuvo dos preámbulos: uno armonioso y otro… humorístico.

—Dios es simple. Todo lo demás es complejo. No busques valores absolutos en el mundo relativo de la naturaleza.

Estas palabras filosóficas, claras y penetrantes llegaron suavemente a mis oídos mientras permanecía en silencio ante una imagen en el templo de Kali.[1] Al volverme, me encontré con un hombre alto, de aspecto sereno. Su atuendo –o más bien su falta de atuendo– lo identificaba, sin duda, como un *sadhu* errante.

—¡Has penetrado de verdad en la confusión de mis pensamientos! –le dije sonriendo con gratitud–. La ambigüedad de los aspectos benignos y terribles de la naturaleza, simbolizados por Kali, ha desconcertado a mentes mucho más sabias que la mía.

—Pocos son los que resuelven ese misterio –respondió el *sadhu* con voz clara–. El bien y el mal: ése es el enigma desafiante que la vida sitúa de forma enigmática ante toda inteligencia. Sin atreverse a buscar una solución, la mayoría de los hombres pagan el precio con sus vidas... Una tragedia igual hoy que en los días de Tebas. Aquí y allá, una figura solitaria y elevada nunca grita derrota. De la *maya*[2] de la dualidad arranca la verdad indivisible de la unidad.

—Habla usted con convicción, señor.

---

1. Kali representa el principio eterno en la naturaleza. Tradicionalmente se la representa como una mujer de cuatro brazos, de pie sobre la forma de Shiva, el Dios Infinito, porque la naturaleza o el mundo fenomenal está enraizado en el Noúmeno. Los cuatro brazos simbolizan atributos cardinales, dos beneficiosos y dos destructivos, lo que indica la dualidad esencial de la materia o la creación.

2. Ilusión cósmica; literalmente, «la que mide». *Maya* es el poder mágico en la creación mediante el cual las limitaciones y divisiones están aparentemente presentes en lo Inmensurable e Inseparable. Emerson escribió el siguiente poema, al que tituló *Maya*:

   La ilusión de la obra es impenetrable,
   Teje incontables telarañas,
   Sus alegres imágenes nunca se acaban,
   Se amontonan unas sobre otras, velo tras velo,
   Obra de un encanto que será creída
   Por el hombre que anhela ser engañado.

—Hace mucho que practico una introspección honesta, ese camino dolorosamente exquisito hacia la sabiduría. El examen de conciencia, la observación implacable de los propios pensamientos, es una experiencia austera, devastadora. Pulveriza incluso al ego más endurecido. Pero el verdadero análisis interior opera con precisión matemática: produce videntes. En cambio, la vía de la autoexpresión y de los reconocimientos individuales genera ególatras, convencidos de que tienen derecho a sus propias interpretaciones privadas de Dios y del universo.

—La verdad, sin duda, se retira con humildad ante semejante presunción de originalidad arrogante. –Yo disfrutaba de la conversación.

—El hombre no puede comprender ninguna verdad eterna sin antes liberarse de sus pretensiones. La mente humana, sumergida en el cieno de los siglos, está infestada de una vida repulsiva hecha de incontables ilusiones mundanas. Las luchas en los campos de batalla palidecen ante el drama interior del hombre que se enfrenta por primera vez a sus enemigos internos. ¡No son éstos adversarios mortales a los que se les puede vencer con una simple demostración de fuerza! Omnipresentes, incansables, lo persiguen incluso en sueños. Equipados sutilmente con armas miasmáticas, estos soldados de lujurias ignorantes buscan nuestra aniquilación. El hombre despreocupado que entierra sus ideales y se rinde al destino común, ¿puede parecer otra cosa que impotente, rígido, ignominioso?

—¿Y no siente usted, señor, simpatía por las masas confundidas?

El sabio guardó silencio un instante. Luego respondió con una frase oblicua:

—Amar tanto al Dios invisible, el Depositario de todas las virtudes, como al hombre visible, aparentemente desprovisto de ellas, puede resultar desconcertante. Pero la ingenuidad es un laberinto. La indagación interna pronto revela una unidad en todas las mentes humanas: el parentesco profundo del motivo egoísta. En al menos un sentido, se revela la hermandad del hombre. Y con ese descubrimiento nivelador, llega una humildad asombrada. Entonces se madura en compasión hacia los semejantes, ciegos aún a las potencias curativas del alma que esperan ser exploradas.

—Los santos de todos los tiempos, señor, han compartido ese sentimiento ante el sufrimiento del mundo.

—Sólo el hombre superficial pierde sensibilidad por el dolor ajeno mientras se consume en el estrecho sufrimiento propio –dijo el *sadhu*, y su rostro austero se suavizó–. Quien practica el examen de conciencia con bisturí conocerá la expansión de la piedad universal. Se libera de las demandas ensordecedoras del ego. En ese terreno florece el amor divino. La criatura vuelve entonces su rostro al Creador, aunque sólo sea para clamar con angustia: «¿Por qué, Señor, por qué?». Por medio de látigos innobles de dolor, el hombre es finalmente conducido a la Presencia Infinita, cuya sola belleza bastaría para atraerlo.

Estábamos en el templo de Kalighat, en Calcuta. Yo había ido allí a contemplar su célebre magnificencia. Con un gesto amplio, mi compañero desestimó la dignidad ornamentada del santuario.

—Los ladrillos y el mortero no nos cantan melodía alguna –afirmó–. Sólo el corazón se abre al canto humano del ser.

Caminamos hacia la luz acogedora de la entrada, donde multitudes de devotos iban y venían.

—Eres joven –murmuró el sabio, observándome con atención–. India también es joven. Los antiguos *rishis*[3] establecieron patrones indelebles de vida espiritual. Sus antiguos dictámenes son suficientes para este día y esta tierra. No están desfasados ni son menos sofisticados frente a las astucias del materialismo. Sus preceptos disciplinarios siguen moldeando a la India. Durante milenios, más de lo que les gustaría admitir a los académicos avergonzados, el tiempo escéptico ha validado el valor védico. Tómalo como tu herencia.

---

3. Los *rishis*, literalmente «videntes», fueron los autores de los Vedas en una antigüedad indeterminable.

Mientras me despedía con veneración del elocuente *sadhu*, reveló con claridad profética:

—Después de que te vayas de aquí hoy, vivirás una experiencia inusual.

Abandoné los recintos del templo y comencé a deambular sin rumbo. Al doblar una esquina, me encontré con un viejo conocido, uno de esos parlanchines cuya elocuencia ignora el tiempo y abraza la eternidad.

—Te dejaré ir enseguida –me dijo– si me cuentas todo lo que ha pasado en estos seis años de separación.

—¡Qué paradoja! –repliqué–. Justo ahora tengo que irme.

Pero me retuvo con firmeza por la mano, extrayendo con esfuerzo pequeños fragmentos de información. Pensé con ironía que me parecía a un lobo hambriento; cuanto más hablaba yo, más ansiosamente husmeaba en busca de novedades. En mi interior pedí a la diosa Kali que ideara alguna forma elegante de escapar de esa situación.

De pronto, mi interlocutor me soltó y se marchó sin más. Suspiré aliviado y apresuré el paso, temiendo una recaída de su fiebre locuaz. Al oír pasos rápidos detrás de mí, aceleré aún más. No me atrevía a mirar hacia atrás. Pero el joven me alcanzó de un salto, me agarró jovialmente del hombro y exclamó:

—¡Olvidaba hablarte de Gandha Baba, el Santo del Perfume! Está en esa casa. –Señaló una vivienda cercana–. Conócelo. Es interesante. Tal vez vivas una experiencia inusual. Adiós.

Y esta vez sí, se fue.

Recordé entonces las palabras proféticas del *sadhu* en el templo Kalighat. Intrigado, entré en la casa. Fui conducido a un amplio salón, donde una multitud se hallaba sentada al estilo oriental sobre una alfombra de un intenso color naranja. Un susurro reverente llegó a mis oídos:

—Contempla a Gandha Baba sobre la piel de leopardo. Puede desprender aroma natural a una flor sin olor, revivir una que esté marchita o hacer que la piel de una persona emane una fragancia encantadora.

Dirigí la mirada directamente al santo. Él me miró con rapidez y nuestras miradas se cruzaron. Era un hombre corpulento, de piel oscura, barba tupida y grandes ojos brillantes.

—Hijo, me alegra verte. Dime, ¿qué deseas? ¿Te gustaría un poco de perfume?

—¿Para qué? –pensé que la propuesta tenía un aire infantil.

—Para que experimentes la forma milagrosa de disfrutar de los aromas.

—¿Usar a Dios para crear olores?

—¿Y qué? Dios crea perfumes de todos modos.

—Sí, pero Él forma frágiles frascos de pétalos para usarlos y desecharlos. ¿Puedes materializar flores?

—Yo materializo perfumes, pequeño amigo.

—Entonces las fábricas de perfume dejarán de funcionar…

—Les permitiré continuar su comercio. Mi propósito es demostrar el poder de Dios.

—¿De verdad es necesario probar a Dios? ¿No realiza Él milagros en todo, en todas partes?

—Sí, pero también nosotros deberíamos manifestar algo de su infinita creatividad.

—¿Cuánto tiempo te llevó dominar ese arte?

—Doce años.

—¿Doce años fabricando perfumes por medios astrales? –repliqué–. Mi honorable santo, parece que ha desperdiciado una docena de años en fragancias que cualquiera puede conseguir por unas pocas rupias en una floristería.

—Los perfumes se desvanecen con las flores.

—Y con la muerte. ¿Por qué desear algo que sólo complace al cuerpo?

—Señor Filósofo, a mí me complace la mente. Ahora, extiende tu mano derecha.

Hizo un gesto de bendición. Estaba a varios metros de mí; nadie lo bastante cerca como para tocarme. Extendí la mano. Gandha Baba no la rozó.

—¿Qué perfume deseas?

—Rosa.

—Que así sea.

Para mi sorpresa, el encantador aroma de rosa comenzó a emanar con fuerza del centro de mi palma. Sonriendo, tomé una gran flor blanca sin fragancia de un jarrón cercano.

—¿Puede esta flor inodora impregnarse de jazmín?

—Que así sea.

De los pétalos surgió instantáneamente una fragancia de jazmín. Di las gracias al hacedor de maravillas y me senté junto a uno de sus discípulos. Me informó de que Gandha Baba, cuyo nombre real era Vishudhananda, había aprendido numerosos secretos del yoga de un maestro tibetano. Según se decía, este maestro había alcanzado más de mil años de edad.

—El discípulo Gandha Baba no siempre realiza sus prodigios olfativos de la manera simple y verbal que acabas de presenciar –explicó el estudiante, visiblemente orgulloso–. Su método varía para adaptarse a distintos temperamentos. ¡Es asombroso! Muchos miembros de la intelectualidad de Calcuta están entre sus seguidores.

En mi interior decidí no unirme a aquel grupo. Un gurú demasiado «maravilloso» no era lo que buscaba. Me retiré con una inclinación cortés y palabras de agradecimiento.

De camino a casa, reflexioné sobre los tres encuentros que aquel día me había ofrecido. Al entrar por la puerta de Gurpar Road, mi hermana Uma me recibió con una exclamación:

—¡Te estás volviendo bastante elegante usando perfumes!

Sin decir ni una palabra, le tendí la mano para que la oliera.

—¡Qué fragancia de rosa tan deliciosa! ¡Es inusualmente fuerte!

Pensando que, en efecto, era bastante inusual, coloqué la flor aromatizada astralmente bajo sus fosas nasales.

—¡Oh, me encanta el jazmín! –exclamó, arrebatándome la flor. Su expresión se tornó perpleja al comprobar que, aunque sabía perfectamente que aquella flor no tenía olor alguno, desprendía una fragancia de jazmín. Su reacción disipó mi sospecha de que Gandha Baba me hubiera inducido algún estado de autosugestión que me hiciera percibir aromas inexistentes para los demás.

Más tarde, un amigo, Alakananda, me contó que Gandha Baba poseía un poder que muchos hambrientos de Asia –y hoy también de Europa– desearían tener.

—Estuve presente con otros cien invitados en su casa de Burdwan –me relató–. Era una ocasión festiva. Como el yogui tenía fama de poder extraer objetos del aire, le pedí en tono de broma que materializara algunas mandarinas fuera de temporada. Inmediatamente, los *luchis*[4] que estaban presentes en todos los platos de hojas de plátano se hincharon. Cada uno de los sobres de pan contenía una mandarina pelada. Mordí la mía con cierta aprensión, pero la encontré deliciosa.

Años después, comprendí, mediante una realización interior, cómo Gandha Baba lograba sus materializaciones. El método permanece más allá del alcance de las hordas hambrientas del mundo.

Los estímulos sensoriales que afectan al ser humano –tacto, vista, gusto, oído y olfato– son generados por variaciones vibratorias en electrones y protones. Estas vibraciones, a su vez, están reguladas por «partículas de vida», unas fuerzas vitales sutiles más finas que los átomos, cargadas con inteligencia y dotadas de las cinco esencias de las percepciones sensoriales.

Gandha Baba, sintonizado con la fuerza cósmica a través de prácticas yóguicas específicas, era capaz de guiar las «partículas de vida», reorganizar su estructura vibratoria y objetivar el resultado deseado. Sus perfumes, frutas y otros «milagros» eran materializaciones auténticas de vibraciones del mundo físico, no meras sensaciones inducidas hipnóticamente.[5]

---

4. Pan indio plano y redondo.

5. Los profanos difícilmente se dan cuenta de los enormes avances de la ciencia en el siglo xx. La transmutación de metales y otros sueños alquímicos se están cumpliendo cada día en centros de investigación científica alrededor del mundo. El eminente químico

Milagros como los del Santo del Perfume son espectaculares, sí, pero estériles a nivel espiritual. Suelen tener una escasa finalidad más allá del asombro y por ello desvían de la genuina búsqueda de Dios. La hipnosis, por ejemplo, ha sido empleada por médicos como una especie de cloroformo psíquico en operaciones menores, útil para quienes no toleran anestesia convencional. Pero aplicada de forma repetida, la hipnosis desordena las células cerebrales. Es una intromisión en el territorio sagrado de la conciencia ajena. Sus efectos pasajeros nada tienen en común con los verdaderos milagros de hombres de realización divina.

Despiertos en Dios, los santos actúan sobre el mundo onírico a través de una voluntad en sintonía perfecta con el Soñador Cósmico. Rechazan por principio la ostentación de poderes

---

francés, M. Georges Claude, realizó «milagros» en Fontainebleau en 1928, ante una asamblea científica, gracias a su conocimiento químico de las transformaciones del oxígeno. Su «varita mágica» era simplemente oxígeno, burbujeando en un tubo sobre una mesa. El científico «convirtió» un puñado de arena en piedras preciosas, el hierro en una sustancia parecida al chocolate derretido y, tras privar a las flores de sus tintes, las transformó en una especie de vidrio.

«M. Claude explicó cómo el mar podía convertirse, mediante transformaciones del oxígeno, en muchos millones de caballos de fuerza; cómo el agua que hierve no está necesariamente ardiendo; cómo pequeños montículos de arena podían transformarse en zafiros, rubíes y topacios con una sola bocanada de un soplete de oxígeno; y predijo que llegará el momento en que los hombres podrán caminar por el fondo del océano sin el equipo de buceo tradicional. Finalmente, el científico dejó asombrados a los presentes al volver sus rostros negros al eliminar el color rojo de los rayos del sol».

Este reconocido científico francés ha logrado producir aire líquido mediante un método de expansión con el cual ha podido separar los distintos gases del aire y ha descubierto diversas formas de aprovechamiento mecánico de las diferencias de temperatura en el agua del mar.

extraordinarios. El místico persa Abu Said se burló de los faquires orgullosos de su dominio sobre el agua, el aire y el espacio:

—¡Una rana también está en su hogar en el agua! –señaló con gentil desdén–. ¡El cuervo y el buitre vuelan sin esfuerzo por el aire, y el diablo está presente al mismo tiempo en Oriente y Occidente! El verdadero hombre es aquel que vive con rectitud entre sus semejantes, que compra y vende, pero nunca, ni por un instante, se olvida de Dios.

En otra ocasión, este mismo maestro expresó su visión de la vida religiosa con una gran claridad:

—Deja de lado lo que tienes en la cabeza (deseos y ambiciones egoístas), da libremente lo que tengas en la mano y nunca retrocedas ante los golpes de la adversidad.

Ni el sabio imparcial del templo Kalighat ni el yogui entrenado en el Tíbet lograron satisfacer mi anhelo de un gurú. Mi corazón no buscaba un tutor para confirmar sus reconocimientos, y gritaba sus propios «¡bravos!» con más fuerza precisamente porque raras veces eran convocados desde el silencio.

Cuando por fin conocí a mi maestro, no me ofreció maravillas, ni discursos, ni prodigios. Me enseñó únicamente con la sublimidad de su ejemplo cuál es la verdadera medida de un hombre.

CAPÍTULO 6

El Swami Tigre

—He descubierto la dirección del Swami Tigre. Vamos a visitarlo mañana.

Esa bienvenida sugerencia procedía de Chandi, uno de mis amigos del colegio. Yo estaba deseoso de conocer al santo que, en su vida premonástica, había cazado y luchado contra tigres tan sólo con sus manos. Un entusiasmo juvenil por tales hazañas extraordinarias seguía muy vivo en mí.

A la mañana siguiente, amaneció con un frío invernal, pero Chandi y yo partimos con buen ánimo. Tras una larga búsqueda, con varios rodeos infructuosos por Bhowanipur, en las afueras de Calcuta, por fin damos con la casa correcta. En la puerta, colgaban dos aros de hierro que hice sonar con decisión.

A pesar del estrépito, un sirviente se acercó con paso tranquilo. Su sonrisa irónica dejaba entrever que los visitantes, por mucho ruido que hicieran, no podían alterar la paz del hogar de un santo. Intuyendo la reprimenda silenciosa, Chandi y yo agradecimos la invitación a pasar al salón.

La larga espera que siguió nos fue causando una incomodidad creciente. En la India, la ley no escrita del buscador espiritual es la paciencia: un maestro puede, de manera deliberada, poner a prueba el deseo real de uno por conocerlo. «Esta misma táctica psicológica», pensé con una sonrisa, «la emplean libremente en Occidente tanto médicos como dentistas».

Finalmente, el sirviente nos llamó. Chandi y yo entramos en un dormitorio. El famoso Sohong Swami[1] estaba sentado en su cama. La visión de su cuerpo gigantesco nos dejó desconcertados. Con los ojos desorbitados, nos quedamos sin palabras. Jamás habíamos visto un pecho musuloso ni bíceps que recordaran a balones de fútbol. Sobre un cuello inmenso, el rostro del *swami* –fiero y sereno a la vez– estaba enmarcado por largos mechones, una espesa barba y bigote. Un destello doble, de paloma y de tigre, brillaba en sus ojos oscuros. Estaba desnudo, salvo por una piel de tigre ceñida a su musculosa cintura.

Recuperando la voz, mi amigo y yo saludamos al monje, expresándole nuestra admiración por su legendaria destreza en la arena felina.

—¿Podría explicarnos cómo es posible someter tan sólo con las manos a las más feroces bestias de la jungla, los majestuosos bengalíes?

—Hijos míos, para mí no significa nada luchar contra tigres. Podría hacerlo hoy mismo si fuera necesario –respondió con una risa infantil–. Vosotros veis tigres; yo sólo veo gatitos.

—Swamiji, creo que podría convencerme a mí mismo de que un tigre es un gato doméstico... pero ¿cómo hacer que el tigre también lo crea?

—¡Por supuesto, también hace falta fuerza! No se puede esperar que un bebé venza a un tigre sólo porque imagina que está indefenso. Mis manos poderosas son mi única arma.

Nos pidió que lo siguiéramos al patio. Se acercó a una pared y de un solo golpe en el borde hizo caer un ladrillo. El cielo se asomaba ahora con audacia a través del hueco. Me tambaleé

1. Sohong era su nombre monástico. Era conocido popularmente como el Swami Tigre.

asombrado. «Quien puede desmontar una pared de un solo golpe –pensé– seguramente también puede arrancar los colmillos de un tigre».

—Muchos hombres tienen una fuerza física como la mía, pero carecen de confianza. Un cuerpo fuerte sin una mente firme se desmaya ante la visión de una bestia salvaje libre en la jungla. El tigre auténtico, en su hábitat natural, no es el mismo que el animal de circo, narcotizado con opio. Muchos con músculos hercúleos han quedado paralizados por el miedo ante el ataque de un tigre bengalí. En la mente del animal, el hombre indefenso se vuelve tan inofensivo como un gatito. Pero un hombre con un cuerpo vigoroso y una voluntad indomable puede invertir los papeles y hacer que el tigre se perciba a sí mismo como inofensivo. ¡Cuántas veces lo he hecho!

Yo estaba dispuesto a creer que el titán que tenía delante era capaz de realizar esa metamorfosis: del tigre al gatito. Él hablaba en un tono didáctico y Chandi y yo le escuchábamos con respeto.

—Es la mente la que gobierna los músculos. La fuerza de un golpe de martillo depende de la energía que se le imprime. El poder que un cuerpo puede expresar depende de la voluntad agresiva y del coraje del alma. El cuerpo no es sino un instrumento fabricado y sostenido por la mente. Bajo la presión de los instintos acumulados en vidas pasadas, nuestras fortalezas o debilidades penetran en la conciencia, se convierten en hábitos y esos hábitos moldean un cuerpo deseable o indeseable. La fragilidad física tiene su raíz en lo mental. En un círculo vicioso, el cuerpo atado a la costumbre frustra a la mente. Cuando el amo se somete al siervo, éste se vuelve tiránico; de igual modo, la mente, esclavizada por el cuerpo, pierde su soberanía.

Ante nuestra súplica, el impresionante *swami* accedió a compartir algo de su vida personal.

—Mi primera ambición fue luchar contra tigres. Tenía la voluntad, pero mi cuerpo era débil –exclamé sorprendido. Resultaba difícil imaginar que aquel hombre de hombros titánicos hubiera sido alguna vez frágil–. Superé mi limitación gracias a una persistencia indomable en pensamientos de fuerza y salud. Tengo razones para glorificar el vigor mental, el verdadero dominador de los majestuosos bengalíes.

—¿Cree usted, venerado *swami*, que yo podría llegar a luchar contra tigres? –pregunté, y fue la primera y última vez que esa extraña ambición cruzó por mi mente.

—Sí –dijo sonriendo–. Pero hay muchos tipos de tigres. Algunos vagan por las junglas del deseo humano. No se gana ningún mérito espiritual al noquear a bestias inconscientes. Sé más bien un vencedor de los merodeadores internos.

—¿Podríamos escuchar, señor, cómo pasó de domar tigres salvajes a dominar pasiones salvajes?

El Swami Tigre guardó silencio. Su mirada se perdió en la distancia, invocando visiones de un pasado remoto. Percibí en él una breve lucha interior, mientras decidía si debía o no conceder nuestra petición. Finalmente, sonrió con un gesto de asentimiento.

—Cuando mi fama alcanzó su punto más alto, trajo consigo la embriaguez del orgullo. Decidí no sólo luchar contra los tigres, sino también enseñarles trucos. Quería obligar a las bestias salvajes a comportarse como animales domésticos. Comencé a exhibir mis hazañas en público y el éxito me sonrió.

»Una noche, mi padre entró en mi habitación con una actitud pensativa.

»—Hijo, tengo palabras de advertencia. Quisiera salvarte de males futuros provocados por las implacables ruedas de la causa y el efecto.

»—¿Eres fatalista, padre? ¿Debo permitir que la superstición enturbie las poderosas aguas de mis acciones?

»—No soy fatalista, hijo. Pero creo en la ley justa de la retribución, como enseñan las Escrituras. Hay resentimiento contra ti entre las criaturas de la selva. Algún día podría volverse en tu contra.

»—¡Me sorprendes, padre! Sabes bien cómo son los tigres: hermosos, sí, pero también despiadados. Incluso tras devorar a alguna criatura desventurada, un tigre se inflama de nuevo al ver a una nueva presa. Puede ser una alegre gacela saltando entre la hierba de la jungla. El tigre la alcanza, le abre la garganta de un solo mordisco, apenas prueba una gota de la sangre que llora en silencio... y sigue su camino caprichoso. ¡Los tigres son los más despreciables entre los habitantes de la jungla! ¿Quién sabe? Quizá mis golpes consigan inyectar algo de cordura en sus gruesos cráneos. ¡Soy el director de una escuela de perfeccionamiento selvático dedicada a enseñarles buenos modales! Por favor, padre, piensa en mí como en un domador de tigres, no como en un asesino. ¿Cómo podrían mis acciones, guiadas por un buen propósito, traerme mal alguno? Te ruego que no me impongas una obligación que me aleje de mi camino.

Chandi y yo escuchábamos en completo silencio, comprendiendo el dilema de la tradición. En la India, un hijo no contradice a la ligera los deseos de su padre.

—Mi padre me escuchó en silencio estoico –prosiguió el *swami*–. Y luego, con gravedad, compartió conmigo su revelación.

»—Hijo –dijo–, me obligas a contarte una predicción inquietante pronunciada ayer por un santo. Se acercó a mí mientras meditaba en la veranda. "Querido amigo, traigo un mensaje para tu hijo beligerante. Que cese sus actividades salvajes. De lo contrario, su próximo encuentro con un tigre le traerá heridas graves, seguidas de seis meses de enfermedad mortal. Luego abandonará sus antiguas costumbres y se convertirá en monje".

»Esa historia no me impresionó –admitió el *swami* con un gesto impaciente–. Pensé que mi padre había sido víctima de un fanático delirante.

Entonces guardó silencio un largo rato. El *swami* parecía ajeno a nuestra presencia, perdido en los pliegues del recuerdo. Cuando retomó su narración, lo hizo con una voz sorprendentemente suave.

—Poco después de aquella advertencia, viajé a la capital de Cooch Behar. Nunca había estado en esa región tan pintoresca y esperaba disfrutar de un cambio relajante. Como siempre, una multitud curiosa comenzó a seguirme por las calles. Escuchaba fragmentos de susurros: «Ése es el hombre que lucha contra tigres salvajes», «¿Tiene piernas o troncos de árbol?», «¡Miren su rostro! ¡Debe ser la encarnación del rey de los tigres!».

»Ya sabéis cómo son los niños en los pueblos: pequeñas ediciones ambulantes de los periódicos. Y las mujeres... ¡qué boletines improvisados llevan de casa en casa! En pocas horas, toda la ciudad hervía de expectación por mi presencia.

»Aquella noche descansaba tranquilo cuando escuché el galope de caballos. Se detuvieron frente a mi alojamiento. Varias figuras altas, con turbantes, cruzaron la puerta. Eran policías.

»—Todas las cosas son posibles con estas criaturas de la ley humana –pensé–. ¿Vendrán a reprenderme por algo de lo que ni siquiera tengo noticia?

»Pero para mi sorpresa, los oficiales se inclinaron con una cortesía inusual.

»—Honorable señor, venimos en nombre del príncipe de Cooch Behar. Le complace invitarlo a su palacio mañana por la mañana.

»Durante unos instantes especulé sobre aquella invitación inesperada. Por alguna razón sentí una punzada de desasosiego. Pero la actitud casi suplicante de los oficiales me ablandó. Acepté.

»A la mañana siguiente, quedé aún más desconcertado cuando me escoltaron desde la puerta hasta un espléndido carruaje tirado por cuatro caballos. Un sirviente sostenía una sombrilla ornamentada para protegerme del sol abrasador. El paseo fue placentero. El propio príncipe me recibió a las puertas del palacio y me ofreció su asiento bordado en oro y él se quedó con uno más sencillo. Pensé: "Toda esta cortesía, sin duda, me va a costar algo".

»Y no me equivoqué.

»Después de unos comentarios banales, el príncipe reveló su motivo:

»—La ciudad entera habla del hombre que lucha contra tigres tan sólo con las manos. ¿Es cierto?

»—Es completamente cierto.

»—¡Difícil de creer! Eres un bengalí de Calcuta, criado con arroz blanco. Sé sincero, por favor, ¿no habrás estado enfrentándote sólo a animales sin columna vertebral, narcotizados con opio?

»Su voz era fuerte y sarcástica, teñida con el acento de quien no ha dejado el campo.

»No le respondí –aseguró el *swami* con firmeza.

»—Te desafío a luchar contra mi recién capturado tigre Raja Begum.[2] Si logras resistirlo, atarlo con una cadena y salir de su jaula consciente, ¡el tigre de Bengala será tuyo! –exclamó el príncipe–. También recibirás varios miles de rupias y numerosos regalos. Pero si te niegas al combate, haré que todo el estado sepa que eres un impostor.

»Sus insolentes palabras me golpearon como una ráfaga de balas. Respondí con aceptación furiosa. El príncipe, que se había ido levantando por la emoción, se dejó caer entonces de nuevo en su asiento, con una sonrisa sádica. Me recordó a los emperadores romanos que se deleitaban arrojando a los cristianos a las fieras.

»—El combate se fijará para dentro de una semana –anunció–. Lamento no darte permiso para ver al tigre con antelación.

»Tal vez temía que intentara hipnotizar a la bestia o alimentarla en secreto con opio. No lo sé.

»Salí del palacio advirtiendo con divertida resignación que el carruaje decorado y la sombrilla real habían desaparecido.

»Durante la semana siguiente, preparé metódicamente mente y cuerpo. Mi sirviente me mantenía informado de los rumores que se esparcían como incendios. La profecía del santo había salido a la luz, multiplicada por la imaginación colectiva. Algunos aldeanos aseguraban que el tigre era un espíritu maligno reencarnado, capaz de asumir formas demoníacas durante la noche. Otros decían que las oraciones de los tigres al cielo ha-

---

2. Príncipe Princesa, nombrado así para indicar que esta bestia poseía la ferocidad combinada de un tigre y una tigresa.

bían sido escuchadas y que el príncipe era ahora el instrumento divino para castigarme por mi insolencia con su especie.

»Según mi sirviente, el príncipe estaba en su elemento, como maestro de ceremonias del combate. Había ordenado la construcción de un pabellón reforzado, preparado para miles de espectadores. En su centro rugía Raja Begum, una bestia colosal encerrada en una jaula de hierro, rodeada por un recinto de seguridad. Alimentado con escasez, su hambre era tan feroz como su reputación.

»La ciudad entera, y hasta los suburbios, acudieron con entusiasmo. Los tambores que anunciaban el combate atrajeron a multitudes. El día señalado, cientos quedaron fuera por falta de asientos. Algunos rompieron lonas, otros se colaron bajo las gradas.

»Mientras Raja Begum lanzaba rugidos que helaban la sangre y el gentío murmuraba nervioso, yo aparecí en silencio. Llevaba apenas un paño a la cintura; por lo demás, estaba completamente desnudo. Abrí la puerta del recinto, la cerré con calma detrás de mí y me dirigí a la jaula.

»El tigre sintió la sangre antes de verla. Se lanzó contra los barrotes con un estruendo aterrador, rugiendo con una furia ensordecedora. La multitud quedó muda de espanto: yo parecía un cordero ante una tormenta de colmillos.

»Entré en la jaula. Cerré la puerta con firmeza justo cuando la bestia se abalanzaba. Mi mano derecha quedó horriblemente desgarrada; la sangre brotaba en torrentes. Era la primera herida grave que recibía en mi vida, y parecía que la profecía del santo se cumplía.

»Pero no me permití caer. Oculté la mano herida bajo el paño de la cintura, ignoré el dolor y lancé un puñetazo con el brazo izquierdo, que le rompió los huesos. El tigre retrocedió tambaleándose, dio media vuelta y se abalanzó de nuevo a mí. Mi puño castigador lo recibió en la cabeza.

»Sin embargo, el sabor de la sangre lo había enloquecido. Era como el primer trago para un dipsómano. Rugía, golpeaba, desgarraba con creciente frenesí. Yo, limitado a una sola mano, resistía como podía. La jaula se convirtió en un infierno: sangre por todas partes, choques brutales, respiraciones entrecortadas. Luchábamos como dos demonios en una guerra sagrada.

»—¡Dispárenlo! ¡Mátenlo! –gritaron desde las gradas.

»Un guardia disparó, pero la velocidad de la lucha hizo fallar el tiro. Reuní toda mi voluntad, rugí como la propia bestia y le asesté un golpe final, devastador. Raja Begum se desplomó. Inmóvil.

—¡Como un gatito! –interrumpí sin poder contenerme.

El *swami* rio con ganas, luego retomó la historia.

—Raja Begum fue finalmente vencido. Su orgullo real, aún más humillado; con mis manos laceradas, abrí con audacia sus mandíbulas. Durante un momento dramático, metí la cabeza en aquella trampa mortal abierta. Busqué una cadena entre las que había en el suelo y, tras encontrar una, até al tigre por el cuello a los barrotes de la jaula. Con gesto triunfante, me dirigí hacia la puerta.

»Pero ese demonio encarnado tenía aún reservas de furia. Con un salto increíble, rompió la cadena y se lanzó sobre mi espalda. Sus mandíbulas atraparon mi hombro; caí violentamente. Pero en un instante lo tenía otra vez bajo mi cuerpo. A fuerza de golpes implacables, hundí al traidor en un estado de seminconsciencia. Esta vez lo até con extremo cuidado. Lentamente, salí de la jaula.

»Me recibieron con un nuevo clamor, esta vez de júbilo. El aplauso estalló como si toda la multitud compartiera un solo pecho, una sola garganta. Aunque destrozado por las heridas, había cumplido las tres condiciones impuestas: aturdir al tigre, encadenarlo y salir por mi cuenta. Además, lo había herido y atemorizado tanto que incluso en su furor había ignorado la oportunidad de arrancarme la cabeza.

»Tras recibir atención médica, fui honrado con guirnaldas; cientos de monedas de oro cayeron a mis pies. La ciudad entera se sumió en un festejo prolongado. Por doquier se oían discusiones sobre la proeza. Me presentaron formalmente a Raja Begum como se había prometido… pero no sentí la menor euforia. Algo profundo había cambiado en mi interior. Era como si al salir de la jaula, también hubiese cerrado la puerta a mis antiguas ambiciones.

»Lo que siguió fue un largo calvario. Durante seis meses estuve al borde de la muerte por una infección en la sangre. Apenas recuperé fuerzas, abandoné Cooch Behar y regresé a mi ciudad natal.

»—Ahora sé que el verdadero maestro fue el santo que me comunicó la advertencia –confesé a mi padre con humildad–. ¡Ojalá pudiera encontrarlo!

»Mi anhelo era sincero… y fue respondido. Un día, el santo apareció sin previo aviso.

»—Basta de domar tigres –dijo con serena seguridad–. Ven conmigo. Te enseñaré a dominar a las bestias de la ignorancia que habitan en las junglas de la mente humana. Estás acostumbrado a tener público; que ahora sea una galaxia de ángeles, entretenido por tu dominio del yoga.

»Ese sabio me inició en el camino espiritual. Abrió las puertas de mi alma, oxidadas y resistentes por el largo desuso. De su mano, partí hacia el Himalaya para comenzar mi entrenamiento.

Chandi y yo nos inclinamos a los pies del *swami*, agradecidos por el vívido relato de una vida ciclónica. Me sentí plenamente recompensado por la larga espera en aquel frío salón.

CAPÍTULO 7

El santo que levita

—Anoche vi a un yogui suspendido en el aire, a varios metros del suelo, durante una reunión grupal –dijo mi amigo Upendra Mohun Chowdhury con una expresión solemne.

Le respondí con una sonrisa entusiasta.

—Creo que puedo adivinar su nombre. ¿Se trata de Bhaduri Mahasaya, el de Upper Circular Road?

Upendra asintió, visiblemente decepcionado de no poder darme una primicia. Mi curiosidad por los santos y místicos era bien conocida entre mis amigos; se deleitaban en lanzarme a nuevas búsquedas.

—Vive tan cerca de mi casa que lo visito con frecuencia –añadí. Mis palabras despertaron un vivo interés en el rostro de Upendra. Animado por su expresión, decidí confiarle algo más–: Lo he visto realizar hazañas notables. Ha dominado con destreza los diferentes *pranayamas*[1] del antiguo yoga en ocho

1. Métodos de control de la fuerza vital a través de la regulación de la respiración.

etapas delineado por Patanjali.[2] Una vez, Bhaduri Mahasaya ejecutó el *Bhastrika Pranayama* ante mí con tal fuerza que parecía que una tormenta real había surgido en la habitación. Luego extinguió ese aliento atronador y permaneció inmóvil en un alto estado de supraconciencia.[3] El aura de paz tras la tormenta fue tan vívida que no puedo olvidarla.

—He oído que ese santo nunca sale de su casa –dijo Upendra con un tono incrédulo.

—¡Es cierto! Lleva más de veinte años sin abandonar el interior. Sólo afloja un poco su autoimpuesta reclusión durante nuestras festividades sagradas, cuando se asoma hasta la acera de su casa. Los mendigos se reúnen allí: el santo Bhaduri es conocido por su corazón compasivo.

—¿Y cómo es posible que se mantenga en el aire, desafiando la ley de la gravedad?

—El cuerpo de un yogui pierde densidad mediante ciertos *pranayamas*. Entonces puede levitar o saltar como una rana brin-

---

2. El exponente más antiguo del yoga.

3. Los profesores franceses fueron los primeros en Occidente en estar dispuestos a investigar científicamente las posibilidades de la mente supraconsciente. El profesor Jules-Bois, miembro de la L'Ecole de Psychologie de la Sorbona, dio conferencias en América en 1928; dijo a sus audiencias que los científicos franceses reconocen la supraconciencia, «que es el opuesto exacto de la mente subconsciente de Freud y es la facultad que hace que el hombre sea realmente hombre y no sólo un superanimal». M. Jules-Bois explicó que el despertar de la conciencia superior «no debe confundirse con el coueísmo o el hipnotismo. La existencia de una mente supraconsciente ha sido reconocida filosóficamente desde hace mucho tiempo, siendo en realidad el Alma Superior de la que habló Emerson, pero sólo hace poco ha sido reconocida científicamente». El científico francés señaló que de la supraconciencia provienen la inspiración, el genio y los valores morales. «Creer en esto no es misticismo, aunque reconoce y valora las cualidades que predicaban los místicos».

cando. Incluso santos que no practican yoga formal[4] han sido vistos levitando en momentos de profunda devoción a Dios.

—Me gustaría saber más sobre ese sabio. ¿Asistes a sus reuniones nocturnas?

Los ojos de Upendra brillaban con curiosidad.

—Sí, voy con frecuencia. Me divierte mucho la agudeza de su sabiduría. A veces, mi risa prolongada arruina la solemnidad del ambiente. El santo no se molesta... pero sus discípulos me lanzan miradas asesinas.

Esa misma tarde, al volver de la escuela, pasé por el claustro de Bhaduri Mahasaya y decidí visitarlo. El yogui era inaccesible para el público general. Un discípulo solitario, que ocupaba el piso inferior, se encargaba de custodiar la privacidad del maestro. Tenía modales algo autoritarios; esta vez me preguntó con formalidad si tenía «una cita».

Pero el gurú apareció justo a tiempo, salvándome de una expulsión discreta pero inevitable.

—Deja que Mukunda venga cuando quiera –dijo con una chispa de picardía en los ojos–. Mi regla de reclusión no es por comodidad propia, sino por la de los demás. A la gente mundana no le gusta la franqueza que destruye sus ilusiones. Los santos no sólo son escasos... también son incómodos. ¡Incluso en las Escrituras suelen hallarse en situaciones comprometidas!

Lo seguí hasta sus habitaciones austeras en el último piso, de las que rara vez salía. Los maestros, pensé, suelen ignorar el bullicioso panorama del mundo, que parece un fondo borroso sin importancia hasta que el tiempo lo convierte en era. Los contemporáneos de un sabio no pertenecen únicamente a su estrecho presente.

—Maharishi,[5] usted es el primer yogui que conozco que siempre se queda en casa.

---

4. Santa Teresa de Ávila y otros santos cristianos fueron observados en estado de levitación con frecuencia.

5. Gran sabio.

—Dios a veces planta a sus santos en tierras inesperadas, para que no pensemos que podemos reducirlo a una fórmula.

El sabio inmovilizó su cuerpo vibrante en la postura de loto. A pesar de sus setenta años, no mostraba señal alguna de decrepitud ni de vida sedentaria. Robusto, erguido, era impecable en todos los aspectos. Su rostro parecía esculpido a partir de las descripciones antiguas de los *rishis*: una frente noble, una barba abundante, siempre sentado con firmeza, los ojos tranquilos fijos en la Omnipresencia.

Nos sumergimos en meditación. Al cabo de una hora, su voz suave me trajo de vuelta del silencio:

—A menudo entras en lo profundo, pero ¿has desarrollado *anubhava*?[6] –Me estaba recordando que debía amar a Dios más que a la meditación misma–. No confundas la técnica con la meta. –Me ofreció unos mangos. Y con ese humor jovial que tanto me deleitaba en su naturaleza grave, bromeó–: La mayoría prefiere el *Jala Yoga* (unión con la comida) al *Dhyana Yoga* (unión con Dios).

Su ocurrencia yóguica me hizo estallar en una risa incontenible.

—¡Qué risa tan contagiosa tienes! –exclamó con ternura.

Sus ojos irradiaban afecto. Su rostro, casi siempre serio, estaba matizado por una sonrisa extática; en sus grandes ojos de loto moraba una risa divina, profunda, apenas disimulada.

—Esas cartas proceden de la lejana América –dijo, señalando unos sobres gruesos sobre la mesa–. Mantengo correspondencia con algunas sociedades interesadas en el yoga. Están redescubriendo la India... con mejor sentido que Colón. Me alegra poder ayudarlos. El conocimiento del yoga es libre, como la luz del día: no puede ser monopolizado.

Guardó silencio durante un instante y luego añadió con gravedad:

6. Verdadera percepción de Dios.

—Lo que los *rishis* reconocieron como esencial para la salvación humana no necesita ser diluido en Occidente. Iguales en alma, aunque diversos en experiencia externa, ni Oriente ni Occidente prosperarán si no practican alguna forma de yoga disciplinario.

El santo me sostuvo con la mirada. En aquel momento no entendí que sus palabras eran una guía profética, velada. Sólo ahora, al escribir este recuerdo, comprendo el significado profundo de aquellas indicaciones, afirmadas con tanta ligereza, que señalaban que algún día llevaría las enseñanzas de la India a América.

BHADURI MAHASAYA, «El Santo que Levita»

—Señor –pregunté–, ¿por qué no escribe un libro sobre yoga para beneficio del mundo?

—Estoy formando discípulos –respondió con calma–. Ellos y sus estudiantes serán volúmenes vivos, inmunes a las desintegraciones naturales del tiempo y a las interpretaciones antinaturales de los críticos.

El ingenio de Bhaduri me arrancó una nueva carcajada. Me quedé a solas con él hasta que llegaron sus discípulos, entrada ya la noche. Entonces, Mahasaya inició uno de sus inigualables discursos. Como una inundación serena, su palabra barría los escombros mentales de los oyentes, arrastrándolos suavemente hacia Dios. Sus parábolas, impactantes, brotaban en un bengalí impecable, tan claro como inspirador.

Esa noche expuso varios puntos filosóficos en torno a la vida de Mirabai, la princesa *rajputani* del medievo que abandonó el lujo de la corte para buscar la compañía de los *sadhus*. Un día, un renombrado *sannyasi* se negó a recibirla por el simple hecho de ser mujer. Su respuesta lo obligó a inclinarse a sus pies:

—Díganle al maestro –dijo ella– que no sabía que existía algún varón en el universo salvo Dios. ¿No somos todos femeninos ante Él?

(Una visión profundamente escritural, que ve al Señor como el único Principio Creativo Positivo, y a su creación como una *maya* receptiva, pasiva).

Mirabai compuso muchas canciones extáticas, que todavía siguen cantándose y reverenciándose en toda la India. Traduzco aquí una de ellas:

Si bañarse a diario bastara para hallar a Dios,
con gusto sería una ballena en el mar sin fondo.
Si comer raíces y frutos lo revelara,
sería una cabra, alegre y fecunda.
Si rezar rosarios sirviera para encontrarlo,
contaría cuentas infinitas y duras.
Si postrarme ante ídolos de piedra bastara,
adoraría a una montaña, sin reservas.
Si beber leche llevara al Amado,
ya muchos terneros y niños lo habrían encontrado.
Y si renunciar a la esposa condujera a Dios,

¿no vivirían miles de eunucos en Su morada?
Mirabai lo sabe:
para encontrar al Divino,
el único requisito indispensable es el Amor.

Varios estudiantes colocaban rupias sobre las sandalias de Bhaduri, que descansaban a su lado mientras él permanecía sentado en la postura de yoga. Esta ofrenda respetuosa, habitual en la India, simboliza que el discípulo pone sus bienes materiales a los pies del gurú. Los amigos agradecidos no son otros que el Señor disfrazado, cuidando de los suyos.

—¡Maestro, eres maravilloso! –exclamó un estudiante al despedirse, mirando con fervor al sabio patriarcal–. ¡Has renunciado a las riquezas y comodidades para buscar a Dios y enseñarnos sabiduría!

Era bien sabido que Bhaduri Mahasaya había abandonado una gran fortuna familiar desde que era joven al ingresar con firmeza en el camino yóguico.

—¡Estás invirtiendo el caso! –replicó el santo con un leve reproche en el rostro–. He dejado unas pocas rupias insignificantes, unos cuantos placeres efímeros, a cambio de un imperio cósmico de dicha infinita. ¿Cómo podría decirse que he hecho un sacrificio? Conozco la alegría de compartir el tesoro. ¿Y eso sería privación? ¡Los verdaderos renunciantes son las personas mundanas de visión corta! Ellas entregan una posesión divina inconmensurable por un pobre puñado de juguetes terrenales.

Me reí ante esa visión paradójica de la renuncia, que corona como rey a cualquier mendigo santo y convierte a los millonarios orgullosos en mártires sin saberlo.

—El orden divino dispone nuestro futuro con más sabiduría que cualquier compañía de seguros –añadió el maestro. Sus palabras eran el credo vívido de su fe–. El mundo está lleno de creyentes ansiosos por seguridades externas. Sus pensamientos amargos son como cicatrices en sus frentes. Aquel que nos dio aire y leche desde nuestro primer aliento sabe también cómo sostener a sus devotos día tras día.

Continué mis visitas al umbral del santo durante años tras la escuela. Con un celo silencioso, él me ayudó a alcanzar *anubhava*. Un día se trasladó a Ram Mohan Roy Road, lejos del vecindario de mi casa en Gurpar Road. Sus devotos, llenos de afecto, le habían construido un nuevo retiro, conocido como Nagendra Math.[7]

Aunque esto me adelanta en la narración, relataré aquí las últimas palabras que Bhaduri Mahasaya pronunció. Poco antes de mi partida a Occidente, fui a buscarlo y me arrodillé humildemente para recibir su bendición de despedida.

—Hijo, ve a América. Toma la dignidad de la India ancestral como tu escudo. La victoria está escrita en tu frente; el noble pueblo distante te recibirá bien.

---

7. El nombre completo del santo era Nagendranath Bhaduri. *Math* significa «ermita» o «*ashram*».

CAPÍTULO 8

El gran científico de la India, J. C. Bose

—Los inventos inalámbricos de Jagadis Chandra Bose precedieron a los de Marconi.

Al escuchar ese comentario provocador, me acerqué a un grupo de profesores reunidos en la acera, absortos en una discusión científica. Si mi impulso al unirme fue el orgullo racial, lo lamento. No obstante, no puedo negar mi profundo interés en toda evidencia que demuestre que la India puede ocupar un lugar destacado en física y no sólo en metafísica.

—¿Qué quiere decir, señor?

El profesor, complacido, explicó:

—Bose fue el primero en inventar un cohesor inalámbrico y un instrumento para medir la refracción de las ondas eléctricas. Pero el científico indio no explotó comercialmente sus inventos. Pronto desvió su atención del mundo inorgánico al orgánico. Sus descubrimientos revolucionarios como fisiólogo vegetal están superando incluso sus logros radicales como físico. –Le di las gracias con cortesía. Él añadió–: El gran científico es uno de mis colegas en el Presidency College.

Al día siguiente, visité al sabio en su casa, que quedaba cerca de la mía en Gurpar Road. Lo había admirado desde lejos, con respeto. El botánico, grave y reservado, me recibió con amabilidad. Era un hombre apuesto y robusto, ya pasados los cincuenta años, con cabello abundante, una frente amplia y la mirada abstraída de un soñador. La precisión de sus palabras delataba el hábito científico de toda una vida.

—Recientemente he regresado de una gira por sociedades científicas de Occidente –me dijo–. Sus miembros mostraron gran interés en los delicados instrumentos que he desarrollado, capaces de demostrar la indivisible unidad de toda forma de vida.[1] El crescógrafo de Bose tiene la asombrosa capacidad de diez millones de aumentos. El microscopio amplía sólo unos pocos miles de veces; sin embargo, dio un impulso vital a la ciencia biológica. El crescógrafo abre horizontes incalculables.

—Usted ha hecho mucho, señor, para acelerar el abrazo entre Oriente y Occidente dentro de los brazos impersonales de la ciencia.

—Me eduqué en Cambridge. ¡Qué admirable es el método occidental de someter toda teoría a una verificación experimental rigurosa! Ese enfoque empírico ha ido de la mano del don de la introspección, que es mi herencia oriental. Juntos me han permitido romper los silencios de los reinos naturales, durante tanto tiempo sin comunicarse. Los gráficos reveladores de mi crescógrafo[2] son una evidencia para el más escéptico de que las plantas tienen un sistema nervioso sensible y una vida emocional variada. El amor, el odio, la alegría, el miedo, el placer, el dolor, la excitabilidad, el estupor y un sinfín de respuestas ade-

1. «Toda ciencia es trascendental o perece. La botánica está ahora adquiriendo la teoría correcta; los avatares de Brahma pronto serán los libros de texto de historia natural», Emerson.

2. Del latín *crescere,* «aumentar». Por su crescógrafo y otros inventos, Bose fue nombrado caballero en 1917.

cuadas a los estímulos son tan universales en las plantas como en los animales.

—¡El latido único de la vida en toda la creación podría parecer sólo una imagen poética antes de su llegada, profesor! –dije–. Un santo que conocí nunca arrancaba flores. «¿Robaré al rosal su orgullo en la belleza? ¿Afrontaré cruelmente su dignidad con mi grosero despojo?». Sus palabras empáticas están verificadas de manera literal por sus descubrimientos.

—El poeta es íntimo de la verdad –respondió con una leve sonrisa–, mientras que el científico se acerca con torpeza. Ven algún día a mi laboratorio y observa el testimonio inequívoco del crescógrafo.

Agradecido, acepté la invitación y me despedí. Más tarde supe que el botánico había dejado el Presidency College y estaba planeando un centro de investigación propio en Calcuta.

Cuando se inauguró el Instituto Bose, asistí a la ceremonia de dedicación. Cientos de entusiastas recorrían el lugar. Me cautivó la fusión entre arte y simbolismo espiritual que impregnaba aquel nuevo templo de la ciencia. Noté que la puerta de entrada era una reliquia centenaria, traída de un antiguo santuario distante.

Detrás de la fuente de loto,[3] una figura femenina esculpida con una antorcha transmitía el respeto indio por la mujer como la portadora de luz inmortal. El jardín albergaba un pequeño templo consagrado al Noúmeno más allá de los fenómenos. La idea de la incorporeidad divina estaba sugerida por la ausencia de cualquier imagen en el altar.

El discurso de Bose en aquella gran ocasión podría haber salido de la boca de uno de los antiguos *rishis* inspirados.

---

3. La flor de loto es un antiguo símbolo divino en la India; sus pétalos en expansión sugieren la expansión del alma; el crecimiento de su pura belleza desde el lodo de su origen alberga una promesa espiritual benigna.

Yo, a los seis años.

JAGADIS CHANDRA BOSE
Físico, botánico e inventor del crescógrafo de la India.

—Hoy dirijo este Instituto no sólo como un laboratorio, sino como un templo. –Su solemnidad reverente se extendió como un manto invisible por el auditorio abarrotado–. En el curso de mis investigaciones –continuó–, fui conducido, casi sin darme cuenta, a la región fronteriza entre la física y la fisiología. Para mi asombro, vi desdibujarse las líneas divisorias y surgir puntos de contacto entre los reinos de lo vivo y lo inerte. La materia inorgánica, lejos de ser inerte, vibraba bajo la acción de múltiples fuerzas. Una reacción universal parecía vincular a metales, plantas y animales bajo una misma ley. Todos ellos exhibían fenómenos comunes de fatiga y depresión, con posibilidad de recuperación, exaltación e incluso insensibilidad permanente: la muerte.

»Lleno de asombro ante esta inmensa generalización, presenté mis resultados ante la Real Sociedad, demostrados mediante experimentos. Pero los fisiólogos allí presentes me aconsejaron que me limitara a las investigaciones físicas, donde mi éxito estaba asegurado, y no invadiera dominios ajenos. Sin quererlo, había cruzado el umbral de un sistema de castas intelectual, ofendiendo sus etiquetas.

»También me encontré con un prejuicio teológico latente, que confunde la ignorancia con la fe. Se olvida con frecuencia que Aquél que nos rodeó del misterio siempre cambiante de la creación también sembró en nosotros el deseo de interrogar y comprender. Durante años de incomprensión aprendí que la vida de quien se entrega a la ciencia está inevitablemente marcada por una lucha constante. Para él, su existencia se convierte en una ofrenda ardiente, donde ganancia y pérdida, éxito y fracaso, son una misma cosa.

»Con el tiempo, las principales sociedades científicas del mundo aceptaron mis teorías y resultados, y reconocieron el valor de la contribución india a la ciencia.[4] ¿Puede algo peque-

4. «En la actualidad, sólo el más puro accidente lleva a la India al ámbito de los estudiantes universitarios estadounidenses. Ocho universidades (Harvard, Yale, Columbia, Princeton, Johns Hop-

ño o limitado satisfacer alguna vez la mente de la India? Mediante una tradición viva y continua, y una vitalidad de constante rejuvenecimiento, esta tierra ha sabido reajustarse a través de innumerables transformaciones. Siempre han surgido en la India personas que, descartando el premio inmediato y absorbente del momento, han buscado la realización de los ideales más elevados de la vida. No mediante una renuncia pasiva, sino a través de la lucha activa. El débil que ha rehusado el conflicto, sin haber alcanzado nada, no ha tenido nada a lo que renunciar. Sólo quien ha luchado y vencido puede enriquecer al mundo al ofrecer los frutos de su experiencia victoriosa.

»El trabajo ya realizado en el laboratorio Bose sobre la respuesta de la materia y las revelaciones inesperadas en el reino vegetal han abierto vastas regiones de investigación en física, fisiología, medicina, agricultura e incluso psicología. Problemas que hasta ahora se consideraban sin solución se han llevado al ámbito de la investigación experimental.

---

kins, Pensilvania, Chicago y California) tienen cátedras de Indología o Sánscrito, pero la India está virtualmente ausente en los departamentos de historia, filosofía, bellas artes, ciencias políticas, sociología o en cualquiera de los otros departamentos de experiencia intelectual en los que, como hemos visto, la India ha hecho grandes contribuciones [...]. Creemos, en consecuencia, que ningún departamento de estudios, en particular en humanidades, en ninguna universidad importante, puede estar completamente equipado sin un especialista debidamente capacitado en las fases índicas de su disciplina. Creemos también que toda universidad que aspire a preparar a sus graduados para un trabajo inteligente en el mundo en el que vivirán debe tener en su personal a un erudito competente en la civilización india», extracto de un artículo del profesor W. Norman Brown, de la Universidad de Pensilvania, que apareció en la edición de mayo de 1939 del *Boletín del American Council of Learned Societies*, 907 15th St., Washington, D.C., a 25 centavos el ejemplar. Este número (28) contiene más de 100 páginas de una «Bibliografía Básica para Estudios Índicos».

»Pero no se alcanza un verdadero avance sin una exactitud rigurosa. De ahí la larga batería de instrumentos y aparatos ultrasensibles que yo mismo he diseñado y que hoy están ante ustedes, en sus estuches, en el vestíbulo de entrada. Ellos les hablan de los prolongados esfuerzos por ir más allá de las apariencias engañosas, a la realidad que permanece oculta. Testimonian el esfuerzo continuo, la persistencia y el ingenio convocados para superar las limitaciones humanas. Todo científico creativo sabe que el verdadero laboratorio es la mente, pues ésta es el lugar donde se descubren, tras las ilusiones, las leyes de la verdad.

»Las conferencias que se ofrecen aquí no serán meras repeticiones de conocimientos de segunda mano. Anunciarán descubrimientos nuevos, demostrados por primera vez en estos mismos salones. A través de la publicación regular del trabajo del Instituto, estas contribuciones de la India llegarán al mundo entero. Se convertirán en patrimonio público. Jamás se tomarán patentes. El espíritu de nuestra cultura nacional exige que permanezcamos para siempre libres de la profanación de utilizar el conocimiento sólo para beneficio personal.

»Mi deseo es que las instalaciones de este Instituto estén disponibles, en la medida de lo posible, para trabajadores de todos los países. Con ello deseo continuar las tradiciones de mi tierra. Hace veinticinco siglos, la India dio la bienvenida, en sus antiguas universidades de Nalanda y Taxila, a eruditos de todas las partes del mundo.

Aunque la ciencia no pertenece ni a Oriente ni a Occidente, sino que es internacional por naturaleza, la India está especialmente capacitada para hacer grandes contribuciones.[5] La ar-

---

5. La estructura atómica de la materia era bien conocida por los antiguos hindúes. Uno de los seis sistemas de la filosofía india es Vaisesika, del sánscrito *visesas*, «individualidad atómica». Uno de los principales exponentes de Vaisesika fue Aulukya, también llamado Kanada, «el devorador de átomos», nacido hace aproximadamente 2800 años.

diente imaginación india, que puede extraer un nuevo orden de una masa de hechos en apariencia contradictorios, se contiene mediante el hábito de la concentración. Esta moderación confiere el poder de mantener la mente en la búsqueda de la verdad con una paciencia infinita.

Las lágrimas llenaron mis ojos ante las palabras finales del científico. ¿No es «paciencia», en efecto, sinónimo de la India, que desafía al tiempo y a los historiadores por igual?

En un artículo en *East-West*, en abril de 1934, se dio un resumen del conocimiento científico de Vaisesika como sigue: «Aunque la moderna «teoría atómica» generalmente se considera un nuevo avance de la ciencia, fue expuesta con brillantez hace mucho tiempo por Kanada, «el devorador de átomos». El sánscrito *anus* puede traducirse correctamente como «átomo» en el sentido literal griego de «no cortado» o indivisible. Otras exposiciones científicas de los tratados de Vaisesika de la era antes de Cristo incluyen: 1. el movimiento de agujas hacia imanes; 2. la circulación del agua en las plantas; 3. *akash* o éter, inerte y sin estructura, como base para transmitir fuerzas sutiles; 4. el fuego solar como la causa de todas las demás formas de calor; 5. el calor como causa de cambio molecular; 6. la ley de la gravitación como causada por la cualidad que reside en los átomos de la tierra para darles su poder de atracción o atracción hacia abajo; 7. la naturaleza cinética de toda energía; la causalidad siempre arraigada en un gasto de energía o una redistribución del movimiento; 8. la disolución universal a través de la desintegración de átomos; 9. la radiación de rayos de calor y luz, partículas infinitamente pequeñas, que salen en todas direcciones con una velocidad inconcebible (la teoría moderna de los «rayos cósmicos»); 10. la relatividad del tiempo y el espacio.

Vaisesika asignó el origen del mundo a átomos, eternos en su naturaleza, es decir, sus peculiaridades últimas. Estos átomos se consideraban poseedores de un movimiento vibratorio incesante [...]. El reciente descubrimiento de que un átomo es un sistema solar en miniatura no sería noticia para los antiguos filósofos de Vaisesika, quienes también redujeron el tiempo a su concepto matemático más alejado al describir la unidad de tiempo más pequeña (*kala*) como el período que tarda un átomo en recorrer su propia unidad de espacio».

Volví a visitar el centro de investigación poco después de la inauguración. Fiel a su promesa, el gran botánico me condujo a su laboratorio silencioso.

—Voy a conectar el crescógrafo a este helecho; la magnificación es tremenda. Si el arrastre de un caracol se ampliara en la misma proporción, parecería avanzar como un tren expreso.

Mi atención se fijó en la pantalla que reflejaba la sombra amplificada del helecho. Sus movimientos vitales, normalmente invisibles, eran ahora claramente perceptibles. Ante mis ojos fascinados, la planta crecía lentamente. El científico tocó la punta del helecho con una pequeña barra de metal. La pantomima botánica se detuvo abruptamente para reanudar sus ritmos apenas se retiró la barra.

—Has visto cómo cualquier leve interferencia externa perjudica a los tejidos sensibles –comentó Bose–. Observa: ahora administraré cloroformo y luego un antídoto.

El efecto fue inmediato. El crecimiento se detuvo; tras la aplicación del antídoto, la vida se reanudó. Los gestos evolutivos en la pantalla me tenían más absorto que una película. Entonces mi acompañante –que, en mi película, era el villano– atravesó una parte del helecho con un instrumento afilado. El dolor se manifestó en temblores espasmódicos. Cuando una navaja cortó parcialmente el tallo, la sombra se agitó con violencia... y luego quedó inmóvil: la muerte había llegado.

—Cloroformando primero un gran árbol, logré trasplantarlo con éxito. Por lo general, estos monarcas del bosque mueren con rapidez al ser movidos –dijo Jagadis con una sonrisa satisfecha–. Los gráficos de mi aparato delicado han demostrado que los árboles poseen un sistema circulatorio; el movimiento de la savia corresponde a la presión sanguínea en los cuerpos animales. El ascenso de la savia no puede explicarse por capilaridad. Mi crescógrafo reveló que se debe a la actividad de células vivas. Ondas peristálticas emanan de un tubo cilíndrico que recorre el árbol y actúa como un verdadero corazón. Cuanto más profundamente observamos, más contundente es la evidencia de que un plan uniforme vincula todas las formas de la naturaleza. –Luego señaló otro instrumento–: Voy a mostrarte experimentos en este pedazo de estaño. La fuerza vital en los metales responde de forma adversa o favorable a los estímulos. Las marcas de tinta registrarán sus reacciones.

Observé, fascinado, los gráficos de ondas vibratorias características de la estructura atómica. Cuando el profesor aplicó cloroformo al estaño, las oscilaciones se detuvieron. Volvieron poco a poco a la normalidad al disiparse el efecto. Después administró un producto químico venenoso. Al mismo tiempo que la muerte del metal, la aguja trazó de manera brusca el anuncio final en el papel.

—Mis instrumentos han demostrado que los metales, como el acero de las tijeras o de las máquinas, sufren fatiga y recuperan eficiencia con el descanso. El pulso vital de los metales puede dañarse o extinguirse con corrientes eléctricas o una presión excesiva.

Miré alrededor. El laboratorio estaba lleno de invenciones, cada una era un testimonio silencioso de una mente incansablemente creativa.

—Señor, es lamentable que el desarrollo agrícola a gran escala no se beneficie aún del uso de sus mecanismos. ¿No podrían emplearse en experimentos rápidos para mostrar cómo distintos fertilizantes afectan al crecimiento de las plantas?

—Tiene razón –respondió con calma–. Las generaciones futuras harán incontables usos de estos instrumentos. El científico rara vez recibe recompensa en el momento; le basta con la alegría del servicio creativo.

Con sincera gratitud hacia el sabio incansable me despedí. «¿Podrá agotarse alguna vez la fertilidad de su genio?», pensé.

Pero no se produjo ningún declive en su actividad con el paso de los años. Tras inventar un complejo instrumento, el «cardiógrafo resonante», Bose emprendió extensas investigaciones sobre innumerables plantas de la India. Se reveló una enorme y desconocida farmacopea de medicamentos útiles. El cardiógrafo está construido con una precisión infalible que permite registrar una centésima de segundo en un gráfico. Los registros resonantes miden pulsaciones infinitesimales en la estructura de plantas, animales y humanos. El gran botánico predijo que el uso de su cardiógrafo conduciría a la vivisección de plantas en lugar de animales.

—Registros paralelos de los efectos de un medicamento administrado simultáneamente a una planta y a un animal han mostrado una asombrosa unanimidad en los resultados –señaló–. Todo lo que hay en el ser humano ha sido anticipado en la planta. La experimentación con vegetación contribuirá a disminuir el sufrimiento humano.

Décadas después, los hallazgos pioneros de Bose sobre las plantas fueron confirmados por otros científicos. En 1938, la Universidad de Columbia realizó trabajos que *The New York Times* reportó del siguiente modo: «En los últimos años se ha determinado que, al transmitir señales entre el cerebro y el cuerpo, los nervios generan impulsos eléctricos diminutos. Aunque estos impulsos han sido detectados con galvanómetros delicados y amplificados millones de veces, hasta ahora no existía un método satisfactorio para estudiar su propagación a lo largo de fibras nerviosas vivas, debido a la gran velocidad a la que viajan».

Los doctores K. S. Cole y H. J. Curtis anunciaron que las largas células únicas de la planta acuática *Nitella*, común en peceras, son casi idénticas a las fibras nerviosas animales. Al ser excitadas, estas fibras vegetales propagan ondas eléctricas similares en todos los aspectos (excepto por la velocidad) a las de los nervios animales. Esta lentitud permitió captar por primera vez imágenes a cámara lenta del paso de los impulsos eléctricos. Así, la planta *Nitella* puede convertirse en una suerte de piedra de Rosetta, útil para descifrar los secretos que se esconden en la frontera entre la mente y la materia.

El poeta Rabindranath Tagore fue un firme amigo del idealista científico indio. A él, el dulce cantor bengalí le dirigió las siguientes líneas:[6]

---

6. Traducido del bengalí de Rabindranath Tagore al inglés por Manmohan Ghosh, en Viswa-Bharati.

¡Oh, ermitaño, llama con las palabras auténticas
de ese antiguo himno llamado sama: «¡Levántate! ¡Despierta!».
Llama al hombre que presume de su saber shástrico,
de disputas pedantes, vanas y sin provecho.
Llama a ese tonto fanfarrón a que salga
al rostro de la naturaleza, esta vasta tierra.
Envía esta llamada a tu banda de eruditos;
que se reúnan todos en torno a tu sacrificio de fuego,
que toda nuestra India pueda
regresar una vez más a sí misma.
¡Oh, regresa una vez más al trabajo firme,
al deber y la devoción, a su trance
de profunda meditación! Que vuelva a sentarse
una vez más imperturbable, sin codicia, sin luchas, pura.
Oh, una vez más en su elevada sede
y plataforma, maestra de todas las tierras.

CAPÍTULO 9

El devoto bienaventurado y su romance cósmico

—Pequeño señor, por favor, siéntese. Estoy hablando con mi Divina Madre.

Entré en la habitación en silencio y con una profunda reverencia. La apariencia angelical del Maestro Mahasaya casi me deslumbraba. Con su barba blanca y sedosa y sus grandes ojos luminosos parecía una encarnación de la pureza. Su barbilla levantada y sus manos unidas me indicaban que mi primera visita lo había sorprendido en plena devoción.

Sus simples palabras de saludo produjeron en mí un efecto más violento que cualquier otra experiencia emocional hasta entonces. La amarga separación por la muerte de mi madre, que yo había creído la medida absoluta del dolor, se transformaba ahora en una angustia aún más profunda: la separación de la Divina Madre. Era una tortura del espíritu. Me desplomé, gimiendo, sobre el suelo.

—Pequeño señor, cálmate.

El santo estaba visiblemente afligido. Abandonado en una desolación oceánica, me aferré a sus pies como a la única balsa de salvación.

—Santo señor, intercede por mí. ¡Pide a la Divina Madre que me haga saber si gozo de Su favor!

No era una promesa que se concediera a la ligera. El maestro permaneció en silencio. Pero yo no albergaba dudas: estaba convencido de que él estaba en conversación íntima con la Madre Universal. Me invadió una profunda humillación al ser consciente de que mis ojos eran ciegos a Ella, mientras que en ese mismo instante era visible para la mirada impecable del santo.

Aferrado a sus pies, sin vergüenza ni reserva, sordo a sus suaves reproches, le supliqué una y otra vez su intercesión.

—Haré tu súplica a la Amada.

La rendición del maestro llegó con una sonrisa lenta y compasiva. Y, sin embargo, esas pocas palabras tuvieron el poder de liberar a mi alma de su tormentoso exilio.

—Señor, recuerda tu promesa. Volveré pronto a por Su mensaje.

Una alegre anticipación vibraba en mi voz, que momentos antes estaba rota por el llanto. Al bajar la larga escalera, me abrumaron los recuerdos. Esa casa en la calle Amherst 50, hoy residencia del Maestro Mahasaya, había sido una vez mi hogar familiar, escenario de la muerte de mi madre. Allí, mi corazón humano se había quebrado por la madre perdida; y allí, ese día, mi espíritu había sido crucificado por la ausencia de la Divina Madre. Paredes sagradas, testigos silenciosos de mi dolor... y de mi sanación.

Mis pasos se aceleraron mientras regresaba a mi casa en la calle Gurpar. Buscando la soledad de mi pequeño ático, permanecí en meditación hasta las diez de la noche. La oscuridad cálida de la noche india se iluminó repentinamente con una visión maravillosa. Aurada en esplendor, la Divina Madre apareció ante mí. Su rostro, que sonreía con ternura, era la misma encarnación de la belleza.

—Siempre te he amado. Siempre te amaré.

Las palabras celestiales aún flotaban en el aire cuando Ella desapareció.

El sol apenas había alcanzado algo de altura cuando, a la mañana siguiente, hice mi segunda visita al Maestro Mahasaya.

Subí la escalera de esa casa llena de memorias punzantes, hasta su habitación en el cuarto piso. El pomo de la puerta estaba envuelto en un paño, una señal que interpreté como deseo de privacidad. Mientras dudaba en el rellano, la puerta se abrió. Era su mano acogedora.

Me arrodillé a sus pies. Yo llevaba en el rostro una máscara solemne que ocultaba mi exaltación divina.

—Señor, he venido muy temprano, lo confieso, a recibir tu mensaje. ¿Dijo algo la Amada Madre sobre mí?

—Pequeño y travieso señor.

No quiso decir más. En apariencia, mi gravedad fingida no lo impresionaba.

—¿Por qué tan misterioso, tan evasivo? ¿Es que los santos nunca hablan claramente?

Tal vez mi tono era un poco molesto.

—¿Debes ponerme a prueba? –Sus ojos serenos estaban llenos de comprensión–. ¿Podría añadir una sola palabra esta mañana a la seguridad que recibiste anoche, a las diez en punto, de la Bella Madre en persona?

Maestro Mahasaya tenía el control completo de las puertas a mi alma: me lancé de nuevo a sus pies. Pero esta vez mis lágrimas no procedían del dolor, sino de una dicha insoportable.

—¿Crees que tu devoción no tocó a la Misericordia Infinita? La Maternidad de Dios, a la que has adorado tanto en forma humana como divina, no podría jamás dejar de responder a tu clamor desolado.

¿Quién era este sencillo santo cuya más leve súplica al Espíritu Universal encontraba una respuesta dulce? Su rol en el mundo era humilde, como correspondía al hombre más humilde que he conocido. En esta casa de la calle Amherst, el Maestro Mahasaya[1] regentaba una pequeña escuela secundaria para ni-

---

1. Éstos son títulos respetuosos con los que se dirigía a él habitualmente. Su nombre era Mahendra Nath Gupta; firmaba sus obras literarias simplemente como «M».

ños. Ninguna palabra de castigo salía de sus labios; ninguna regla ni vara imponía su disciplina. En aquellas aulas modestas se enseñaban matemáticas avanzadas... y una química del amor que no figuraba en los libros de texto. Difundía su sabiduría por contagio espiritual más que por un precepto rígido.

Consumido por una pasión inocente hacia la Divina Madre, el santo no exigía muestras externas de respeto; se comportaba, en su pureza, como un niño.

—No soy tu gurú –me dijo–. Él vendrá un poco más tarde. Bajo su guía, tus experiencias de lo Divino en términos de amor y devoción serán traducidas a sus términos de sabiduría insondable.

Cada tarde me encaminaba a la calle Amherst. Buscaba la copa desbordante del Maestro Mahasaya; tan colmada estaba que cada día derramaba gotas sobre mi alma. Nunca antes me había inclinado en reverencia absoluta; ahora sentía que era un privilegio inconmensurable caminar siquiera sobre el suelo que él santificaba con su presencia.

—Señor, por favor, acepte esta guirnalda de champaca que he preparado en especial para usted.

Una noche llegué con mi ofrenda de flores. Pero él, con timidez, se apartó, rechazando una y otra vez el honor. Al percibir la herida en mis ojos, sonrió finalmente con dulzura.

—Como ambos somos devotos de la Madre, puedes colocar la guirnalda sobre este templo corporal como una ofrenda a Ella, que reside en su interior.

Su naturaleza vasta no tenía rincones donde una sola chispa de ego pudiera germinar.

—Vayamos mañana al templo de Dakshineswar, santificado para siempre por mi gurú.

Maestro Mahasaya era discípulo de un maestro semejante a Cristo: Sri Ramakrishna Paramhansa. Al día siguiente, hicimos el viaje de casi seis kilómetros y medio en barco por el Ganges. Entramos en el templo de Kali de nueve cúpulas, donde las figuras de la Divina Madre y de Shiva descansan sobre un loto de plata bruñido, con mil pétalos meticulosamente cincelados.

DOS HERMANOS DE THERESE NEUMANN
Estoy con ellos en Konnersreuth, Baviera.

EL MAESTRO MAHASAYA
Siempre absorto en su bienaventurado romance cósmico.

Maestro Mahasaya irradiaba encanto. Estaba absorto en su romance inagotable con la Amada. Al entonar su nombre, mi corazón, extasiado, parecía romperse en mil pedazos.

Más tarde paseamos por los recintos sagrados, deteniéndonos bajo un bosque de tamariscos. El maná exudado por esos árboles simbolizaba el alimento celestial que Maestro Mahasaya me otorgaba. Sus invocaciones divinas continuaban. Me senté con una rigidez inmóvil sobre la hierba, entre las flores rosadas del tamarisco. Ausente de mi cuerpo, ascendí a una visita celestial.

Ése fue el primero de muchos peregrinajes a Dakshineswar junto al santo maestro. De él aprendí la dulzura de Dios en el aspecto de Madre, la Misericordia Divina. El santo de alma infantil sentía poco apego por el aspecto del Padre, o la Justicia Divina. El juicio severo, exigente y matemático le resultaba ajeno a su naturaleza bondadosa.

—Él podría servir como un prototipo terrenal para los mismos ángeles del cielo –pensé con ternura al verlo un día en actitud de oración.

Sin un susurro de censura o crítica, observaba el mundo con los ojos de quien está familiarizado desde hace tiempo con la Pureza Primordial. Su cuerpo, su mente, su voz y sus actos estaban armonizados sin esfuerzo con la simplicidad de su alma.

—Mi Maestro me lo enseñó. –Rehusando cualquier reafirmación personal, el santo terminaba cualquier consejo con ese tributo constante a su maestro. Su identificación con Sri Ramakrishna era tan profunda que ya no consideraba propios sus pensamientos.

Una tarde caminábamos el santo y yo de la mano por la calle de su escuela. Mi alegría se evaporó con la aparición de un conocido vanidoso, que nos asaltó con un largo discurso.

—Veo que este hombre no te agrada –susurró el santo, en una voz inaudible para el egotista, perdido en su monólogo. Luego añadió–: He hablado con la Divina Madre al respecto. Ella comprende nuestra triste situación. Tan pronto como lleguemos a aquella casa roja, ha prometido recordarle un asunto más urgente.

Mis ojos se fijaron en el sitio de la salvación. Al llegar a la puerta roja, el hombre se volvió repentinamente y se marchó sin terminar su frase ni despedirse. El aire turbio fue entonces reconfortado por la paz.

Otro día me encontraba solo, caminando cerca de la estación de tren de Howrah. Me detuve junto a un templo, criticando silenciosamente a un pequeño grupo de hombres con tambores y platillos que entonaban un canto enérgico. Pensé: «Qué poca devoción hay en ese uso mecánico del nombre divino».

Mi asombro fue inmenso cuando vi aproximarse al Maestro Mahasaya.

—Señor, ¿cómo es que está aquí?

Ignorando mi pregunta, respondió a mi pensamiento:

—¿No es cierto, pequeño señor, que el nombre de la Amada suena dulce en todos los labios, sean sabios o ignorantes?

Pasó su brazo alrededor de mi persona con afecto. Me sentí transportado en su alfombra mágica a la Presencia Misericordiosa.

—¿Te gustaría ver algunos bioscopios?

La pregunta me desconcertó. En ese tiempo, en la India se usaba el término para referirse a películas. Acepté encantado, feliz de acompañarlo en cualquier circunstancia.

Un paseo enérgico nos llevó al jardín frente a la Universidad de Calcuta. Maestro Mahasaya señaló un banco cerca del *goldighi* (estanque).

—Sentémonos aquí unos minutos. Mi Maestro siempre me pedía meditar cada vez que veía una extensión de agua. Su tranquilidad nos recuerda la vasta calma de Dios. Del mismo modo que todo puede reflejarse en el agua, el universo entero se refleja en el lago de la Mente Cósmica. Eso solía decir mi *gurudeva*.

Poco después entramos en una sala de conferencias de la universidad. El tema era aburridísimo, apenas interrumpido por ilustraciones de linterna, igual de insípidas.

Pensé con cierta impaciencia: «Así que éste es el tipo de bioscopio que el maestro quería que viera». No dejé traslucir mi decepción para no herir al santo. Pero él se inclinó hacia mí confidencialmente.

—Veo, pequeño señor, que no te gusta este bioscopio.[2] Se lo he mencionado a la Divina Madre. Ella está en plena simpatía con nosotros. Me dice que las luces eléctricas se apagarán ahora y no volverán a encenderse hasta que tengamos oportunidad de salir.

Cuando su susurro terminó, la sala quedó en penumbra. La voz del profesor vaciló, desconcertada, y murmuró:

—Parece que el sistema eléctrico de esta sala está defectuoso.

Para entonces, Maestro Mahasaya y yo ya habíamos cruzado la puerta. Al mirar atrás desde el pasillo, vi que la escena de nuestro martirio se iluminaba de nuevo.

—Pequeño señor, te decepcionó ese bioscopio,[3] pero creo que te gustará uno diferente.

El santo y yo estábamos de pie en la acera, frente al edificio de la universidad. Golpeó con suavidad mi pecho, sobre el corazón. Se produjo una calma transformadora.

Así como los *talkies* modernos se convierten en películas mudas cuando el aparato de sonido falla, la Mano Divina, por algún extraño milagro, silenciaba el bullicio de la tierra. Los peatones, del mismo modo que los tranvías, los automóviles, los carros de bueyes y los carruajes de ruedas de hierro, transitaban en un silencio total. Como si poseyera una mirada omnipresente, contemplaba las escenas a mis espaldas y a cada lado con la misma claridad que las que tenía frente a mí. Todo el espectáculo de actividad en esa pequeña sección de Calcuta pasaba ante mí sin sonido. Como un resplandor apenas visible

---

2. El *Oxford English Dictionary* ofrece, como uso poco común de *bioscope* (bioscopio): una visión de la vida; aquello que ofrece tal visión.

3. El *Oxford English Dictionary* consigna, como uso raro, esta definición de *bioscope*: «una vista de la vida; aquello que proporciona tal vista». La elección de esta palabra por parte del Maestro Mahasaya, entonces, estaba singularmente justificada.

bajo una fina capa de cenizas, una suave luminiscencia envolvía la visión panorámica. Mi propio cuerpo parecía no ser más que una de tantas sombras; yo permanecía inmóvil, mientras las demás revoloteaban en silencio de un lado a otro.

Varios muchachos amigos míos se acercaron y pasaron de largo; aunque miraron hacia mí, no me reconocieron. Esa pantomima única me brindó un éxtasis inexpresable. Bebí profundamente de una fuente de dicha.

De repente, mi pecho recibió otro golpe suave del Maestro Mahasaya. El pandemónium del mundo irrumpió de nuevo en mis oídos. Me tambaleé como si hubiese despertado con brusquedad de un sueño etéreo. El vino trascendental se alejaba de mi alcance.

—Pequeño señor, veo que te ha gustado el segundo bioscopio. –El santo sonreía. Yo estaba a punto de inclinarme en gratitud ante él–. No puedes hacerme eso ahora. Sabes que Dios está también en tu templo. No dejaré que la Divina Madre toque mis pies a través de tus manos.

Si alguien hubiera observado al maestro sencillo y a mí mientras nos alejábamos por la acera abarrotada, seguramente habría sospechado de nuestra embriaguez. Y no se habría equivocado. Sentía que incluso las sombras de la tarde estaban embriagadas de Dios, en una simpatía profunda.

Cuando la oscuridad recuperó su dominio nocturno, me enfrenté a la nueva mañana despojado de mi ánimo extático. Pero siempre quedará en mi memoria el serafín hijo de la Divina Madre: el Maestro Mahasaya.

Intentando con palabras pobres hacer justicia a su benignidad, me pregunto si el Maestro Mahasaya –y otros santos de visión profunda cuyos caminos se cruzaron con el mío– sabían que, años más tarde, en una tierra occidental, estaría escribiendo sobre sus vidas como devotos divinos.

No me sorprendería que lo hubieran sabido entonces. Ni, espero, sorprenderá a quienes han llegado hasta aquí conmigo.

CAPÍTULO 10

Me encuentro con mi Maestro, Sri Yukteswar

«La fe en Dios puede producir cualquier milagro, excepto uno: aprobar un examen sin estudiar», pensé y, con disgusto, cerré el libro que había tomado en un momento de ocio. «El hecho de que el autor de estos pensamientos añada esa excepción a Su poder muestra su total falta de fe», pensé. «Pobre hombrecillo, ¡cuánto confía en el estudio nocturno!».

Le prometí a mi padre que terminaría mis estudios de secundaria. No puedo fingir que fuera diligente. Los meses transcurridos me habían encontrado más a menudo en los rincones apartados de los *ghats* de baño de Calcuta que en las aulas. Los terrenos crematorios cercanos, especialmente inquietantes por la noche, resultaban bastante atractivos para el yogui. Quien desea encontrar la Esencia Inmortal no debe dejarse intimidar por unos cuantos cráneos desnudos. La insuficiencia humana se vuelve evidente en la lúgubre morada de huesos dispersos. Mis vigilias de medianoche, por tanto, eran de una naturaleza distinta a las del estudiante.

La semana de los exámenes finales en la Escuela Secundaria Hindú se acercaba rápidamente. Este período de interrogatorios, como los parajes sepulcrales, inspira un terror bien conocido. Sin embargo, mi mente estaba en paz. Desafiando a los fantasmas, estaba desenterrando un conocimiento que no se encuentra en las aulas. Pero carecía del arte del Swami Pranabananda, quien podía aparecer con facilidad en dos lugares al mismo tiempo. Mi dilema educativo, claramente, era un asunto para la Ingeniosidad Infinita. Ése era mi razonamiento, aunque para muchos pueda parecer ilógico. La «irracionalidad» del devoto nace de mil demostraciones inexplicables de la inmediatez de Dios en tiempos de apuro.

—¡Hola, Mukunda! ¡Apenas se te ve estos días! –me abordó un compañero una tarde en la calle Gurpar.

—¡Hola, Nantu! Mi invisibilidad en la escuela, en realidad, me ha puesto en una situación bastante incómoda –confesé a su cálida mirada.

Nantu, que era un estudiante brillante, se echó a reír con ganas; mi situación no dejaba de tener un lado cómico.

—¡Los exámenes finales te pillan totalmente desprevenido y falto de preparación! Supongo que me toca ayudarte.

Sus simples palabras fueron para mí una promesa divina; con entusiasmo visité la casa de mi amigo. Amablemente, me explicó las soluciones a varios problemas que él consideraba probables en los exámenes.

—Estas preguntas son el anzuelo que atrapará a muchos chicos confiados en la trampa de los exámenes. Recuerda mis respuestas y saldrás ileso.

Era ya muy entrada la noche cuando me despedí. Rebosante de erudición poco asentada, recé con devoción para que se mantuviera en mí durante los críticos días siguientes. Nantu me había ayudado con todas las materias, pero, por falta de tiempo, se había olvidado de mi curso de sánscrito. Le recordé fervientemente a Dios ese descuido.

A la mañana siguiente salí a dar un breve paseo, asimilando mis nuevos conocimientos al ritmo de mis pasos. Al tomar un atajo entre los matorrales de un terreno baldío, mis ojos se toparon con unas hojas sueltas impresas. Me lancé sobre ellas con entusiasmo triunfal: eran versos en sánscrito. Busqué a un erudito que me ayudara a interpretar, aunque fuera torpemente, su contenido. Su rica voz llenó el aire con la belleza infinita y melosa de la antigua lengua.[1]

—Estas excepcionales estrofas no pueden serte de ninguna ayuda en tu examen de sánscrito. –El erudito las descartó con escepticismo.

Pero la familiaridad con ese poema en particular me permitió, al día siguiente, aprobar el examen de sánscrito. Gracias a la ayuda discernidora de Nantu, también obtuve la calificación mínima para aprobar en todas mis otras materias. Mi padre se alegró de que hubiera cumplido mi palabra y terminado mi curso de secundaria. Mi gratitud voló hacia el Señor, cuya guía percibí en mi visita a Nantu y en mi paseo por la ruta poco habitual del terreno lleno de escombros. De manera juguetona, Él había dado una expresión dual a su oportuno plan para mi rescate.

Me topé con el libro abandonado cuyo autor había negado la precedencia de Dios en los salones de examen. No pude reprimir una carcajada ante mi propio comentario en silencio:

—Sólo añadiría a la confusión de este sujeto si le dijera que la meditación divina entre los cadáveres es un atajo a un diploma de secundaria.

Con mi nueva dignidad, ahora estaba planeando abiertamente abandonar el hogar. Junto a un joven amigo, Jitendra

---

1. De *sanskrita*, «pulida», «completa». El sánscrito es el hermano más antiguo de todas las lenguas indoeuropeas. Su alfabeto matriz está compuesto por los caracteres *Devanagari*, literalmente, «divina morada». ¡Aquel que conoce mi gramática conoce a Dios! Panini, un gran filósofo de la lengua antigua, pagó este tributo a la perfección matemática y psicológica del sánscrito. Aquel que siga el lenguaje hasta sus primeras raíces acabaría siendo omnisciente.

Mazumdar,[2] decidí unirme a una ermita de Mahamandal en Benarés y recibir su disciplina espiritual. Pero la desolación cayó sobre mí una mañana al pensar en la separación de mi familia. Desde la muerte de mi madre, mi afecto se había vuelto especialmente tierno por mis dos hermanos menores, Sananda y Bishnu. Corrí a mi refugio, el pequeño ático que había sido testigo de tantas escenas de mi turbulenta *sadhana*.[3] Tras una inundación de lágrimas de dos horas, me sentí singularmente transformado, como por algún limpiador alquímico. Todo apego desapareció;[4] mi resolución de buscar a Dios como el Amigo de amigos se asentó en mí como si se tratara de granito. Rápidamente completé mis preparativos de viaje.

—Te ruego una última cosa. –Mi padre me miraba angustiado y yo sólo esperaba ansioso su bendición final–. No me abandones a mí ni a tus hermanos y hermanas afligidos.

—Reverenciado padre, ¡cómo puedo expresar mi amor por ti! Pero aún mayor es mi amor por el Padre Celestial, quien me ha otorgado el regalo de un padre perfecto en la Tierra. Déjame ir, para que algún día regrese con una comprensión más divina.

Con el consentimiento paterno a regañadientes, partí para unirme a Jitendra, ya en Benarés en la ermita.

A mi llegada, el joven *swami* jefe, Dyananda, me saludó con cordialidad. Alto y delgado, de aspecto pensativo, me causó una gran impresión. Su rostro claro tenía una compostura semejante a la de Buda. Me complació que mi nuevo hogar poseyera un ático, donde lograba pasar el amanecer y las horas de la maña-

---

2. No confundir con Jatinda (Jotin Ghosh), quien será recordado por su aversión a los tigres.

3. Camino o sendero preliminar hacia Dios.

4. Las escrituras hindúes enseñan que el apego familiar es ilusorio si impide al devoto buscar al Dador de todas las bendiciones, incluida la de los seres queridos, sin mencionar la vida misma. Jesús enseñó de manera similar: «¿Quién es mi madre? ¿Y quiénes son mis hermanos?» (Mateo 12, 48).

na. Los miembros del *ashram*, poco conocedores de las prácticas de meditación, pensaban que debía emplear mi tiempo en labores organizativas. Me elogiaban por mi trabajo vespertino en su oficina.

—¡No intentes atrapar a Dios tan pronto! –Este ridículo comentario de un residente me acompañaba en una de mis primeras salidas hacia el ático. Me dirigí a Dyananda, ocupado en su pequeño *sanctum* con vista al Ganges.

—Swamiji,[5] no entiendo lo que se requiere de mí aquí. Estoy buscando la percepción directa de Dios. Sin Él, no puedo sentirme satisfecho con la afiliación, el credo ni el cumplimiento de buenas obras.

El eclesiástico de túnica naranja me dio una palmadita afectuosa. Escenificando una reprimenda fingida, amonestó a algunos discípulos cercanos.

—No molestéis a Mukunda. Él aprenderá nuestras costumbres.

Oculté cortésmente mi duda. Los estudiantes abandonaron la sala sin parecer demasiado afectados por la reprensión.

Dyananda tenía más palabras para mí:

—Mukunda, veo que tu padre te envía dinero de manera regular. Devuélveselo; aquí no necesitas nada. Una segunda instrucción para tu disciplina concierne a la comida. Incluso cuando sientas hambre, no la menciones.

Si el hambre brillaba en mis ojos, yo no lo sabía. Pero que tenía hambre, eso lo sabía muy bien. La hora invariable para la primera comida en la ermita era al mediodía. En mi hogar estaba acostumbrado a un abundante desayuno a las nueve. Aquel intervalo de tres horas se alargaba cada día hasta volverse interminable.

Habían quedado atrás los años en Calcuta, cuando podía reprender al cocinero por un retraso de diez minutos. Ahora trataba de dominar el apetito. Un día, decidí ayunar durante

---

5. *Ji* es un sufijo respetuoso de uso habitual, especialmente en el trato directo; así, *Swamiji, Guruji, Sri Yukteswarji, Paramhansaji.*

veinticuatro horas. Con doble entusiasmo, esperé al mediodía siguiente.

—El tren de Dyanandaji se retrasa; no vamos a comer hasta que llegue.

Jitendra fue el portador de esta devastadora noticia. Como gesto de bienvenida al *swami*, que había estado ausente durante dos semanas, se habían preparado muchas delicias. Un aroma apetitoso llenaba el aire. No quedaba nada que comer excepto el orgullo por el ayuno del día anterior.

—¡Señor, haz que el tren se apresure!

El Proveedor Celestial, pensé, no estaba incluido en la prohibición con la que Dyananda me había silenciado. Pero la Atención Divina debía estar ocupada en otra parte. El reloj avanzaba con exasperante lentitud. La oscuridad ya caía cuando nuestro líder cruzó finalmente la puerta. Mi saludo fue de genuina alegría.

—Dyanandaji se bañará y meditará antes de que podamos servir la comida.

Jitendra volvió a acercarse, esta vez como un pájaro de mal augurio. Yo estaba al borde del colapso. Mi joven estómago, nuevo aún a la privación, protestaba con un vigor desgarrador. Las imágenes de víctimas de hambruna que había visto en libros o noticieros pasaban ahora por mi mente como espectros.

«La próxima muerte por inanición en Benarés ocurrirá pronto en esta ermita», pensé.

La fatalidad inminente fue evitada a las nueve en punto. ¡Una llamada ambrosíaca! En mi recuerdo, esa comida permanece como una de las horas perfectas de la vida. Aunque embriagado por el alivio, noté que Dyananda comía de manera distraída, como ausente. Parecía estar por encima de mis placeres mundanos.

—Swamiji, ¿no tenías hambre?

Felizmente satisfecho, me encontraba a solas con el líder en su estudio.

—Oh, sí –dijo–. He pasado los últimos cuatro días sin comida ni bebida. Nunca como en los trenes, llenos de las vibraciones heterogéneas de personas mundanas. Sigo estrictamente las reglas shástricas[6] para los monjes de mi orden. Algunos problemas del trabajo organizativo ocupaban mi mente. Anoche, en casa, olvidé cenar. ¿Para qué la prisa? Mañana me aseguraré de tener una comida adecuada.

Se rio con alegría.

La vergüenza se extendió en mi interior como si me afixiara. Pero la tortura del día anterior no se olvidaba fácilmente; me aventuré a hacer otro comentario.

—Swamiji, estoy perplejo. Siguiendo tu instrucción, supongamos que nunca pidiera comida… y nadie me diera de comer. Moriría de hambre.

—¡Entonces muere! –Este consejo alarmante partió el aire–. ¡Muere si debes, Mukunda! ¡Pero nunca admitas que vives por el poder de la comida y no por el poder de Dios! Aquél que ha creado cada forma de alimento, Aquél que ha otorgado el apetito, ciertamente verá que Su devoto esté sostenido. No imagines que el arroz te mantiene, o que el dinero o los hombres te sustentan. ¿Podrían ayudarte si el Señor retirara tu aliento vital? Son meramente Sus instrumentos indirectos. ¿Acaso por alguna habilidad tuya la comida se digiere en tu estómago? ¡Usa la espada de tu discernimiento, Mukunda! ¡Corta las cadenas de la agencia y percibe la Causa Única!

---

6. Relacionado con los *shastras*, literalmente «libros sagrados», que comprenden cuatro clases de escrituras: los *shruti*, *smriti*, *purana* y *tantra*. Estos tratados abarcan de manera exhaustiva todos los aspectos de la vida religiosa y social, así como los campos del derecho, la medicina, la arquitectura, el arte, etc. Los *shruti* son las escrituras «oídas directamente» o «reveladas»; es decir, los Vedas. Los *smriti*, o saber «recordado», fueron finalmente puestos por escrito en un pasado remoto como los poemas épicos más largos del mundo: el *Mahabharata* y el *Ramayana*. Los *puranas* son, literalmente, «antiguas» alegorías. Los *tantras* significan literalmente «ritos» o «rituales»; estos tratados transmiten verdades profundas bajo un velo de simbolismo detallado.

Sus palabras incisivas penetraron hasta una médula profunda. Desapareció una ilusión antigua por la cual las necesidades corporales engañan al alma. Allí, y entonces, probé la autosuficiencia del Espíritu. En cuántas ciudades extrañas, en mi vida posterior de viajes incesantes, surgió la ocasión de poner a prueba la utilidad de esa lección aprendida en una ermita de Benarés.

El único tesoro que había llevado conmigo desde Calcuta era el amuleto de plata del *sadhu* legado por mi madre. Lo había guardado durante años; ahora lo tenía cuidadosamente oculto en mi habitación del *ashram*. Para renovar mi alegría en aquel testimonio talismánico, una mañana abrí la caja cerrada con llave. La cubierta sellada estaba intacta… ¡pero el amuleto había desaparecido! Con tristeza, rompí por completo el sobre y me aseguré de que no estaba. Sin lugar a dudas, había desaparecido conforme a la predicción del *sadhu*, en el éter del cual había venido.

Mi relación con los seguidores de Dyananda empeoraba día a día. La familia se distanciaba, herida por mi decidida reserva. Mi estricta adhesión a la meditación sobre el Ideal mismo por el cual había dejado el hogar y todas las ambiciones mundanas suscitaba críticas superficiales desde todos los rincones. Desgarrado por la angustia espiritual, una madrugada subí al ático, resuelto a orar hasta recibir respuesta.

—Misericordiosa Madre del Universo, enséñame Tú misma… a través de visiones, o por medio de un gurú enviado por Ti.

Las horas transcurrieron entre sollozos sin respuesta. De pronto, me sentí elevado, como físicamente, hacia una esfera sin límites.

—¡Tu Maestro viene hoy! –Una voz divina femenina surgió de todas partes y de ninguna.

La experiencia sobrenatural fue súbitamente atravesada por un grito desde un lugar definido. Un joven sacerdote apodado Habu me llamaba desde la cocina de abajo:

—¡Mukunda, basta de meditación! Te necesitan para un recado.

Otro día habría respondido con impaciencia; ahora me limpié el rostro hinchado por las lágrimas y obedecí la llamada con mansedumbre. Juntos, Habu y yo partimos hacia un mercado distante, en la sección bengalí de Benarés. El sol indio, implacable, aún no estaba en su cénit cuando hicimos nuestras compras en los bazares. Nos abrimos paso entre la mezcla colorida de amas de casa, guías, sacerdotes, viudas humildemente vestidas, dignos brahmanes y los omnipresentes toros sagrados.

Al pasar por un callejón discreto, giré la cabeza y examiné su estrecha longitud. Un hombre de aspecto cristiano, con las túnicas ocres de un *swami*, permanecía inmóvil al final del camino. Me pareció instantáneamente, y desde hace tiempo, familiar. Mi mirada se alimentó de él con avidez por un instante. Luego, la duda me asaltó.

«Estás confundiendo a este monje errante con alguien conocido», pensé. «Soñador, sigue adelante».

Después de diez minutos, sentí un entumecimiento pesado en los pies. Como si se hubieran vuelto de piedra, eran incapaces de llevarme más lejos. Con esfuerzo, me volví: los pies recuperaron su movilidad. Al girar en dirección opuesta, el mismo peso curioso me oprimió otra vez.

«¡El santo me está atrayendo magnéticamente hacia él!». Con ese pensamiento, puse mis paquetes en los brazos de Habu. Él me había estado observando con asombro y ahora estalló en risas.

—¿Qué te pasa? ¿Estás loco?

Mi tumultuosa emoción me impedía responder. En silencio, me alejé a toda velocidad. Desandando mis pasos, como si tuviera alas en los pies, regresé al estrecho callejón. Una rápida mirada reveló la figura serena, mirándome fijamente. Di unos pasos ansiosos y me postré a sus pies.

—¡Gurudeva![7]

---

7. «Maestro divino», el término habitual en sánscrito para referirse al preceptor espiritual. Yo lo he traducido al inglés simplemente como *Master* («maestro»).

El rostro divino era el de mis mil visiones. Aquellos ojos pacíficos en un rostro leonino con barba puntiaguda y cabellos sueltos habían espiado a menudo a través de la penumbra de mis sueños, manteniendo una promesa que entonces aún no comprendía del todo.

—¡Oh, hijo mío, has venido a mí! –Mi gurú pronunció las palabras una y otra vez en bengalí, con una voz temblorosa de alegría–. ¡Cuántos años te he esperado!

Entramos en una unidad de silencio. Las palabras parecían la mayor superfluidad. La elocuencia fluía en un canto sin sonido, de corazón a corazón. Con una antena de discernimiento irrefutable, sentí que mi gurú conocía a Dios y que me conduciría a Él.

La opacidad de esta vida desapareció en el frágil amanecer de recuerdos prenatales. ¡Tiempo dramático! Pasado, presente y futuro son sólo escenas cíclicas. No era éste el primer sol que me encontraba a estos santos pies.

De la mano, mi gurú me llevó a su residencia temporal en la sección de Rana Mahal de la ciudad. Su figura atlética se movía con paso firme. Alto, erguido, de unos cincuenta y cinco años en aquel momento, era activo y vigoroso como un joven. Sus ojos oscuros eran grandes, bellos, colmados de una sabiduría insondable. Un cabello ligeramente rizado suavizaba un rostro de notable poder. La fuerza se mezclaba con sutileza con la ternura.

Mientras nos dirigíamos al balcón de piedra de una casa con vista al Ganges, me dijo con afecto:

—Te daré mis ermitas y todo lo que poseo.

—Señor, vengo por sabiduría y contacto con Dios. Ésos son los tesoros que busco.

El rápido crepúsculo indio había bajado ya su media cortina cuando mi maestro volvió a hablar. Sus ojos albergaban una ternura insondable.

—Te ofrezco mi amor incondicional.

¡Qué palabras tan preciosas! Transcurrió un cuarto de siglo antes de que volviera a tener otra prueba sonora de su amor. Sus labios rara vez expresaban afecto; el silencio se convertía en su corazón oceánico.

—¿Me ofrecerás el mismo amor incondicional? –Me miró con una confianza infantil.

—¡Te amaré eternamente, Gurudeva!

—El amor común es egoísta, arraigado oscuramente en deseos y satisfacciones. El amor divino es sin condiciones, sin fronteras, sin cambios. El flujo del corazón humano se disuelve para siempre con el toque inmutable del amor puro. –Y añadió con humildad–: Si alguna vez me encuentras cayendo de un estado de realización de Dios, por favor, prométeme que colocarás mi cabeza en tu regazo y me ayudarás a regresar al Amado Cósmico que ambos adoramos.

Luego se levantó en la oscuridad creciente y me condujo a una habitación interior. Mientras comíamos mangos y dulces de almendras, entretejió en la conversación, con discreción, un conocimiento íntimo de mi naturaleza. Quedé asombrado ante la grandeza de su sabiduría, exquisitamente mezclada con una humildad innata.

—No lamentes la pérdida de tu amuleto. Ha cumplido su propósito.

Como un espejo divino, mi gurú parecía captar un reflejo de toda mi vida.

—La realidad viviente de tu presencia, Maestro, es una alegría más allá de cualquier símbolo.

—Es momento de un cambio dado que estás descontento en la ermita.

No había hecho referencia a mi situación. Las palabras parecían superfluas. Por su tono natural, sin énfasis, comprendí que no deseaba exclamaciones de asombro ante su clarividencia.

—Deberías regresar a Calcuta. ¿Por qué excluir a los familiares de tu amor por la humanidad?

Su sugerencia me desconcertó. Mi familia había predicho mi retorno, aunque yo había sido indiferente a sus muchas súplicas por carta.

«Que el joven pájaro vuele en los cielos metafísicos», había dicho Ananta. «Sus alas se cansarán en la atmósfera densa. Aún lo veremos descender hacia el hogar, plegar sus alas y descansar con humildad en el nido familiar». Con esta desalentadora imagen en mi mente, estaba decidido a no «descender» en dirección a Calcuta.

—Señor, no regresaré a casa. Pero te seguiré adonde sea. Por favor, dame tu dirección y tu nombre.

—Swami Sri Yukteswar Giri. Mi ermita principal está en Serampore, en Rai Ghat Lane. Sólo estoy visitando a mi madre aquí durante unos días.

Me asombraba el intrincado juego de Dios con Sus devotos. Serampore está a menos de veinte kilómetros de Calcuta, pero nunca antes había visto a mi gurú en esos lugares. Tuvimos que viajar hasta la antigua ciudad de Kasi, santificada por los recuerdos de Lahiri Mahasaya. Aquí también los pies de Buda, Shankaracharya y otros Yoguis-Cristos bendijeron el suelo.

—Vendrás a mí en cuatro semanas. –Por primera vez, la voz de Sri Yukteswar fue severa–. Ahora te he hablado de mi afecto eterno y te he mostrado mi felicidad al encontrarte; por eso ignoras mi petición. La próxima vez que nos veamos, tendrás que reavivar mi interés. No te aceptaré como discípulo fácilmente. Debe haber una rendición total a través de la obediencia a mi estricta disciplina.

Permanecí obstinadamente en silencio. Mi gurú penetró en mí sin esfuerzo:

—¿Crees que tus parientes se burlarán de ti?

—No regresaré.

—Regresarás en treinta días.

—Nunca.

Inclinándome a sus pies a modo de reverencia, me retiré sin aliviar la tensión de la controversia. Mientras avanzaba en la oscuridad de la medianoche, me preguntaba por qué el milagroso encuentro había terminado en una nota de desarmonía. ¡Las balanzas duales de *maya*, que equilibran cada alegría con una pena! Mi joven corazón aún no era maleable a los dedos transformadores de mi gurú.

La mañana siguiente noté una hostilidad creciente en la actitud de los miembros de la ermita. Mis días se volvieron punzantes por una rudeza constante. En tres semanas, Dyananda partió hacia una conferencia en Bombay; el pandemonio estalló sobre mi cabeza desafortunada.

—Mukunda es un parásito al aceptar la hospitalidad de la ermita sin hacer devolución alguna.

Al oír este comentario, lamenté por primera vez haber obedecido la instrucción de enviar mi dinero de vuelta a mi padre. Con el corazón pesado, busqué a mi único amigo, Jitendra.

—Me voy. Por favor, transmite mis respetuosas disculpas a Dyanandaji cuando regrese.

—¡Yo también me iré! Mis intentos de meditar aquí no reciben más favor que los tuyos –dijo Jitendra con determinación–. He conocido a un santo semejante a Cristo. Visitémoslo en Serampore.

Y así, el «pájaro» se preparó para «descender» peligrosamente cerca de Calcuta.

CAPÍTULO 11

Dos chicos sin un centavo en Brindaban

—¡Si tu padre te desheredara te lo merecerías, Mukunda! ¡Qué necio eres al tirar tu vida por la borda!

Un sermón de hermano mayor afectaba a mis oídos.

Jitendra y yo, recién llegados del tren (una manera de decir, ya que estábamos cubiertos de polvo), acabábamos de llegar a casa de Ananta, que recientemente se había trasladado de Calcuta a la antigua ciudad de Agra. Mi hermano era contador supervisor del ferrocarril Bengal-Nagpur.

—Bien sabes, Ananta, que busco mi herencia del Padre Celestial.

—¡Primero el dinero! ¡Dios puede venir después! ¿Quién sabe? La vida puede resultar demasiado larga.

—¡Dios primero! El dinero es su esclavo. ¿Quién puede decirlo? La vida puede ser demasiado breve.

Mis palabras brotaron de mi boca por la exigencia de la circunstancia y no pretendían cargar con presagio alguno. Sin embargo, las hojas del tiempo se replegaron hacia una conclusión prematura para Ananta: unos pocos años después, entró cn la tierra donde los billetes de banco no sirven ni al principio ni al final.[1]

—¡Sabiduría del ermitaño, supongo! Pero veo que has dejado Benarés.

Los ojos de Ananta brillaron con satisfacción; aún esperaba asegurar mis alas en el nido familiar.

—¡Mi estancia en Benarés no fue en vano! ¡Encontré allí todo lo que mi corazón había anhelado! Puedes estar seguro de que no fue tu erudito ni su hijo.

Ananta se unió a mí en una risa nostálgica; tuvo que admitir que el «clarividente» de Benarés que eligió era miope.

—¿Cuáles son tus planes, hermano errante?

—Jitendra me convenció para que fuera a Agra. Vamos a ver las bellezas del Taj Mahal[2] aquí –expliqué–. Luego vamos a mi recién encontrado gurú, que tiene una ermita en Serampore.

Ananta, de manera hospitalaria, organizó nuestra comodidad. Varias veces durante la noche noté que sus ojos estaban fijos en mí de manera reflexiva.

«¡Conozco esa mirada!», pensé. «¡Está tramando algo!».

El desenlace tuvo lugar durante nuestro desayuno temprano.

—Entonces, te sientes completamente independiente de la riqueza de papá.La mirada de Ananta era inocente mientras retomaba las espinas de la conversación de ayer.

—Soy consciente de mi dependencia de Dios –le dije.

—¡Las palabras son baratas! ¡La vida te ha protegido hasta ahora! ¡Qué situación si tuvieras que depender de la Mano Invisible para tu comida y refugio! ¡Pronto estarías pidiendo limosna en las calles!

—¡Nunca! ¡No pondría mi fe en los transeúntes en lugar de en Dios! ¡Él puede idear para Su devoto mil recursos además del cuenco de limosnas!

---

1. *Véase* capítulo 25.

2. El mausoleo de fama mundial.

—¡Más retórica! Supongamos que sugiera que tu vanagloriada filosofía sea puesta a prueba en este mundo tangible –continuaba Ananta.

—¡Estaría de acuerdo! ¿Limitarías a Dios a un mundo especulativo?

—Lo veremos; hoy tendrás la oportunidad de desbaratar o confirmar mis propias opiniones. –Ananta hizo una pausa dramática; luego habló despacio y con seriedad–. Propongo que te envíe a ti y a tu compañero discípulo Jitendra esta mañana a la cercana ciudad de Brindaban. No debes tomar ni una sola rupia; no debes pedir, ni por comida ni por dinero; no debes revelar tu situación a nadie; no debes ir sin tus comidas; y no debes quedarte varado en Brindaban. Si regresas a mi bungaló aquí antes de las doce de la noche sin haber roto ninguna regla de la prueba, ¡seré el hombre más asombrado de Agra!

—Acepto el desafío.

No hubo vacilación en mis palabras ni en mi corazón. Surgieron recuerdos de gratitud por la beneficencia instantánea: mi curación del cólera mortal a través de una llamada a la imagen de Lahiri Mahasaya; el regalo juguetón de los dos cometas en el tejado de Lahore con Uma; el amuleto oportuno en medio de mi desaliento; el mensaje decisivo a través del desconocido *sadhu* de Benarés, fuera del recinto de la casa del erudito; la visión de la Divina Madre y Sus majestuosas palabras de amor; Su pronta atención a través del Maestro Mahasaya a mis triviales embarazos; la orientación de último minuto que materializó mi diploma de secundaria; y el último don, mi Maestro vivo, surgido de la niebla de sueños de toda la vida. ¡Nunca podría admitir que mi «filosofía» fuera incapaz de hacer frente a cualquier lucha en el arduo campo de pruebas del mundo!

—Tu disposición te hace honor. Te acompañaré al tren de inmediato. –Ananta se volvió entonces hacia Jitendra, que se había quedado con la boca abierta–. ¡Debes ir como testigo y, muy probablemente, como víctima y compañera!

Media hora después, Jitendra y yo teníamos billetes de ida para nuestro viaje improvisado. Nos sometimos, en un rincón apartado de la estación, a una revisión de nuestras personas. Ananta se satisfizo rápidamente de que no llevábamos ningún tesoro oculto; nuestros simples *dhotis*[3] no ocultaban nada más que lo necesario.

A medida que la fe invadía los serios terrenos de las finanzas, mi amigo comenzó a protestar:

—Ananta, dame una o dos rupias como medida de seguridad. Así podré enviarte un telegrama en caso de desgracia.

—¡Jitendra! –Mi exclamación fue tajante y reprobatoria–. No continuaré con la prueba si tomas dinero como seguridad final.

—Hay algo reconfortante en el sonido de las monedas.

Jitendra no dijo nada más mientras lo miraba con severidad.

—Mukunda, no soy insensible. –Un toque de humildad se coló en la voz de Ananta. Puede que su conciencia lo estuviera reprimiendo, quizás por haber enviado a dos chicos insolventes a una ciudad extraña, tal vez por su propio escepticismo religioso–. Si por casualidad o gracia pasas exitosamente a través de la prueba de Brindaban, te pediré que me inicies como tu discípulo.

Esta promesa tenía cierta irregularidad de acuerdo con la ocasión poco convencional. El hermano mayor de una familia india rara vez se inclina ante sus hermanos menores; él recibe respeto y obediencia sólo después de un padre. Pero no hubo tiempo para mi comentario; nuestro tren estaba a punto de partir.

Jitendra mantuvo un silencio lúgubre mientras nuestro tren recorría kilómetros. Finalmente, se animó; se inclinó y me pellizcó dolorosamente en un lugar incómodo.

—No veo ninguna señal de que Dios vaya a proveer nuestra próxima comida.

—¡Cállate, Tomás, incrédulo; el Señor está trabajando con nosotros!

---

3. Un *dhoti* es una tela que se anuda alrededor de la cintura y que cubre las piernas.

—¿Podrías hacer que Él se diera prisa? Ya estoy famélico sólo de pensar en lo que tenemos por delante. ¡Dejé Benarés para ver el mausoleo del Taj, no para entrar en el mío!

—¡Anímate, Jitendra! ¿No vamos a tener nuestro primer vistazo de las sagradas maravillas de Brindaban?[4] Estoy lleno de gozo al pensar en pisar el suelo santificado por los pies del Señor Krishna.

La puerta de nuestro compartimiento se abrió; dos hombres se sentaron. La siguiente parada del tren sería la última.

—Muchachos, ¿tenéis amigos en Brindaban?

El extraño frente a mí mostraba un interés sorprendente.

—¡No es asunto tuyo!

Con rudeza desvié la mirada.

—Probablemente estéis huyendo de vuestras familias bajo el hechizo del Ladrón de Corazones[5]. Yo mismo tengo un temperamento devocional. Haré de ello mi deber personal asegurarme de que recibáis comida y refugio de este calor insoportable.

—No, señor, déjenos en paz. Es usted muy amable, pero se equivoca al juzgarnos como fugitivos de casa.

No hubo más conversación; el tren se detuvo. Cuando Jitendra y yo descendimos al andén, nuestros compañeros de azar se nos unieron y llamaron a una carreta tirada por un caballo.

Descendimos ante una suntuosa ermita, situada entre los árboles perennes de un terreno bien cuidado. Nuestros benefactores eran bien conocidos allí; un joven sonriente nos condujo a un salón sin decir ni una palabra. Pronto se nos unió una mujer con un porte digno.

—Gauri Ma, los príncipes no han podido venir. –Uno de los hombres se dirigió a la anfitriona del *ashram*–. En el último momento, sus planes salieron mal; envían grandes disculpas.

4. Brindaban, en el distrito de Muttra de las Provincias Unidas, es la Jerusalén hindú. Aquí, el Señor Krishna mostró sus glorias para el beneficio de la humanidad.

5. Hari: un nombre entrañable con el que los devotos se refieren al Señor Krishna.

Pero hemos traído a otros dos invitados. Desde que los conocí en el tren, sentí que eran devotos del Señor Krishna.

—Adiós, jóvenes amigos. –Nuestros dos conocidos caminaron hacia la puerta–. Nos volveremos a encontrar si Dios quiere.

—Sois bienvenidos aquí. –Gauri Ma sonrió de manera maternal a sus dos inesperados huéspedes–. No podrían haber llegado en un mejor día. Estaba esperando a dos mecenas reales de esta ermita. ¡Qué vergüenza si mi cocina no hubiera encontrado a nadie que la apreciara!

Esas palabras tentadoras tuvieron un efecto desastroso en Jitendra: rompió a llorar. El «porvenir» que temía en Brindaban se estaba convirtiendo en un entretenimiento real; su ajuste mental repentino fue demasiado para él. Nuestra anfitriona lo miró con curiosidad pero sin decir ni una palabra; tal vez estaba familiarizada con los caprichos adolescentes.

De izquierda a derecha: Jitendra Mazumdar,
mi compañero en la «prueba de la pobreza» en Brindaban;
Lalit-da, mi primo; Swami Kebelananda («Shastri Mahasaya»),
mi santificado tutor de sánscrito; y yo mismo, cuando aún
era un joven estudiante de secundaria.

Ananda Moyi Ma, la «Madre Llena de Alegría» de Bengala.

Una de las cuevas ocupadas por Babaji en las Montañas Drongiri, cerca de Ranikhet, en el Himalaya. Un nieto de Lahiri Mahasaya, Ananda Mohan Lahiri (segundo desde la derecha, vestido de blanco), y otros tres devotos visitando el lugar sagrado.

Se anunció el almuerzo; Gauri Ma nos condujo a un patio de comedor especiado con olores sabrosos. Ella desapareció en una cocina adyacente.

Yo había estado anticipando este momento. Seleccionando el lugar adecuado en la anatomía de Jitendra, le di un pellizco tan resonante como el que él me había dado en el tren.

—¡Tomás incrédulo, el Señor también trabaja rápido!

La anfitriona regresó con un *punkha*. Nos ventiló con calma al estilo oriental mientras nos sentábamos en asientos de manta ornamentales. Los discípulos del *ashram* pasaban de un lado a otro con cerca de treinta platos. En lugar de «comida», la descripción sólo puede ser «banquete opulento». Desde que llegamos a este planeta, Jitendra y yo nunca habíamos probado tales delicadezas.

—¡De hecho, platos dignos de príncipes, Madre Honrada! ¡Qué podrían haber encontrado más urgente tus patrocinadores reales que asistir a este banquete, no puedo imaginarlo! ¡Nos has dejado un recuerdo para toda la vida!

Silenciados como estábamos por el requerimiento de Ananta, no pudimos explicarle a la amable dama que nuestro agradecimiento tenía un doble significado. Al menos nuestra sinceridad era patente. Partimos con su bendición y una invitación atractiva para volver a visitar la ermita.

El calor exterior era asfixiante. Mi amigo y yo nos dirigimos al refugio de un majestuoso árbol de *cadamba* en la puerta del *ashram*. Siguieron palabras agudas; de nuevo, Jitendra se vio acosado por dudas.

—¡En vaya lío me has metido! ¡Nuestro almuerzo fue sólo una suerte accidental! ¿Cómo vamos a ver los sitios de esta ciudad sin una sola moneda? ¿Y cómo demonios vas a llevarme de regreso a la casa de Ananta?

—Olvidas a Dios rápidamente ahora que tu estómago está lleno.

Mis palabras, no amargas, eran acusadoras. ¡Qué breve es la memoria humana para los favores divinos! No hay hombre que no haya visto concedidas ciertas de sus oraciones.

—¡No voy a olvidar mi locura de haberme aventurado con un loco como tú!

—¡Cállate, Jitendra! El mismo Señor que nos alimentó nos mostrará Brindaban y nos devolverá a Agra.

Un joven delgado de rostro agradable se acercó a paso rápido. Tras detenerse bajo nuestro árbol, se inclinó ante mí.

—Querido amigo, tú y tu compañero debéis ser extraños aquí. Permitidme ser vuestro anfitrión y guía.

Es casi imposible que un indio palidezca, pero el rostro de Jitendra se volvió repentinamente enfermizo. Rechacé la oferta con educación.

—¿Acaso no me estarás echando?

El alarmante tono del extraño hubiera sido cómico en cualquier otra circunstancia.

—¿Y por qué no?

—Tú eres mi gurú. –Sus ojos buscaron los míos con confianza–. Durante mis devociones al mediodía, el bendito Señor Krishna apareció en una visión. Me mostró dos figuras abandonadas bajo este mismo árbol. ¡Uno de los rostros era el tuyo, mi maestro! ¡A menudo lo he visto mientras meditaba! ¡Qué alegría si aceptas mis humildes servicios!

—Yo también me alegro de que me hayas encontrado. ¡Ni Dios ni el hombre nos han abandonado!

Aunque permanecí inmóvil, sonriendo al rostro ansioso frente a mí, una reverencia interna me arrojó a los Pies Divinos.

—Queridos amigos, ¿no honraréis mi hogar con una visita?

—Eres muy amable, pero el plan es inviable. Ya somos huéspedes de mi hermano en Agra.

—Al menos dejadme recuerdos de que he recorrido Brindaban con vosotros.

Accedí gustosamente. El joven, que dijo llamarse Pratap Chatterji, llamó a una carreta tirada por un caballo. Visitamos el templo Madanamohana y otros santuarios de Krishna. La noche descendió mientras realizábamos nuestras devociones en el templo.

—Disculpad un momento mientras voy a comprar *sandesh*.[6]

Pratap entró en una tienda cerca de la estación de tren. Jitendra y yo paseamos por la ancha calle, ahora llena de gente en la relativa frescura. Nuestro amigo estuvo ausente un buen rato, pero finalmente regresó con muchos dulces de regalo.

—Por favor, permitidme ganar este mérito religioso.

Pratap sonrió implorante mientras extendía un paquete de rupias y dos billetes a Agra recién comprados.

La reverencia de mi aceptación era para la Mano Invisible. A pesar de haber sido burlado por Ananta, ¿acaso su generosidad no había superado con creces la necesidad?

Buscamos un lugar alejado cerca de la estación.

—Pratap, te instruiré en el Kriya de Lahiri Mahasaya, el mayor yogui de los tiempos modernos. Su técnica será tu gurú.

La iniciación concluyó en media hora.

—Kriya es tu *chintamani*[7] –le dije al nuevo estudiante–. La técnica, que como ves es simple, encarna el arte de acelerar la evolución espiritual del hombre. Las escrituras hindúes enseñan que el ego que se va a encarnar necesita un millón de años para obtener la liberación de *maya*. Este período natural se acorta considerablemente a través del Kriya Yoga. Del mismo modo que Jagadis Chandra Bose ha demostrado que el crecimiento de las plantas puede acelerarse mucho más allá de su tasa normal, también el desarrollo psicológico del hombre puede ser acelerado por una ciencia interior. Sé fiel en tu práctica; te acercarás al Gurú de todos los gurús.

—¡Me siento llamado a encontrar esta llave yóguica, que tanto he buscado! –dijo Pratap, pensativo–. ¡Su efecto liberador sobre mis ataduras sensoriales me liberará para esferas superiores! La visión de hoy del Señor Krishna sólo puede significar mi mayor bien.

---

6. Un dulce indio.

7. Una gema mitológica con el poder de conceder deseos.

Nos sentamos un rato en comprensión silenciosa, luego caminamos poco a poco hacia la estación. La alegría estaba dentro de mí al abordar el tren, pero éste fue el día en que Jitendra mostró sus lágrimas. Mi afectuoso adiós a Pratap había sido interrumpido por sollozos ahogados de ambos compañeros. El viaje, una vez más, encontró a Jitendra sumido en un mar de dolor. Esta vez no por él mismo, sino contra sí mismo.

—¡Qué superficial ha sido mi confianza! ¡Mi corazón ha sido una piedra! ¡Nunca más dudaré de la protección de Dios!

Se acercaba la medianoche. Las dos «Cenicientas», enviadas sin una sola moneda, entraron en la habitación de Ananta. Su rostro, como había prometido, era un estudio de asombro. Rocié la mesa con rupias en silencio.

—Jitendra, ¡di la verdad! –El tono de Ananta era jocoso–. ¿No habrá atracado este joven a alguien? –Pero a medida que se desvelaba la historia, mi hermano se puso serio y, luego, solemne–. La ley de la oferta y la demanda llega a reinos más sutiles de lo que había supuesto. –Ananta habló con un entusiasmo espiritual nunca antes notable–. Por primera vez entiendo tu indiferencia por los tesoros y las vulgaridades acumuladas del mundo.

A pesar de que era tarde, mi hermano insistió en que recibiera *diksha*[8] en Kriya Yoga. El «gurú» Mukunda tuvo que asumir la responsabilidad de dos discípulos no solicitados en un solo día.

En el desayuno del día siguiente reinó una armonía que estaba ausente el día anterior. Sonreí a Jitendra.

—No saldrás engañado del Taj. Vamos a verlo antes de partir hacia Serampore.

Despidiéndonos de Ananta, mi amigo y yo pronto estábamos ante la gloria de Agra, el Taj Mahal. Mármol blanco deslumbrante al sol que se erige como una visión de pura simetría.

---

8. Iniciación espiritual; de la raíz sánscrita *diksh*, «dedicarse uno mismo».

El escenario perfecto lo conforman cipreses oscuros, un césped brillante y una tranquila laguna. El interior es exquisito, con tallados como encaje incrustados con piedras semipreciosas. Guirnaldas y rollos delicados emergen intrincadamente de los mármoles, marrón y violeta. La luz que cae del domo ilumina los cenotafios del emperador Shah-Jahan y Mumtaz Mahall, reina de su reino y de su corazón.

¡Ya basta de turismo! Anhelaba a mi gurú. Jitendra y yo pronto viajábamos hacia el sur en tren, rumbo a Bengala.

—Mukunda, no he visto a mi familia en meses. He cambiado de opinión; tal vez más tarde visite a tu maestro en Serampore.

Mi amigo, quien podría describirse de manera suave como vacilante en temperamento, me dejó en Calcuta. En tren local, pronto llegué a Serampore, a poco más de diecinueve kilómetros al norte.

Un suspiro de asombro se apoderó de mí cuando me di cuenta de que habían transcurrido veintiocho días desde el encuentro en Benarés con mi gurú.

—¡Vendrás a mí en cuatro semanas!

Aquí estaba yo, con el corazón acelerado, de pie dentro de su patio en la tranquila Rai Ghat Lane. Entré por primera vez al *ashram* donde pasaría la mejor parte de los próximos diez años con el *Jñanavatar* de la India, «la encarnación de la sabiduría».

CAPÍTULO 12

Años en el *ashram* de mi Maestro

—Has llegado.

Sri Yukteswar me saludó desde una piel de tigre extendida en el suelo de una sala con balcón. Su voz era fría, y sus modos, inexpresivos.

—Sí, querido Maestro, estoy aquí para seguirte.

Arrodillado, toqué sus pies.

—¿Cómo puede ser eso? Ignoras mis deseos.

—¡Ya no más, Guruji! ¡Tu deseo será mi ley!

—¡Así mejor! Ahora puedo asumir la responsabilidad de tu vida.

—Voluntariamente transfiero la carga, Maestro –le dije.

—Mi primer deseo, entonces, es que regreses a tu casa con tu familia. Quiero que entres en la universidad en Calcuta. Tu educación debe continuar.

—Está bien, señor.

Oculté mi consternación. ¿Acaso los insistentes libros me perseguirían a lo largo de los años? ¡Primero mi padre, ahora Sri Yukteswar!

—Algún día irás a Occidente. Su gente prestará más atención a la sabiduría ancestral de la India si el extraño maestro hindú tiene un título universitario.

—Tú lo sabes mejor, Guruji.

Mi tristeza desapareció. La referencia a Occidente me pareció desconcertante, distante; pero mi oportunidad para complacer al Maestro por medio de la obediencia era inmediatamente vital.

—Estarás cerca en Calcuta; ven aquí siempre que tengas tiempo.

—¡Todos los días si es posible, Maestro! Acepto con gratitud tu autoridad en todos los detalles de mi vida... con una condición.

—¿Sí?

—¡Que me prometas revelar a Dios!

Nos enzarzamos en una lucha verbal de una hora. La palabra de un maestro no puede ser falsificada; no se da, así como así. Las implicaciones del compromiso abren vastos horizontes metafísicos. ¡Un gurú debe estar realmente en términos íntimos con el Creador antes de que pueda obligarlo a aparecer! Sentí la unidad divina de Sri Yukteswar, y estaba decidido, como su discípulo, a aprovechar mi ventaja.

—¡Eres de carácter exigente! –Tras el consentimiento del Maestro, resonó con una compasión final–: Que tu deseo sea mi deseo.

La sombra de toda una vida se levantó de mi corazón; la búsqueda vaga, por aquí y por allá, había terminado. Había encontrado refugio eterno en un verdadero gurú.

—Ven; te mostraré el *ashram*.

El Maestro se levantó de su alfombra de tigre. Miré a mi alrededor; mi mirada cayó con asombro sobre una imagen en la pared, adornada con una ramita de jazmín.

—¡Lahiri Mahasaya!

—Sí, mi divino gurú. –El tono de Sri Yukteswar fue reverente y vibrante–. Mayor fue él, como hombre y yogui, que cualquier otro maestro cuya vida haya estado dentro del alcance de mis investigaciones.

En silencio, me incliné ante la conocida imagen. Mi homenaje espiritual voló hacia el incomparable maestro que, bendiciendo mi infancia, había guiado mis pasos hasta este momento.

Guiado por mi gurú, recorrí la casa y sus terrenos. El *ashram* era grande, antiguo y sólido, abrazado por un amplio patio con columnas. Las paredes exteriores, cubiertas de musgo, dejaban ver las huellas del tiempo y la contemplación. Las palomas revoloteaban despreocupadamente sobre el techo plano y gris, compartiendo sin ceremonia los espacios del *ashram*. En la parte trasera, un jardín ofrecía una pausa apacible: crecían allí árboles de *jackfruit*, mango y plátano, con sus copas mecidas por el aire suave del Ganges. Los balcones de los pisos superiores, protegidos por barandillas, se abrían hacia el patio desde tres lados, invitando a la reflexión en el silencio del atardecer. En la planta baja, una sala espaciosa, con altos techos sostenidos por columnas, se reservaba –me explicó el Maestro– principalmente para las festividades anuales de Durgapuja.[1] Un estrecho escalón conducía al salón de Sri Yukteswar, cuyo pequeño balcón se abría sobre la calle, permitiendo que el rumor de la vida llegara suavemente al *ashram*. El lugar estaba decorado con austeridad; todo era sencillo, limpio, utilitario. Varias sillas, bancos y mesas de estilo occidental salpicaban el interior sin ostentación. El Maestro me invitó a pasar allí la noche. Dos jóvenes discípulos que recibían entrenamiento en el *ashram* nos sirvieron una cena ligera, curry de vegetales.

—Guruji, por favor, cuéntame algo de tu vida.

Yo estaba en cuclillas sobre una estera de paja, cerca de su piel de tigre. Las estrellas amistosas parecían estar muy cerca, más allá del balcón.

---

1. Adoración de Durga. Éste es el principal festival del año bengalí y dura nueve días alrededor de finales de septiembre. Inmediatamente después sigue el festival de diez días de Dashahara («el que elimina diez pecados»: tres del cuerpo, tres de la mente y cuatro del habla). Ambas pujas están consagradas a Durga, literalmente «la Inaccesible», un aspecto de la Divina Madre, Shakti, la fuerza creativa femenina personificada.

—Mi apellido era Priya Nath Karar. Nací aquí, en Serampore,[2] donde mi padre era un empresario adinerado. Él me dejó esta mansión ancestral, que ahora es mi *ashram*. Mi escolarización formal fue breve; la encontré lenta, limitada, superficial. Muy joven, asumí las responsabilidades del hogar y fui cabeza de familia. Tengo una hija, ya casada, que sigue su vida. La etapa media de mi existencia fue bendecida con la guía luminosa de Lahiri Mahasaya. Bajo su tutela, mi senda interior tomó forma verdadera. Después de la muerte de mi esposa renuncié al mundo y me uní a la Orden de los Swamis, recibiendo el nuevo nombre de Sri Yukteswar Giri.[3] Ésas son mis simples crónicas.

El Maestro sonrió al ver mi rostro ansioso. Como todos los relatos biográficos, sus palabras dieron los hechos externos sin revelar al hombre interior.

—Guruji, me gustaría escuchar algunas historias de tu infancia.

—Te contaré unas pocas historias, ¡cada una con una lección moral! –Los ojos de Sri Yukteswar brillaron con su advertencia–. Mi madre una vez intentó asustarme con una historia espantosa de un fantasma en una cámara oscura. Fui allí de inmediato y expresé mi decepción al no encontrar al fantasma. Mi madre nunca me contó otra historia de terror. Lección moral: mira el miedo de frente y dejará de molestarte.

»Otro recuerdo temprano es el deseo por un perro feo de un vecino. Mantuve mi hogar en caos durante semanas para conseguir ese perro. Mis oídos estaban sordos a las ofertas de mascotas con mejor apariencia. Lección moral: el apego es cegador; otorga un halo imaginario de atractivo al objeto del deseo.

»Una tercera historia tiene que ver con la plasticidad de la mente juvenil. Oí a mi madre decir en una ocasión: "Un hom-

---

2. Sri Yukteswar nació el 10 de mayo de 1855.

3. *Yukteswar* significa «unido a Dios». Giri es una clasificación de una de las diez antiguas ramas Swami. Sri significa «santo»; no es un nombre, sino un título de respeto.

bre que acepta un trabajo bajo la autoridad de otro es un esclavo". Esa impresión quedó tan grabada en mí que, incluso después de mi matrimonio, rechacé todos los puestos. Cubrí los gastos invirtiendo la herencia de mi familia en tierras. Lección moral: las sugerencias positivas y buenas deben instruir las sensibles orejas de los niños. Sus ideas tempranas permanecen grabadas por mucho tiempo.

El Maestro cayó en un tranquilo silencio. Alrededor de la medianoche me condujo a una cama estrecha. El sueño fue profundo y dulce la primera noche bajo el techo de mi gurú.

Sri Yukteswar eligió la mañana siguiente para iniciarme en el Kriya Yoga. La técnica ya la había recibido de dos discípulos de Lahiri Mahasaya –mi padre y mi tutor, Swami Kebalananda–, pero en presencia del Maestro sentí un poder transformador. Al tocarme, una gran luz irrumpió en mi ser, como la gloria de incontables soles brillando juntos. Un torrente de éxtasis inefable, abrumando mi corazón hasta el núcleo más profundo, continuó durante todo el día siguiente. Fue esa tarde cuando me hice a la idea de dejar el *ashram.*

—Regresarás en treinta días.

Cuando llegué a mi hogar en Calcuta, la predicción del Maestro se había cumplido. Ninguno de mis familiares hizo los comentarios punzantes que temía sobre la reaparición del «pájaro que se eleva».

Subí a mi pequeño ático y lancé miradas afectuosas, como si se tratara de una presencia viva. Dije:

—Has sido testigo de mis meditaciones, lágrimas y tormentas de mi *sadhana.* Ahora he llegado al puerto de mi maestro divino.

—Hijo, me alegro por los dos. –Mi padre y yo nos sentamos juntos en la calma de la tarde–. Has encontrado a tu gurú, del mismo modo que de una forma milagrosa yo encontré al mío. La santa mano de Lahiri Mahasaya está protegiendo nuestras vidas. Tu maestro no ha resultado un inaccesible santo del Himalaya, sino uno cercano. Mis oraciones han sido escuchadas: no te han apartado permanentemente de mi vista en tu búsqueda de Dios.

Mi padre también se mostró complacido de que reanudara mis estudios formales, e hizo las gestiones pertinentes. Al día siguiente, me inscribieron en el Scottish Church College de Calcuta.

Fueron unos meses felices. Mis lectores probablemente habrán realizado la perspicaz suposición de que era raro verme en las aulas de la universidad. El *ashram* de Serampore tenía un atractivo demasiado irresistible. El Maestro aceptó mi presencia omnipresente sin comentario. Para mi alivio, rara vez mencionaba las aulas de aprendizaje. Aunque era evidente para todos que nunca iba a ser un erudito, logré obtener las calificaciones mínimas de vez en cuando.

La vida diaria en el *ashram* fluía sin problemas; rara vez cambiaba. Mi gurú despertaba antes del amanecer. Acostado o, a veces, sentado en la cama, entraba en un estado de *samadhi*.[4] Era muy sencillo descubrir cuándo se había despertado el Maestro: un repentino cese de los ruidos ensordecedores.[5] Un suspiro o dos; tal vez un movimiento corporal. Luego, un silencio de falta de respiración: estaba en profundo gozo yóguico.

El desayuno no se servía de inmediato; primero venía una larga caminata junto al Ganges. ¡Esos paseos matutinos con mi gurú! ¿Cómo permanecen tan reales y vívidos aún? En el fácil resurgir de la memoria, a menudo me encuentro a su lado: el sol temprano calienta el río. Su voz resuena, rica en la autenticidad de la sabiduría.

Un baño; luego la comida del mediodía. Su preparación, de acuerdo con las instrucciones diarias del Maestro, era la cuidadosa tarea de los jóvenes discípulos. Mi gurú era vegetariano. Sin embargo, antes de abrazar la vida monástica, comía huevos

---

4. Literalmente, «dirigir juntos». *Samadhi* es un estado supraconsciente de éxtasis en el que el yogui percibe la identidad del alma y el espíritu.

5. El ronquido, según los fisiólogos, indica una relajación total (únicamente para el practicante inconsciente).

y pescado. Su consejo para los estudiantes era seguir cualquier dieta simple que se adaptara a la constitución de cada uno.

El Maestro comía poco; a menudo arroz, coloreado con cúrcuma, jugo de remolacha o espinaca, y ligeramente espolvoreado con *ghee* de búfala o mantequilla derretida. Otro día, curry de *dhal* de lentejas o curry de *channa*[6] con vegetales. De postre, mangos o naranjas con arroz con leche, o jugo de yaca.

MI MAESTRO, SRI YUKTESWAR
Discípulo de Lahiri Mahasaya

6. *Dhal* es una sopa espesa elaborada con guisantes partidos u otras legumbres. *Channa* es un queso de leche fresca cuajada, cortado en dados y cocinado con curry y patatas.

Los visitantes aparecían por las tardes. Un flujo constante procedía del mundo hacia la tranquilidad de la ermita. Todos encontraban en el Maestro la misma cortesía y amabilidad. Para un hombre que se ha realizado como alma, no como cuerpo ni ego, el resto de la humanidad asume una sorprendente similitud en cuanto a aspecto.

La imparcialidad de los santos está arraigada en la sabiduría. Los maestros han escapado de la *maya*; sus caras alternas de intelecto e idiotez ya no ejercen influencia sobre su mirada. Sri Yukteswar no mostraba deferencia hacia los poderosos o destacados; tampoco desairaba a los pobres o analfabetos. Escuchaba con respeto las palabras de verdad de un niño, e ignoraba sin reservas a un erudito engreído.

A las ocho se cenaba, y a veces había huéspedes que se quedaban durante mucho tiempo. Mi gurú no se excusaba de comer solo; nadie salía de su *ashram* hambriento o insatisfecho. Sri Yukteswar nunca se quedaba sin recursos ni se desanimaba por visitantes inesperados; la comida escasa se convertía en un banquete bajo su dirección ingeniosa. Sin embargo, era económico; sus fondos modestos rendían mucho. «Sé cómodo con tu bolsillo –solía decir–. La extravagancia te comprará incomodidad». Ya fuera en los detalles del entretenimiento del *ashram*, en su trabajo de construcción y reparación, o en otros asuntos prácticos, el Maestro manifestaba la originalidad de un espíritu creativo.

Las tranquilas horas de la tarde a menudo traían uno de los discursos de mi gurú, tesoros contra el tiempo. Cada una de sus palabras era medida y cincelada por la sabiduría. Una sublime autosuficiencia señalaba su forma de expresarse: era única. Según mi experiencia, hablaba como nadie más lo había hecho. Sus pensamientos eran sopesados en un delicado equilibrio de discriminación antes de permitirles tomar una forma externa. La esencia de la verdad, omnipresente incluso con un aspecto fisiológico, salía de él como una fragancia emanada del alma. Siempre era consciente de que estaba en la presencia de una manifestación viva de Dios. El peso de su divinidad automáticamente inclinaba mi cabeza ante él.

Si los visitantes tardíos notaban que Sri Yukteswar se estaba concentrando en lo Infinito, rápidamente los involucraba en la conversación. Era incapaz de adoptar una pose o de ostentar su retiro interior. Siempre unido al Señor, no necesitaba un tiempo separado para la comunión. Un maestro autorrealizado ya ha dejado atrás la piedra de toque de la meditación. «La flor cae cuando aparece el fruto». Pero los santos a menudo se aferran a las formas espirituales para el ánimo de los discípulos.

A medida que se acercaba la medianoche, mi gurú podía caer en un sueño con la naturalidad de un niño. No había alboroto con la cama. A menudo se acostaba, sin siquiera una almohada, en un pequeño sofá, que era el fondo de su asiento habitual de piel de tigre.

No era raro que hubiera una discusión filosófica que durara toda la noche; cualquier discípulo podía proponerla con la intensidad de su interés. No sentía cansancio entonces, ni deseo de dormir; las palabras vivas del Maestro eran suficientes. «¡Oh, es el amanecer! Vamos a caminar por el Ganges». Así terminaban muchas de mis noches de edificación nocturna.

Mis primeros meses con Sri Yukteswar culminaron en una lección útil: «Cómo engañar a un mosquito». En casa, mi familia siempre usaba cortinas protectoras por la noche. Me sorprendió descubrir que en la ermita de Serampore esta costumbre prudente se honraba en su ausencia. Sin embargo, los insectos estaban en la residencia; me picaron de la cabeza a los pies. Mi gurú se compadeció de mí.

—Cómprate una cortina y también otra para mí. –Se rio y añadió–: ¡Si sólo compras una para ti, todos los mosquitos se concentrarán en mí!

Era para mí un placer cumplir. Cada noche que pasaba en Serampore, mi gurú me pedía que organizara las cortinas para dormir.

Una noche, los mosquitos estaban especialmente virulentos. Pero el Maestro no dio sus instrucciones habituales. Escuché con nerviosismo el zumbido anticipatorio de los insectos. Al meterme en la cama, lancé una oración propiciatoria en su dirección general. Una media hora después, tosí de manera ostentosa para atraer la atención de mi gurú. Pensé que me volvería loco con las picaduras y, sobre todo, con el zumbido mientras los mosquitos celebraban ritos sanguinarios.

Ninguna respuesta del Maestro; me acerqué a él con cautela. No estaba respirando. Ésta fue mi primera observación de él en el trance yogui; me llenó de miedo.

«¡Su corazón debe haber fallado!», pensé. Coloqué un espejo debajo de su nariz; no apareció el vapor de su aliento. Para asegurarme aún más, durante minutos cerré su boca y fosas nasales con mis dedos. Su cuerpo estaba frío e inmóvil. En un estado de aturdimiento, me volví hacia la puerta para pedir ayuda.

—¡Vaya! ¡Un pequeño experimentador! ¡Mi pobre nariz! –La voz del Maestro temblaba de risa–. ¿Por qué no te vas a la cama? ¿Acaso todo el mundo va a cambiar por ti? Cámbiate tú mismo: libérate de la conciencia del mosquito.

Con humildad, regresé a mi cama. Ningún insecto se atrevió a acercarse. Me di cuenta de que mi gurú había aceptado previamente las cortinas sólo para complacerme; él no tenía miedo a los mosquitos. Su poder de yogui era tal que podía hacer que no lo picaran, o podía escapar a una invulnerabilidad interior.

«Me estaba haciendo una demostración –pensé–. Ése es el estado yogui que debo esforzarme por alcanzar». Un yogui debe ser capaz de pasar y permanecer en la supraconciencia, independientemente de las innumerables distracciones que nunca faltan en esta Tierra. Ya sea en el zumbido de los insectos o en el resplandor omnipresente de la luz del día, el testimonio de los sentidos debe ser bloqueado. Entonces surgen el sonido y la vista, pero hacia mundos más hermosos que el paraíso perdido.[7]

---

7. Los poderes omnipresentes de un yogui, mediante los cuales ve, oye, saborea, huele y siente su unidad con la creación sin el uso de órganos sensoriales, han sido descritos de la siguiente manera en el

Los instructivos mosquitos sirvieron para otra lección temprana en el *ashram*. Era la hora tranquila del crepúsculo. Mi gurú estaba interpretando los antiguos textos de un modo sin parangón. A sus pies estaba en una paz perfecta. Un mosquito rudo entró en el idilio y compitió por mi atención. Mientras clavaba su aguja hipodérmica venenosa en mi muslo, de un modo automático levanté la mano vengadora. ¡El perdón de la ejecución inminente! Un oportuno recuerdo vino entonces a mi mente de uno de los aforismos de yoga de Patanjali sobre *ahimsa* (no violencia).

—¿Por qué no has terminado el trabajo?

—¡Maestro! ¿Abogas por quitar una vida?

—No, pero el golpe mortal ya había sido asestado en tu mente.

—No entiendo.

—El significado de Patanjali era la eliminación del deseo de matar.

Sri Yukteswar había leído mis procesos mentales como un libro abierto.

—Este mundo está dispuesto de un modo inconveniente para una práctica literal de *ahimsa*. El hombre puede verse obligado a exterminar criaturas dañinas. No está bajo la misma compulsión de sentir ira o animosidad. Todas las formas de vida tienen el mismo derecho al aire de *maya*. El santo que descubre el secreto de la creación estará en armonía con sus innumerables y desconcertantes expresiones. Todos los hombres pueden acercarse a esa comprensión si refrenan la pasión interior por la destrucción.

—Guruji, ¿debería uno ofrecerse como sacrificio en lugar de matar a una bestia salvaje?

Taittiriya Aranyaka: «El ciego perforó la perla; el que no tenía dedos pasó un hilo a través de ella; el que no tenía cuello la llevó puesta; y el que no tenía lengua la alabó».

—No, el cuerpo del hombre es precioso. Tiene el valor evolutivo más alto debido a los centros cerebrales y espinales únicos. Éstos permiten al devoto avanzado comprender y expresar con plenitud los aspectos más elevados de la divinidad. Ninguna forma inferior está tan equipada. Es cierto que uno incurre en la deuda de un pecado menor si se ve obligado a matar a un animal o a cualquier ser vivo. Pero los Vedas enseñan que la pérdida injustificada de un cuerpo humano es una transgresión seria contra la ley kármica.

Suspiré aliviado; no siempre se recibe refuerzo de las escrituras para los instintos naturales.

Aconteció que nunca vi al Maestro enfrentarse de cerca a un leopardo o a un tigre. Pero una cobra mortal se le cruzó una vez, sólo para ser conquistada por el amor de mi gurú. Esta variedad de serpiente es muy temida en la India, donde causa más de cinco mil muertes al año. El peligroso encuentro ocurrió en Puri, donde Sri Yukteswar tenía una segunda ermita, situada encantadoramente cerca de la bahía de Bengala. Prafulla, un joven discípulo de años posteriores, estaba con el Maestro en esta ocasión.

—Estábamos sentados al aire libre cerca del *ashram* –me contó Prafulla–. Una cobra apareció cerca, un metro y medio de puro terror. Su capucho se expandió con furia mientras corría hacia nosotros. Mi gurú soltó una risa acogedora, como si fuera un niño. Yo estaba fuera de mí de consternación al ver al Maestro iniciar un aplauso rítmico con las manos.[8] ¡Estaba entreteniendo al visitante temido! Permanecí del todo inmóvil, pronunciando mentalmente las oraciones más fervientes que podía reunir. La serpiente, muy cerca de mi gurú, estaba ahora sin moverse, en apariencia magnetizada por su actitud cariñosa. El temible capucho se fue contrayendo poco a poco; la serpien-

8. La cobra ataca rápidamente a cualquier objeto en movimiento dentro de su rango. La inmovilidad completa suele ser la única esperanza de seguridad.

te se deslizó entre los pies del Maestro y desapareció entre los arbustos. Entonces me resultó inexplicable por qué mi gurú movería sus manos, y por qué la cobra no las atacaría –concluyó Prafulla–. Desde entonces he llegado a darme cuenta de que mi divino maestro está más allá del miedo a ser herido por cualquier criatura viva.

Una tarde, durante mis primeros meses en el *ashram*, encontré los ojos de Sri Yukteswar fijos en mí.

—Estás demasiado delgado, Mukunda.

Su comentario tocó un punto sensible. Que mis ojos hundidos y mi apariencia demacrada estuvieran lejos de agradarme era algo evidente por las filas de tónicos que había en mi habitación en Calcuta. Nada funcionaba; la dispepsia crónica me había perseguido desde la infancia. Mi desesperación alcanzaba un cénit ocasional cuando me preguntaba si valdría la pena continuar con esta vida teniendo un cuerpo tan débil.

—Los medicamentos tienen limitaciones; la fuerza vital creativa no las tiene. Cree esto: estarás bien y serás fuerte.

Las palabras de Sri Yukteswar despertaron una convicción de verdad aplicable personalmente que ningún otro sanador –y había probado muchos– había podido invocar dentro de mí.

Día tras día, ¡he aquí! crecía. Dos semanas después de la bendición secreta de mi Maestro, había acumulado el peso revitalizante que no había alcanzado en el pasado. Mis persistentes dolencias estomacales desaparecieron detrás haber estado conmigo durante toda la vida. En ocasiones posteriores fui testigo de las curaciones divinas instantáneas de mi gurú, que sanaba a personas que sufrían enfermedades ominosas: tuberculosis, diabetes, epilepsia o parálisis. Ninguna de estas personas podía haber estado más agradecida por su cura que yo, por haberme liberado de mi aspecto cadavérico.

—Hace años, yo también deseaba aumentar de peso –me dijo Sri Yukteswar–. Durante mi convalecencia tras una enfermedad grave, visité a Lahiri Mahasaya en Benarés.

»—Señor, he estado muy enfermo y he perdido muchos kilos.

»—Veo, Yukteswar,[9] que te has hecho daño, y ahora piensas que estás delgado.

»Esta respuesta estaba lejos de lo que habría esperado; sin embargo, mi gurú añadió de un modo alentador:

»—Déjame ver; estoy seguro de que deberías sentirte mejor mañana.

»Tomando sus palabras como un gesto de curación secreta hacia mi mente receptiva, no me sorprendió a la mañana siguiente una bienvenida recuperación de fuerzas. Busqué a mi maestro y exclamé con entusiasmo:

»—¡Señor, me siento mucho mejor hoy!

»—¡La verdad es que sí! Hoy te estás fortaleciendo.

»—¡No, maestro! –protesté–. Fuiste tú quien me ayudó; ésta es la primera vez en semanas que tengo algo de energía.

»—¡Oh sí! Tu malestar ha sido bastante serio. Tu cuerpo es aún frágil; ¿quién puede decir cómo estarás mañana?

»El pensamiento de un posible retorno de mi debilidad me produjo un escalofrío a causa del miedo. A la mañana siguiente, apenas pude arrastrarme hasta la casa de Lahiri Mahasaya.

»—Señor, estoy enfermo de nuevo.

»La mirada de mi gurú fue de curiosidad.

»—¡Ah! Una vez más, has enfermado tú mismo.

»—Gurudeva, ahora me doy cuenta de que día tras día te has estado burlando de mí. –Mi paciencia se había agotado–. No entiendo por qué no me crees.

»—En realidad, han sido tus pensamientos los que te han hecho sentirte alternativamente débil y fuerte. –Mi maestro me miró con cariño–. Has visto cómo tu salud ha seguido exactamente tus expectativas. El pensamiento es una fuerza, lo mismo que la elec-

---

9. Lahiri Mahasaya en realidad dijo «Priya» (nombre de pila), no «Yukteswar» (nombre monástico, que mi gurú no recibió durante la vida de Lahiri Mahasaya). Se ha sustituido «Yukteswar» aquí, y en algunos otros pasajes de este libro, para evitar al lector la confusión de dos nombres distintos.

tricidad o la gravitación. La mente humana es una chispa de la conciencia todopoderosa de Dios. Podría mostrarte que lo que tu mente poderosa cree con intensidad se materializa al instante.

»Sabiendo que Lahiri Mahasaya nunca hablaba en vano, me dirigí a él con gran reverencia y gratitud:

»—Maestro, si pienso que estoy bien y he recuperado mi peso anterior, ¿ocurrirá de verdad?

»—Así es, incluso en este momento. –Mi gurú habló con seriedad, con su mirada concentrada en mis ojos.

»¡Hete aquí! Sentí un aumento no sólo en cuanto a fuerza, sino también en cuanto a peso. Lahiri Mahasaya se retiró al silencio. Después de algunas horas a sus pies, regresé a la casa de mi madre, donde me hospedaba durante mis visitas a Benarés.

»—¡Hijo mío! ¿Qué te pasa? ¿Te estás hinchando a causa de una hidropesía? –Mi madre no podía creer lo que veía. Mi cuerpo tenía ahora las mismas dimensiones robustas que poseía antes de mi enfermedad.

»Me pesé y descubrí que en un solo día había ganado poco más veintidós kilos, que se quedaron conmigo. Amigos y conocidos que habían visto mi figura delgada se quedaron asombrados. Varios cambiaron su modo de vida y se convirtieron en discípulos de Lahiri Mahasaya como resultado de este milagro.

»Mi gurú, despierto en Dios, sabía que este mundo no es más que un sueño objetivizado del Creador. Porque era completamente consciente de su unidad con el Soñador Divino, Lahiri Mahasaya podía materializar, desmaterializar o hacer cualquier cambio que deseara en la visión cósmica.[10]

»Toda la creación está gobernada por una ley –concluyó Sri Yukteswar–. Las que se manifiestan en el universo exterior, que

---

10. «Por tanto, os digo que todo lo que pidáis en oración, creed que lo recibiréis, y os vendrá», Marcos 11, 24. Los maestros que poseen la Visión Divina son plenamente capaces de transferir sus realizaciones a discípulos avanzados, como lo hizo Lahiri Mahasaya con Sri Yukteswar en esta ocasión.

los científicos pueden descubrir, se llaman *leyes naturales*. Pero existen leyes más sutiles que rigen los reinos de la conciencia y que sólo pueden conocerse a través de la ciencia interior del yoga. Los planos espirituales ocultos también tienen sus principios naturales y legales de actuación. No es el científico físico, sino el maestro completamente autorrealizado quien comprende la verdadera naturaleza de la materia. Así, Cristo pudo restaurar la oreja del siervo después de que fuera cortada por uno de los discípulos.[11]

Sri Yukteswar era un intérprete sin igual de las escrituras. Muchos de mis recuerdos más felices se centran en sus discursos. Pero sus preciados pensamientos no se convertían en cenizas de desatención o estupidez. Un movimiento inquieto de mi cuerpo o un pequeño lapsus por mi parte en la concentración bastaban para poner un punto abrupto a la exposición del Maestro.

—No estás aquí. –El Maestro interrumpió un día con esta revelación. Como siempre, estaba siguiendo de cerca mi atención con una inmediatez devastadora.

—¡Guruji! –Mi tono fue una protesta–. No me he movido; mis párpados tampoco lo han hecho; ¡puedo repetir cada palabra que has pronunciado!

—Sin embargo, no estabas completamente conmigo. Tu objeción me obliga a señalar que en tu fondo mental estabas creando tres instituciones. Una era un retiro forestal en una llanura, otra en una cima y la tercera junto al océano.

Esos pensamientos formulados de una manera vaga estaban, en efecto, presentes casi de una forma inconsciente. Lo miré disculpándome.

—¿Qué puedo hacer con un maestro así, que penetra en mis pensamientos aleatorios?

---

11. «Y uno de ellos hirió al siervo del sumo sacerdote, cortándole la oreja derecha. Entonces, Jesús respondió y dijo: "Basta ya". Y tocando su oreja, lo sanó», Lucas 22, 50-51.

Edificio principal en Mount Washington Estates en Los Ángeles, establecido en 1925 como sede estadounidense de la Self-Realization Fellowship.

Iglesia de la Autorrealización de Todas las Religiones, Hollywood, California.

—Tú me has otorgado ese derecho. Las sutiles verdades que estoy exponiendo no pueden ser comprendidas sin tu concentración total. A menos que sea necesario, no invado el aislamiento de las mentes de los demás. El hombre tiene el privilegio natural de vagar en secreto entre sus pensamientos. El Señor no invitado no entra allí; yo tampoco me atrevo a invadir.

—¡Siempre eres bienvenido, Maestro!

—Tus sueños arquitectónicos se materializarán más tarde. ¡Ahora es momento de estudio!

Así, incidentalmente, mi gurú me reveló de manera sencilla cómo tres grandes eventos llegarían a mi vida. Desde mi juventud había tenido imágenes enigmáticas de tres edificios, cada uno en un entorno diferente. En la secuencia exacta que Sri Yukteswar había indicado, esas visiones tomaron forma definitiva. Primero, aconteció mi fundación de una escuela de yoga para niños en una llanura de Ranchi; a continuación, mi sede en América en una cima en Los Ángeles; y, finalmente, una ermita en el sur de California junto al vasto océano Pacífico.

El Maestro nunca afirmaba con arrogancia: «¡Profetizo que tal y tal evento ocurrirá!». Prefería insinuar: «¿No crees que puede suceder?». Pero su discurso sencillo ocultaba un poder profético. No había retractación; sus palabras ligeramente veladas nunca resultaron falsas.

Sri Yukteswar era reservado y pragmático en su comportamiento. No tenía nada de visionario vago o desquiciado. Sus pies estaban firmemente plantados en la tierra, y su cabeza en el refugio del cielo. Las personas prácticas despertaban su admiración. «¡La santidad no es necedad! ¡Las percepciones divinas no son incapacitantes!», solía decir. «La expresión activa de la virtud da lugar a la inteligencia más aguda».

En la vida del Maestro descubrí al completo la división entre el realismo espiritual y el misticismo oscuro que erróneamente se presenta como su contraparte. Mi gurú era reacio a discutir los reinos suprafísicos. Su única aura maravillosa era una de una simplicidad perfecta. En la conversación evitaba referencias sorprendentes; en la acción, en cambio, era expresivo y libre. Otros hablaban de milagros, pero no podían manifestar nada. Sri Yukteswar rara vez mencionaba las leyes sutiles, pero trabajaba con ellas en secreto a voluntad.

—Un hombre de realización no lleva a cabo ningún milagro hasta que recibe una sanción interior –explicó el Maestro–. Dios no desea que los secretos de Su creación sean revelados de un modo promiscuo.[12] Además, cada individuo en el mundo tiene el derecho inalienable a su libre albedrío. Un santo no invadirá esa independencia.

El silencio habitual de Sri Yukteswar era fruto de sus profundas percepciones del infinito. No quedaba tiempo para las interminables revelaciones que ocupan los días de los maestros sin autorrealización. «En los hombres superficiales, los peces de pocos pensamientos causan mucho alboroto. En las mentes oceánicas, las ballenas de la inspiración apenas producen una ondulación»: esta observación de las escrituras hindúes no carece de humor.

Debido a la apariencia poco espectacular de mi gurú, sólo unos pocos de sus contemporáneos lo reconocían como un superhombre. El dicho popular *«Es un tonto quien no puede ocultar su sabiduría»* nunca podría aplicarse a Sri Yukteswar. Aunque nacido como mortal del mismo modo que todos los demás, el Maestro había logrado la identidad con el Gobernante del tiempo y el espacio. En su vida percibí una unidad semejante a la de un dios. No había encontrado ningún obstáculo insuperable para la fusión del humano con lo Divino. Ninguna barrera existe, llegué a comprender, salvo en la falta de aventura espiritual del hombre.

Siempre me emocionaba el tacto de los santos pies de Sri Yukteswar. Los yoguis enseñan que un discípulo resulta espiritualmente magnetizado por el contacto reverente con un maes-

---

12. «No deis lo santo a los perros, ni echéis vuestras perlas delante de los cerdos, no sea que las pisoteen, y se vuelvan y os despedacen», Mateo 7:6.

tro; se genera una corriente sutil. Los mecanismos de hábito indeseables en el cerebro del devoto son a menudo cauterizados; el surco de sus tendencias mundanas se ve alterado de un modo beneficioso. Al menos momentáneamente, puede encontrar que los velos secretos de *maya* se levantan, y vislumbrar la realidad de la dicha. Todo mi cuerpo respondía con un resplandor liberador cada vez que me arrodillaba al estilo indio ante mi gurú.

—Incluso cuando Lahiri Mahasaya guardaba silencio –me dijo el Maestro–, o cuando conversaba sobre temas que no eran estrictamente religiosos, descubrí que sin embargo me había transmitido un conocimiento inefable.

Sri Yukteswar me afectaba de manera similar. Si entraba a la ermita con una actitud de preocupación o indiferente, mi actitud cambiaba de un modo imperceptible. Una calma sanadora descendía con sólo ver a mi gurú. Cada día con él era una nueva experiencia de gozo, paz y sabiduría. Nunca lo encontré engañado o embriagado por la codicia, la emoción, la ira o cualquier apego humano.

—La oscuridad de *maya* se aproxima en silencio. Volvamos a casa dentro de nosotros.

Con estas palabras al anochecer, el Maestro recordaba constantemente a sus discípulos la necesidad de la práctica de Kriya Yoga. En algunas ocasiones, un nuevo estudiante expresaba dudas sobre su propia dignidad para participar en la práctica del yoga.

—Olvida el pasado –le consolaba Sri Yukteswar–. Las vidas desaparecidas de todos los hombres están oscuras con muchas vergüenzas. La conducta humana siempre es poco confiable hasta que se ancla en lo Divino. Todo mejorará en el futuro si ahora estás realizando un esfuerzo espiritual.

El Maestro siempre tenía jóvenes *chelas*[13] en su ermita. Su educación espiritual e intelectual era su interés de toda la vida: incluso poco antes de su partida, aceptó para su entrenamiento

13. Discípulos; del verbo raíz en sánscrito que significa «servir».

a dos niños de seis años y a un joven de dieciséis. Dirigía sus mentes y vidas con esa disciplina cuidadosa en la que la palabra «discípulo» está etimológicamente enraizada. Los residentes del *ashram* amaban y veneraban a su gurú; un pequeño aplauso de sus manos bastaba para atraerlos ansiosos a su lado. Cuando su estado de ánimo era silencioso y retraído, nadie se atrevía a hablar; cuando su risa resonaba con jovialidad, los niños lo veían como propio.

El Maestro rara vez pedía a los demás que le prestaran un servicio personal, ni aceptaba ayuda de un estudiante a menos que la petición fuera sincera. Mi gurú lavaba tranquilamente su ropa si los discípulos pasaban por alto esa tarea privilegiada. Sri Yukteswar llevaba la tradicional túnica de *swami* color azafrán; sus zapatos sin cordones, de acuerdo con la costumbre de los yoguis, eran de piel de tigre o ciervo.

El Maestro hablaba con fluidez inglés, francés, hindi y bengalí; su sánscrito era aceptable. Con paciencia instruía a sus jóvenes discípulos con ciertos atajos que había ideado ingeniosamente para el estudio del inglés y el sánscrito.

El Maestro era cauteloso con su cuerpo mientras retenía un desapego atento. El Infinito, señalaba, se manifiesta de manera apropiada a través de la salud física y mental. Desaprobaba cualquier extremo. Un discípulo comenzó un largo ayuno. Mi gurú sólo se rio y dijo:

—¿Por qué no darle un hueso al perro?

La salud de Sri Yukteswar era excelente; nunca lo vi enfermo.[14] Permitía que los estudiantes consultaran a médicos si era conveniente. Su propósito era proporcionar respeto a la costumbre mundana: «Los médicos deben seguir su trabajo de sanar según las leyes de Dios aplicadas a la materia». Pero él exaltaba la superioridad de la terapia mental y repetía a menudo: «La sabiduría es el mayor limpiador».

---

14. Una vez estuvo enfermo en Cachemira, cuando yo no me encontraba con él (*véase* capítulo 23).

—El cuerpo es un amigo traicionero. Dale lo que le corresponde; nada más –decía–. El dolor y el placer son transitorios; soporta todas las dualidades con calma mientras intentas al mismo tiempo eliminar su control. La imaginación es la puerta por la cual entra tanto la enfermedad como la curación. No creas en la realidad de la enfermedad, incluso cuando estés enfermo; ¡un visitante no reconocido huirá!

El Maestro contaba con muchos médicos entre sus discípulos:

—Aquellos que han desentrañado las leyes físicas pueden fácilmente investigar la ciencia del alma –les decía.

Y también:

—Un mecanismo espiritual sutil se encuentra oculto detrás de la estructura corporal.[15]

Sri Yukteswar aconsejaba a sus estudiantes ser enlaces vivientes entre las virtudes occidentales y las orientales. Al ser él mismo un occidental ejecutivo en los hábitos exteriores, en su interior era el espiritual oriental. Elogiaba los hábitos progresivos, ingeniosos e higiénicos de Occidente, así como los ideales religiosos que dan un halo de siglos a Oriente.

---

15. Un valiente médico, Charles Robert Richet, galardonado con el premio Nobel de Fisiología, escribió lo siguiente: «La metafísica aún no es oficialmente una ciencia reconocida como tal. Pero lo será [...]. En Edimburgo, pude afirmar ante 100 fisiólogos que nuestros cinco sentidos no son nuestro único medio de conocimiento y que un fragmento de la realidad a veces llega a la inteligencia por otros medios [...]. Que un hecho sea raro no significa que no exista. Que un estudio sea difícil, ¿es acaso una razón para no entenderlo? [...]. Aquellos que han ridiculizado la metafísica como una ciencia oculta estarán tan avergonzados como aquellos que ridiculizaron la química bajo el argumento de que la búsqueda de la piedra filosofal era ilusoria [...]. En materia de principios, sólo existen los de Lavoisier, Claude Bernard y Pasteur: el método experimental en todas partes y siempre. Saludos, pues, a la nueva ciencia que va a cambiar la orientación del pensamiento humano».

La disciplina no me resultaba ajena; en casa, mi padre era estricto, Ananta a menudo severo. Pero el entrenamiento de Sri Yukteswar no puede describirse de otra manera que como drástico. Perfeccionista, mi gurú era hipercrítico con sus discípulos, ya fuera en cuestiones de importancia o en los sutiles matices del comportamiento.

—Las buenas maneras sin sinceridad son como una hermosa dama muerta –comentó en su debido momento–. La franqueza sin cortesía es como el cuchillo de un cirujano, eficaz pero desagradable. La sinceridad con cortesía es útil y admirable».

El Maestro aparentemente estaba satisfecho con mi progreso espiritual, ya que rara vez lo mencionaba; en otros asuntos, mis oídos no eran ajenos a las reprimendas. Mis principales carencias eran la falta de atención, la indulgencia intermitente en un estado de ánimo de tristeza, no observar ciertas reglas de etiqueta y, algunas veces, formas poco metódicas.

—Observa cómo las actividades de tu padre Bhagabati están bien organizadas y equilibradas en todos los aspectos, señaló mi gurú.

Los dos discípulos de Lahiri Mahasaya se habían encontrado poco después de que comenzaran mis peregrinajes a Serampore. Mi padre y Sri Yukteswar evaluaron con admiración el valor del otro. Ambos habían construido una vida interior de granito espiritual, insoluble frente a los tiempos.

De los maestros transitorios de mi vida anterior, había absorbido algunas lecciones erróneas. Un *chela*, me dijeron, no necesita preocuparse mucho por los deberes mundanos; no me reprendieron cuando descuidé o realicé mis tareas de una manera descuidada. La naturaleza humana encuentra muy fácil asimilar tal instrucción. Bajo la vara implacable del Maestro, sin embargo, pronto me recuperé de las agradables ilusiones de irresponsabilidad.

—Los que son demasiado buenos para este mundo están adornando otro –comentó Sri Yukteswar–. Mientras respires el aire libre de la tierra, tienes la obligación de prestar un servicio agradecido. Sólo él que ha dominado completamente el estado sin respiración[16] está liberado de los imperativos cósmicos. No dejaré de avisarte cuando hayas alcanzado la perfección final.

Mi gurú nunca pudo ser sobornado, ni siquiera por amor. No mostró indulgencia con nadie que, como yo, se ofreciera de un modo voluntario a ser su discípulo. Con independencia de si el Maestro y yo estábamos rodeados de sus estudiantes o de extraños, o estábamos solos, siempre hablaba de manera clara y reprendía con firmeza. Ningún pequeño desliz hacia la superficialidad o la inconsistencia escapaba a su reprensión. Este trato humillante fue difícil de soportar, pero mi determinación era permitir que Sri Yukteswar alisara cada uno de mis pliegues psicológicos. Mientras él trabajaba en esta transformación titánica, temblé muchas veces bajo el peso de su martillo disciplinario.

—Si no te gustan mis palabras, eres libre de irte en cualquier momento –me aseguró el Maestro–. No quiero nada de ti, excepto tu propia mejora. Quédate sólo si sientes que te beneficia.

Por cada golpe humillante que dio a mi vanidad, por cada diente en mi mandíbula metafórica que derribó con una puntería asombrosa, estoy agradecido más allá de cualquier facilidad de expresión. El núcleo duro del ego humano difícilmente puede ser desalojado excepto de un modo brusco. Con su partida, lo Divino encuentra finalmente un canal sin obstáculos. En vano busca filtrarse a través de corazones de piedra de egoísmo.

La sabiduría de Sri Yukteswar era tan penetrante que, sin importar los comentarios, a menudo respondía a la observación no comunicada de uno.

—Lo que una persona imagina oír, y lo que realmente ha implicado el hablante, puede estar a años luz –decía–. Intenta sentir los pensamientos detrás de la confusión de la verborrea de los hombres.

Pero la visión divina es dolorosa para los oídos mundanos; el Maestro no era popular entre los estudiantes superficiales.

---

16. *Samadhi*: unión perfecta del alma individualizada con el Espíritu Infinito.

Los sabios, siempre pocos en número, lo veneraban muchísimo. Me atrevo a decir que Sri Yukteswar habría sido el gurú más buscado en la India si sus palabras no hubieran sido tan cándidas y tan censuradoras.

—Soy duro con los que vienen a mi entrenamiento –admitió–. Ése es mi modo; tómalo o déjalo. Nunca comprometeré mis principios. Pero tú serás mucho más amable con tus discípulos; ésa es tu idiosincrasia. Yo trato de purificar sólo en los fuegos de la severidad, quemando más allá de lo que la tolerancia promedio puede soportar. El enfoque suave del amor también es transformador. Los métodos inflexibles y los flexibles son igualmente efectivos si se aplican con sabiduría. Tú irás a tierras extranjeras, donde los ataques directos al ego no son apreciados. Un maestro no podría difundir el mensaje de la India en Occidente sin un amplio fondo de paciencia y tolerancia.

Me niego a declarar la cantidad de verdad que más tarde llegué a encontrar en las palabras del Maestro.

Aunque el discurso sincero de Sri Yukteswar impidió que tuviera un gran número de seguidores durante sus años en la Tierra, sin embargo, su espíritu vivo se manifiesta hoy en todo el mundo a través de sinceros estudiantes de su Kriya Yoga y otras enseñanzas. Él tiene más dominio en las almas de los hombres de lo que nunca soñó Alejandro en la Tierra.

Un día, mi padre llegó a rendir homenaje a Sri Yukteswar. Mi padre esperaba, muy probablemente, escuchar algunas palabras en mi alabanza. Se sorprendió al recibir un largo relato de mis imperfecciones. El Maestro tenía la costumbre de relatar simples y despreciables fallos con un aire de gran gravedad. Mi padre corrió a verme. «Por los comentarios de tu gurú, pensé que me iba a encontrar un desastre total». Mi padre estaba entre lágrimas y risas.

La única causa de la desaprobación de Sri Yukteswar en ese momento fue que yo había estado tratando, contra su suave insinuación, convertir a cierto hombre al camino espiritual.

Con indignación, busqué a mi gurú. Él me recibió con los ojos entornados, como si fuera consciente de su culpa. Fue la única vez que vi al león divino sumiso ante mí. Saboreé este momento único al máximo.

—Señor, ¿por qué me juzgaste tan despiadadamente frente a mi asombrado padre? ¿Fue eso justo?

—No lo volveré a hacer. –El tono del Maestro fue de disculpas.

Al instante me desarmó. Con cuánta facilidad el gran hombre admitió su error. Aunque nunca más perturbó la paz mental de mi padre, el Maestro continuó implacablemente diseccionándome siempre y donde él decidía.

Los nuevos discípulos a menudo se unían a Sri Yukteswar en exhaustivas críticas hacia otros. Sabios como el gurú, modelos de discriminación impecable. Pero quien toma la ofensiva no debe estar indefenso. Los mismos estudiantes que criticaban huían precipitadamente tan pronto como el Maestro soltaba en público en su dirección algunas flechas de su carcaj analítico.

—Las pequeñas debilidades internas, que se repelen ante ligeros toques de censura, son como partes enfermas del cuerpo, que se retraen ante incluso el más delicado trato. –Éste fue el comentario divertido de Sri Yukteswar sobre los huidizos.

Hay discípulos que buscan a un gurú según su propia imagen. Esos estudiantes a menudo se quejaban de no entender a Sri Yukteswar.

—Ni siquiera entienden a Dios –les respondí en una ocasión–. Cuando un santo sea claro para ti, serás uno.

Entre los miles de millones de misterios, respirando cada segundo el aire inexplicable, ¿quién se atreve a pedir que la naturaleza insondable de un maestro sea comprendida de inmediato?

Los estudiantes venían y, por lo general, se marchaban. Aquellos que deseaban un camino de simpatía y reconocimientos cómodos no lo encontraron en la ermita. El Maestro ofreció refugio y guía a los eones, pero muchos discípulos tacaños también demandaban bálsamo para el ego. Se marcharon, prefiriendo las incontables humillaciones de la vida antes que cualquier humildad. Los rayos ardientes del Maestro, el sol penetrante y abierto de su sabiduría eran demasiado poderosos para su enfermedad espiritual. Buscaron a algún maestro menor que, sombreándolos con adulación, les permitiera el sueño intermitente de la ignorancia.

Durante mis primeros meses con el Maestro, experimenté un miedo sensible a sus reprimendas. Éstas se reservaban, pronto lo vi, para los discípulos que habían pedido su vivisección verbal. Si algún estudiante retorcido protestaba, Sri Yukteswar se quedaba en silencio sin ofenderse. Sus palabras nunca fueron coléricas, pero sí impersonales con sabiduría.

La visión del Maestro no era para los oídos no preparados de los visitantes ocasionales; rara vez comentaba sus defectos, incluso si eran evidentes. Pero hacia los estudiantes que buscaban su consejo, Sri Yukteswar sentía una seria responsabilidad. Valiente es el gurú que se embarca en transformar el crudo mineral de la humanidad impregnada de ego. El coraje de un santo se basa en su compasión por los tropezones ciegos de este mundo.

Cuando abandoné el resentimiento subyacente, encontré una notable disminución en mi castigo. De manera muy sutil, el Maestro se fundió en una clemencia comparativa. Con el tiempo, destruí cada pared de racionalización y reserva subconsciente tras la cual la personalidad humana suele escudarse.[17] La recom-

---

17. Las racionalizaciones guiadas subconscientemente por la mente son por completo diferentes de la guía infalible de la verdad que emana de la supraconciencia. Liderados por científicos franceses de la Sorbona, los pensadores occidentales están comenzando a investigar la posibilidad de la percepción divina en el hombre.

«Durante los últimos veinte años, los estudiantes de psicología, influenciados por Freud, han dedicado todo su tiempo a explorar los ámbitos del subconsciente», señaló el rabino Israel H. Levinthal en 1929. «Es cierto que el subconsciente revela mucho del misterio que puede explicar las acciones humanas, pero no todas nuestras acciones. Puede explicar lo anormal, pero no los actos que están por encima de lo normal. La psicología más reciente, promovida por las escuelas francesas, ha descubierto una nueva región en el hombre, a la que llama "supraconcien-

pensa fue una armonía sin esfuerzo con mi gurú. Lo descubrí entonces como confiado, considerado y silenciosamente amoroso. Sin embargo, no expresaba ninguna palabra de afecto.

Mi propio temperamento es sobre todo devocional. Fue desconcertante al principio saber que mi gurú, saturado de *jnana* pero aparentemente seco de *bhakti*, [18] se expresaba sólo en términos de fría matemática espiritual. Pero a medida que me acercaba a su naturaleza, descubrí que no había disminución, sino más bien un aumento en mi enfoque devocional hacia Dios. Un maestro autorrealizado es del todo capaz de guiar a sus diversos discípulos a lo largo de las líneas naturales de su inclinación esencial.

Mi relación con Sri Yukteswar, aunque algo inarticulada, sin embargo, poseía toda la elocuencia. A menudo encontraba su firma silenciosa en mis pensamientos, haciendo inútil el discurso. Sentado junto a él en silencio, sentía cómo su generosidad fluía en paz sobre mi ser.

La justicia imparcial de Sri Yukteswar se demostró en gran medida durante las vacaciones de verano de mi primer año en la universidad. Acepté con gusto la oportunidad de pasar meses ininterrumpidos en Serampore con mi gurú.

---

cia". En contraste con el subconsciente, que representa las corrientes sumergidas de nuestra naturaleza, la supraconciencia revela las alturas a las que nuestra naturaleza puede llegar. El hombre representa una personalidad triple, no doble; nuestra conciencia y subconsciencia están coronadas por la supraconciencia. Hace muchos años, el psicólogo inglés F. W. H. Myers sugirió que "oculto en lo profundo de nuestro ser hay un montón de basura, así como una casa del tesoro". En contraste con la psicología, que centra todas sus investigaciones en el subconsciente de la naturaleza humana, esta nueva psicología de la supraconciencia dirige su atención a la casa del tesoro, la región que por sí sola puede explicar los grandes actos desinteresados y heroicos de los hombres».

18. *Jnana*, sabiduría y *Bhakti*, piedad, los dos caminos principales que llevan a Dios.

—Puedes estar a cargo de la ermita. –El Maestro estaba complacido con mi llegada entusiasta–. Tus deberes serán la recepción de los huéspedes y la supervisión del trabajo de los otros discípulos.

Kumar, un joven aldeano de Bengala oriental, fue aceptado dos semanas después para el entrenamiento en la ermita. Extraordinariamente inteligente, con rapidez se ganó el afecto de Sri Yukteswar. Por alguna razón inexplicable, el Maestro fue muy indulgente con el nuevo residente.

—Mukunda, deja que Kumar asuma tus deberes. Emplea tu propio tiempo en barrer y cocinar. –El Maestro dio estas instrucciones después de que el nuevo muchacho estuviera con nosotros durante un mes.

Ascendido a la posición de liderazgo, Kumar realizó una pequeña tiranía doméstica. En un motín silencioso, los otros discípulos continuaron buscándome para recibir consejo diario.

—Mukunda, es imposible. Me hiciste supervisor, pero los demás van a él y lo obedecen. –Tres semanas después de su llegada, Kumar se quejaba a nuestro gurú. Lo escuché desde una habitación contigua.

—Por eso lo asigné a la cocina y a ti al salón. –El tono despectivo de Sri Yukteswar era nuevo para Kumar–. De esta manera has llegado a darte cuenta de que un líder digno tiene el deseo de servir y no de dominar. Querías la posición de Mukunda, pero no pudiste mantenerla por mérito. Ahora regresa a tu trabajo anterior como asistente de cocina.

Después de este incidente humillante, el Maestro reanudó hacia Kumar una actitud de indulgencia poco usual. ¿Quién puede resolver el misterio de la atracción? En Kumar, nuestro gurú descubrió una fuente encantadora que no brotaba en los demás discípulos. Aunque el nuevo chico era obviamente el favorito de Sri Yukteswar, no sentí desánimo. Las idiosincrasias personales, poseídas incluso por los maestros, aportan una complejidad rica al patrón de la vida. Mi naturaleza rara vez se ve comandada por un detalle; yo buscaba en Sri Yukteswar un beneficio más inaccesible que un elogio exterior.

Un día, Kumar me habló con veneno sin razón alguna; me sentí profundamente herido.

—Tu cabeza está hinchándose hasta el punto de estallar –le dije, y añadí una advertencia cuya verdad sentí intuitivamente–: A menos que cambies tus maneras, algún día te pedirán que dejes este *ashram*.

Riendo sarcásticamente, Kumar le repitió mi comentario a nuestro gurú, quien acababa de entrar en la habitación. Esperando ser reprendido, me retiré con humildad a un rincón.

—Tal vez Mukunda tenga razón. –La respuesta del Maestro al chico llegó con una frialdad inusual. Escapé sin ser castigado.

Un año después, Kumar partió para visitar su hogar de la infancia. Ignoró la desaprobación silenciosa de Sri Yukteswar, quien nunca controló autoritariamente los movimientos de sus discípulos. Cuando el chico regresó a Serampore después de unos meses, se produjo un cambio desagradable y evidente. Ya no estaba el digno Kumar con el rostro sereno y resplandeciente. Frente a nosotros sólo había un campesino indeterminado, uno que hacía poco había adquirido varios vicios.

El Maestro lo llamó y, con el corazón roto, discutió el hecho de que el chico ya no era adecuado para la vida monástica del *ashram*.

—Mukunda, te dejaré que seas tú quien le diga a Kumar que abandone el *ashram* mañana; yo no puedo hacerlo. –Las lágrimas estaban en los ojos de Sri Yukteswar, pero se controló rápidamente–. El chico nunca habría caído tan bajo si me hubiera escuchado y no se hubiera relacionado con compañeros indeseables. Ha rechazado mi protección; el mundo insensible debe ser aún su gurú.

La partida de Kumar no me trajo ninguna alegría; con tristeza me preguntaba cómo alguien con poder para ganarse el cariño de un maestro podría responder alguna vez a atractivos más baratos. El disfrute del vino y el sexo están arraigados en el hombre natural, y no requieren delicadezas de percepción para su apreciación. Los encantos sensoriales son comparables al oleandro siempre verde, aromático, con sus flores multicolores:

cada parte de la planta es venenosa. La tierra de la curación reside en el interior, radiante con esa felicidad que se busca ciegamente en mil direcciones equivocadas.[19]

—La inteligencia aguda es de doble filo –comentó el Maestro una vez, refiriéndose a la brillante mente de Kumar–. Puede usarse de manera constructiva o destructiva, como un cuchillo, ya sea para cortar el hervidero de la ignorancia o para decapitarse uno mismo. La inteligencia se guía correctamente sólo después de que la mente ha reconocido la naturaleza ineludible de la ley espiritual.

Mi gurú se mezclaba con libertad con discípulos hombres y mujeres, y a todos los trataba como si fueran sus hijos. Perdiendo la visión de su alma no mostraba distinción ni parcialidad.

—En el sueño, no sabes si eres hombre o mujer –dijo–. Así como un hombre que imita a una mujer no se convierte en una, del mismo modo el alma, que representa tanto al hombre como a la mujer, no tiene sexo. El alma es la imagen pura e inmutable de Dios.

Sri Yukteswar nunca evitó ni culpó a las mujeres como objetos de seducción. Los hombres, afirmó, también eran una tentación para las mujeres. En una ocasión, le pregunté a mi gurú por qué un gran santo antiguo había llamado a las mujeres «la puerta del infierno».

—Una muchacha debe haber causado muchos problemas a su paz mental en su juventud –respondió mi gurú con acidez–. De lo contrario, habría denunciado, no a la mujer, sino alguna imperfección en su propio autocontrol.

---

19. «El hombre en su estado de vigilia pone innumerables esfuerzos para experimentar placeres sensuales; cuando todos los órganos sensoriales están fatigados, olvida incluso el placer que tiene a mano y se va a dormir para disfrutar del descanso en el alma, su propia naturaleza –escribió Shankara, el gran vedantista–. La dicha ultrasensorial es así extremadamente fácil de alcanzar y es mucho más superior que los placeres sensoriales que siempre terminan en disgusto».

Si un visitante se atrevía a relatar una historia sugerente o provocativa en el *ashram*, el Maestro mantenía un silencio impasible.

—No te dejes azotar por el látigo provocador de un rostro hermoso –les dijo a los discípulos–. ¿Cómo pueden los esclavos de los sentidos disfrutar del mundo? Sus sutiles sabores se les escapan mientras se arrastran en el barro primitivo. Todas las buenas discriminaciones se pierden en el hombre de deseos elementales.

Los estudiantes que buscaban escapar de la ilusión dualística de la *maya* recibían de Sri Yukteswar un consejo paciente y comprensivo:

—Del mismo modo que el propósito de comer es satisfacer el hambre, no la codicia, el instinto sexual está diseñado para la propagación de la especie según la ley natural, nunca para encender anhelos insaciables –repuso–. Destruye ahora los deseos equivocados; de lo contrario, te seguirán después de que el cuerpo astral sea arrancado de su envoltura física. Incluso cuando la carne es débil, la mente debe ser siempre resistente. Si la tentación te asedia con una fuerza cruel, supérala mediante un análisis impersonal y una voluntad indomable. Cada pasión natural puede ser dominada. Conserva tus poderes. Sé como el océano espacioso, absorbiendo dentro de ti todos los ríos tributarios de los sentidos. Los deseos son como pequeños agujeros en las tinas de tu paz interior: permiten que las aguas sanadoras que éstas almacenan se desperdicien en el suelo desértico del materialismo. El impulso activador y forzoso del deseo equivocado es el mayor enemigo de la felicidad del hombre. Recorre el mundo como un león de autocontrol; asegúrate de que las ranas de la debilidad no te empujen alrededor.

El devoto finalmente se libera de todas las compulsiones instintivas. Transforma su necesidad de afecto humano en aspiración tan sólo por Dios, un amor solitario porque es omnipresente.

La madre de Sri Yukteswar vivía en el distrito de Rana Mahal de Benarés, donde yo había visitado por primera vez a mi gurú. Amable y cortés, sin embargo, era una mujer de opiniones muy decididas. Un día, pude observar cómo madre e hijo hablaban juntos en su balcón. De manera tranquila y sensata, el Maestro trataba de convencerla sobre alguna cosa. Por lo que parece no tuvo éxito, ya que ella negó con la cabeza con gran vigor.

—No, no, hijo mío, vete ya. Tus sabias palabras no son para mí. No soy tu discípula.

Sri Yukteswar retrocedió sin más argumentos, como un niño regañado. Me conmovió su gran respeto por su madre incluso en sus momentos irrazonables. Ella lo veía sólo como su pequeño niño, no como un sabio. Había un encanto en el incidente trivial; proporcionaba una luz lateral sobre la naturaleza inusual de mi gurú, humildemente interior y en el exterior inflexible.

Las regulaciones monásticas no permiten que un *swami* mantenga vínculos con la vida mundana después de su corte formal. No puede realizar los ritos ceremoniales familiares que son obligatorios en el hogar. Sin embargo, Shankara, el antiguo fundador de la Orden de los Swamis, desobedeció las prohibiciones. Al morir su querida madre, la cremó con fuego celestial que hizo brotar de su mano levantada.

Sri Yukteswar también ignoró las restricciones, aunque de una manera menos espectacular. Cuando su madre partió, organizó los servicios de cremación a la orilla del sagrado Ganges en Benarés y alimentó a muchos brahmanes, siguiendo esa costumbre ancestral.

Las prohibiciones shástricas tenían la intención de ayudar a los *swamis* a superar identificaciones estrechas. Shankara y Sri Yukteswar habían fusionado por completo sus seres con el Espíritu Impersonal; no necesitaban rescate por medio de reglas. A veces, también un maestro ignora de manera deliberada un canon para mantener su principio como superior e independiente de la forma. Así, Jesús arrancó espigas de maíz el día de descanso. Ante los inevitables críticos afirmó: «El sábado fue hecho para el hombre, y no el hombre para el sábado».[20]

---

20. Marcos 2, 27.

Fuera de las escrituras, rara vez un libro era honrado por la lectura de Sri Yukteswar. Sin embargo, estaba siempre al tanto de los últimos descubrimientos científicos y otros avances del conocimiento. Brillante conversador, disfrutaba de un intercambio de opiniones sobre innumerables temas con sus invitados. El agudo ingenio de mi gurú y su risa ruidosa animaban cada discusión. A menudo grave, el Maestro nunca era sombrío.

—Para buscar al Señor, no es necesario desfigurar el rostro –solía decir–. Recuerda que encontrar a Dios significará el funeral de todas las penas.

Entre los filósofos, profesores, abogados y científicos que llegaban al *ashram*, varios venían por primera vez con la expectativa de encontrarse con un religioso ortodoxo. Una sonrisa condescendiente o una mirada de tolerancia divertida en ocasiones delataban que los recién llegados anticipaban tan sólo algunas frases piadosas. Sin embargo, su partida renuente traía consigo una convicción expresada de que Sri Yukteswar había mostrado una visión precisa de sus campos especializados.

Mi gurú por lo general era amable y afable con los invitados; su bienvenida era otorgada con una encantadora cordialidad. Sin embargo, los egotistas inveterados a veces sufrían un shock revitalizante. Se enfrentaban al Maestro con una indiferencia fría o una formidable oposición: hielo o hierro.

Un químico destacado cruzó espadas con Sri Yukteswar. El visitante no admitía la existencia de Dios, ya que la ciencia no había ideado medios para detectarlo.

—Así que inexplicablemente no has logrado aislar el Poder Supremo en tus tubos de ensayo. –La mirada del Maestro fue severa–. Te recomiendo un experimento inaudito. Examina tus pensamientos sin descanso durante veinticuatro horas. Luego no te asombres más de la ausencia de Dios.

Un célebre erudito recibió un choque similar. Con celo ostentoso, el erudito sacudió los techos del *ashram* con su erudición escritural. De su boca salían pasajes resonantes del *Mahabharata*, los *Upanishads*[21] y los *Bhasyas*[22] de Shankara.

—Estoy esperando escucharte. –La voz de Sri Yukteswar era inquisitiva, como si reinara un silencio absoluto. El erudito estaba desconcertado.

—Ha habido numerosas citas. –Las palabras del Maestro me hicieron reír en silencio mientras me sentaba en un rincón a una distancia respetuosa del visitante–. ¿Pero qué comentario original puedes aportar desde la unicidad de tu vida particular? ¿Qué texto sagrado has absorbido y hecho tuyo? ¿De qué manera han renovado tu naturaleza estas verdades eternas? ¿Estás contento de ser una victrola vacía, repitiendo mecánicamente las palabras de otros hombres?

—Me rindo. –La contrariedad del erudito era cómica–. No tengo realización interna.

Por primera vez, tal vez, entendió que colocar correctamente una coma no redime un coma espiritual.

—Estos pedantes desalmados huelen excesivamente a lámpara –comentó mi gurú tras la partida del humillado–. Prefieren que la filosofía sea un suave ejercicio intelectual de preparación. Sus pensamientos elevados están cuidadosamente

---

21. Los *Upanishads* o *Vedanta* (literalmente, «el fin de los Vedas») aparecen en ciertas secciones de los Vedas como resúmenes esenciales. Los *Upanishads* constituyen la base doctrinal de la religión hindú. Recibieron el siguiente homenaje de Schopenhauer: «¡Qué completamente respira el espíritu sagrado de los Vedas en los *Upanishads*! ¡Cómo conmueve ese espíritu hasta lo más profundo del alma a todo aquel que se familiariza con ese libro incomparable! De cada frase surgen pensamientos profundos, originales y sublimes, y el conjunto está impregnado de un espíritu elevado, sagrado y serio… El acceso a los Vedas por medio de los *Upanishads* es, a mis ojos, el mayor privilegio que este siglo puede reivindicar sobre todos los anteriores».

22. Comentarios. Shankara expuso los *Upanishads* de forma insuperable.

desconectados, ya sea de la crudeza de la acción externa o de cualquier disciplina interna que los azote.

El Maestro insistía en otras ocasiones en la futilidad de simplemente aprender de los libros.

—No confundas entendimiento con un vocabulario más amplio –solía decir–. Los escritos sagrados son beneficiosos para estimular el deseo de realización interior si uno asimila lentamente un verso a la vez. El estudio intelectual continuo resulta en vanidad y la falsa satisfacción de un conocimiento no digerido.

Sri Yukteswar relató una de sus propias experiencias en la edificación escritural. La escena era un *ashram* en un bosque en el este de Bengala, donde observó el procedimiento de un renombrado maestro, Dabru Ballav. Su método, al mismo tiempo simple y difícil, era común en la antigua India.

Dabru Ballav había reunido a sus discípulos a su alrededor en las solitudes del bosque. El *Bhagavad Gita* estaba abierto ante ellos. Miraban fijamente un pasaje durante media hora y luego cerraban los ojos. Pasaba otra media hora. El maestro hacía un breve comentario. Inmóviles, meditaban de nuevo durante una hora. Finalmente, el gurú habló.

—¿Habéis entendido?

—Sí, señor. –Uno de los del grupo se atrevió a pronunciar estas palabras.

—No, no del todo. Busca la vitalidad espiritual que ha otorgado a estas palabras el poder de rejuvenecer a la India siglo tras siglo.

Pasó otra hora en silencio. El maestro despidió a los estudiantes y se volvió hacia Sri Yukteswar:

—¿Conoces el *Bhagavad Gita*?

—No, señor, en realidad no, aunque mis ojos y mi mente han recorrido sus páginas muchas veces.

—¡Miles de personas me han respondido de manera diferente!

El gran sabio sonrió al Maestro a modo de bendición.

—Si uno se ocupa de una exhibición externa de riqueza escritural, ¿qué tiempo queda para sumergirse silenciosamente en busca de las perlas invaluables?

Sri Yukteswar dirigió el estudio de sus propios discípulos con el mismo método de concentración intensivo:

—La sabiduría no se asimila con los ojos, sino con los átomos –decía–. Cuando tu convicción de una verdad no está sólo en tu cerebro, sino en tu ser, puedes dar testimonio de su significado, aunque con humildad.

Desalentaba cualquier tendencia que un estudiante pudiera tener de considerar el conocimiento de los libros como un paso necesario para la realización espiritual.

—Los *rishis* escribieron en una sola frase profundidades sobre las que los eruditos comentan durante generaciones –comentaba–. La interminable controversia literaria es para las mentes perezosas. ¿Qué pensamiento más liberador existe que «Dios es», es decir, simplemente «Dios»?

Pero el hombre no regresa fácilmente a la simplicidad. Rara vez «Dios» para él es simplemente «Dios», sino que más bien es una pomposidad aprendida. Su ego se complace pensando que puede comprender tal erudición.

Los hombres que eran orgullosamente conscientes de su alta posición terrenal solían, en presencia del Maestro, añadir humildad a sus otras posesiones. Un magistrado local llegó una vez para una entrevista en el *ashram* junto al mar en Puri. El hombre, que tenía una reputación por su crueldad, tenía todo el poder para echarnos del *ashram*. Le advertí a mi gurú sobre las posibilidades despóticas. Pero él se sentó con un aire inflexible y no se levantó para saludar al visitante. Un poco nervioso, me agaché cerca de la puerta. El hombre tuvo que conformarse con una caja de madera; mi gurú no me pidió que trajera una silla. No se cumplió la expectativa obvia del magistrado de que su importancia sería reconocida ceremonialmente.

Siguió una discusión metafísica. El invitado cometió errores al interpretar las escrituras. A medida que su exactitud caía, su ira aumentaba.

—¿Sabes que yo quedé primero en el examen de maestría? –El razonamiento lo había abandonado, pero aún podía gritar.

—Señor magistrado, olvida que esto no es tu tribunal –respondió el Maestro con tranquilidad–. Por tus comentarios infantiles, habría supuesto que tu carrera universitaria no fue destacada. Un título universitario, en todo caso, no está remotamente relacionado con la realización védica. Los santos no se producen en lotes cada semestre, como los contadores.

Después de un silencio atónito, el visitante se rio a grandes carcajadas.

—Ésta es la primera vez que me encuentro con un magistrado celestial –dijo.

Más tarde hizo una solicitud formal, expresada en los términos legales que evidentemente formaban parte de su ser, para ser aceptado como discípulo probatorio.

Mi gurú atendía en persona los detalles relacionados con la gestión de su propiedad. Personas sin escrúpulos intentaron en diversas ocasiones apoderarse de las tierras ancestrales del Maestro. Con determinación, e incluso iniciando demandas judiciales, Sri Yukteswar superó a cada oponente. Experimentó estos dolorosos sucesos por el deseo de nunca ser un gurú mendigo ni una carga para sus discípulos.

Su independencia financiera era una de las razones por las que mi Maestro, sorprendentemente directo, era ajeno a las artimañas de la diplomacia. A diferencia de esos maestros que deben halagar a sus seguidores, mi gurú era impermeable a las influencias, abiertas o sutiles, de la riqueza ajena. Nunca lo escuché pedir o siquiera insinuar dinero para ningún propósito. La formación en su *ashram* se impartía de manera gratuita y generosa a todos los discípulos.

Un insolente oficial judicial llegó un día al *ashram* de Serampore para entregar a Sri Yukteswar una citación legal. Un discípulo llamado Kanai y yo también estábamos presentes. La actitud del oficial hacia el Maestro era ofensiva.

—Te haría bien dejar las sombras de tu ermita y respirar el aire honesto de una sala de tribunal –dijo el oficial, sonriendo con desprecio. No pude contenerme.

—¡Otra palabra insolente y estarás en el suelo! –Avancé de manera amenazante.

—¡Desgraciado! –El grito de Kanai fue simultáneo al mío–. ¿Te atreves a traer tus blasfemias a este sagrado *ashram*?

Pero el Maestro se puso de manera protectora frente a su abusador.

—No te emociones por nada. Este hombre sólo está cumpliendo su deber.

El oficial, atónito por la recepción variable, ofreció respetuosamente una disculpa y se alejó con rapidez.

Era asombroso descubrir que un maestro con una voluntad tan ardiente pudiera estar tan tranquilo por dentro. Él encarnaba la definición védica de un hombre de Dios: más suave que la flor cuando se trata de bondad; más fuerte que el trueno cuando se trata de principios.

Siempre hay quienes, en palabras de Browning, no soportan la luz, siendo ellos mismos oscuros. En algunas ocasiones, un extraño reprendía a Sri Yukteswar por una queja imaginaria. Mi impasible gurú escuchaba con educación, analizándose a sí mismo para ver si había alguna pizca de verdad en la denuncia. Estas escenas me traían a la mente una de las observaciones inimitables del Maestro: «Algunas personas intentan ser altas cortando las cabezas de los demás».

La inquebrantable compostura de un santo es más impresionante que cualquier sermón. «El que es lento para la ira es mejor que el fuerte; y el que gobierna su espíritu es mejor que el que toma una ciudad».[23]

A menudo pensaba que mi majestuoso Maestro podría haber sido fácilmente un emperador o un guerrero que sacudiera el mundo si su mente se hubiera centrado en la fama o los logros mundanos. En cambio, eligió asaltar esas ciudadelas internas de la ira y el egoísmo, cuya caída es la verdadera altura de un hombre.

---

23. Proverbios 16, 32.

CAPÍTULO 13

El santo que nunca duerme

—Por favor, permíteme ir al Himalaya. Espero, en soledad ininterrumpida, lograr una comunión divina continua.

Ciertamente, alguna vez dirigí estas ingratas palabras a mi Maestro. Cautivado por una de las impredecibles ilusiones que ocasionalmente asaltan al devoto, sentí una creciente impaciencia con los deberes del ermitaño y los estudios universitarios. Una circunstancia ligeramente atenuante es que realicé mi propuesta cuando llevaba sólo seis meses con Sri Yukteswar. Aún no había logrado comprender su imponente altura.

—Muchos montañeses viven en el Himalaya, pero no tienen una percepción de Dios. –La respuesta de mi gurú llegó lentamente y con simplicidad–. La sabiduría se busca mejor en un hombre realizado que en una montaña inerte.

Ignorando la clara sugerencia de mi Maestro de que él, y no una montaña, era mi maestro, repetí mi súplica. Sri Yukteswar no respondió. Tomé su silencio como consentimiento, una interpretación precaria que fácilmente se acepta cuando es conveniente.

Esa noche, en mi hogar de Calcuta, me ocupé de los preparativos del viaje. Al envolver algunos artículos dentro de una manta, recordé un paquete similar, que dejé furtivamente desde la ventana de mi ático unos años antes. Me pregunté si ésta sería otra huida desafortunada hacia el Himalaya. La primera vez, mi relación espiritual había sido alta; esta noche, la conciencia me golpeó con fuerza al pensar en dejar a mi gurú.

A la mañana siguiente, busqué a Behari Pundit, mi profesor de sánscrito en el Scottish Church College.

—Señor, me ha hablado de su amistad con un gran discípulo de Lahiri Mahasaya. Por favor, deme su dirección.

—¿Se refiere a Ram Gopal Muzumdar? Yo lo llamo «el santo insomne». Siempre está despierto en una conciencia extática. Su hogar está en Ranbajpur, cerca de Tarakeswar.

Le di las gracias al erudito y de inmediato tomé un tren hacia Tarakeswar. Esperaba silenciar mis dudas obteniendo un permiso del santo insomne para dedicarme a la meditación solitaria en el Himalaya. Escuché que el amigo de Behari había recibido la iluminación después de muchos años de práctica de Kriya Yoga en cuevas aisladas.

En Tarakeswar me dirigí a un famoso santuario. Los hindúes lo veneran con la misma devoción que los católicos muestran al santuario de Lourdes en Francia. Han ocurrido innumerables milagros de sanación en Tarakeswar, uno de ellos en un miembro de mi familia.

—Me senté en el templo durante una semana –me contó mi tía mayor un día–. Observando un ayuno completo, recé por la recuperación de tu tío Sarada de una enfermedad crónica. El séptimo día encontré una hierba materializada en mi mano. Preparé una infusión con las hojas y se la di a tu tío. Su enfermedad desapareció de inmediato y nunca ha vuelto.

Entré en el sagrado santuario de Tarakeswar; el altar no alberga más que una piedra redonda. Su circunferencia, sin principio ni fin, la hace apropiadamente significativa del Infinito. Las abstracciones cósmicas no son ajenas ni al campesino indio más humilde; de hecho, se ha acusado a los occidentales de vivir de abstracciones.

Mi propio estado de ánimo en ese momento era tan austero que me sentí reacio a inclinarme ante el símbolo de piedra. «Dios», reflexioné, «debe buscarse sólo dentro del alma».

Salí del templo sin hacer ninguna genuflexión y caminé rápidamente hacia el pueblo de Ranbajpur. Pedí a un transeúnte que me orientara, lo que le hizo sumirse en una larga reflexión.

—Cuando llegues a un cruce, gira a la derecha y sigue adelante –pronunció finalmente de manera oracular.

Siguiendo las indicaciones, me dirigí por la orilla de un canal. La oscuridad cayó; los alrededores de la aldea selvática estaban llenos de luciérnagas titilantes y los aullidos de los chacales cercanos. La luz de la luna era demasiado tenue para ofrecerme alguna seguridad; seguí adelante durante dos horas.

El bienvenido sonido de una campana de vaca. Mis repetidos gritos finalmente hicieron que acudiera un campesino.

—Estoy buscando a Ram Gopal Babu.

—No vive tal persona en nuestra aldea. –El tono del hombre era hosco–. Probablemente eres un detective mentiroso.

Esperando aliviar la sospecha en su mente, perturbada por las tensiones políticas, le expliqué mi situación. Me llevó a su casa y me ofreció una hospitalaria bienvenida.

—Ranbajpur está lejos de aquí –comentó–. En el cruce, deberías haber girado a la izquierda, no a la derecha.

Pensé tristemente que mi informante anterior era un peligro real para los viajeros. Después de una deliciosa comida de arroz grueso, *dhal* de lentejas y curry de patatas con plátanos verdes, me retiré a una pequeña choza junto al patio. A lo lejos, los aldeanos cantaban al son de los *mridangas*[1] y los platillos. Esa noche, el sueño fue mínimo; oré muchísimo para que me dirigieran al yogui secreto, Ram Gopal.

Cuando los primeros rayos del amanecer se colaron por las rendijas de mi oscura habitación, emprendí el camino

---

1. Tambores tocados a mano, usados únicamente para música devocional.

hacia Ranbajpur. Atravesé campos de arroz accidentados, pisando los tocones afilados de plantas espinosas y montículos de arcilla reseca. De vez en cuando me encontraba con algún campesino que, sin falta, me aseguraba que mi destino estaba «a sólo un *krosha* (unos tres kilómetros)». En seis horas el sol avanzó con orgullo desde el horizonte hasta el cenit, pero yo empezaba a sentir que siempre estaría a un krosha de Ranbajpur.

A media tarde, mi mundo seguía siendo un interminable campo de arroz. El calor que caía sin tregua del cielo ineludible casi me hacía colapsar. Cuando un hombre se me acercó con paso pausado, apenas me atreví a hacerle mi pregunta habitual, por miedo a que me respondiera con la misma monotonía: «Sólo un krosha».

El desconocido se detuvo a mi lado. Bajo y delgado, no tenía una apariencia particularmente impresionante, salvo por un par de ojos oscuros increíblemente penetrantes.

—Pensaba irme de Ranbajpur, pero tu propósito era bueno, así que te esperé –me dijo, señalándome con el dedo frente a la cara, dejándome atónito–. ¿Y no eres listo tú, creyendo que podías aparecer de repente y sorprenderme? Ese profesor Behari no tenía derecho a darte mi dirección.

Pensé que presentarme sería pura palabrería frente a alguien así, así que me quedé en silencio, algo dolido por su manera de recibirme. Su siguiente pregunta fue tan directa como inesperada:

—Dime, ¿dónde crees que está Dios?

—Pues… está dentro de mí y en todas partes –respondí, seguramente con una expresión tan desconcertada como me sentía por dentro.

—¿Omnipresente, eh? –Se rio el santo–. Entonces dime, joven, ¿por qué no te inclinaste ante el Infinito en el símbolo de piedra del templo de Tarakeswar ayer?[2] Tu orgullo te

---

2. Aquí uno recuerda la observación de Dostoievski: «Un hombre que no se inclina ante nada jamás podrá soportar el peso de sí mismo».

costó el castigo de ser despistado por un transeúnte que no se preocupaba por las delicadas distinciones entre izquierda y derecha. ¡Hoy, también, has pasado un rato bastante incómodo!

Estuve completamente de acuerdo, maravillado de que un ojo omnisciente se ocultara tras el cuerpo aparentemente común frente a mí. De aquel yogui emanaba una fuerza sanadora; instantáneamente me sentí renovado en medio de aquel campo abrasador.

—El devoto tiende a pensar que su camino hacia Dios es el único –continuó–. El yoga, a través del cual se encuentra la divinidad interior, es sin duda el camino más elevado, tal como nos dijo Lahiri Mahasaya. Pero al descubrir al Señor dentro, pronto lo percibimos también fuera. Los santuarios sagrados en Tarakeswar y en otros lugares son justamente venerados como centros nucleares de poder espiritual.

La actitud crítica del santo desapareció; sus ojos se suavizaron con compasión. Me dio una palmada en el hombro.

—Joven yogui, veo que estás huyendo de tu maestro. Él tiene todo lo que necesitas; debes regresar con él. Las montañas no pueden ser tu gurú.

Ram Gopal repetía el mismo pensamiento que Sri Yukteswar expresó en nuestro último encuentro.

—Los maestros no están bajo ninguna obligación cósmica de limitar su residencia –dijo mi acompañante, mirándome con curiosidad–. Los Himalayas en India y Tíbet no tienen el monopolio de los santos. Lo que uno no se esfuerza en encontrar dentro, no se descubrirá trasladando el cuerpo de un lado a otro. En cuanto el devoto está dispuesto a ir hasta los confines de la tierra en busca de iluminación espiritual, su gurú aparece cerca.

Asentí en silencio, recordando mi oración en la ermita de Benares, seguida del encuentro con Sri Yukteswar en un callejón abarrotado.

—¿Tienes un lugar pequeño donde puedas cerrar la puerta y estar solo? –preguntó.

—Sí –respondí, pensando que este santo descendía de lo general a lo particular con una rapidez desconcertante.

—Ésa es tu cueva –dijo el yogui, regalándome una mirada de iluminación que nunca he olvidado–. Ésa es tu montaña sagrada. Allí encontrarás el reino de Dios.

Sus palabras sencillas disiparon al instante mi obsesión de toda la vida por los Himalayas. En un ardiente campo de arroz desperté de los sueños montañosos de nieves eternas.

—Joven, tu sed divina es encomiable. Siento un gran cariño por ti –dijo Ram Gopal, tomó mi mano y me llevó a una pintoresca aldea. Las casas de adobe estaban cubiertas con hojas de coco y adornadas con entradas rústicas.

El santo me sentó en la sombría plataforma de bambú de su pequeña cabaña. Después de darme jugo de lima dulce y un trozo de azúcar de roca, entró en su patio y adoptó la postura del loto. Alrededor de cuatro horas después abrí los ojos de la meditación y vi que la figura iluminada por la luna del yogui seguía inmóvil. Mientras le recordaba firmemente a mi estómago que el hombre no vive sólo de pan, Ram Gopal se acercó a mí:

—Veo que estás hambriento; la comida estará lista pronto.

Se encendió un fuego bajo un horno de barro en el patio; rápidamente sirvieron arroz y *dhal* sobre grandes hojas de plátano. Mi anfitrión amablemente rechazó mi ayuda en todas las tareas de cocina.

—«El huésped es Dios» –me explicó– es un proverbio hindú que ha exigido observancia devota desde tiempos inmemoriales.

En mis viajes posteriores por el mundo, me encantó ver que un respeto similar hacia los visitantes se manifiesta en las zonas rurales de muchos países. En cambio, el habitante de la ciudad encuentra que el filo de la hospitalidad se embota con la superabundancia de rostros extraños.

Los mercados de hombres parecían lejanos y tenues mientras me sentaba en cuclillas junto al yogui, en el aislamiento de aquella pequeña aldea en la jungla. La habitación de la cabaña tenía una luz tenue y misteriosa. Ram Gopal acomodó unas mantas raídas en el suelo para mi cama y se sentó en un tapete de paja. Abrumado por su magnetismo espiritual, me atreví a hacer una petición:

—Señor, ¿por qué no me concedes un *samadhi*?

—Querido –respondió el santo con los ojos entrecerrados–, me alegraría transmitir ese contacto divino, pero no me corresponde a mí hacerlo. Tu maestro te concederá esa experiencia pronto. Tu cuerpo aún no está preparado. Así como una lámpara pequeña no soporta un voltaje eléctrico excesivo, tus nervios no están listos para la corriente cósmica. Si te diera ahora el éxtasis infinito, arderías como si cada célula estuviera en llamas. Me estás pidiendo iluminación a mí, cuando yo me pregunto, siendo tan insignificante como soy, y con la poca meditación que he practicado, si he logrado complacer a Dios y qué valor encontraré a Sus ojos en el juicio final.

—Señor, ¿no ha estado buscando a Dios con todo su corazón durante mucho tiempo?

—No he hecho mucho. Behari debe haberte contado algo de mi vida. Durante veinte años ocupé una gruta secreta, meditando dieciocho horas al día. Luego me mudé a una cueva aún más inaccesible y permanecí allí veinticinco años, entrando en la unión del yoga veinte horas diarias. No necesitaba dormir, porque siempre estaba con Dios. Mi cuerpo descansaba más en la calma completa de la supraconciencia que en la paz parcial del estado subconsciente ordinario. Los músculos se relajan durante el sueño, pero el corazón, los pulmones y el sistema circulatorio están en constante actividad; no descansan. En la supraconciencia, los órganos internos permanecen en un estado de animación suspendida, electrificados por la energía cósmica. Por ese motivo, no he necesitado dormir durante años. Llegará el momento en que tú también prescindirás del sueño.

—¡Vaya! Has meditado tanto tiempo y, sin embargo, no estás seguro del favor del Señor –le dije, asombrado–. ¿Entonces qué queda para nosotros, los pobres mortales?

—Bueno, ¿no ves, querido muchacho, que Dios es la Eternidad misma? Asumir que se puede conocerlo completamente tras cuarenta y cinco años de meditación es una expectativa un poco absurda. Sin embargo, Babaji nos asegura que incluso un poco de meditación salva del terrible miedo a la muerte y a lo que viene después. No pongas tu ideal espiritual en una montaña pequeña, sino que engánchalo a la estrella del logro divino sin límites. Si trabajas duro, llegarás allí.

Fascinado por la perspectiva, le pedí que me diera más palabras esclarecedoras. Me contó una maravillosa historia sobre su primer encuentro con Babaji, el gurú de Lahiri Mahasaya.[3]

Alrededor de la medianoche, Ram Gopal cayó en silencio y yo me acosté sobre mis mantas. Cerrando los ojos, vi destellos de relámpagos; el vasto espacio dentro de mí era una cámara de luz fundida. Abrí los ojos y observé la misma deslumbrante vibración de luz. La habitación se volvió parte de esa bóveda infinita que contemplaba con la visión interior.

—¿Por qué no te vas a dormir? –preguntó.

—Señor, ¿cómo puedo dormir en presencia de relámpagos, que brillan tanto con los ojos cerrados como abiertos? –respondí.

—Eres afortunado de tener esta experiencia; las radiaciones espirituales no se ven fácilmente –añadió el santo con unas palabras de cariño.

Al amanecer, Ram Gopal me dio caramelos de roca y me dijo que debía partir. Sentí tanta tristeza al despedirme que las lágrimas rodaron por mis mejillas.

—No te dejaré ir con las manos vacías –dijo el yogui con ternura–. Haré algo por ti.

Él sonrió y me miró fijamente. Yo quedé inmóvil, con la paz inundando como una poderosa avalancha las puertas de mis ojos. De inmediato se me curó un dolor en la espalda que me había molestado de forma intermitente durante años. Renovado, bañado en un mar de alegría luminosa, ya no lloré más.

---

3. *Véase* capítulo 35.

Después de tocar los pies del santo, caminé tranquilamente hacia la jungla, abriéndome paso entre su enmarañado follaje tropical hasta llegar a Tarakeswar.

Allí hice una segunda peregrinación al famoso santuario y me postré completamente ante el altar. La piedra redonda se agrandó ante mi visión interior hasta convertirse en las esferas cósmicas, anillo tras anillo, zona tras zona, todas impregnadas de divinidad.

Una hora más tarde tomé el tren con alegría rumbo a Calcuta. Mis viajes terminaron, no en las altas montañas, sino en la presencia himaláyica de mi Maestro.

CAPÍTULO 14

Una experiencia de la conciencia cósmica

—Estoy aquí, Guruji. –Mi vergüenza habló más elocuentemente por mí.

—Vamos a la cocina y busquemos algo para comer. –El comportamiento de Sri Yukteswar era tan natural como si nos hubieran separado horas, no días.

—Maestro, debo haberlo decepcionado al alejarme tan abruptamente de mis deberes aquí; pensé que podría estar enojado conmigo.

—No, por supuesto que no. La ira surge sólo de los deseos frustrados. No espero nada de los demás, así que sus acciones no pueden oponerse a mis deseos. No te utilizaría para mis propios fines; soy feliz sólo con tu verdadera felicidad.

—Señor, se oye hablar del amor divino de manera vaga, pero por primera vez estoy teniendo un ejemplo concreto de tu angelical ser. En el mundo, ni siquiera un padre perdona fácilmente a su hijo si abandona el negocio de sus padres sin previo aviso. Pero tú no muestras la más mínima molestia, aunque debiste haberte visto en un gran inconveniente por las muchas tareas inacabadas que dejé atrás.

Nos miramos a los ojos, donde brillaban las lágrimas. Una ola de dicha me envolvía; era consciente de que el Señor, en la forma de mi gurú, estaba expandiendo los pequeños afectos de mi corazón hacia los incomprensibles alcances del amor cósmico.

Unos días después me dirigí a la vacía sala de meditación del Maestro. Planeaba meditar, pero mi loable propósito no fue compartido por pensamientos desobedientes. Se dispersaron como aves ante el cazador.

—Mukunda. –La voz de Sri Yukteswar sonó desde un lejano balcón interior.

Me sentí tan rebelde como lo fueron mis pensamientos. «El Maestro siempre me insta a meditar», murmuré para mí mismo. «No debería molestarme cuando sabe por qué estoy en su habitación».

Me convocó de nuevo; permanecí en silencio de manera obstinada. La tercera vez su tono contenía cierto reproche.

—Señor, estoy meditando –grité protestando.

—Ya sé que estás meditando –dijo mi gurú– y también cómo: con tu mente dispersa como hojas en una tormenta. Ven aquí conmigo.

Desairado y expuesto, me dirigí tristemente a su lado.

—Pobre niño, las montañas no pudieron ofrecerte lo que querías. –El Maestro habló con ternura, con consuelo. Su mirada tranquila era insondable–. El deseo de tu corazón se cumplirá.

Sri Yukteswar rara vez se entregaba a acertijos; estaba desconcertado. Golpeó con suavidad mi pecho, por encima del corazón.

Mi cuerpo se volvió arraigado; la respiración fue extraída de mis pulmones como por un enorme imán. El alma y la mente perdieron al instante su atadura física y fluyeron como un fluido de luz penetrante desde cada poro de mi ser. La carne era como si estuviera muerta, pero en mi intensa conciencia supe que nunca antes había estado tan completamente vivo. Mi sentido de identidad ya no se limitaba a un cuerpo, sino que abarcaba los átomos circundantes. Las personas en calles distantes parecían moverse con suavidad sobre mi propia periferia remota. Las raíces de las plantas y los árboles aparecían a través de una transparencia tenue del suelo; percibí el flujo interno de su savia.

Toda la vecindad estaba al descubierto ante mí. Mi visión frontal ordinaria se transformó en una vasta visión esférica, simultáneamente todo-perceptiva. A través de la parte posterior de mi cabeza vi a hombres paseando por la distante Rai Ghat Road, y también noté a una vaca blanca que se acercaba con tranquilidad. Cuando llegó al espacio frente a la puerta abierta del *ashram*, la observé con mis dos ojos físicos. Al pasar, detrás de la pared de ladrillos, aún la vi con claridad.

Todos los objetos dentro de mi visión panorámica temblaban y vibraban como imágenes en movimiento rápidas. Mi cuerpo, el de mi Maestro, el patio con columnas, el mobiliario y el suelo, los árboles y la luz del sol en ocasiones se agitaban con violencia, hasta que todo se fundió en un mar luminoso, como los cristales de azúcar que se disuelven en un vaso de agua después de ser agitados. La luz unificadora alternaba con materializaciones de formas, las metamorfosis revelando la ley de causa y efecto en la creación.

Una alegría oceánica rompió sobre las tranquilas costas infinitas de mi alma. El Espíritu de Dios, me di cuenta, es Bienaventuranza inagotable. Su cuerpo son innumerables tejidos de luz. Una gloria creciente dentro de mí comenzó a envolver pueblos, continentes, la Tierra, los sistemas solares y estelares, las etéreas nebulosas y los universos flotantes. Todo el cosmos, suavemente luminoso, como una ciudad vista a lo lejos durante la noche, brillaba dentro de la infinitud de mi ser. Los contornos globales nítidamente grabados se desvanecían un poco en los bordes más distantes; allí pude ver un resplandor suave, siempre inalterado. Era indescriptiblemente sutil; las imágenes planetarias estaban formadas por una luz más gruesa.

La divina dispersión de rayos brotó de una Fuente Eterna, incendiando galaxias, transfiguradas con inefables aureolas. Una y otra vez vi cómo los rayos creativos se condensaban en constelaciones, para luego resolverse en hojas de fuego transparente. Por una reversión rítmica, sextillones de mundos pasaban a un lustre diáfano; el fuego se convertía en firmamento.

Percibí el centro del empíreo como un punto de percepción intuitiva en mi corazón. Un resplandor radiante emanaba de mi núcleo hacia todas las partes de la estructura universal. El *amrita* bienaventurado, el néctar de la inmortalidad, pulsaba en mí con una fluidez semejante al mercurio. Oí la voz creativa de Dios resonando como *Aum*,[1] la vibración del Motor Cósmico.

De repente, la respiración regresó a mis pulmones. Con una decepción casi insoportable, me di cuenta de que mi inmensidad infinita se había perdido. Una vez más, estaba limitado a la humillante jaula de un cuerpo en el que no era fácil acomodar el Espíritu. Como un hijo pródigo, había huido de mi hogar macrocósmico y me había encarcelado en un estrecho microcosmos.

Mi gurú estaba de pie inmóvil ante mí; comencé a caer a sus pies sagrados en gratitud por la experiencia en conciencia cósmica que tanto había buscado con pasión. Él me sostuvo erguido y habló con calma, sin pretensiones.

—No debes embriagarte demasiado con el éxtasis. Aún queda mucho trabajo por hacer en el mundo. Ven; barramos el suelo del balcón; luego caminaremos junto al Ganges.

Fui a buscar una escoba; el Maestro, sabía, me estaba enseñando el secreto de una vida equilibrada. El alma debe extenderse sobre los abismos cosmogónicos mientras el cuerpo realiza sus deberes diarios. Cuando salimos más tarde para dar un paseo, todavía estaba extasiado. Vi nuestros cuerpos como dos

---

1. «En el principio era el Verbo, y el Verbo estaba con Dios, y el Verbo era Dios», Juan 1:1.

imágenes astrales, moviéndose por un camino junto al río cuya esencia era pura luz.

—Es el Espíritu de Dios quien sostiene activamente cada forma y fuerza en el universo; sin embargo, Él es trascendental y apartado en el bienaventurado vacío no creado más allá de los mundos de fenómenos vibratorios[2] –explicó el Maestro–. Los santos que realizan su divinidad incluso mientras están en la carne conocen una existencia similar a esta doble. Al involucrarse conscientemente en el trabajo terrenal; sin embargo, permanecen sumidos en una beatitud interior. El Señor ha creado a todos los hombres desde la alegría ilimitada de Su ser. Aunque están dolorosamente limitados por el cuerpo, Dios, no obstante, espera que las almas creadas a Su imagen finalmente se eleven por encima de toda identificación con el sentido del yo y se reúnan con Él.

La visión cósmica dejó muchas lecciones permanentes. Al calmar mis pensamientos a diario, pude liberarme de la convicción engañosa de que mi cuerpo era una masa de carne y huesos

---

2. «Porque el Padre no juzga a nadie, sino que ha encomendado todo juicio al Hijo», Juan 5, 22. «Nadie ha visto a Dios en ningún momento; el Hijo unigénito, que está en el seno del Padre, Él lo ha declarado», Juan 1, 18. «De cierto, de cierto os digo: El que cree en mí, las obras que yo hago, él también las hará; y aún mayores que estas hará, porque yo voy al Padre», Juan 14, 12. «Pero el Consolador, que es el Espíritu Santo, que el Padre enviará en mi nombre, Él os enseñará todas las cosas, y os recordará todo lo que os he dicho», Juan 14, 26.

Estas palabras bíblicas se refieren a la naturaleza triple de Dios como Padre, Hijo, Espíritu Santo (*Sat, Tat, Aum* en las escrituras hindúes). Dios el Padre es el Absoluto, el No Manifestado, existiendo más allá de la creación vibratoria. Dios el Hijo es la Conciencia Cristiana (Brahma o Kutastha Chaitanya) que existe dentro de la creación vibratoria; esta Conciencia Cristiana es el «Hijo unigénito» o único reflejo del Infinito no Creado. Su manifestación exterior o «testigo» es *Aum* o Espíritu Santo, el poder divino, creativo e invisible que estructura toda la creación a través de la vibración. *Aum*, el Consolador bienaventurado, se escucha en la meditación y revela al devoto la Verdad última.

atravesando el duro suelo de la materia. Contemplé cómo el aliento y la mente inquieta eran como tormentas que azotaban el océano de luz convirtiéndolo en olas de formas materiales: tierra, cielo, seres humanos, animales, aves, árboles. Ninguna percepción del Infinito como una Luz Única podía alcanzarse excepto al calmar esas tormentas. Cuanto más silenciaba los dos tumultos naturales, contemplaba las innumerables olas de la creación disolverse en un mar luminoso, al igual que las olas del océano, cuando sus tempestades se calman, se disuelven serenamente en la unidad.

Un maestro concede la experiencia divina de la conciencia cósmica cuando su discípulo, mediante la meditación, ha fortalecido su mente hasta el punto de que las vastas vistas no lo abrumen. La experiencia nunca puede ser dada sólo por la disposición intelectual o la mente abierta de uno. Sólo un adecuado agrandamiento mediante la práctica del yoga y el *bhakti* devocional puede preparar la mente para absorber el *shock* liberador de la omnipresencia. Viene con una inevitabilidad natural para el devoto sincero. Su intenso anhelo comienza a atraer a Dios con una fuerza irresistible. El Señor, como la Visión Cósmica, es atraído por el ardor magnético del buscador hacia su rango de conciencia.

Escribí, en mis años posteriores, el siguiente poema, *Samadhi*, intentando transmitir la gloria de su estado cósmico:

Desaparecieron los velos de luz y sombra,
se levantó todo vapor de tristeza,
navegaron todas las auroras de alegría fugaz,
se fue el tenue espejismo sensorial.
El amor, el odio, la salud, la enfermedad, la vida, la muerte,
desaparecieron estas sombras falsas en la pantalla de la
[dualidad.
Olas de risa, escillas de sarcasmo, remolinos melancólicos
fundiéndose en el vasto mar de dicha.
La tormenta de maya *se aquietó*
con la varita mágica de una intuición profunda.

El universo, sueño olvidado, acecha subconscientemente,
listo para invadir mi recién despertada memoria divina.
Vivo sin la sombra cósmica,
pero no está privada de mí;
como el mar existe sin las olas,
pero ellas no respiran sin el mar.
Sueños, despertares, estados de sueño profundo,
presente, pasado, futuro, ya no para mí,
sino el siempre presente, el todo-fluyendo Yo, Yo, en todas partes.
Planetas, estrellas, polvo estelar, tierra,
erupciones volcánicas, cataclismos del fin del mundo,
horno de la creación,
glaciares de rayos X silenciosos, inundaciones de electrones
[ardientes,
pensamientos de todos los hombres, pasados, presentes,
[por venir,
cada brizna de hierba, yo mismo, la humanidad,
cada partícula de polvo universal,
ira, codicia, bien, mal, salvación, lujuria,
tragué, transmuté todo
¡en un vasto océano de sangre de mi único Ser!
Gozo humeante, a menudo insuflado por la meditación,
cegando mis ojos llorosos,
estalló en llamas inmortales de dicha,
consumió mis lágrimas, mi cuerpo, mi todo.
Tú eres Yo, Yo soy Tú,
saber, sabedor, conocido, como Uno.
Emoción tranquila, inquebrantable, eternamente viva,
[paz siempre nueva,
disfrutable más allá de la imaginación de la expectativa,
[bienaventuranza de samadhi.
No un estado inconsciente
ni cloroformo mental sin retorno voluntario,
sino que el samadhi *extiende mi reino consciente*
más allá de los límites del marco mortal,
hasta el más lejano límite de la eternidad,

donde Yo, el Mar Cósmico,
veo el pequeño ego flotando en Mí.
El gorrión, cada grano de arena, no cae sin Mi vista.
Todo el espacio flota como un iceberg en Mi mar mental.
Colosal Contenedor, Yo, de todas las cosas hechas.
Por una meditación más profunda, más larga, sedienta,
[dada por el gurú,
llega este samadhi *celestial.*
Se oyen murmullos móviles de átomos,
la oscura tierra, montañas, valles: ¡líquido fundido!
Los mares fluyendo se convierten en vapores de nebulosas.
Aum sopla sobre los vapores, abriendo maravillosamente
[sus velos,
los océanos se revelan, electrones brillantes,
hasta que, finalmente, suena el tambor cósmico,
desaparecen las luces más groseras en rayos eternos
de bienaventuranza omnipresente.
De gozo vine, por gozo vivo, en gozo sagrado me derrito.
Océano de la mente, bebo todas las olas de la creación.
Cuatro velos de sólido, líquido, vapor, luz,
se levantan adecuadamente.
Yo mismo, en todo, entro en el Gran Yo Mismo.
Se han ido para siempre las sombras inestables y parpadeantes
[de la memoria mortal.
Inmaculado es mi cielo mental, abajo, adelante y alto arriba.
La eternidad y Yo, un rayo unido.
Una pequeña burbuja de risa,
me he convertido en el Océano de la Alegría Mismo.

Sri Yukteswar me enseñó cómo invocar la bendita experiencia a voluntad y también cómo transmitirla a otros si sus canales intuitivos estaban desarrollados. Durante meses entré en la unión extática, comprendiendo por qué los *Upanishads* dicen que Dios es *rasa*, lo más sabroso. Sin embargo, un día le comuniqué un problema a mi Maestro:

—Quiero saber, señor, ¿cuándo encontraré a Dios?

—Lo has encontrado.

—Oh, no, señor, no lo creo.

Mi gurú sonreía.

—Estoy seguro de que no esperas a un venerable Personaje adornando un trono en algún rincón antiséptico del cosmos. Sin embargo, veo que imaginas que la posesión de poderes milagrosos es el conocimiento de Dios. Se podría tener todo el universo y aún encontrar al Señor esquivo. El avance espiritual no se mide por los poderes exteriores de uno, sino sólo por la profundidad de su dicha en la meditación. La Alegría renovada es Dios. Él es inagotable; a medida que continúes tus meditaciones durante los años, Él te cautivará con una infinita destreza. Los devotos como tú que han encontrado el camino hacia Dios nunca sueñan con intercambiarlo por ninguna otra felicidad; Él es seductor más allá del pensamiento de competencia. Qué rápido nos cansamos de los placeres terrenales. El deseo por las cosas materiales es interminable; el hombre nunca se satisface completamente y persigue un objetivo tras otro. Lo que busca es el Señor, quien sólo puede otorgar una alegría duradera. Los anhelos externos nos alejan del Edén interior; ofrecen placeres falsos que sólo imitan la felicidad del alma. El paraíso perdido se recobra con rapidez a través de la meditación divina. Como Dios es la Siempre-Nueva Inesperada, nunca nos cansamos de Él. ¿Podemos hartarnos de la dicha, deliciosamente variada a lo largo de la eternidad?

—Ahora lo entiendo, señor, por qué los santos llaman al Señor insondable. Ni siquiera la vida eterna podría bastar para evaluarlo.

—Eso es cierto, pero Él también está cerca y es querido. Después de que la mente haya sido limpiada por el Kriya Yoga de los obstáculos sensoriales, la meditación proporciona una prueba doble de la existencia de Dios. La Alegría siempre nueva es evidencia de Su existencia, convincente hasta nuestros mismos átomos. Además, en la meditación, uno encuentra Su guía instantánea, Su respuesta adecuada a cada dificultad.

—Veo, Guruji, que has resuelto mi problema. –Sonreí agradecido–. Ahora me doy cuenta de que he encontrado a Dios, porque siempre que la alegría de la meditación ha regresado subconscientemente durante mis horas activas, me ha dirigido con sutileza a adoptar el curso correcto en todo, incluso en los detalles.

—La vida humana está plagada de sufrimiento hasta que sabemos cómo sintonizarnos con la Voluntad Divina, cuyo «curso correcto» a menudo desconcierta a la inteligencia egoísta. Dios soporta la carga del cosmos; sólo Él puede dar un consejo infalible.

CAPÍTULO 15

El robo de la coliflor

—¡Maestro, un regalo para usted! Yo mismo planté estas seis enormes coliflores con mis propias manos; he velado por su crecimiento con el tierno cuidado de una madre que amamanta a su hijo. –Le mostré el cesto de verduras con un gesto ceremonial.

—¡Gracias! –La sonrisa de Sri Yukteswar irradiaba aprecio–. Por favor, guárdalas en tu habitación; las necesitaré mañana para una cena especial.

Acababa de llegar a Puri[1] para pasar mis vacaciones de verano universitarias con mi gurú en su ermita junto al mar. Construido por el Maestro y sus discípulos, el alegre y pequeño retiro de dos plantas se alza frente a la bahía de Bengala.

La mañana siguiente desperté temprano, renovado por la brisa salada del mar y el encanto de mi entorno. La melodiosa

1. Puri, a unos 500 kilómetros al sur de Calcuta, es una ciudad de peregrinación famosa para los devotos de Krishna; su adoración se celebra allí con dos grandes festivales anuales: el *Snanayatra* y el *Rathayatra*.

voz de Sri Yukteswar me llamaba; eché un vistazo a mis queridas coliflores y las guardé cuidadosamente bajo mi cama.

—Ven, vayamos a la playa.

El Maestro tomó la delantera; varios jóvenes discípulos y yo lo seguimos en un grupo disperso. Nuestro gurú nos observó con una leve crítica.

—Cuando nuestros hermanos occidentales caminan, suelen sentirse orgullosos de marchar al unísono. Ahora, por favor, marchad en dos filas; mantened el paso rítmico entre vosotros.

Sri Yukteswar observó mientras obedecíamos; luego comenzó a cantar: «Los muchachos van de aquí para allá, en una linda fila». No pude evitar admirar la facilidad con la que el Maestro lograba igualar el enérgico ritmo de sus jóvenes estudiantes.

—¡Alto! –Los ojos de mi gurú buscaron los míos–. ¿Te has acordado de cerrar con llave la puerta trasera de la ermita?

—Creo que sí, señor.

Sri Yukteswar guardó silencio durante unos minutos, con una sonrisa a medio dibujar en los labios.

—No, lo has olvidado –dijo finalmente–. La contemplación divina no debe ser una excusa para la negligencia material. Has descuidado tu deber de proteger el *ashram*; debes ser castigado. –Pensé que estaba bromeando de manera enigmática cuando añadió–: Tus seis coliflores pronto serán sólo cinco.

Obedeciendo las órdenes del Maestro, dimos la vuelta y regresamos hasta hallarnos cerca de la ermita.

—Descansad un momento. Mukunda, mira al otro lado del recinto, a nuestra izquierda; observa el camino más allá. Dentro de poco llegará cierto hombre; él será el medio de tu castigo.

Disimulé mi fastidio ante estas incomprensibles palabras. Pronto apareció un campesino en el camino; danzaba de manera grotesca, agitando los brazos con gestos sin sentido. Casi paralizado por la curiosidad, clavé la mirada en aquel espectáculo hilarante. Justo cuando el hombre llegó a un punto del camino donde iba a desaparecer de nuestra vista, Sri Yukteswar afirmó:

—Ahora regresará.

LA ERMITA JUNTO AL MAR DE MI GURÚ, EN PURI

Un constante flujo de visitantes llegaba desde el mundo exterior a la serenidad de la ermita. Numerosos eruditos acudían con la expectativa de encontrarse con un religioso ortodoxo. Una sonrisa altiva o una mirada de tolerancia divertida en ocasiones delataban que los recién llegados no esperaban más que unas pocas y piadosas trivialidades. Sin embargo, su partida, a menudo renuente, solía ir acompañada de la expresa convicción de que Sri Yukteswar había demostrado un conocimiento preciso en sus propios campos de especialización.

Mi gurú siempre tenía jóvenes discípulos residentes en su ermita. Dirigía sus mentes y sus vidas con aquella cuidadosa disciplina que da sentido etimológico a la palabra «discípulo».

De inmediato, el campesino cambió de dirección y se dirigió a la parte trasera del *ashram*. Tras atravesar un tramo arenoso, entró en el edificio por la puerta trasera, que yo no había cerrado, tal como mi gurú había señalado. Poco después, el hombre salió sosteniendo una de mis preciadas coliflores. Ahora caminaba con aire respetable, investido con la dignidad que otorga la posesión.

El desarrollo de aquella farsa, en la que mi papel parecía ser el de víctima desconcertada, no me impidió reaccionar con indignación y salir en persecución del ladrón. Estaba a medio camino del sendero cuando el Maestro me llamó para que regresara. Su cuerpo entero temblaba de risa.

—Ese pobre loco deseaba una coliflor desde hace tiempo –explicó entre carcajadas–. Pensé que sería una buena idea que consiguiera una de las tuyas, tan mal custodiadas.

Corrí a mi habitación y descubrí que el ladrón, evidentemente obsesionado con las verduras, no había tocado mis anillos de oro, mi reloj ni mi dinero, todos a la vista sobre la manta. En cambio, había gateado bajo la cama, donde, completamente oculta a la vista, una de mis coliflores había despertado su deseo más profundo.

Esa noche le pedí a Sri Yukteswar que explicara el incidente, ya que me parecía que había varios elementos desconcertantes.

Mi gurú sacudió la cabeza lentamente.

—Lo comprenderás algún día. La ciencia descubrirá pronto algunas de estas leyes ocultas.

Años después, cuando los prodigios de la radio asombraron al mundo, recordé la predicción del Maestro. Las antiguas concepciones de tiempo y espacio fueron destruidas; ningún hogar campesino era ya tan estrecho como para que Londres o Calcuta no pudieran entrar en él. Incluso la mente más simple se expandió ante la prueba irrefutable de un aspecto de la omnipresencia humana.

La trama de la comedia de la coliflor puede comprenderse mejor a través de una analogía con la radio. Sri Yukteswar era como una radio humana perfecta. Los pensamientos no son más que vibraciones sutiles que se mueven en el éter. Así como una radio sensibilizada capta una melodía específica entre miles de programas transmitidos desde todas direcciones, mi gurú fue capaz de captar el pensamiento de aquel hombre, que anhelaba una coliflor, entre los incontables pensamientos transmitidos por las voluntades humanas en el mundo.[2] Con su poderosa voluntad, el Maestro también era una emisora humana y logró dirigir con éxito al campesino para que diera media vuelta y se encaminara a una habitación en particular por una única coliflor.

---

2. El descubrimiento en 1939 de un microscopio de radio reveló un nuevo mundo de rayos hasta entonces desconocidos. «El hombre mismo, así como toda clase de materia supuestamente inerte, emite constantemente los rayos que este instrumento "ve"», informó *Associated Press*. «Quienes creen en la telepatía, la clarividencia o la percepción extrasensorial, encuentran en este anuncio la primera prueba científica de la existencia de rayos invisibles que realmente viajan de una persona a otra. El dispositivo es, en realidad, un espectroscopio de frecuencia de radio. Hace por la materia fría y sin brillo lo mismo que hace el espectroscopio al revelar los tipos de átomos que forman las estrellas. [...] La existencia de estos rayos emitidos por el ser humano y por todos los seres vivos había sido sospechada por los científicos durante muchos años. Hoy se presenta la primera prueba experimental de su existencia. El descubrimiento demuestra que cada átomo y cada molécula en la naturaleza es una emisora de radio continua. [...] Así, incluso después de la muerte, la sustancia que formó a un ser humano continúa emitiendo sus delicados rayos. Las longitudes de onda de estos rayos van desde más cortas que cualquiera de las utilizadas actualmente en radiodifusión hasta las más largas conocidas. La confusión de estos rayos es casi inconcebible. Hay millones de ellos. Una sola molécula muy grande puede emitir un millón de longitudes de onda diferentes al mismo tiempo. Las longitudes de onda más largas de este tipo viajan con la misma facilidad y velocidad que las ondas de radio. [...] Existe, sin embargo, una diferencia asombrosa entre estos nuevos rayos de radio y los rayos familiares como la luz: el prolongado tiempo –que puede alcanzar miles de años– durante el cual estas ondas de radio continúan emitiéndose desde materia que no ha sido perturbada.

La intuición[3] es la guía del alma, que aparece de manera natural en el hombre durante aquellos instantes en que su mente está en calma. Casi todos han experimentado en algún momento un presentimiento inexplicablemente acertado o han transmitido sus pensamientos de manera efectiva a otra persona.

La mente humana, libre de la estática de la inquietud, puede desempeñar, a través de su antena de intuición, todas las funciones de los complicados mecanismos de radio: enviar y recibir pensamientos, así como sintonizar o rechazar aquellos no deseados. Del mismo modo que la potencia de una radio depende de la cantidad de corriente eléctrica que puede utilizar, la radio humana se energiza según la fuerza de voluntad que posee cada individuo.

Todos los pensamientos vibran eternamente en el cosmos. Mediante una profunda concentración, un maestro es capaz de detectar los pensamientos de cualquier mente, viva o muerta. Los pensamientos no están enraizados de manera individual, sino universalmente; la verdad no puede ser creada, sólo percibida. Los pensamientos erróneos del hombre son el resultado de imperfecciones en su discernimiento. El objetivo de la ciencia del yoga es calmar la mente para que, sin distorsiones, pueda reflejar la visión divina del universo.

La radio y la televisión han llevado el sonido y la imagen instantánea de personas remotas hasta los hogares de millones de individuos, dando las primeras y débiles señales científicas de que el hombre es un espíritu omnipresente. No un cuerpo confinado en un punto en el espacio, sino un alma vasta, que el ego, en sus modos más bárbaros, intenta en vano aprisionar.

3. Uno duda en usar la palabra «intuición»; Hitler casi ha arruinado el término, junto con otras devastaciones más ambiciosas. El significado etimológico en latín de intuición es «protección interior». La palabra sánscrita *agama* significa conocimiento intuitivo nacido de la percepción directa del alma; por eso ciertos antiguos tratados escritos por los *rishis* fueron llamados *agamas*.

«Fenómenos muy extraños, muy maravillosos y aparentemente muy improbables pueden aún aparecer, y cuando se establezcan, no nos asombrarán más de lo que ahora nos asombran todos los descubrimientos que la ciencia nos ha enseñado en el último siglo», declaró Charles Robert Richet, premio Nobel de fisiología. «Se asume que los fenómenos que aceptamos sin sorpresa no nos asombran porque los entendemos. Pero esto no es cierto. Si no nos sorprenden, no es porque los comprendamos, sino porque nos resultan familiares; pues si aquello que no entendemos debe sorprendernos, deberíamos asombrarnos de todo: la caída de una piedra lanzada al aire, la bellota que se convierte en roble, el mercurio que se expande al calentarse, el hierro atraído por un imán, el fósforo que arde al ser frotado... La ciencia actual es un asunto ligero; las revoluciones y evoluciones que experimentará en cien mil años superarán con creces las más audaces anticipaciones. Las verdades –esas sorprendentes, asombrosas e imprevistas verdades– que nuestros descendientes descubrirán ya están ahora a nuestro alrededor, mirándonos fijamente a los ojos, por así decirlo, y, sin embargo, no las vemos. Pero no basta con decir que no las vemos; no queremos verlas, porque en cuanto aparece un hecho inesperado y desconocido, intentamos encajarlo en el marco de los lugares comunes del conocimiento adquirido, y nos indignamos de que alguien se atreva a seguir experimentando».

Un hecho curioso ocurrió pocos días después de haber sido despojado de manera tan inverosímil de una coliflor. Era imposible encontrar cierta lámpara de queroseno. Después de haber sido testigo de la omnisciente percepción de mi gurú, pensé que demostraría que encontrar la lámpara sería un juego de niños.

El Maestro percibió mi expectativa. Con exagerada solemnidad, interrogó a todos los residentes del *ashram*. Un joven discípulo confesó que había usado la lámpara para ir al pozo en el patio trasero.

Sri Yukteswar dio entonces un consejo solemne:

—Buscad la lámpara cerca del pozo.

Corrí hacia allá; ninguna lámpara. Cabizbajo, regresé con mi gurú. Ahora se reía a carcajadas, sin la menor compasión por mi desilusión.

—¡Qué lástima que no pude dirigirte hacia la lámpara desaparecida! ¡No soy un adivino! –exclamó con ojos centelleantes–. ¡Ni siquiera soy un Sherlock Holmes aceptable!

Comprendí que el Maestro nunca exhibiría sus poderes cuando se le desafiara ni por trivialidades.

Las semanas transcurrieron de un modo placentero. Sri Yukteswar estaba organizando una procesión religiosa y me pidió que guiara a los discípulos por la ciudad y la playa de Puri. El día festivo amaneció como uno de los más calurosos del verano.

—Guruji, ¿cómo podré llevar a los estudiantes descalzos sobre las arenas ardientes? –pregunté con desesperación.

—Te revelaré un secreto –respondió el Maestro–. El Señor enviará un paraguas de nubes; todos caminarán con comodidad.

Organicé la procesión con entusiasmo. Nuestro grupo partió del *ashram* con una pancarta de Sat-Sanga.[4] Diseñada por Sri Yukteswar, llevaba el símbolo del ojo único,[5] la mirada telescópica de la intuición.

Apenas habíamos dejado la ermita cuando, como por arte de magia, la parte del cielo que se encontraba sobre nosotros se llenó de nubes. Ante la sorpresa general, una llovizna ligera comenzó a caer, refrescando las calles de la ciudad y la ardiente orilla del mar. Las gotas reconfortantes descendieron durante

---

4. *Sat* significa literalmente «ser»; por lo tanto, «esencia», «realidad». *Sanga* significa «asociación». Sri Yukteswar llamó a su organización de ermitaños *Sat-Sanga*, «comunión con la verdad».

5. «Si tu ojo es puro, todo tu cuerpo estará lleno de luz», Mateo 6, 22. Durante la meditación profunda, el ojo único o espiritual se hace visible en la parte central de la frente. Este ojo omnisciente recibe diversos nombres en las escrituras, como el tercer ojo, la estrella de Oriente, el ojo interior, la paloma descendiendo del cielo, el ojo de Shiva, el ojo de la intuición, etc.

las dos horas que duró el desfile. Exactamente en el instante en que nuestro grupo regresó al *ashram*, las nubes y la lluvia desaparecieron sin dejar rastro.

—Observa cómo Dios se preocupa por nosotros –respondió el Maestro cuando le expresé mi gratitud–. El Señor responde a todos y trabaja para todos. Así como envió la lluvia a mi súplica, también cumple cualquier deseo sincero del devoto. Pocos hombres comprenden cuán a menudo Dios escucha sus oraciones. Él no favorece sólo a unos cuantos, sino que atiende a todo aquel que se acerca a Él con confianza. Sus hijos deben tener siempre una fe absoluta en la bondad amorosa de su Padre Omnipresente.[6]

Sri Yukteswar organizaba cuatro festivales al año, en los equinoccios y solsticios, cuando sus estudiantes se reunían desde lugares lejanos. La celebración del solsticio de invierno se realizaba en Serampore; la primera a la que asistí me dejó una bendición permanente.

Las festividades comenzaron por la mañana con una procesión descalzos por las calles. Las voces de un centenar de estudiantes entonaban dulces cánticos religiosos; unos pocos músicos tocaban la flauta y el *khol kartal* (tambores y címbalos). Los entusiastas habitantes de la ciudad cubrían nuestro camino con flores, alegres de ser alejados de sus tareas mundanas por nuestra resonante alabanza al bendito nombre del Señor.

El largo recorrido terminó en el patio de la ermita. Allí rodeamos a nuestro gurú, mientras los estudiantes desde los balcones superiores nos cubrían con pétalos de caléndula.

Muchos invitados subieron a recibir un postre de *channa* y naranjas. Yo me dirigí a un grupo de hermanos discípulos que ese día trabajaban como cocineros. La comida para reuniones tan importantes debía prepararse al aire libre, en enormes

---

6. «El que plantó el oído, ¿no oirá? El que formó el ojo, ¿no verá? [...]. El que instruye al hombre en el conocimiento, ¿no sabrá?», Salmos 94, 9-10.

calderos. Los improvisados fogones de ladrillo, alimentados con leña, eran humeantes y hacían que los ojos lloraran, pero reíamos alegremente mientras trabajábamos. Los festivales religiosos en la India nunca se consideran una molestia; cada uno aporta su parte, ya sea dinero, arroz, verduras o su servicio personal.

Pronto, el Maestro acudió entre nosotros, supervisando los detalles del festín. Ocupado en todo momento, mantenía el ritmo de los estudiantes más enérgicos.

En la segunda planta, un *sankirtan* (canto grupal devocional), acompañado de armonio y tambores indios de mano, resonaba con fervor. Sri Yukteswar, con su agudo sentido musical, escuchaba con atención.

—Están desafinados –dijo de repente. Dejó a los cocineros y se unió a los músicos. La melodía se repitió, esta vez bien interpretada.

En la India, la música, al igual que la pintura y el teatro, se considera un arte divino. Brahma, Vishnu y Shiva –la Trinidad Eterna– fueron los primeros músicos. Shiva, el Bailarín Cósmico, es representado en las escrituras creando los infinitos ritmos del universo con su danza de creación, preservación y disolución. Brahma marcaba el compás con címbalos resonantes, mientras Vishnu tocaba el sagrado *mridanga* o tambor. Krishna, encarnación de Vishnu, es representado en el arte hindú con una flauta, de la que brota la melodía que llama de regreso a su verdadero hogar a las almas humanas extraviadas en *maya*, la ilusión. Saraswati, diosa de la sabiduría, es simbolizada tocando la *vina*, madre de todos los instrumentos de cuerda. El *Sama Veda* de la India contiene los escritos más antiguos del mundo sobre la ciencia musical.

La piedra angular de la música hindú son los *ragas*, escalas melódicas fijas. De los seis *ragas* básicos derivan 126 *raginis* (esposas) y *putras* (hijos). Cada *raga* posee al menos cinco notas: una principal (*vadi* o rey), una secundaria (*samavadi* o primer ministro), notas de apoyo (*anuvadi*, asistentes) y una nota disonante (*vivadi*, el enemigo).

Cada uno de los seis *ragas* fundamentales está vinculado con una hora específica del día, una estación del año y una deidad que le otorga un poder particular: 1. *Hindole Raga* se entona al amanecer en primavera y evoca el amor universal; 2. *Deepaka Raga* se interpreta en las tardes de verano para despertar la compasión; 3. *Megha Raga* se ejecuta al mediodía durante la temporada de lluvias para infundir valor; 4. *Bhairava Raga* se toca en las mañanas de agosto, septiembre y octubre para alcanzar la tranquilidad; 5. *Sri Raga* está reservado para los crepúsculos de otoño, buscando el amor puro; 6. *Malkounsa Raga* resuena en las medianoches de invierno, inspirando valentía.

Los antiguos *rishis* descubrieron estas leyes de armonía entre la naturaleza y el ser humano. Puesto que la naturaleza es una manifestación del *Aum*, el Sonido Primordial o Palabra Vibratoria, el hombre puede obtener control sobre los fenómenos naturales mediante el uso de ciertos *mantras* o cantos sagrados.[7] Los documentos históricos relatan los asombrosos poderes de Miyan Tan Sen, músico de la corte del emperador Akbar el Grande en el siglo XVI. Se cuenta que cuando el emperador le ordenó que cantara un *raga* nocturno mientras el sol estaba en su cénit, Tan Sen entonó un mantra que envolvió instantáneamente el palacio en una profunda oscuridad.

---

7. El folclore de todos los pueblos contiene referencias a encantamientos con poder sobre la naturaleza. Es bien sabido que los nativos americanos desarrollaron rituales sonoros para la lluvia y el viento. Tan Sen, el gran músico hindú, podía apagar el fuego con el poder de su canto. Charles Kellogg, el naturalista de California, realizó en 1926 una demostración del efecto de la vibración tonal sobre el fuego ante un grupo de bomberos de Nueva York. «Al pasar un arco, parecido a un arco de violín de gran tamaño, rápidamente sobre un diapasón de aluminio, produjo un chillido similar a una estática de radio intensa. Al instante, la llama amarilla de gas, de varios metros de altura, que ardía dentro de un tubo de vidrio hueco, descendió hasta unos centímetros y se convirtió en una llama azul chisporroteante. Otro intento con el arco y otro chillido de vibración la extinguieron».

La música india divide la octava en 22 *srutis*, o semitonos intermedios, lo que permite matices expresivos imposibles de alcanzar con la escala cromática occidental de 12 semitonos. Además, en la mitología hindú, cada una de las siete notas básicas de la octava se asocia con un color y con el canto natural de un ave o un animal: *Do* con el verde y el pavo real; *Re* con el rojo y la alondra; *Mi* con el dorado y la cabra; *Fa* con el blanco amarillento y la garza; *Sol* con el negro y el ruiseñor; *La* con el amarillo y el caballo; y *Si* con la combinación de todos los colores y el elefante.

Tres escalas –mayor, menor armónica y menor melódica– son las únicas que emplea la música occidental, pero la música india define 72 *thatas* o escalas. El músico tiene un margen creativo para una improvisación infinita dentro de la melodía tradicional fija o *raga*; se concentra en el sentimiento o estado de ánimo definitivo del tema estructural y luego lo adorna hasta los límites de su propia originalidad. El músico hindú no lee notas establecidas; reviste de nuevo en cada interpretación el mero esqueleto del *raga*, a menudo limitándose a una sola secuencia melódica, enfatizando mediante la repetición todas sus sutiles variaciones microtonales y rítmicas. Bach, entre los compositores occidentales, comprendía el encanto y el poder del sonido repetitivo, ligeramente diferenciado en un centenar de maneras complejas.

La antigua literatura sánscrita describe 120 *talas* o patrones rítmicos. Se dice que Bharata, el fundador tradicional de la música hindú, aisló 32 tipos de *tala* en el canto de una alondra. El origen del *tala,* o ritmo, está arraigado en los movimientos humanos: el tiempo doble del caminar y el tiempo triple de la respiración durante el sueño, cuando la inhalación es el doble de la exhalación. La India siempre ha reconocido la voz humana como el instrumento sonoro más perfecto. Por ello, la música hindú se restringe en gran medida al rango vocal de tres octavas. Por la misma razón, se enfatiza la melodía (relación de notas sucesivas) en lugar de la armonía (relación de notas simultáneas).

El objetivo más profundo de los primeros *rishis*-músicos era fusionar al cantante con la Canción Cósmica, que puede escucharse mediante el despertar de los centros ocultos de la columna vertebral del hombre. La música india es un arte subjetivo, espiritual e individualista, que no busca el brillo sinfónico, sino la armonía personal con el Alma Suprema. La palabra sánscrita para músico es *bhagavathar*, «aquel que canta las alabanzas de Dios». Los *sankirtans*, o reuniones musicales, son una forma eficaz de yoga o disciplina espiritual, que requieren concentración profunda y una intensa absorción en el pensamiento semilla y el sonido. Debido a que el hombre mismo es una expresión de la Palabra Creadora, el sonido tiene el efecto más potente e inmediato sobre él, ofreciendo un camino hacia el recuerdo de su origen divino.

El *sankirtan* que emanaba del salón del segundo piso de Sri Yukteswar durante el día del festival inspiraba a los cocineros entre las ollas humeantes. Mis hermanos discípulos y yo cantábamos con júbilo los estribillos, marcando el ritmo con nuestras manos.

Al atardecer, habíamos servido a nuestros cientos de visitantes *khichuri* (arroz y lentejas), curry de verduras y arroz con leche. Extendimos mantas de algodón sobre el patio; pronto la asamblea estaba en cuclillas bajo la bóveda estrellada, escuchando en silencio la sabiduría que brotaba de los labios de Sri Yukteswar. Sus discursos públicos enfatizaban el valor del Kriya Yoga y una vida de respeto por uno mismo, calma, determinación, una dieta sencilla y ejercicio regular.

Un grupo de discípulos muy jóvenes entonó luego algunos himnos sagrados; la reunión concluyó con un *sankirtan*. Desde las diez hasta la medianoche, los residentes del *ashram* lavaron ollas y sartenes y despejaron el patio. Mi gurú me llamó a su lado.

—Estoy complacido por tus alegres esfuerzos hoy y durante la última semana de preparativos. Quiero que estés conmigo; esta noche puedes dormir en mi cama.

Éste era un privilegio que nunca imaginé que me tocaría. Nos sentamos un rato en un estado de intensa tranquilidad divina. Apenas diez minutos después de habernos acostado, el Maestro se levantó y comenzó a vestirse.

—¿Qué sucede, señor? –Sentí un atisbo de irrealidad en la inesperada alegría de dormir al lado de mi gurú.

—Creo que algunos estudiantes que perdieron la conexión con su tren llegarán pronto. Vamos a preparar algo de comida.

—Guruji, ¡nadie vendría a la una de la madrugada!

—Quédate en la cama; has trabajado muy duro. Pero yo voy a cocinar.

Ante el tono resuelto de Sri Yukteswar, salté de la cama y lo seguí hasta la pequeña cocina de uso diario, junto al balcón interior del segundo piso. El arroz y el *dhal* pronto estaban hirviendo.

Mi gurú sonrió con afecto.

—Esta noche has vencido el cansancio y el temor al trabajo duro; nunca volverán a molestarte.

Mientras pronunciaba estas palabras de bendición para toda la vida, se oyeron pasos en el patio. Corrí escaleras abajo y recibí a un grupo de estudiantes.

—Querido hermano, ¡cuánto lamentamos molestar al Maestro a esta hora! –Uno de ellos me habló a modo de disculpa–. Nos equivocamos con los horarios del tren, pero sentíamos que no podíamos volver a casa sin ver a nuestro gurú.

—Él os estaba esperando y, en este mismo momento, está preparando su comida.

La voz acogedora de Sri Yukteswar resonó; guié a los visitantes asombrados hasta la cocina. El Maestro se volvió hacia mí con ojos centelleantes.

—Ahora que has terminado de comparar notas, no hay duda de que estás convencido de que nuestros invitados realmente perdieron su tren.

Lo seguí hasta su dormitorio media hora más tarde, comprendiendo muy bien que estaba a punto de dormir junto a un gurú semejante a un dios.

CAPÍTULO 16

Venciendo las estrellas

—Mukunda, ¿por qué no te haces un brazalete astrológico?

—¿Debería hacerlo, Maestro? No creo en la astrología.

—No se trata de creer; la única actitud científica que se puede adoptar sobre cualquier tema es si es verdadero o no. La ley de la gravedad funcionó de un modo tan eficiente antes de Newton que después de él. El cosmos sería bastante caótico si sus leyes no pudieran operar sin el visto bueno de la creencia humana. Los charlatanes han llevado la ciencia estelar al estado de desprestigio en el que se encuentra actualmente. La astrología es demasiado vasta, tanto a nivel matemático[1] como filosófi-

1. A partir de referencias astronómicas en antiguas escrituras hindúes, los estudiosos han podido determinar con exactitud las fechas de sus autores. El conocimiento científico de los *rishis* era muy avanzado; en el *Kaushitaki Brahmana* encontramos pasajes astronómicos precisos que demuestran que en el año 3100 a.C. los hindúes ya tenían un gran dominio de la astronomía, la cual tenía un valor práctico para determinar los momentos propicios para ceremonias astrológicas. En un artículo publicado en *East-*

co, para ser comprendida de manera adecuada, excepto por hombres de profundo entendimiento. Si los ignorantes malinterpretan los cielos y ven allí un garabato en lugar de un guion, eso es de esperar en este mundo imperfecto. No se debe rechazar la sabiduría con los «sabios». Todas las partes de la creación están interconectadas e intercambian sus influencias. El ritmo equilibrado del universo está arraigado en la reciprocidad –continuó mi gurú–. El hombre, en su aspecto humano, tiene que combatir dos tipos de fuerzas: primero, los tumultos dentro de su ser, causados por la mezcla de los elementos tierra, agua, fuego, aire y éter; segundo, las fuerzas disgregadoras externas de la naturaleza. Mientras el hombre luche con su mortalidad, será afectado por las infinitas mutaciones del cielo y de la tierra. La astrología es el estudio de la respuesta del hombre a los estímulos planetarios. Las estrellas no tienen benevolencia ni animosidad consciente; simplemente emiten radiaciones positivas y negativas. Por sí mismas no ayudan ni perjudican a la humanidad, pero ofrecen un canal legítimo para la operación externa de

---

West en febrero de 1934, se ofrece el siguiente resumen sobre el *Jyotish*, o cuerpo de tratados astronómicos védicos: «Contiene el saber científico que mantuvo a la India a la vanguardia de todas las naciones antiguas y la convirtió en la meca de los buscadores de conocimiento. El muy antiguo *Brahmagupta*, uno de los textos del *Jyotish*, es un tratado astronómico que aborda temas como el movimiento heliocéntrico de los cuerpos planetarios en nuestro sistema solar, la oblicuidad de la eclíptica, la forma esférica de la Tierra, la luz reflejada de la Luna, la rotación axial diaria de la Tierra, la presencia de estrellas fijas en la Vía Láctea, la ley de la gravitación y otros hechos científicos que no se reconocieron en Occidente hasta la época de Copérnico y Newton».

Hoy es bien sabido que los llamados «números arábigos», sin cuyos símbolos las matemáticas avanzadas serían difíciles, llegaron a Europa en el siglo IX, vía los árabes, desde la India, donde ese sistema de notación había sido formulado en la antigüedad. Para profundizar en la vasta herencia científica de la India, se recomienda consultar *Historia de la química hindú* del doctor P. C. Ray y *Las ciencias positivas de los antiguos hindúes* del doctor B. N. Seal.

los equilibrios de causa y efecto que cada hombre ha puesto en movimiento en el pasado. Un niño nace ese día y hora cuando los rayos celestiales están en armonía matemática con su karma individual. Su horóscopo es un retrato desafiante, que revela su pasado inalterable y sus probables resultados futuros. Pero la carta natal sólo pueden interpretarla correctamente hombres de sabiduría intuitiva: éstos son pocos. El mensaje escrito con audacia a través de los cielos en el momento del nacimiento no está destinado a enfatizar el destino, es decir, el resultado del bien y el mal del pasado, sino a despertar la voluntad del hombre para escapar de su esclavitud universal. Lo que ha hecho lo puede deshacer. Nadie más que él mismo fue el instigador de las causas de los efectos que ahora prevalecen en su vida. Puede superar cualquier limitación, porque la creó mediante sus propias acciones en primer lugar, y porque tiene recursos espirituales que no están sujetos a la presión planetaria. La veneración supersticiosa por la astrología convierte a uno en un autómata, dependiente de una guía mecánica. El hombre sabio derrota a sus planetas, es decir, a su pasado, al transferir su lealtad de la creación al Creador. Cuanto más se da cuenta de su unidad con el Espíritu, menos puede ser dominado por la materia. El alma siempre es libre; es inmortal porque no tiene nacimiento. No puede ser regida por las estrellas. El hombre es un alma y tiene un cuerpo. Cuando coloca correctamente su sentido de identidad, deja atrás todos los patrones compulsivos. Mientras permanezca confundido en su estado ordinario de amnesia espiritual, conocerá las sutiles cadenas de la ley ambiental. Dios es armonía; el devoto que se sintoniza nunca realizará una acción equivocada. Sus actividades estarán correcta y naturalmente sincronizadas para ajustarse a la ley astrológica. Después de una profunda oración y meditación, está en contacto con su conciencia divina; no hay mayor poder que esa protección interna.

—Entonces, querido Maestro, ¿por qué quieres que use un brazalete astrológico? –me aventuré a preguntar después de un largo silencio, durante el cual trataba de asimilar la noble exposición de Sri Yukteswar.

—Sólo cuando un viajero ha llegado a su destino tiene justificación para descartar sus mapas. Durante el viaje, aprovecha cualquier atajo conveniente. Los antiguos *rishis* descubrieron muchas maneras de reducir el período de exilio del hombre en la ilusión. Hay ciertos aspectos mecánicos en la ley del karma que pueden ser hábilmente ajustados por los dedos de la sabiduría. Todos los males humanos surgen de alguna transgresión de la ley universal. Las escrituras señalan que el hombre debe satisfacer las leyes de la naturaleza, sin desacreditar la omnipotencia divina. Debe decir: «Señor, confío en Ti y sé que Tú puedes ayudarme, pero también haré lo mejor para deshacer cualquier mal que haya hecho». A través de varios medios, mediante oración, fuerza de voluntad, meditación, yoga, consulta con santos y el uso de brazaletes astrológicos, los efectos adversos de los errores del pasado pueden minimizarse o anularse. Así como una casa puede ser equipada con una barra de cobre para absorber el impacto de un rayo, el templo corporal puede beneficiarse de varias medidas protectoras. Hace siglos, nuestros yoguis descubrieron que los metales puros emiten una luz astral que contrarresta poderosamente las influencias negativas de los planetas. Las sutiles radiaciones eléctricas y magnéticas están una y otra vez circulando en el universo; cuando el cuerpo de un hombre está siendo ayudado, él no lo sabe; cuando está siendo desintegrado, aún está en la ignorancia. ¿Puede hacer algo al respecto? Este problema recibió atención de nuestros *rishis*; descubrieron que no sólo una combinación de metales, sino también de plantas y, lo más efectivo de todo, de joyas impecables de no menos de dos quilates, eran útiles. El uso preventivo de la astrología rara vez ha sido estudiado seriamente fuera de la India. Un hecho poco conocido es que las joyas, metales o preparaciones de plantas adecuadas son invaluables a menos que se obtenga el peso requerido, y a menos que estos agentes se usen cerca de la piel.

—Señor, por supuesto seguiré su consejo y conseguiré un brazalete. ¡Me intriga la idea de burlar a un planeta!

—Para propósitos generales, aconsejo el uso de un brazalete de oro, plata y cobre. Pero para un propósito específico quiero que consigas uno de plata y plomo. –Sri Yukteswar proporcionó directrices cuidadosas.

—Guruji, ¿a qué «propósito específico» se refiere?

—Los astros están a punto de adquirir un interés poco amistoso en ti, Mukunda. No temas; estarás protegido. Dentro de aproximadamente un mes, tu hígado te causará muchos problemas. La enfermedad está programada para perdurar durante seis meses, pero el uso de un brazalete astrológico acortará el período a veinticuatro días.

Busqué a un joyero al día siguiente y comencé a usar el brazalete. Mi salud era excelente; la predicción del Maestro se desvaneció de mi mente. Él abandonó Serampore para visitar Benarés. Treinta días después de nuestra conversación, sentí un dolor repentino en la zona del hígado. Las semanas siguientes fueron una pesadilla de dolor insoportable. Reacio a molestar a mi gurú, pensé que soportaría con valentía la prueba solo.

Pero veintitrés días de tortura debilitaron mi resolución; tomé un tren hacia Benarés. Allí, Sri Yukteswar me recibió con una calidez inusual, pero no me dio oportunidad de contarle mis penurias en privado. Muchos devotos visitaron al Maestro ese día para un *darshan*.[2] Enfermo y desatendido, me senté en una esquina. Hasta después de la comida de la noche los invitados no se fueron. Mi gurú me llamó a la terraza octagonal de la casa.

—Debes haber venido por el trastorno en tu hígado –dijo Sri Yukteswar sin mirarme, caminando de un lado a otro, interceptando ocasionalmente la luz de la luna–. Déjame ver; has estado enfermo durante veinticuatro días, ¿verdad?

—Sí, señor.

—Haz el ejercicio de estómago que te enseñé.

—Si supieras la magnitud de mi sufrimiento, Maestro, no me pedirías que hiciera ejercicio. –No obstante, hice un débil intento de obedecerle.

---

2. La bendición que se recibe con sólo ver a un santo.

—Tú dices que tienes dolor; yo digo que no tienes ninguno. ¿Cómo pueden existir tales contradicciones? –Mi gurú me miró inquisitivamente.

Estaba atónito, y luego me invadió una alegre liberación. Ya no podía sentir el tormento continuo que me había mantenido casi sin dormir durante semanas; al pronunciar Sri Yukteswar esas palabras, la agonía desapareció como si nunca hubiera existido.

Empecé a arrodillarme a sus pies en señal de gratitud, pero rápidamente me detuvo.

—No seas infantil. Levántate y disfruta de la belleza de la luna sobre el Ganges.

Pero los ojos del Maestro brillaban felizmente mientras permanecía en silencio junto a él. Entendí por su actitud que él quería que sintiera que no él, sino Dios, había sido el sanador.

Todavía llevo el pesado brazalete de plata y plomo, un recuerdo de ese día –ya lejano, siempre atesorado– cuando descubrí de nuevo que vivía con una personalidad verdaderamente sobrehumana. En ocasiones posteriores, cuando llevé a mis amigos a Sri Yukteswar para que los sanara, él recomendó siempre joyas o el brazalete, exaltando su uso como un acto de sabiduría astrológica.

Desde la infancia había tenido prejuicios contra la astrología, en parte porque observaba que muchas personas estaban adheridas a ella de una manera obsesiva y, en parte, por una predicción que nuestro astrólogo familiar realizó: «Te casarás tres veces y enviudarás dos veces». Reflexioné sobre ello y me sentí como una cabra esperando ser sacrificada ante el templo del matrimonio triple.

—Más vale que te resignes a tu destino –había comentado mi hermano Ananta–. Tu horóscopo ha dicho con exactitud que volarás de tu hogar al Himalaya durante tus primeros años, pero serás devuelto por la fuerza. La predicción sobre tus matrimonios también será verdad.

Una noche, una clara intuición me anunció que la profecía era completamente falsa. Prendí fuego al rollo del horóscopo y puse las cenizas en una bolsa de papel en la que escribí: «Las semillas del karma pasado no pueden germinar si se tuestan en los fuegos divinos de la sabiduría». Coloqué la bolsa en un lugar visible; Ananta leyó inmediatamente mi comentario desafiante.

—No puedes destruir la verdad con tanta facilidad como has quemado este rollo de papel –dijo mi hermano riendo con desprecio.

Es un hecho que, en tres ocasiones, antes de llegar a la edad adulta, mi familia intentó organizar mi compromiso. En cada ocasión me negué a seguir con los planes,[3] sabiendo que mi amor por Dios era más abrumador que cualquier persuasión astrológica del pasado.

«Cuanto más profunda es la autorrealización de un hombre, más influye sobre todo el universo mediante sus sutiles vibraciones espirituales, y menos se ve afectado por el flujo fenomenal»: esas palabras del Maestro solían regresar de manera inspiradora a mi mente.

En algunas ocasiones pedía a los astrólogos que seleccionaran mis peores períodos, según las indicaciones planetarias, y aun así lograba realizar cualquier tarea que me propusiera. Es cierto que mi éxito en tales momentos estuvo acompañado de extraordinarias dificultades. Pero mi convicción siempre fue justificada: la fe en la protección divina y el uso correcto de la voluntad otorgada por Dios al hombre son fuerzas más formidables que cualquier cosa que el «cuenco invertido» pueda reunir.

Llegué a comprender que la inscripción de las estrellas al nacer no implica que el ser humano sea un títere de su pasado. Su mensaje es, más bien, un estímulo al orgullo: los mismos cielos buscan despertar en el hombre la determinación de liberarse de cualquier limitación. Dios creó a cada hombre con un alma dotada de individualidad, esencial para la estructura universal, ya sea en el papel temporal de pilar o de parásito. Su li-

---

3. Una de las chicas que mi familia seleccionó como posible esposa para mí después se casó con mi primo, Prabhas Chandra Ghose.

bertad es definitiva e inmediata, si así lo desea; no depende de victorias externas, sino internas.

Sri Yukteswar descubrió la aplicación matemática de un ciclo equinoccial de 24 000 años a nuestra era actual.[4] El ciclo se divide en un arco ascendente y un arco descendente, cada uno de 12 000 años. Dentro de cada arco se engloban cuatro Yugas o Edades, llamadas Kali, Dwapara, Treta y Satya, que corresponden a las ideas griegas de las Edades de Hierro, Bronce, Plata y Oro.

Mi gurú determinó mediante varios cálculos que el último Kali Yuga, o Edad de Hierro del arco ascendente comenzó alrededor del año 500 d. C. La Edad de Hierro, con una duración de 1200 años, es un período de materialismo; terminó alrededor del año 1700 d. C. Ese año dio paso al Dwapara Yuga, un período de 2400 años de desarrollos en energía eléctrica y atómica, la era del telégrafo, la radio, los aviones y otros aniquiladores del espacio.

El período de 3600 años del Treta Yuga comenzará en el año 4100 d. C.; su era estará marcada por el conocimiento común de las comunicaciones telepáticas y otros aniquiladores del tiempo. Durante los 4800 años del Satya Yuga, la era final en un arco ascendente, la inteligencia del hombre se desarrollará por completo; trabajará en armonía con el plan divino.

Luego comienza[5] un arco descendente de 12 000 años, que se inicia con una Edad de Oro descendente de 4800 años para el mundo; el hombre se hunde poco a poco en la ignorancia. Estos ciclos son las vueltas eternas del *maya*, los contrastes y relatividades del universo fenoménico.[6] El hombre, uno a uno,

---

4. Una serie de trece artículos sobre la verificación histórica de la teoría de los Yugas de Sri Yukteswar apareció en la revista *East-West* (Los Ángeles) desde septiembre de 1932 hasta septiembre de 1933.

5. En el año 12 500 d. C.

6. Las escrituras hindúes sitúan la actual era del mundo dentro del Kali Yuga de un ciclo universal mucho más largo que el simple

escapa de la prisión de dualidad de la creación a medida que despierta a la conciencia de su inseparable unidad divina con el Creador. El Maestro amplió mi entendimiento no sólo de la astrología, sino también de las escrituras del mundo. Tras colocar los textos sagrados sobre la mesa inmaculada de su mente, pudo diseccionarlos con el bisturí del razonamiento intuitivo y separar los errores e interpolaciones de los eruditos de las verdades tal como fueron expresadas originalmente por los profetas.

«Fija la vista en la punta de la nariz». Esta interpretación inexacta de una estrofa del *Bhagavad Gita*,[7] ampliamente aceptada por los eruditos orientales y traductores occidentales, solía provocar la crítica ingeniosa del Maestro.

—El camino de un yogui ya es bastante singular –comentó un día mi gurú–. ¿Por qué aconsejarle que además debe ponerse bizco? El verdadero significado de *nasikagram* es «origen de la nariz», no «punta de la nariz». La nariz comienza en el punto

---

ciclo de 24 000 años del equinoccio con el que Sri Yukteswar estaba preocupado. El ciclo universal de las escrituras tiene una extensión de 4 300 560 000 años y marca un Día de la Creación o la longitud de vida asignada a nuestro sistema planetario en su forma actual. Esta vasta cifra proporcionada por los *rishis* se basa en una relación entre la duración del año solar y un múltiplo de pi (3,1416, la relación entre la circunferencia y el diámetro de un círculo).

La duración de la vida de un universo entero, según los antiguos videntes, es de 314 159 000 000 000 años solares, o «una era de Brahma».

Los científicos estiman que la edad actual de la Tierra es de aproximadamente 2000 millones de años y basan sus conclusiones en un estudio de los bolsillos de plomo que han quedado como resultado de la radiactividad en las rocas. Las escrituras hindúes afirman que una Tierra como la nuestra se disuelve por una de dos razones: los habitantes en su totalidad se vuelven completamente buenos o completamente malos. La mente del mundo genera así un poder que libera los átomos cautivos mantenidos juntos como una Tierra.

7. *Véase* capítulo 6:13.

entre las dos cejas, el asiento de la visión espiritual.[8]

Debido a un aforismo del *Sankhya*,[9] «Iswar-ashidha» –según el cual «No se puede deducir un Señor de la Creación» o «Dios no está probado»[10]–, muchos eruditos llaman a toda la filosofía atea.

—El verso no es nihilista –explicó Sri Yukteswar–. Simplemente significa que, para el hombre no iluminado, dependiente de sus sentidos para todos los juicios finales, la prueba de Dios debe permanecer desconocida y, por lo tanto, inexistente. Los verdaderos seguidores del Sankhya, con una perspicacia inquebrantable nacida de la meditación, comprenden que el Señor es tanto existente como conocible.

El Maestro exponía la Biblia cristiana con una claridad maravillosa. Fue de mi gurú hindú, desconocido para los registros de la membresía cristiana, de quien aprendí a percibir la esencia inmortal de la Biblia y a comprender la verdad en la afirmación de Cristo –seguramente la afirmación más emocionante e intransigente jamás pronunciada–: «El Cielo y la Tierra pasarán, pero mis palabras no pasarán».[11]

Los grandes maestros de la India modelan sus vidas según los mismos ideales divinos que animaron a Jesús; estos hombres son sus hermanos proclamados: «Cualquiera que cumpla la voluntad de mi Padre que está en los cielos, el mismo es mi her-

---

8. «La luz del cuerpo es el ojo: por lo tanto, cuando tu ojo es único, todo tu cuerpo también está lleno de luz; pero cuando tu ojo es malo, tu cuerpo también está lleno de oscuridad. Tened cuidado, pues, de que la luz que hay en ti no sea oscuridad», Lucas 11:34-35.

9. Uno de los seis sistemas de la filosofía hindú. *Sankhya* enseña la emancipación final a través del conocimiento de veinticinco principios, comenzando con *prakriti* o naturaleza y terminando con *purusha* o alma.

10. *Sankhya Aphorisms*, I:92.

11. Mateo 24, 35.

mano, y hermana, y madre».[12] «Si permanecéis en mi palabra –señaló Cristo–, entonces sois mis discípulos de verdad; y conoceréis la verdad, y la verdad os hará libres».[13] Libres todos, señores de sí mismos, los Yogui-Cristos de la India forman parte de la fraternidad inmortal: aquellos que han alcanzado un conocimiento liberador del único Padre.

—¡La historia de Adán y Eva me resulta incomprensible! –observé con considerable vehemencia un día en mis primeras luchas con la alegoría–. ¿Por qué Dios castiga no sólo a la pareja culpable, sino también a las generaciones inocentes por nacer?

El Maestro se divirtió más con mi vehemencia que con mi ignorancia.

—El Génesis es profundamente simbólico y no puede comprenderse mediante una interpretación literal –explicó–. Su «árbol de la vida» es el cuerpo humano. La médula espinal es como un árbol invertido, con el cabello del hombre como sus raíces, y los nervios aferentes y eferentes como sus ramas. El árbol del sistema nervioso da muchos frutos agradables, o sensaciones de vista, oído, olfato, gusto y tacto. En ellos, el hombre puede consentir de manera justa; pero se le prohibió la experiencia del sexo, la «manzana» en el centro del jardín corporal.[14] La «serpiente» representa la energía enrollada de la médula espinal que estimula los nervios sexuales. Adán es la razón y Eva es el sentimiento. Cuando la emoción o conciencia de Eva en cualquier ser humano es sobrepasada por el impulso sexual, su

---

12. Mateo 12, 50.

13. Juan 8, 31-32. San Juan afirmó: «Pero a cuantos le recibieron, a ellos les dio poder de ser hechos hijos de Dios, a los que creen en su nombre (a los que están establecidos en la Conciencia de Cristo)», Juan 1, 12.

14. «Podemos comer del fruto de los árboles del huerto; pero del fruto del árbol que está en medio del huerto, Dios dijo: "No comeréis de él, ni lo tocaréis, para que no muráis"», Génesis 3, 2-3.

razón o conciencia de Adán también sucumbe.[15]

—Dios creó la especie humana materializando los cuerpos de hombre y mujer mediante la fuerza de Su voluntad; Él dotó a la nueva especie con el poder de crear hijos de una manera «inmaculada» o divina.[16] Debido a que Su manifestación en la alma individualizada hasta ese momento había estado limitada a los animales, atados al instinto y carentes de las potencialidades de la razón plena, Dios hizo los primeros cuerpos humanos, llamados simbólicamente Adán y Eva. A éstos, para una evolución ascendente ventajosa, les transfirió las almas o la esencia divina de dos animales.[17] En Adán, o el hombre, predominó la razón; en Eva, o la mujer, predominó el sentimiento. Así se expresó la dualidad o polaridad que subyace en los mundos fenomenales. La razón y el sentimiento permanecen en un cielo de alegría cooperativa mientras la mente humana no se vea engañada por la energía serpentina de las propensiones animales. Por lo tanto, el cuerpo humano no fue sólo el resultado de la evolución de las bestias, sino producido por un acto de creación especial por parte de Dios. Las formas animales eran demasiado crudas para expresar la divinidad completa; al ser humano se le otorgó una capacidad mental tremenda –el loto de mil pétalos del cerebro– y centros ocultos agudamente despertados en la columna vertebral. Dios, o la Conciencia Divina presente en la primera pareja creada, les aconsejó que disfrutaran de todos

---

15. «La mujer que me diste para que estuviera conmigo, ella me dio del árbol, y comí. La mujer dijo: "La serpiente me engañó, y comí"», Génesis 3, 12-13.

16. «Y Dios creó al hombre a su imagen, a imagen de Dios lo creó; varón y hembra los creó. Y Dios los bendijo, y les dijo: "Sed fecundos y multiplicaos, y llenad la Tierra, y sojuzgadla"», Génesis 1, 27-28.

17. «Y el Señor Dios formó al hombre del polvo de la tierra y sopló en su nariz aliento de vida; y el hombre fue hecho alma viviente», Génesis 2, 7.

los sentidos humanos, pero que no se concentraran en las sensaciones táctiles.[18] Éstas se les prohibieron para evitar el desarrollo de los órganos sexuales, que enredarían a la humanidad en el método inferior de propagación animal. La advertencia de no reavivar subconscientemente los recuerdos bestiales no fue escuchada. Al retomar el camino de la procreación bruta, Adán y Eva cayeron del estado de gozo celestial propio del hombre perfecto original. El conocimiento del «bien y el mal» se refiere a la compulsión dualística cósmica. Al caer bajo la influencia de *maya* mediante el mal uso de su sentimiento y razón, o conciencia de Eva y Adán, el hombre renuncia a su derecho a entrar en el jardín celestial de la autosuficiencia divina.[19] La responsabilidad personal de cada ser humano es restaurar a sus «padres» o naturaleza dual a una armonía unificada o Edén».

Cuando Sri Yukteswar concluyó su discurso, miré las páginas del Génesis con un renovado respeto.

—Querido Maestro –le dije–, ¡por primera vez siento una verdadera obligación filial hacia Adán y Eva!

---

18. «Ahora bien, la serpiente (fuerza sexual) era más astuta que cualquier bestia del campo» (cualquier otro sentido del cuerpo), Génesis 3:1.

19. «Y el Señor Dios plantó un jardín al oriente en Edén; y allí puso al hombre que había formado», Génesis 2:8. «Por lo tanto, el Señor Dios lo echó del jardín de Edén, para que labrara la tierra de la cual fue tomado», Génesis 3:23. El hombre divino que fue hecho por Dios tenía su conciencia centrada en el ojo único omnipotente en la frente (hacia el este). Los poderes creativos de su voluntad, enfocados en ese punto, se perdieron para el hombre cuando comenzó a «labrar la tierra» de su naturaleza física.

CAPÍTULO 17

Sasi y los tres zafiros

—Ya que tú y mi hijo tenéis en tan alto concepto de Swami Sri Yukteswar, iré a verlo.

El tono del doctor Narayan Chunder Roy dejaba claro que accedía al capricho de unos ilusos. Oculté mi indignación siguiendo las mejores tradiciones del prosélito. El doctor, un consumado agnóstico y veterinario de prestigio, me acompañó al día siguiente a la ermita de Serampore. Su joven hijo, Santosh, me había rogado que intercediera por él; hasta entonces, mis esfuerzos habían sido en vano.

Al día siguiente, el doctor Roy me acompañó a la ermita de Serampore. El Maestro le concedió una breve entrevista, caracterizada casi por completo por un silencio estoico entre ambos. Luego, el visitante se retiró de forma brusca.

—¿Por qué traer un muerto al *ashram*? –Sri Yukteswar me dirigió una mirada inquisitiva, tan pronto como la puerta se cerró tras el escéptico de Calcuta.

—¡Maestro! ¡El doctor está muy vivo!

—Pero no por mucho tiempo.

Me quedé perplejo.

—¡Maestro, eso sería un golpe terrible para Santosh! Él aún espera que su padre cambie de opinión. Te ruego que lo ayudes.

—Está bien; lo haré por ti. –El rostro de mi gurú se mantuvo impasible–. El orgulloso médico sufre una diabetes avanzada que aún ignora. Dentro de quince días quedará postrado en cama. Los médicos dirán que no tiene cura. Su hora natural es dentro de seis semanas, pero por tu súplica, sobrevivirá, siempre y cuando use una pulsera astrológica. ¡Probablemente se opondrá con la misma violencia que uno de sus caballos antes de una operación! –El Maestro rio.

Tras un silencio en el que me preguntaba cómo Santosh y yo podríamos emplear mejor el arte de la persuasión con el doctor recalcitrante, Sri Yukteswar hizo nuevas revelaciones.

—Y cuando se recupere, dile que no coma carne. No hará caso. Y entonces, justo cuando se sienta mejor, morirá. Esta prórroga de seis meses de vida le es concedida únicamente por tu súplica.

Siguiendo las instrucciones, al día siguiente persuadí a Santosh para que encargara la pulsera. Una semana más tarde estaba lista, pero el doctor se negó categóricamente a usarla.

—Tengo una excelente salud. No lograréis impresionarme con vuestras supersticiones. –El doctor me lanzó una mirada desafiante.

Recordé con ironía la comparación del Maestro con un caballo testarudo. Pero pasaron otros siete días y, al enfermar de pronto, el doctor aceptó ponerse el brazalete. Quince días después, el médico que lo atendía me confesó que su estado era terminal. Proporcionó detalles desgarradores sobre los estragos causados por la diabetes.

—Mi gurú ha dicho que se recuperará después de un mes de enfermedad –le aseguré.

Me miró con escepticismo. Pero dos semanas más tarde me buscó desconcertado y con tono de disculpa.

—¡El doctor Roy se ha recuperado por completo! Es el caso más asombroso que he visto. Nunca antes había visto a un moribundo mostrar una recuperación tan inexplicable. Tu maestro debe de ser un verdadero profeta.

Después de una entrevista con el doctor Roy, durante la cual repetí el consejo de Sri Yukteswar sobre una dieta sin carne, no volví a ver al hombre durante seis meses. Una tarde, mientras estaba sentado en la terraza de la casa familiar en Gurpar Road, se detuvo a charlar conmigo.

—Dile a tu maestro que como carne con regularidad y me encuentro mejor que nunca. Sus teorías dietéticas no me convencen.

A la mañana siguiente, Santosh llegó corriendo de su casa:

—¡Papá ha muerto esta mañana!

Ésa fue una de las experiencias más desconcertantes que viví con mi Maestro. Sanó a un escéptico, alargó su vida, y todo ello sólo por mi oración. Sri Yukteswar, severo pero compasivo, respondía con generosidad a la súplica ferviente de un devoto.

Tuve el privilegio de presentar a mi gurú a varios compañeros universitarios. Muchos abandonaban temporalmente su elegante manto de escepticismo académico en su presencia.

Uno de ellos, Sasi, pasó varios fines de semana felices en Serampore. El Maestro le tomó cariño, aunque lamentaba que su vida privada fuera tan salvaje y caótica.

—Sasi, si no te reformas, dentro de un año estarás peligrosamente enfermo –le advirtió con un gran cariño–. Mukunda es testigo; no digas luego que no te lo advertí.

Sasi se rio.

—¡Maestro, te dejo mi caso como caridad cósmica! Mi espíritu quiere pero mi voluntad es débil. Tú eres mi único salvador en esta Tierra. No creo en nadie ni nada más –replicó con una mezcla de ironía y ternura.

—Al menos lleva un zafiro azul de dos quilates. Te protegerá.

—No puedo permitírmelo. De todas formas, tengo fe en ti –replicó Sasi.

—Dentro de un año traerás tres zafiros –dijo Sri Yukteswar en un tono críptico–. Pero para entonces ya será tarde.

Esta escena se repitió varias veces.

—¡No puedo cambiar! –decía Sasi con un desespero casi cómico–. ¡Y mi confianza en ti, Maestro, me es más preciada que cualquier piedra!

Un año después, visitaba a mi gurú en la casa de su discípulo Naren Babu, en Calcuta. Cerca de las diez de la mañana, mientras Sri Yukteswar y yo estábamos sentados en silencio en el salón del segundo piso, escuché abrirse la puerta principal. El Maestro se puso rígido de inmediato.

—Es Sasi –dijo en un tono grave–. El año ha transcurrido. Padece de ambos pulmones. Ignoró mi consejo; dile que no quiero verlo.

Bajé corriendo las escaleras. Sasi, jadeante, subía.

—¡Mukunda! Espero que el Maestro esté dentro, he tenido un presentimiento de que quizá estuviera...

—Sí, pero ha dicho que no quiere que lo molesten.

Sasi estalló en lágrimas y me pasó de largo. Se arrojó a los pies de Sri Yukteswar, depositando allí tres hermosos zafiros.

—¡Gurú omnisciente, los médicos dicen que tengo una tuberculosis galopante y me dan tres meses de vida! ¡Sálvame, por favor!

—¿No es un poco tarde para preocuparte por la vida? –replicó Sri Yukteswar–. Llévate tus joyas. Ya no servirán de nada.

Y guardó un silencio implacable mientras el joven sollozaba, implorando compasión.

Me invadió una convicción intuitiva: Sri Yukteswar no hacía más que poner a prueba la fe de Sasi en el poder divino de la sanación. Por eso, no me sorprendió que, una hora más tarde, tras un tenso silencio, el Maestro dirigiera una mirada compasiva a mi amigo postrado.

—Levántate, Sasi –le dijo con un tono muy afectuoso–. ¡Qué alboroto causas en casas ajenas! Devuelve esos zafiros a la joyería; ahora son un gasto innecesario. Pero procura conseguir una pulsera astrológica y úsala. No temas; en pocas semanas estarás bien.

La sonrisa de Sasi iluminó su rostro surcado de lágrimas, como un rayo de sol que irrumpe en un paisaje empapado por la lluvia.

—Querido gurú –preguntó con voz temblorosa–, ¿debo tomar los medicamentos que me han prescrito los médicos?

La mirada de Sri Yukteswar se volvió prolongada y profundamente benévola.

—Haz lo que prefieras, tómalos o déjalos; no importa. Es más probable que el Sol y la Luna intercambien sus lugares a que tú mueras de tuberculosis. –Y añadió, de pronto–: ¡Vete ya antes de que me arrepienta!

Sasi partió de inmediato, aún tembloroso, tras una reverencia agitada. Durante las semanas siguientes lo visité varias veces, y cada vez me horrorizaba más ver cómo su estado de salud se deterioraba.

—Sasi no pasará de esta noche –me advirtió su médico.

La imagen de mi amigo, reducido casi a un esqueleto, me empujó a correr a Serampore. Mi gurú escuchó, impasible, mi relato entre lágrimas.

—¿Por qué vienes a importunarme? Ya te dije que Sasi sanará.

Me incliné profundamente y me dirigí en silencio hacia la puerta. Sri Yukteswar no pronunció ninguna palabra de despedida; había entrado en un profundo silencio, con los ojos entreabiertos, inmóviles, como enfocados en otra realidad.

Volví de inmediato a Calcuta. Para mi asombro, encontré a Sasi sentado en su cama, bebiendo leche.

—¡Oh, Mukunda! ¡Es un milagro! Hace cuatro horas sentí la presencia del Maestro en la habitación. Mis síntomas desaparecieron de inmediato. Siento, por su gracia, que estoy completamente curado.

En pocas semanas, Sasi recuperó no sólo la salud, sino también una fortaleza y una vitalidad mayores que nunca.[1] Sin embargo, su reacción ante la curación tuvo un matiz inesperadamente ingrato: apenas volvió a visitar a Sri Yukteswar. Un día,

1. En 1936, escuché de un amigo que Sasi seguía teniendo una excelente salud.

me confesó que lamentaba tanto su vida anterior que se sentía avergonzado de enfrentarse al Maestro.

No pude evitar concluir que su enfermedad había tenido un efecto paradójico: fortaleció su voluntad, sí, pero a costa de endurecer sus modales.

Por entonces, los dos primeros años de mi curso en el Scottish Church College estaban llegando a su fin. Mi asistencia a clases había sido, digamos, creativa: lo poco que estudiaba era sólo para mantener la paz familiar. Mis dos tutores privados acudían puntualmente a casa; yo, en cambio, era el gran ausente. Al menos puedo jactarme de haber sido constante en eso.

En la India, dos años satisfactorios de universidad otorgan el título de Estudios Medios en Artes, tras los cuales el estudiante puede continuar otros dos años para obtener su Licenciatura en Arte.

Los exámenes finales de los Estudios Medios en Arte se acercaban. Me dirigí a Puri, donde mi gurú pasaba una temporada. Con la vaga esperanza de que aprobara mi idea de no presentarme, le relaté, un tanto avergonzado, mi lamentable falta de preparación.

Pero el Maestro me sonrió con indulgencia.

—Has cumplido con sinceridad tus deberes espirituales y eso ha afectado inevitablemente tu rendimiento académico. Dedica esta próxima semana con diligencia a tus libros: superarás la prueba sin tropiezos.

Regresé a Calcuta decidido a silenciar las dudas razonables que asomaban, respondiéndoles con un descaro desconcertante. Frente a la montaña de libros acumulados sobre mi escritorio, me sentí como un viajero extraviado en pleno desierto. Una larga sesión de meditación me trajo una inspiración… poco ortodoxa pero eficaz. Abría los libros al azar y estudiaba sólo las páginas que se mostraban. Repetí este método dieciocho horas al día durante una semana. Fue entonces cuando me sentí con autoridad para aconsejar a las futuras generaciones sobre el arte de estudiar a última hora.

Los días de examen confirmaron, para mi sorpresa, la eficacia de aquel sistema caótico. Pasé todas las pruebas, aunque por poco. La satisfacción fue inmensa. Las felicitaciones de mis amigos y familiares venían curiosamente mezcladas con exclamaciones que no ocultaban su estupor.

A su regreso de Puri, Sri Yukteswar me dio una grata sorpresa.

—Tus estudios en Calcuta han concluido. Me ocuparé de que completes los dos años restantes aquí, en Serampore.

Me quedé perplejo.

—Pero, señor, en esta ciudad no se ofrece ninguna Licenciatura en Arte.

la Universidad de Serampore, la única institución de educación superior del lugar, tenía apenas un programa de dos años de Estudios Medios en Arte.

El Maestro sonrió con una chispa de picardía.

—Ya estoy demasiado viejo para andar recaudando fondos y fundar un nuevo colegio sólo para ti. Tendré que resolver este asunto... por otros medios.

Dos meses después, el profesor Howells, presidente de la Universidad de Serampore, anunció que había logrado reunir los fondos necesarios para ofrecer un curso universitario completo de cuatro años. El colegio fue aceptado como institución afiliada a la Universidad de Calcuta, y yo me convertí en uno de los primeros alumnos inscritos como candidato a la Licenciatura.

—¡Guruji, eres demasiado generoso conmigo! ¡Deseaba tanto abandonar Calcuta y estar cada día cerca de ti en Serampore! El profesor Howells ni imagina cuánto debe a tu silenciosa intervención.

Sri Yukteswar me miró con una severidad claramente fingida.

—Ahora ya no perderás tantas horas en los trenes; tendrás más tiempo para estudiar. Quizá te conviertas, al fin, en algo más que un estudiante de última hora... tal vez hasta en un verdadero erudito.

Pero, por alguna razón, su tono carecía de convicción.

CAPÍTULO 18

Un hacedor de milagros mahometano

—Hace años, justo en esta misma habitación que ahora ocupas... ¡un taumaturgo mahometano realizó cuatro milagros en mi presencia! –declaró Sri Yukteswar con una inesperada solemnidad durante su primera visita a mis nuevos aposentos.

Yo acababa de ingresar en el Colegio de Serampore y había tomado una habitación en una pensión cercana llamada Panthi, una antigua mansión de ladrillo frente al Ganges.

—¡Maestro, qué coincidencia! ¿Estas paredes recién pintadas están realmente impregnadas de recuerdos tan extraordinarios? –dije, contemplando con renovado interés la habitación, amueblada con una sobriedad monástica.

—Es una larga historia –respondió mi gurú, esbozando una sonrisa cargada de evocación–. El nombre del faquir[1] era Afzal

1. Un yogui mahometano; del árabe *faqir*, «pobre», originalmente aplicado a los derviches bajo voto de pobreza.

Khan. Había adquirido sus extraordinarios poderes gracias a un encuentro fortuito con un yogui hindú.

»—Hijo, tengo sed; tráeme un poco de agua –le pidió un día un *sannyasi* cubierto de polvo a Afzal, cuando éste era aún un niño en un pequeño pueblo del este de Bengala.

»—Maestro, soy mahometano. ¿Cómo podrías, siendo hindú, aceptar un trago de mis manos?

»—Tu sinceridad me agrada, hijo mío. No sigo las reglas de exclusión de los sectarismos impíos. Ve y tráeme agua sin demora.

»Afzal, obediente y reverente, fue recompensado con una mirada repleta de ternura.

»—Posees buen karma de vidas anteriores –repuso el yogui con solemnidad–. Voy a enseñarte un método de yoga que te dará dominio sobre uno de los reinos invisibles. Pero escucha bien: los grandes poderes que recibirás deben emplearse con nobleza. ¡Jamás los uses por egoísmo! Percibo, muy a mi pesar, que has traído del pasado semillas de tendencias destructivas. No permitas que germinen regándolas con nuevas acciones perversas. Tu karma anterior es complejo. Esta vida es tu oportunidad de reconciliar tus logros yógicos con los más altos ideales humanitarios.

»Tras instruir al niño asombrado en una técnica de gran complejidad, el maestro se desvaneció sin dejar rastro.

»Afzal siguió con fidelidad la práctica durante veinte años. Con el tiempo, sus prodigios comenzaron a atraer la atención pública. Se decía que siempre estaba acompañado de un espíritu desencarnado al que llamaba Hazrat. Esta entidad invisible cumplía cualquier deseo del faquir por insignificante que fuera.

»Pero Afzal, desoyendo las advertencias de su maestro, empezó a usar sus poderes para fines oscuros. Cualquier objeto que tocara y luego volviera a colocar pronto desaparecía sin explicación. Este fenómeno desconcertante terminó por convertirlo en un huésped indeseable.

»En ocasiones visitaba las grandes joyerías de Calcuta haciéndose pasar por un cliente interesado. Bastaba con que tocara una joya para que ésta se desvaneciera poco después de su partida.

»Solitario en sus prodigios pero rodeado de seguidores, Afzal atraía a cientos de estudiantes, ávidos por desentrañar sus secretos. A veces los invitaba a sus viajes a que lo acompañaran. En la estación de tren, se las arreglaba para tocar un rollo de billetes, y luego se los devolvía al empleado diciendo:

»—He cambiado de opinión. No los compraré ahora.

»Pero al subir al tren junto a su séquito, siempre tenía en su poder los pasajes necesarios.[2]

»Estas hazañas provocaron un alboroto de indignación; los joyeros bengalíes y los vendedores de billetes estaban sucumbiendo a crisis nerviosas. La policía que intentaba arrestar a Afzal se encontraba impotente; el faquir podía eliminar cualquier prueba incriminatoria simplemente diciendo: "Hazrat, llévate esto".

Sri Yukteswar se levantó de su asiento y caminó hasta el balcón de mi habitación, que daba al Ganges. Lo seguí, ansioso por escuchar más sobre el desconcertante «Raffles» mahometano.

—Esta casa Panthi perteneció anteriormente a un amigo mío. Se hizo amigo de Afzal y lo invitó aquí. También invitó a unos veinte vecinos, incluyéndome a mí. Yo era sólo un joven entonces y sentía una gran curiosidad por el notorio faquir. –El Maestro rio–. ¡Tomé la precaución de no llevar nada de valor! Afzal me observó inquisitivamente y luego comentó:

»—Tienes unas manos poderosas. Baja al jardín, toma una piedra lisa y anota tu nombre en ella con tiza; luego lánzala lo más lejos posible al Ganges.

»Obedecí. Tan pronto como la piedra desapareció bajo las olas distantes, el mahometano me habló de nuevo:

---

2. Más tarde, mi padre me dijo que su compañía, el Ferrocarril Bengal-Nagpur, había sido una de las empresas víctimas de Afzal Khan.

»—Llena una vasija con agua del Ganges, cerca de la entrada de esta casa.

»Después de regresar con un recipiente lleno de agua, el faquir exclamó:

»—¡Hazrat, pon la piedra en la vasija!

»La piedra apareció de inmediato. La saqué del recipiente y encontré mi firma tan legible como cuando la había escrito. Babu,[3] uno de mis amigos en la habitación, llevaba un pesado reloj de oro antiguo con su cadena. El faquir lo examinó con una gran admiración. ¡Poco después, habían desaparecido!

»—¡Afzal, por favor, devuélveme mi preciada reliquia! –Babu estaba al borde de las lágrimas.

»El mahometano guardó silencio un instante; luego habló con calma:

»—Tienes quinientas rupias guardadas en una caja fuerte de hierro. Tráemelas y te diré dónde encontrar tu reloj.

»El angustiado Babu salió disparado hacia su casa. Regresó poco después y le entregó a Afzal la suma exigida.

»—Ve al pequeño puente cercano a tu casa –le indicó el faquir–. Llama a Hazrat para que te devuelva el reloj y la cadena.

»Babu salió corriendo. Cuando regresó, traía una sonrisa de alivio, aunque ya no llevaba encima joya alguna.

»—Cuando invoqué a Hazrat, tal como me dijeron –dijo Babu–, mi reloj cayó del cielo directamente a mi mano derecha. Lo guardé bajo llave en mi caja fuerte antes de volver con vosotros.

»Los amigos de Babu, testigos de la tragicomedia del rescate por un reloj, miraban a Afzal con evidente resentimiento. El faquir, con tono conciliador, dijo:

»—Por favor, mencionad cualquier bebida que deseéis. Hazrat la proveerá.

---

3. No recuerdo el nombre del amigo de Sri Yukteswar y debo referirme a él simplemente como Babu (señor).

»Algunos pidieron leche, otros jugos de frutas. No me sorprendió que el nervioso Babu pidiera whisky. Afzal dio una orden, y el siempre servicial Hazrat hizo descender del aire varios envases sellados, que aterrizaron con un golpe seco en el suelo. Cada uno de los presentes recibió exactamente la bebida que había solicitado.

»El cuarto espectáculo del día fue, sin duda, el más apreciado por nuestro anfitrión: Afzal ofreció servir un almuerzo instantáneo.

»—Pidamos los platos más caros –sugirió Babu con aire sombrío–. Quiero una comida completa por mis quinientas rupias. Y que todo esté servido en platos de oro.

»Tan pronto como cada hombre expresó sus preferencias, Afzal se volvió hacia el inagotable Hazrat. Se oyó un estrépito. Platos dorados repletos de curris exquisitos, luchis humeantes y frutas fuera de temporada aparecieron a nuestros pies. Toda la comida era deliciosa. Durante una hora entera disfrutamos del banquete. Pero al disponernos a salir de la estancia, un ruido sordo nos hizo volver la vista: el mismo estruendo de platos apilándose. No quedaba ni rastro de las vajillas ni de los restos de comida.

—Guruji –pregunté entonces–, si Afzal podía conseguir platos de oro tan fácilmente, ¿por qué codiciaba las posesiones de otros?

—Porque no estaba espiritualmente desarrollado –explicó Sri Yukteswar–. Su dominio de cierta técnica de yoga le daba acceso a un plano astral donde los deseos se materializan al instante. A través de la intervención de un ser astral, Hazrat, Afzal podía condensar los átomos de cualquier objeto a partir de energía etérica mediante un acto de voluntad. Pero esos objetos materializados de forma astral no duran mucho; son estructuras efímeras. En cambio, la riqueza del mundo físico, aunque más difícil de conseguir, tiene una permanencia más confiable.

Reí y comenté:

—También suele desaparecer de formas bastante inexplicables.

—Afzal no era un hombre realizado –continuó el Maestro–. Los verdaderos milagros, aquellos que son permanentes y benéficos, los realizan los santos, porque se han sintonizado con el Creador. Afzal era, en esencia, un hombre ordinario con un poder extraordinario para penetrar en un reino sutil al que la mayoría no accede hasta después de la muerte.

—Ahora lo comprendo, Guruji. El más allá parece tener algunas características encantadoras.

El Maestro asintió.

—Nunca volví a ver a Afzal después de aquel día. Pero años más tarde, Babu vino a mi casa para mostrarme un artículo de periódico: era la confesión pública del faquir. A partir de ella supe los detalles de su iniciación con un maestro hindú, tal como los he explicado.

El resumen de la parte final del documento, según lo recordado por Sri Yukteswar, decía algo así como:

»Yo, Afzal Khan, escribo estas palabras como acto de penitencia y advertencia para aquellos que buscan poderes milagrosos. Durante años he abusado de las habilidades que me fueron otorgadas por la gracia de Dios y de mi maestro. Me dejé llevar por el egoísmo, creyéndome por encima de las leyes morales. Pero ha llegado la hora de rendir cuentas. Recientemente, en las afueras de Calcuta, me he cruzado con un anciano que cojeaba y cargaba lo que parecía ser una bola de oro. Me acerqué con codicia.

»—Soy Afzal Khan, el gran faquir. ¿Qué llevas ahí?

»—Esta bola de oro es mi única posesión material. No debería interesarle a un faquir. Le ruego que me cure la cojera.

»Toqué la bola y me alejé sin decir ni una palabra. El anciano me siguió clamando: "¡Mi oro ha desaparecido!". No le hice caso. Pero de pronto habló con una voz poderosa que emergía extrañamente de su débil cuerpo: "¿No me reconoces?".

»Me quedé paralizado. El viejo, que parecía tan insignificante, era en realidad el gran santo que, años atrás, me había iniciado en el yoga. Se irguió de golpe: su cuerpo se volvió joven y fuerte.

»—Así que es cierto –dijo con su mirada encendida–. Has usado tus poderes no para aliviar el sufrimiento humano, sino para actuar como un vulgar ladrón. Te retiro los dones ocultos. Hazrat queda libre de tu voluntad. No volverás a ser un terror en Bengala.

»Llamé a Hazrat con angustia. Por primera vez, no apareció ante mi vista interior. Entonces, como si se levantara un velo oscuro dentro de mí, vi con claridad la blasfemia en que se había convertido mi vida.

»—Mi gurú, gracias por venir a desterrar mi larga ilusión. –Sollozaba a sus pies–. Prometo renunciar a mis ambiciones mundanas. Me retiraré a las montañas para meditar en soledad, buscando a Dios, esperando expiar mi pasado de maldad.

»Mi maestro me miró con silenciosa compasión. Finalmente habló:

»—Siento tu sinceridad. Por los años de obediencia estricta que ofreciste en el pasado, y por tu arrepentimiento presente, te concederé una última gracia. Tus otros poderes se han desvanecido, pero siempre que necesites alimento o vestimenta, aún podrás invocar con éxito a Hazrat para que te los proporcione. Dedica esta vida por completo a la comprensión divina en la soledad de las montañas.

»Mi gurú desapareció sin más palabras. Me quedé solo, con mis lágrimas y mis pensamientos.

»Adiós, mundo. Me retiro a buscar el perdón del Amado Cósmico.

CAPÍTULO 19

Mi Maestro, desde Calcuta, aparece en Serampore

—A menudo me asaltan dudas ateas. Sin embargo, a veces me atormenta una sospecha inquietante: ¿no podrían existir posibilidades del alma aún no exploradas? ¿No estará el hombre perdiendo su verdadero destino si no las investiga?

Estos comentarios de Dijen Babu, mi compañero de habitación en la pensión Panthi, surgieron tras mi invitación a que conociera a mi gurú.

—Sri Yukteswarji te iniciará en Kriya Yoga –le respondí–. Calmarás esa agitación dualista con una certeza divina interior.

Aquella noche Dijen me acompañó al *ashram*. En presencia del Maestro, experimentó una paz espiritual tan profunda que pronto se convirtió en un visitante asiduo. Las trivialidades de la vida cotidiana no bastan al alma humana; también el anhelo de sabiduría es un hambre innata. En las palabras de Sri Yukteswar, Dijen encontró aliento para emprender –primero con esfuerzo doloroso, luego con libertad serena– la búsqueda de un yo más verdadero que el humillante ego de un nacimiento fugaz, raramente lo bastante vasto para contener al Espíritu.

Como Dijen y yo estudiábamos juntos para la Licenciatura en la Universidad de Serampore, adoptamos la costumbre de caminar al *ashram* al terminar las clases. A menudo veíamos a Sri Yukteswar en el balcón del segundo piso, saludándonos con una sonrisa.

Una tarde, Kanai, uno de los jóvenes residentes del *ashram*, nos recibió en la puerta con una noticia desalentadora:

—El Maestro no está; lo llamaron desde Calcuta por algo urgente.

Al día siguiente, recibí una postal de mi gurú: «Saldré de Calcuta el miércoles por la mañana. Venid tú y Dijen a recibirme a la estación de Serampore para el tren de las nueve». A eso de las ocho y media del miércoles por la mañana, un mensaje telepático irrumpió con claridad y fuerza en mi mente: «Hay retraso; no vengáis al tren de las nueve».

Le transmití el mensaje a Dijen, que ya estaba vestido para salir.

—¡Tú y tu intuición! –bufó escéptico–. Yo prefiero confiar en la palabra escrita del Maestro.

Me encogí de hombros y me senté con calma. Dijen salió refunfuñando, cerrando la puerta con brusquedad.

Como la habitación estaba algo oscura, me acerqué a la ventana que daba a la calle. De repente, la escasa luz solar se intensificó hasta alcanzar una brillantez cegadora, haciendo desaparecer la ventana enrejada. Contra ese resplandor apareció, con total claridad, la figura materializada de Sri Yukteswar.

Me levanté de golpe, atónito, y me arrodillé ante él. Como de costumbre, toqué sus pies en señal de reverencia. Eran los zapatos que conocía bien: de lona teñida de naranja, con una suela de cuerda. Su túnica ocre de *swami* rozó mi cuerpo; sentí no sólo la tela, sino también la aspereza del calzado y la presión de sus dedos dentro de ellos. Demasiado impactado para hablar, me puse de pie y lo miré con asombro.

—Me complació que recibieras mi mensaje telepático –dijo con serenidad–. He concluido mis asuntos en Calcuta y llegaré a Serampore en el tren de las diez. –Como seguía mirándolo en silencio, añadió–: No es una aparición, sino mi forma física. Se me ha ordenado divinamente que te ofrezca esta experiencia, rara de alcanzar en esta tierra. Esperadme en la estación; tú y Dijen me veréis llegar vestido exactamente como ahora. Seré precedido por un compañero de viaje: un niño pequeño que llevará una jarra de plata.

Entonces, mi gurú colocó ambas manos sobre mi cabeza y pronunció una bendición en voz baja. Al concluir con las palabras «Taba Asi»,[1] escuché un extraño sonido retumbante.[2] Su cuerpo comenzó a desvanecerse de manera gradual dentro de aquella luz deslumbrante. Primero desaparecieron sus pies y sus piernas, luego el torso y finalmente la cabeza, como si una figura pintada sobre un rollo fuera enrollándose poco a poco. Hasta el último instante, sentí sus dedos apoyados con suavidad sobre mi cabello. La luminosidad se disipó y no quedó nada frente a mí, salvo la ventana enrejada y un débil rayo de sol.

Permanecí inmóvil, sumido en un estado de confusión reverente, preguntándome si acaso había sido víctima de una alucinación. Poco después, Dijen entró en la habitación con una expresión de abatimiento.

—El Maestro no estaba en el tren de las nueve... ni en el de las nueve y media –dijo con un tono que combinaba disculpa y desconcierto.

—Vamos entonces; sé que llegará en el de las diez –afirmé, tomándolo de la mano sin prestar atención a sus protestas. En unos diez minutos estábamos ya en la estación, justo cuando el tren entraba resoplando.

—¡Todo el tren está envuelto en el aura del Maestro! ¡Está ahí! –exclamé con júbilo.

—¿Tú deliras o sueñas? –se burló Dijen.

---

1. En bengalí «adiós»; literalmente, es una paradoja esperanzadora: «Entonces vengo».

2. El sonido característico de la desmaterialización de los átomos corporales.

—Esperemos aquí.

Le relaté entonces los detalles precisos que había presenciado momentos antes, incluyendo la descripción de la escena que se aproximaba. Apenas terminé de hablar, Sri Yukteswar apareció, vestido exactamente como lo había visto, caminando lentamente detrás de un pequeño niño que llevaba una jarra de plata.

Un escalofrío me recorrió al ver cumplirse la profecía. Por un momento, el mundo racional del siglo xx se diluyó y sentí como si hubiera retrocedido en el tiempo, al instante en que Pedro vio caminar a Jesús sobre el mar.

Cuando el maestro se acercó a nosotros, Dijen y yo permanecíamos en silencio, clavados en el suelo. Sri Yukteswar miró a mi amigo y comentó con una sonrisa serena:

—También te envié un mensaje, pero no pudiste recibirlo.

Dijen no respondió; simplemente me miró con los ojos llenos de dudas. Más tarde, tras acompañar al maestro hasta su ermita, caminamos de regreso hacia la Universidad de Serampore. De pronto, Dijen se detuvo en medio de la calle; su cuerpo entero parecía vibrar de indignación.

—¡Así que el Maestro me envió un mensaje! ¡Y tú lo ocultaste! ¡Exijo una explicación!

—¿Qué puedo hacer si tu espejo mental está tan agitado que no logra reflejar con claridad las instrucciones del gurú? –le respondí.

La ira desapareció de su rostro. Bajó los ojos, abatido.

—Ya entiendo a qué te refieres –dijo con tristeza–. Pero dime una cosa... ¿cómo supiste lo del niño con la jarra?

Mientras le relataba la aparición del Maestro aquella mañana en la pensión, mi amigo y yo ya habíamos llegado al campus de la Universidad de Serampore. Dijen, visiblemente conmovido, murmuró:

—Después de lo que acabo de escuchar sobre los poderes de nuestro gurú... me parece que cualquier universidad del mundo no es más que un jardín de infancia.

CAPÍTULO 20

No visitamos Cachemira

—Padre, quiero invitar al Maestro y a cuatro amigos a acompañarme a las estribaciones del Himalaya durante las vacaciones de verano. ¿Podrías conseguirme seis billetes de tren para Cachemira y dinero suficiente para cubrir los gastos del viaje?

Como esperaba, mi padre soltó una carcajada.

—Ésta es la tercera vez que me cuentas la misma historia absurda. ¿No me pediste algo idéntico el verano pasado... y el año anterior también? Al final, Sri Yukteswarji siempre se niega a ir.

—Es verdad, padre. No sé por qué mi gurú no me da una respuesta definitiva sobre Cachemira.[1] Pero si le digo que ya he conseguido los billetes de tren gracias a ti, de alguna manera creo que esta vez consentirá hacer el viaje.

---

1. Aunque el Maestro no dio ninguna explicación, su renuencia a visitar Cachemira durante esos dos veranos puede haber sido una premonición de que el tiempo no estaba preparado para su enfermedad allí (*véase* capítulo 22).

Mi padre no se mostró convencido en un primer momento, pero al día siguiente, después de algunas bromas entre risas, me entregó seis billetes de tren y un rollo de billetes de diez rupias.

—Dudo mucho que tu viaje teórico necesite apoyos tan prácticos –comentó–, pero aquí los tienes.

Esa misma tarde mostré con orgullo mi botín a Sri Yukteswar. Aunque sonrió ante mi entusiasmo, su respuesta fue deliberadamente ambigua:

—Me gustaría ir. Veremos.

Tampoco comentó nada cuando le pedí a Kanai, su joven discípulo en la ermita, que nos acompañara. Invité también a tres amigos: Rajendra Nath Mitra, Jotin Auddy y otro compañero. La salida quedó fijada para el lunes siguiente.

El sábado y el domingo permanecí en Calcuta, asistiendo a los festejos de la boda de un primo. Llegué a Serampore el lunes temprano por la mañana, cargado de equipaje. Rajendra me recibió en la puerta de la ermita.

—El Maestro ha salido a caminar. Se ha negado a ir.

Me sentí frustrado pero también más obstinado que nunca:

—No le daré a mi padre una tercera ocasión para burlarse de mis planes a Cachemira. Vamos. Los demás iremos de todos modos.

Rajendra asintió. Salí en busca de un sirviente, ya que sabía que Kanai no se iría sin el Maestro, y alguien debía encargarse del equipaje. Pensé en Behari, un antiguo criado de mi familia que ahora trabajaba para un maestro de escuela de Serampore. Mientras caminaba con paso rápido, me crucé con mi gurú frente a la iglesia cristiana, cerca del Tribunal de Serampore.

—¿Adónde vas? –me preguntó sin sonreír.

—Señor, he escuchado que ni usted ni Kanai viajarán con nosotros. Voy a ver a Behari. Recuerda que el año pasado deseaba tanto conocer Cachemira que ofreció venir incluso sin paga.

—Lo recuerdo. Pero no creo que Behari esté dispuesto a ir esta vez.

—¡Él anhela esta oportunidad! –protesté.

Sri Yukteswar reanudó su caminata en silencio. Pronto llegué a la casa del maestro. Behari me saludó con entusiasmo… que se desvaneció de inmediato cuando mencioné Cachemira. Murmurando una disculpa, desapareció por el interior de la casa. Esperé media hora, convencido de que se preparaba para partir. Al fin, llamé a la puerta principal.

—Behari se fue por las escaleras traseras hace como media hora –me dijo un hombre con una sonrisa que no intentó ocultar.

Partí desconcertado. ¿Había sido demasiado insistente? ¿O la influencia invisible del Maestro operaba con una firmeza silenciosa? Al pasar de nuevo por la iglesia, vi a mi gurú caminando hacia mí. Sin necesidad de explicaciones, comentó:

—Así que Behari no quiso ir. Y ahora, ¿qué piensas hacer?

Me sentí como un niño terco enfrentándose a la razón de su padre.

—Voy a ver a mi tío. Tal vez él me preste a su sirviente, Lal Dhari.

—Hazlo si quieres –respondió Sri Yukteswar, soltando una risa–. Pero dudo que disfrutes la visita.

Algo molesto pero decidido, me dirigí al Tribunal. Mi tío paterno, Sarada Ghosh, abogado del gobierno, me recibió con afecto.

—Me voy hoy a Cachemira con unos amigos –le conté–. Es un viaje con el que he soñado durante años. ¿Podrías ayudarme a que sea más cómodo?

—Me alegro por ti, Mukunda. ¿En qué puedo ayudarte?

Animado por su tono, lancé la pregunta:

—¿Podrías prestarme a tu sirviente, Lal Dhari?

Mi sencilla petición tuvo el efecto de un terremoto. El tío dio un salto tan violento que volcó su silla, los papeles sobre el escritorio salieron volando en todas direcciones y su pipa –un largo narguile de tallo de coco– cayó al suelo con gran estrépito.

—¡Qué joven tan egoísta! –gritó rojo de furia–. ¡Y qué idea tan mala! ¿Quién me cuidará si te llevas a mi sirviente para una de tus excursiones?

Disimulé mi sorpresa, pensando que el repentino cambio de actitud de mi amable tío era sólo otro enigma más en un día completamente dedicado a lo incomprensible. Mi retirada de la oficina del juzgado fue más apresurada que digna.

Regresé a la ermita, donde mis amigos me esperaban con expectación. Cada vez me convencía más de que alguna razón suficiente, aunque sumamente recóndita, se hallaba detrás de la actitud del Maestro. Me invadió el remordimiento al darme cuenta de que había estado intentando oponerme a la voluntad de mi gurú.

—Mukunda –dijo entonces Sri Yukteswar–, ¿no te gustaría quedarte un poco más conmigo? Rajendra y los demás pueden adelantarse y esperarte en Calcuta. Tendrás tiempo suficiente para tomar el último tren de la tarde.

—Señor, no quiero ir sin usted –respondí con tristeza.

Mis amigos no prestaron atención. Llamaron un coche de alquiler y partieron con el equipaje. Kanai y yo nos quedamos sentados en silencio, junto a nuestro gurú. Media hora después, el Maestro se levantó y caminó hacia el comedor del segundo piso.

—Kanai, por favor, sirve la comida de Mukunda. Su tren sale pronto.

Al levantarme de mi asiento sobre la manta, me tambaleé de pronto, presa de una náusea violenta y una espantosa sensación de revuelo en el estómago. El dolor punzante era tan intenso que sentí como si me hubieran arrojado bruscamente a un infierno furioso. Tanteando a ciegas en dirección a mi gurú, me desplomé ante él, atacado por todos los síntomas del temido cólera asiático. Sri Yukteswar y Kanai me llevaron a la sala. Consumido por la agonía, grité:

—¡Maestro, te entrego mi vida! –dije, pues creía sinceramente que se me escapaba, rápidamente, de las orillas del cuerpo.

Sri Yukteswar apoyó mi cabeza en su regazo y comenzó a acariciarme la frente con una ternura angelical.

—Ahora comprendes lo que habría ocurrido si hubieras estado en la estación con tus amigos –dijo con calma–. Tuve que protegerte de esta manera tan extraña porque decidiste dudar de mi juicio acerca de hacer este viaje en el momento propicio.

Pon fin lo entendí. Los grandes maestros rara vez muestran abiertamente sus poderes. Para el observador común, la secuencia de ese día habría parecido muy natural.

La intervención de mi gurú había sido demasiado sutil para advertirla. Había obrado su voluntad a través de Behari, mi tío Sarada, Rajendra y los demás con tal discreción que probablemente todos –salvo yo– creyeron que los acontecimientos del día habían seguido un curso perfectamente lógico.

Como Sri Yukteswar jamás descuidaba sus deberes sociales, instruyó a Kanai para que llamara a un especialista y notificara a mi tío.

—Maestro –protesté–, sólo tú puedes curarme. Estoy demasiado grave para que un médico me ayude.

—Hijo, estás bajo la protección de la Misericordia Divina. No te preocupes por el doctor. No te encontrará en este estado. Ya estás curado.

Y, en efecto, con sus palabras, el dolor insoportable desapareció. Me incorporé con debilidad. Al poco tiempo, el médico llegó y me examinó con atención.

—Parece que has superado lo peor –comentó–. Llevaré unas muestras para analizarlas en el laboratorio.

A la mañana siguiente el médico regresó apresurado. Yo estaba sentado, animado y conversando con Kanai.

—Bueno, bueno... aquí estás, sonriendo como si no hubieras estado al borde de la muerte. –Me dio una palmadita afectuosa–. No esperaba encontrarte con vida después de confirmar, por las muestras, que sufrías cólera asiático. Eres afortunado, joven. Tienes un gurú con poderes de sanación que escapan a lo común. Estoy convencido de ello.

Yo estaba completamente de acuerdo.

Mientras el doctor se despedía, Rajendra y Auddy llegaron a la puerta. El resentimiento inicial en sus rostros se transformó en simpatía al ver al médico y luego mi semblante aún algo pálido.

—Estábamos enfadados porque no apareciste en la estación como acordamos –dijo Rajendra–. ¿Has estado enfermo?

—Sí –respondí, y no pude evitar reír al verlos colocar de nuevo el equipaje en el mismo rincón donde lo habían dejado el día anterior–. Había un barco que iba a España… ¡cuando llegó, volvió otra vez!

En ese momento, el Maestro entró en la habitación. Me tomé la libertad del convaleciente para atrapar su mano con afecto.

—Guruji –le dije–, desde los doce años he intentado sin éxito alcanzar el Himalaya. Finalmente comprendo que sin tus bendiciones… ¡ni siquiera la diosa Parvati me recibirá![2]

---

2. Literalmente, «que pertenece a las montañas». Parvati, mitológicamente representada como hija de Himavat o las montañas sagradas, es un nombre que recibe la *shakti* o «consorte» de Shiva.

CAPÍTULO 21

Visitamos Cachemira

—Ya estás lo bastante fuerte para viajar. Te acompañaré a Cachemira –me informó Sri Yukteswar dos días después de mi milagrosa recuperación del cólera asiático.

Esa misma tarde, nuestro grupo de seis partió hacia el norte. La primera parada fue en Simla, una ciudad regia que descansa como una reina sobre el trono de las colinas del Himalaya. Paseamos por sus calles empinadas, admirando sus imponentes vistas.

—¡Fresas inglesas a la venta! –gritó una anciana agachada en un pintoresco mercado al aire libre.

El Maestro, curioso por esas pequeñas frutas rojas, compró una canasta y nos la ofreció a Kanai y a mí. Probé una, pero la escupí de inmediato.

—Señor, ¡qué fruta tan agria! Nunca me podría gustar una cosa así.

Mi gurú se rio.

—Oh, ya te gustarán en América. En una cena allá, tu anfitriona las servirá con azúcar y crema. Las machacará con un tenedor antes de ofrecértelas. Las probarás y dirás: «¡Qué fresas tan deliciosas!». Y entonces recordarás este día en Simla.

Su predicción se esfumó de mi mente… hasta muchos años después. Poco después de llegar a América, me invitaron a cenar en casa de la señora Alice T. Hasey, en West Somerville, Massachusetts. Cuando sirvieron el postre, mi anfitriona tomó un tenedor, aplastó las fresas y les añadió crema y azúcar.

—Están un poco ácidas –dijo–. Creo que así te gustarán.

Tomé un bocado.

—¡Qué fresas tan deliciosas! –exclamé, y en ese instante, como desde una caverna antigua de la memoria, emergió la escena de Simla. Me asombró comprobar cómo la mente de mi gurú, sintonizada con lo divino, había percibido con tanta claridad un episodio futuro, inscrito en la red sutil del karma.

Poco después dejamos Simla y nos dirigimos a Rawalpindi. Allí alquilamos una gran berlina tirada por dos caballos con la que emprendimos un viaje de siete días rumbo a Srinagar, la capital de Cachemira. El segundo día de camino nos reveló la verdadera inmensidad del Himalaya. Mientras las ruedas de hierro del carruaje chirriaban sobre el suelo pedregoso y abrasador, nos embriagábamos con la majestuosidad cambiante del paisaje.

—Señor –le dijo Auddy al Maestro–, estoy disfrutando muchísimo con estas gloriosas escenas en tu santa compañía.

Sentí un latido de satisfacción; después de todo, yo era el anfitrión del viaje. Pero Sri Yukteswar, que había captado mi pensamiento, se volvió hacia mí y murmuró:

—No te sientas tan halagado. Auddy no está tan fascinado con las montañas como con la posibilidad de dejarnos lo suficiente como para fumarse un cigarrillo.

Me quedé sorprendido.

—Señor –le respondí en voz baja–, no rompa la armonía del grupo con ese comentario desagradable. Cuesta creer que Auddy esté pensando en fumar.[1]

---

1. En la India, fumar en presencia de los mayores o superiores se considera una muestra de falta de respeto.

Miré a mi gurú con cierta aprensión.

—Está bien –rio–. No le diré nada a Auddy. Pero observa lo que ocurre cuando se detenga el carruaje. Verás cómo aprovecha la oportunidad.

La berlina se detuvo ante una pequeña posada. Mientras los caballos eran conducidos al abrevadero, Auddy se acercó:

—Señor, ¿le molestaría si me siento un rato con el cochero? Me gustaría tomar un poco de aire fresco.

Sri Yukteswar asintió con gesto sereno y se giró hacia mí:

—Quiere un poco de humo fresco, no de aire fresco.

El carruaje reanudó su traqueteo por el polvoriento camino. Los ojos del Maestro brillaban de diversión.

—Asómate por la puerta y mira qué hace Auddy con su aire fresco.

Obedecí. Y allí estaba: Auddy, encaramado junto al cochero, exhalando con deleite perfectos círculos de humo.

Volví la mirada hacia mi gurú, con una expresión que mezclaba desconcierto y disculpa.

—Tienes razón, como siempre, señor. Auddy está disfrutando de una calada junto con el panorama.

Supuse que el cigarrillo se lo habría ofrecido el conductor; sabía que no llevaba ninguno desde Calcuta.

Seguimos avanzando por el sinuoso camino, flanqueado por ríos plateados, valles profundos, riscos abruptos y una sucesión infinita de crestas montañosas. Cada noche nos alojábamos en posadas rústicas, donde preparábamos nuestra propia comida. Sri Yukteswar prestaba especial atención a mi dieta; insistía en que tomara jugo de lima en cada comida. Aunque aún estaba débil, mejoraba día tras día… a pesar de que el carruaje parecía diseñado más para el castigo que para el transporte.

A medida que nos adentrábamos en el corazón de Cachemira, la alegría anticipada llenaba nuestros corazones. Íbamos camino de una tierra paradisíaca: lagos cubiertos de lotos, jardines flotantes, casas flotantes con toldos de vivos colores, el río Jhelum con sus puentes de madera y los prados salpicados de flores, todo enmarcado por la inmensidad del Himalaya. Entramos en Srinagar a través de una avenida bordeada por altos árboles acogedores. Alquilamos habitaciones en una posada de dos plantas con vistas a las colinas. No había agua corriente: la extraíamos de un pozo cercano. El clima de verano era perfecto; días cálidos y noches suaves, apenas frescas.

Hicimos una peregrinación al antiguo templo de Swami Shankara. Al contemplar el solitario santuario, erguido con firmeza en la cima de la montaña contra el cielo, entré en un trance extático. Tuve una visión: una mansión sobre una colina lejana, un *ashram* alto como el de Shankara... pero en otra tierra. La imagen del templo se fundió con la de un edificio que reconocería años más tarde al llegar por primera vez a Los Ángeles: el imponente recinto en Mount Washington que se convertiría en la sede de la Self-Realization Fellowship (Comunidad de la Autorrealización). Lo reconocí de inmediato como aquel que había visto antes en visiones como la de aquel día en Cachemira.

Tras unos días en Srinagar, partimos hacia Gulmarg, «los senderos floridos de la montaña», a más de mil ochocientos metros de altitud. Allí monté a caballo por primera vez. Rajendra iba sobre un poni pequeño, con alma de corcel de carreras. Nos aventuramos por el empinado Khilanmarg, un sendero que serpenteaba por un bosque denso, salpicado de hongos adheridos a los troncos. La niebla cubría a menudo el suelo, y los caminos, estrechos y resbaladizos, podían ser traicioneros. Pero el poni de Rajendra no dejaba que mi montura, más grande, se rezagara un solo paso. Sin descanso, sin miedo, avanzaba, movido sólo por el gozo feroz de la competencia.

Nuestra agotadora carrera tuvo su recompensa. Por primera vez en esta vida, contemplé en todas direcciones el espectáculo majestuoso del Himalaya nevado, que se extendía como capas superpuestas de gigantes dormidos, cubiertos de blanco, semejantes a osos polares tallados por el cielo. Mis ojos se colmaron de asombro ante la visión exultante de cumbres infinitas, nítidas contra el fondo azul radiante.

Rodamos colina abajo, alegres, envueltos en nuestros abrigos, deslizándonos sobre laderas cegadoras de nieve. Al volver, desde lo alto, vislumbramos una vasta alfombra de flores amarillas, extendida como un milagro sobre las colinas desnudas.

Las siguientes excursiones nos llevaron a los célebres jardines de placer de Jehangir, en Shalimar y Nishat Bagh. El antiguo palacio de Nishat está construido justo sobre una cascada natural. El torrente, nacido en las montañas, fue canalizado con maestría: fluye por terrazas escalonadas, se derrama en fuentes que brotan entre parterres de flores, e incluso penetra en algunas estancias del palacio, para finalmente caer, como encantado, al lago que se extiende a sus pies. Los jardines eran un estallido de color: rosas en decenas de tonos, bocas de dragón, lavandas, pensamientos, amapolas. Todo estaba abrazado por la sombra fresca y ordenada de los *chinars*,[2] alineados con una simetría que parecía dictada por la música del aire, cipreses, cerezos; más allá, se alzan las austeras colinas blancas del Himalaya.

Las uvas de Cachemira eran consideradas una delicia rara en Calcuta. Rajendra, que se había prometido un verdadero festín al llegar, se sintió decepcionado al descubrir que no había grandes viñedos en la región. De vez en cuando me permitía pequeñas burlas sobre su anticipación equivocada.

—¡Oh, me he atiborrado de uvas! –declaraba con fingida pesadez–. ¡Las uvas invisibles están madurando en mi interior!

Más tarde supe que las uvas dulces crecen en abundancia en Kabul, al oeste de Cachemira. Nos consolamos con helado elaborado a base de *rabri*, leche densa y concentrada, aromatizada con pistachos enteros.

Recorrimos los canales del lago Dal a bordo de *shikaras* (casas flotantes sombreadas por toldos bordados en rojo). Surcábamos aquella red acuática como una telaraña líquida. Nos sorprendía la visión de jardines flotantes improvisados con troncos y tierra, donde crecían verduras y melones sobre el agua. A ve-

2. El plátano oriental.

ces, veíamos a un campesino remolcando tranquilamente su parcela rectangular hacia otro rincón del lago, desafiando literalmente el concepto de estar «arraigado a la tierra».

En este valle histórico se concentra un compendio de todas las bellezas de la Tierra. La Dama de Cachemira está coronada por montañas, adornada de lagos, calzada de flores. Años después, tras viajar por muchas tierras lejanas, comprendí por qué Cachemira suele describirse como el lugar más pintoresco del mundo. Tiene algo de los Alpes suizos, algo del Loch Lomond de Escocia y algo de los exquisitos lagos de Inglaterra. Para un viajero estadounidense, Cachemira puede evocar la imponente grandeza de Alaska o el perfil noble del Pikes Peak en Colorado.

Si tuviera que ofrecer dos candidatos al primer premio en un concurso de belleza natural, mencionaría la vista milagrosa de Xochimilco en México –donde álamos, cielos y montañas se reflejan en una red interminable de canales repletos de peces juguetones– y los lagos de Cachemira, que, como joyas vivas, son vigilados con gravedad sagrada por la presencia constante del Himalaya. Esos dos lugares siguen destacando en mi memoria como los más hermosos del planeta.

Sin embargo, también quedé maravillado la primera vez que contemplé las maravillas del Parque Nacional Yellowstone, el Gran Cañón del Colorado y Alaska. Yellowstone es quizás la única región donde se pueden ver innumerables géiseres que lanzan columnas de agua al aire, actuando año tras año con una puntualidad casi mecánica. Sus piscinas de tonos ópalo y zafiro, sus fuentes termales sulfurosas, sus osos y criaturas salvajes, recuerdan que aquí la Naturaleza dejó un ejemplar de sus primeras creaciones. Mientras recorría en coche las carreteras de Wyoming hasta llegar a la conocida «Devil's Paint Pot», un lugar de barro burbujeante, manantiales burbujeantes, fuentes vaporosas y géiseres que brotaban en todas direcciones, no pude evitar pensar que Yellowstone merece un premio especial por su singularidad.

En Yosemite, las antiguas y majestuosas secuoyas, que se elevan como columnas hacia el cielo insondable, son verdaderas catedrales verdes diseñadas por unas manos divinas. Y aunque Oriente tiene cascadas bellísimas, ninguna iguala la fuerza torrencial de Niágara, en la frontera canadiense. Las Mammoth Caves de Kentucky y las cavernas de Carlsbad, en Nuevo México, con formaciones que parecen carámbanos cristalinos, son verdaderas tierras de hadas: estalactitas que cuelgan del techo como agujas y se reflejan en las aguas subterráneas, dando un atisbo de otros mundos soñados por la imaginación humana.

La mayoría de hindúes de Cachemira, famosos por su belleza, tienen la piel tan clara como los europeos, con rasgos afilados, ojos azules y cabello rubio en muchos casos. Vestidos con ropa occidental, fácilmente podrían pasar por norteamericanos. Las montañas heladas del Himalaya los resguardan del sol abrasador y preservan la blancura de su tez. A medida que uno viaja hacia el sur de la India, la piel de sus habitantes va oscureciéndose gradualmente.

Después de semanas dichosas en Cachemira, tuve que regresar a Bengala para el semestre de otoño en la Universidad de Serampore. Sri Yukteswar se quedó en Srinagar, junto a Kanai y Auddy. Antes de marcharme, mi Maestro insinuó que su cuerpo podría sufrir durante su estancia allí.

—Señor, es usted la imagen misma de la salud –protesté.

—Existe la posibilidad de que incluso deje este mundo –dijo con calma.

—¡Guruji! –Caí a sus pies con desesperación–. Por favor, prométeme que no abandonarás tu cuerpo ahora. No estoy preparado. No sabría cómo continuar sin ti.

Sri Yukteswar no respondió. Pero su sonrisa, tan serena y compasiva, me reconfortó. Aun así, partí con el corazón inquieto.

«Maestro muy enfermo». Ése fue el telegrama de Auddy que recibí poco después de volver a Serampore.

«Señor», le telegrafié desesperado, «te rogué que no me dejaras. Te imploro que conserves tu cuerpo. Si te vas… yo también moriré».

La respuesta llegó con brevedad: «Sea como deseas».

Unos días después, recibí una carta de Auddy. El Maestro se había recuperado. Sin embargo, al volver a Serampore semanas más tarde, lo encontré visiblemente desmejorado: había perdido casi la mitad de su peso.

Afortunadamente para nosotros, sus discípulos, Sri Yukteswar había quemado muchas de nuestras cargas en el fuego de su propia fiebre. Los yoguis avanzados conocen el método metafísico de la transferencia física de la enfermedad. Del mismo modo que un hombre fuerte puede ayudar a otro más débil cargando parte de su peso, un maestro espiritual puede aliviar el karma de sus discípulos absorbiendo parte de sus consecuencias. Del mismo modo que un padre rico puede pagar una deuda enorme por su hijo pródigo –evitándole las terribles consecuencias de su locura–, un maestro entrega, de manera voluntaria, parte de su riqueza vital para aliviar la miseria espiritual de aquellos a quienes guía.[3]

Mediante un método secreto, el yogui une su mente y su vehículo astral con los de una persona que sufre; la enfermedad es transferida, total o parcialmente, al cuerpo del santo. Tras haber cosechado a Dios en el campo físico, un maestro ya no se preocupa por lo que le suceda a esa forma material. Aunque puede permitir que registre una enfermedad para aliviar a otros, su mente nunca se ve afectada; se considera afortunado de poder ofrecer tal ayuda.

El devoto que ha alcanzado la salvación final en el Señor encuentra que su cuerpo ha cumplido completamente su propósito; puede entonces usarlo de cualquier manera que considere adecuada. Su trabajo en el mundo es aliviar las penas de la humanidad, ya sea por medios espirituales, por consejo intelectual, por fuerza de voluntad o mediante la transferencia física de enfermedades. Escapando a la supraconciencia siempre que

---

3. Muchos santos cristianos, incluida Teresa Neumann (*véase* capítulo 39), están familiarizados con la transferencia metafísica de enfermedades.

lo desee, un maestro puede permanecer ajeno al sufrimiento físico; a veces elige soportar el dolor corporal de manera estoica, como ejemplo para los discípulos. Al asumir las dolencias de los demás, un yogui puede satisfacer, por ellos, la ley kármica de causa y efecto. Esta ley es operativa de manera mecánica o matemática; su funcionamiento puede ser manipulado científicamente por los hombres de sabiduría divina.

La ley espiritual no requiere que un maestro enferme cada vez que sana a otra persona. Las curaciones suelen ocurrir gracias a que el santo es conocedor de varios métodos de curación instantánea en los que el sanador espiritual no recibe daño alguno. Sin embargo, en raras ocasiones, un maestro que desea acelerar en gran medida la evolución de sus discípulos puede entonces trabajar voluntariamente una gran medida de su karma indeseable en su propio cuerpo.

Jesús se significó a sí mismo como un rescate por los pecados de muchos. Con sus poderes divinos,[4] su cuerpo nunca habría podido ser sometido a la muerte por crucifixión si no hubiera cooperado voluntariamente con la sutil ley cósmica de causa y efecto. Así, asumió sobre su persona las consecuencias del karma de otros, especialmente del de sus discípulos. De esta forma, ellos fueron purificados y convertidos en aptos para recibir la conciencia omnipresente que más tarde descendió sobre ellos.

Sólo un maestro autorrealizado puede transferir su fuerza vital o asumir en su propio cuerpo las enfermedades ajenas. Un hombre común no puede emplear este método yóguico de curación, ni sería deseable que lo hiciera: un cuerpo físico enfermo es un obstáculo para la meditación en Dios. Las escrituras hindúes enseñan que el primer deber del ser humano es mante-

---

4. Cristo dijo, justo antes de ser llevado a la crucifixión: «¿Piensas que no puedo ahora orar a mi Padre, y él me dará más de doce legiones de ángeles? Pero ¿cómo se cumplirían entonces las Escrituras, que dicen que así debe ser?», Mateo 26, 53-54.

ner su cuerpo en buen estado; de otro modo, su mente no podrá mantenerse fija en la concentración devocional. Una mente muy fuerte, sin embargo, puede trascender todas las dificultades físicas y alcanzar la realización divina. Muchos santos han ignorado la enfermedad y han tenido éxito en su búsqueda espiritual. San Francisco de Asís, gravemente afligido por enfermedades, sanó a otros e incluso resucitó a muertos.

Yo mismo conocí a un santo indio cuya mitad del cuerpo supuraba de llagas. Su diabetes era tan aguda que, en condiciones normales, no podía permanecer inmóvil más de quince minutos seguidos. Pero su aspiración espiritual era inquebrantable.

—Señor –oró–, ¿vendrás a mi templo roto?

Con un dominio constante de su voluntad, aquel santo logró sentarse, al cabo de un tiempo, en la postura de loto durante dieciocho horas diarias, absorto en el éxtasis.

—Y –me dijo–, al cabo de tres años, encontré la Luz Infinita ardiendo en mi cuerpo destrozado. Regocijándome en ese esplendor, olvidé el cuerpo. Más tarde vi que, por la Divina Misericordia, había sanado por completo.

Un célebre ejemplo histórico de curación hace referencia al emperador Baber (1483-1530), fundador del imperio mogol en la India. Su hijo, el príncipe Humayun, cayó gravemente enfermo. El padre oró con angustia para que la enfermedad le fuera transferida y su hijo pudiera sobrevivir. Cuando los médicos ya habían perdido toda esperanza, Humayun comenzó a sanar. Baber enfermó de inmediato y murió de la misma dolencia que había afectado a su hijo. Humayun lo sucedió como emperador del Indostán.

Muchas personas imaginan que todo maestro espiritual debe poseer la salud y la fuerza de un Sandow. Esta suposición es infundada. Un cuerpo débil no indica que un gurú esté desconectado del poder divino, así como una salud robusta no garantiza una iluminación interior. La condición física, en otras palabras, no puede tomarse legítimamente como medida de un maestro. Sus verdaderas cualidades deben buscarse en su dominio espiritual.

Numerosos buscadores occidentales, confundidos, creen erróneamente que un orador o escritor elocuente sobre metafísica debe ser un maestro. Sin embargo, los *rishis* han señalado que la prueba ácida de un verdadero maestro es su capacidad para entrar a voluntad en el estado sin respiración y mantener el *samadhi* ininterrumpido del *nirbikalpa.*[5] Sólo mediante ese logro puede el ser humano demostrar que ha vencido *maya*, la ilusión cósmica dualista. Sólo entonces puede proclamar desde la realización interior: «*Ekam sat*» («Sólo Uno existe»).

«Los Vedas afirman que el ignorante que se contenta con hacer la más mínima distinción entre el alma individual y el Ser Supremo está en peligro –escribió Shankara, el gran monista–. Donde hay dualidad, por causa de la ignorancia, uno ve todas las cosas como separadas del Ser. Pero cuando todo se ve como el Ser, entonces no hay ni un solo átomo que no sea el Ser [...]. Tan pronto como surge el conocimiento de la Realidad, no pueden experimentarse los frutos del karma pasado, porque el cuerpo, al igual que un sueño al despertar, ha perdido toda realidad».

Sólo los grandes gurús son capaces de asumir el karma de sus discípulos. Sri Yukteswar no habría sufrido en Cachemira a menos que hubiera recibido del Espíritu interno el permiso para ayudarlos de esa manera extraordinaria. Pocos santos han sido tan sensibles y sabios para ejecutar con fidelidad los mandatos divinos como lo fue mi Maestro, sintonizado con Dios.

Cuando expresé unas palabras de simpatía al ver su figura tan delgada, mi gurú respondió con alegría:

—¡Tiene sus ventajas! Ahora puedo usar algunas camisetas pequeñas que no me ponía desde hace años.

Al escuchar su risa jovial, recordé las palabras de san Francisco de Sales: «¡Un santo triste es un triste santo!».

---

5. *Véase* el capítulo 26 y las notas del 43.

CAPÍTULO 22

El corazón de una imagen de piedra

—Como leal esposa hindú, no deseo quejarme de mi esposo. Pero anhelo ver cómo se aleja de sus puntos de vista materialistas. Se deleita en ridiculizar las imágenes de los santos en mi sala de meditación. Querido hermano, tengo una profunda fe en que puedes ayudarlo. ¿Lo harás?

Mi hermana mayor, Roma, me miró con ojos suplicantes. Estaba de visita en su casa de Calcuta, en Girish Vidyaratna Lane. Su ruego me conmovió; había ejercido una gran influencia espiritual durante mis primeros años y, con una ternura inquebrantable, había intentado llenar el vacío que había dejado la muerte de nuestra madre.

—Querida hermana, por supuesto que haré todo lo que esté en mis manos –respondí sonriendo, con el deseo sincero de disipar la tristeza que ensombrecía su rostro, tan distinto de su expresión habitual, serena y alegre.

Roma y yo nos sentamos un rato en oración silenciosa, buscando orientación. Un año antes, ella me había pedido que la iniciara en Kriya Yoga, y estaba haciendo notables progresos en su práctica.

De pronto, una inspiración acudió a mí con claridad.

—Mañana –le dije– voy al templo de Dakshineswar. Ven conmigo, por favor y convence a tu esposo para que nos acompañe. Siento que, en las vibraciones de ese lugar sagrado, la Divina Madre tocará su corazón. Pero no le reveles el propósito de la invitación.

Mi hermana asintió, animada por la esperanza. Muy temprano al día siguiente, me complació ver que Roma y su esposo estaban listos para el viaje. Mientras la carroza de alquiler avanzaba por la Upper Circular Road rumbo a Dakshineswar, mi cuñado, Satish Chandra Bose, se entretenía ridiculizando a los gurús espirituales del pasado, del presente y a los que aún estaban por venir. Advertí que Roma lloraba en silencio.

—Hermana, ¡anímate! –susurré–. No le des a tu esposo la satisfacción de creer que tomamos en serio su burla.

—Mukunda, ¿cómo puedes admirar a unos charlatanes inútiles? –decía Satish–. ¡La sola apariencia de un *sadhu* es repulsiva! O está tan delgado como un esqueleto, o tan inmensamente gordo como un elefante.

Me eché a reír. Mi reacción de buen humor lo molestó; se encerró en un silencio sombrío. Cuando nuestra carroza entró en los terrenos de Dakshineswar, su sonrisa tomó un tono sarcástico.

—Supongo que esta excursión es un plan para reformarme, ¿verdad?

Me di la vuelta sin responder. Él me tomó del brazo.

—Joven señor monje –dijo–, no olvides hacer los arreglos oportunos con las autoridades del templo para el almuerzo.

—Ahora voy a meditar. No te preocupes por tu almuerzo –le respondí seco–. La Divina Madre se encargará de eso.

—No confío en que la Divina Madre haga nada por mí. Pero te considero responsable de mi comida. –Su tono era claramente amenazante.

Me alejé solo hacia el salón con columnas que da frente al gran templo de Kali, o Madre Naturaleza. Escogí un rincón sombreado cerca de uno de los pilares y me senté en la postura de loto. Aunque eran apenas las siete, el sol matutino pronto empezaría a abrasar.

El mundo se disolvió mientras entraba en un trance devocional. Mi mente se enfocaba en la diosa Kali, cuya imagen en Dakshineswar había sido objeto especial de adoración del gran maestro Sri Ramakrishna Paramhansa. En respuesta a sus clamores angustiados, la imagen de piedra en este mismo templo solía volverse viva y hablarle.

Iglesia de la Autorrealización de Todas las Religiones, San Diego, California

Estoy junto a mis dos hermanas, Roma (a la izquierda) y Nalini.

Mi hermana Uma cuando era una niña.

—Madre silenciosa de corazón pétreo –oré–, te llenaste de vida para tu amado devoto Ramakrishna. ¿Por qué no escuchas también el lamento de este hijo tuyo que suspira?

Mi fervor se elevó más allá de los límites, envuelto en una paz divina. Sin embargo, tras transcurrir cinco horas sin respuesta, me sentí levemente desalentado. A veces, Dios pone a prueba al devoto retrasando el cumplimiento de sus plegarias. Pero siempre se manifiesta, finalmente, ante quien persevera, en la forma que más le toca su alma. El cristiano ve a Jesús; el hindú contempla a Krishna, a la diosa Kali, o a una Luz expansiva si su devoción ha tomado un rumbo impersonal.

A regañadientes abrí los ojos y vi que un sacerdote cerraba las puertas del templo, como era costumbre al mediodía. Me levanté del rincón donde había permanecido bajo techo y salí al patio. El suelo de piedra abrasaba bajo el sol; mis pies descalzos se quemaban al entrar en contacto con el calor.

—Divina Madre –reprimí en silencio–, no viniste a mí en una visión y ahora estás oculta tras puertas las cerradas. Quería ofrecerte hoy una oración especial por mi cuñado.

Mi súplica interna fue reconocida de inmediato. Una ola de frescor agradable descendió por mi espalda y bajo mis pies, disipando cualquier malestar. Luego, para mi asombro, el templo pareció que se hacía más grande. Su gran puerta se abrió lentamente, revelando la figura de piedra de la diosa Kali. Poco a poco, ésta se transformó en una forma viva, que me sonrió y asintió en saludo, estremeciéndome con una alegría indescriptible. Como si una jeringa mística extrajera el aire de mis pulmones, me vi sin aliento; mi cuerpo permanecía inmóvil, pero no inerte.

Siguió una expansión extática de la conciencia. Pude ver con claridad varios kilómetros más allá del río Ganges, a mi izquierda, y, a través del templo, los terrenos completos de Dakshineswar. Las paredes de todos los edificios resplandecían con transparencia; a través de ellas veía a las personas caminar de un lado a otro, incluso a gran distancia.

A pesar de no respirar y de que mi cuerpo estaba sumido en una calma extraña, podía mover manos y pies con total libertad. Durante varios minutos experimenté abriendo y cerrando los ojos; en cualquiera de los estados veía con claridad el panorama de Dakshineswar.

La visión espiritual, como una radiografía, penetra toda materia; el ojo divino es centro en todas partes y circunferencia en ninguna. Comprendí una vez más, allí en el patio soleado, que cuando el hombre deja de ser un hijo pródigo de Dios –absorto en un mundo físico que, en realidad, es un sueño, sin más base que una burbuja–, recupera sus reinos eternos. Si el «escapismo» es una necesidad del hombre limitado por su pequeña personalidad, ¿puede acaso imaginarse un escape más noble que la majestad de la omnipresencia?

En aquella experiencia sagrada en Dakshineswar, los únicos elementos que aparecieron extraordinariamente ampliados fueron el templo y la figura de la diosa. Todo lo demás mantenía sus dimensiones normales, aunque envuelto por un halo de luz suave: blanco, azul y los tonos pastel del arcoíris. Mi cuerpo parecía de una sustancia etérea, listo para levitar. Totalmente consciente del entorno material, me movía, daba pasos, sin perturbar lo más mínimo la continuidad de la visión beatífica.

Detrás de las paredes del templo, de repente vislumbré a mi cuñado, sentado bajo las ramas espinosas de un del árbol sagrado del membrillo de Bengala. Podía percibir sin esfuerzo el flujo de sus pensamientos. Elevado, aunque aún confundido bajo la influencia sagrada de Dakshineswar, su mente albergaba ideas poco amables hacia mí.

Me volví hacia la forma grácil de la diosa.

—Divina Madre –oré–, ¿no cambiarás espiritualmente al esposo de mi hermana?

La hermosa figura, hasta entonces silenciosa, habló al fin:

—Tu deseo ha sido concedido.

Miré con alegría a Satish. Como si intuyera que algún poder invisible estaba actuando, se levantó de su lugar con una evidente molestia. Lo vi rodear el templo con pasos rápidos; vino directo hacia mí, agitando el puño.

La visión se desvaneció. Ya no veía a la gloriosa diosa; el templo había vuelto a su tamaño normal y su transparencia se deshizo. De nuevo sudaba bajo los intensos rayos del sol. Corrí a refugiarme bajo el salón con columnas, mientras Satish me seguía con una expresión de furia. Miré mi reloj: era la una. La visión divina había durado exactamente una hora.

—Eres un tonto –me espetó mi cuñado–. Has estado ahí, sentado con las piernas cruzadas y los ojos cruzados, durante seis horas. He ido y venido todo el tiempo. ¿Dónde está mi comida? El templo ya está cerrado, no avisaste a nadie… ¡nos hemos quedado sin almuerzo!

La exaltación que aún me embargaba me impulsó a responder con convicción:

—La Divina Madre nos alimentará.

Satish estaba fuera de sí.

—¡De una vez por todas! –gritó–. ¡Quiero ver a tu Divina Madre dándonos de comer sin ninguna solicitud previa!

Apenas había pronunciado esas palabras cuando un sacerdote cruzó el patio y se acercó a nosotros.

—Hijo –me dijo–, he estado observando tu rostro, brillando serenamente durante horas de meditación. Vi llegar a tu grupo esta mañana y sentí el impulso de reservar una comida abundante. Está en contra de las normas del templo alimentar a quienes no han hecho solicitud previa... pero he hecho una excepción por ti.

Le di las gracias de todo corazón y miré a Satish directamente a los ojos. Se sonrojó de emoción y bajó la mirada en silencioso arrepentimiento. Cuando nos sirvieron una comida abundante –incluidos mangos fuera de temporada– noté que su apetito era escaso. Permanecía callado, inmerso en sus pensamientos, conmocionado. En el viaje de regreso a Calcuta su expresión se había suavizado. De vez en cuando me lanzaba una mirada suplicante. Pero no pronunció ni una palabra desde el momento en que el sacerdote apareció, como si reconociera en ello una respuesta directa y contundente a su desafío.

A la tarde siguiente visité a mi hermana. Me recibió con cariño.

—Hermano querido –exclamó–, ¡qué milagro! Anoche, mi esposo lloró abiertamente ante mí... Me dijo: «Querida *devi*[1] estoy más feliz de lo que puedo expresar de que este plan reformador de tu hermano haya causado una transformación. Voy a deshacer todo el mal que te he hecho. A partir de esta noche, usaremos nuestro gran dormitorio sólo como lugar de adoración; tu pequeño cuarto de meditación será nuestra habitación. Lamento sinceramente haber ridiculizado a tu hermano. Por la vergonzosa forma en que me he comportado, me impondré el castigo de no hablar con Mukunda hasta que haya progresado espiritualmente. De corazón buscaré a la Divina Madre de ahora en adelante... ¡y algún día, sin duda, la encontraré!».

Años más tarde visité a mi cuñado en Delhi. Me alegró muchísimo comprobar cuánto había avanzado en la autorrealización. Había sido bendecido con la visión de la Divina Madre.

---

1. Diosa.

Durante mi estancia, noté que Satish pasaba en secreto gran parte de la noche en meditación, a pesar de sufrir una enfermedad grave y de cumplir con su trabajo diario en la oficina. Su determinación me conmovió. Intuí que su vida no sería larga. Roma debió de leer mis pensamientos.

—Hermano querido –me dijo con serenidad–, estoy bien, y mi esposo está enfermo. Pero quiero que sepas que, como esposa hindú devota, yo seré la primera en morir.[2] No pasará mucho tiempo antes de que yo parta.

Sorprendido por sus ominosas palabras, sin embargo, supe que eran dolorosamente ciertas. Me encontraba en América cuando mi hermana murió, alrededor de un año después de sus palabras. Más tarde, mi hermano menor, Bishnu, me contó los detalles.

—Roma y Satish estaban en Calcuta en el momento de su muerte –me relató–. Aquella mañana, ella se vistió con su traje de novia.

»—¿Por qué ese atuendo especial? –le preguntó Satish.

»—Éste es mi último día de servicio para ti en la Tierra –respondió Roma.

»Poco después sufrió un ataque al corazón. Mientras su hijo corría en busca de ayuda, ella le dijo con ternura:

»—Hijo, no me dejes. No tiene sentido; me habré ido antes de que llegue un médico.

»Diez minutos después, sosteniendo los pies de su esposo con devoción, Roma dejó conscientemente su cuerpo, en paz y sin sufrimiento. Satish se volvió muy introvertido después de la muerte de su esposa. Un día, él y yo contemplábamos una gran fotografía de Roma sonriendo.

»—¿Por qué sonríes? –exclamó de repente Satish, como si hablara directamente con ella–. ¿Crees que fuiste lista al irte

---

2. La esposa hindú cree que es una señal de avance espiritual si muere antes que su esposo, como prueba de su leal servicio hacia él, o «muriendo en él».

antes que yo? Te demostraré que no puedes quedarte lejos por mucho tiempo. Pronto me reuniré contigo.

»Aunque en ese momento Satish se había recuperado por completo y gozaba de una excelente salud, murió poco después, sin causa aparente.

Así partieron, con una asombrosa exactitud profética, mi querida hermana mayor Roma y su esposo Satish, quien pasó de ser un hombre mundano común a un santo silencioso… transformado para siempre por una visión en Dakshineswar.

CAPÍTULO 23

Recibo mi título universitario

—Usted ignora la importancia de su libro de texto de filosofía. Sin duda, depende de una «intuición» poco laboriosa para aprobar los exámenes. Pero a menos que se aplique de manera más académica, me aseguraré de que no apruebe este curso.

El profesor D. C. Ghoshal, de la Universidad de Serampore, me dirigía estas palabras con severidad. Si no aprobaba su examen final escrito en clase, no sería un candidato para presentar los exámenes definitivos. Éstos estaban a cargo de la facultad de la Universidad de Calcuta, que contaba con la Universidad de Serampore entre sus ramas afiliadas. En las universidades indias, un estudiante que no aprueba una asignatura en los exámenes finales de la Licenciatura debe ser evaluado de nuevo de todas las materias al año siguiente.

Mis profesores en la Universidad de Serampore solían tratarme con amabilidad, no exenta de una cierta tolerancia divertida. «Mukunda está un poco embriagado con la religión», así me resumían, y con tacto me ahorraban la vergüenza de responder preguntas en clase. Confiaban en que los exámenes escritos me eliminarían sin escándalo de la lista de candidatos a la Licenciatura. Mis compañeros de clase, por su parte, lo expresaban a su manera: me llamaban Monje Loco.

Tomé una medida ingeniosa para neutralizar la amenaza del profesor Ghoshal. Cuando los resultados de los exámenes estaban a punto de ser anunciados públicamente, le pedí a un compañero que me acompañara al despacho del profesor.

—Vamos, quiero un testigo –le dije–. Estaré muy decepcionado si no logro engañar al profesor.

El profesor Ghoshal negó con la cabeza cuando le pregunté qué calificación merecía mi trabajo.

—No estás entre los que han aprobado –repuso con una mezcla de satisfacción y desconcierto. Rebuscó entre una gran pila de papeles en su escritorio–. Tu examen no está aquí. Has fracasado, en cualquier caso, por no haberte presentado.

Solté una risita.

—Señor, estuve allí. ¿Puedo revisar la pila yo mismo?

Ghoshal, visiblemente desconcertado, me dio permiso. Rápidamente encontré mi examen: había omitido con cuidado cualquier marca de identificación, excepto el número de lista. Al no haber sido advertido de la identidad que se escondía tras ese examen, el profesor había calificado con generosidad mis respuestas, aunque no contenían ni una sola cita del libro de texto.[1]

Al darse cuenta del truco, tronó:

—¡Pura suerte descarada! –Y añadió, agarrándose a su esperanza como a un clavo ardiendo–: Seguro que fracasas en los exámenes finales de Licenciatura.

---

1. Debo hacerle justicia al profesor Ghoshal y admitir que la relación tensa entre nosotros no se debió a ninguna falta de su parte, sino únicamente a mis ausencias en clase y a mi falta de atención durante las mismas. El profesor Ghoshal era, y sigue siendo, un orador excepcional con un vasto conocimiento filosófico. Con los años, llegamos a tener una relación cordial.

Para las demás asignaturas recibí cierta ayuda, especialmente de mi querido amigo y primo Prabhas Chandra Ghose,[2] hijo de mi tío Sarada. Avancé con dolor pero con éxito, con las notas más bajas posibles para aprobar, en todos mis exámenes finales.

Ahora, después de cuatro años de universidad, podía presentarme a los exámenes de Licenciatura. Sin embargo, apenas esperaba aprovecharme de este privilegio. Los exámenes finales de la Universidad de Serampore eran un juego de niños en comparación con los estrictos que establecería la Universidad de Calcuta para la Licenciatura. Mis visitas casi diarias a Sri Yukteswar me habían dejado poco tiempo para entrar en los pasillos de la universidad. Allí, era mi presencia, más que mi ausencia, lo que provocaba exclamaciones de asombro de mis compañeros de clase.

Mi rutina habitual era salir en mi bicicleta alrededor de las nueve y media de la mañana. En una mano llevaría una ofrenda para mi gurú: algunas flores del jardín de mi residencia Panthi. Al saludarme con afabilidad, el Maestro me invitaría a almorzar. Siempre aceptaba con gusto, contento de desterrar el pensamiento de la universidad durante el día. Después de horas con Sri Yukteswar, escuchando su incomparable flujo de sabiduría o ayudando con las tareas del *ashram*, partiría a regañadientes alrededor de la medianoche hacia el Panthi. En algunas ocasiones, me quedaba toda la noche con mi gurú, tan felizmente absorto en su conversación que apenas notaba cuando la oscuridad se convertía en amanecer.

Una noche, alrededor de las once, mientras me ponía los zapatos[3] para prepararme para el viaje al internado, el Maestro me preguntó con seriedad:

—¿Cuándo comienzan tus exámenes de Licenciatura?

---

2. Aunque mi primo y yo compartimos el mismo apellido de Ghosh, Prabhas se ha acostumbrado a transcribir su nombre en inglés como Ghose; por lo tanto, sigo su propia ortografía aquí.

3. Un discípulo siempre se quita los zapatos en una ermita hindú.

—En cinco días, señor.

—Espero que estés preparado para ellos.

Transmutado por la alarma, sostuve un zapato en el aire.

—Señor –protesté–, usted sabe bien que he pasado mis días con usted en lugar de con los profesores. ¿Cómo puedo representar una farsa presentándome a esos exámenes finales tan difíciles?

Los ojos de Sri Yukteswar se clavaron de manera penetrante en los míos.

—Debes presentarte. –Su tono era fríamente perentorio–. No debemos dar motivo para que tu padre y otros parientes critiquen tu preferencia por la vida en el *ashram*. Sólo prométeme que estarás presente en los exámenes; respóndelos lo mejor que puedas.

Lágrimas incontrolables fluían por mi rostro. Sentí que la orden del Maestro era irrazonable y que su interés era, por decir lo mínimo, tardío.

—Apareceré si lo deseas –dije entre sollozos–. Pero no queda tiempo para una preparación adecuada. –Entre dientes murmuré–: ¡Llenaré las hojas con tus enseñanzas en respuesta a las preguntas!

Cuando entré en la ermita al día siguiente a mi hora habitual, presenté mi ramo con cierta solemne tristeza. Sri Yukteswar se rio de mi aire afligido.

—Mukunda, ¿alguna vez el Señor te ha fallado en un examen o en otro lugar?

—No, señor –respondí con calidez. Los recuerdos de agradecimiento llegaron en un torrente revitalizante.

—No es la pereza, sino el ardiente celo por Dios, el que te ha impedido buscar honores en la universidad –dijo amablemente mi gurú. Tras un silencio, citó–: «Buscad primero el reino de Dios y su justicia, y todas estas cosas os serán añadidas».[4]

Por milésima vez, sentí que mis cargas se aligeraban en pre-

---

4. Mateo 6, 33.

sencia del Maestro. Cuando terminamos nuestro almuerzo temprano, sugirió que regresara al Panthi.

—¿Sigue viviendo tu amigo Romesh Chandra Dutt en tu pensión?

—Sí, señor.

—Ponte en contacto con él; el Señor lo inspirará para ayudarte con los exámenes.

—Está bien, señor, pero Romesh está inusualmente ocupado. Es el alumno destacado de nuestra clase y lleva un curso más pesado que los demás.

El Maestro desestimó mis objeciones con una firmeza tranquila.

—Romesh encontrará tiempo para ti. Ahora ve.

Regresé en bicicleta al Panthi. La primera persona con la que me encontré en el patio fue el propio Romesh. Como si sus días estuvieran completamente desocupados, accedió de inmediato a mi tímida solicitud.

—Por supuesto. Estoy a tu servicio.

Pasó varias horas de esa tarde, y de los días siguientes, enseñándome diversas asignaturas.

—Creo que muchas preguntas sobre literatura inglesa se centrarán en la ruta de Childe Harold –me dijo–. Necesitamos un atlas de inmediato.

Me apresuré a la casa de mi tío Sarada y pedí prestado uno. Romesh marcó en el mapa europeo los lugares que visitó el viajero romántico de Byron.

Algunos compañeros se habían reunido alrededor, escuchando con interés nuestras sesiones de estudio.

—Romesh te está aconsejando mal –comentó uno de ellos al final–. Por lo general, sólo el cincuenta por ciento de las preguntas son sobre los libros. La otra mitad trata sobre la vida de los autores.

Pero al día siguiente, al sentarme para el examen de literatura inglesa, la primera mirada a la hoja me hizo derramar lágrimas de gratitud sobre el papel. El monitor del aula se acercó, preocupado.

—Mi gurú predijo que Romesh me ayudaría –le expliqué–.

¡Mire! Las mismas preguntas que me dictó Romesh están aquí. Afortunadamente para mí, este año casi no hay preguntas sobre los autores ingleses, cuyas vidas están, para mí, envueltas en un profundo misterio.

Cuando regresé a la pensión, el alboroto era general. Aquellos que se habían burlado del método de Romesh me miraban atónitos, casi dejándome sordo con sus felicitaciones. Durante toda la semana de exámenes, pasé muchas horas con él. Día tras día, sus predicciones aparecían en el examen, casi sin variaciones.

La noticia se propagó por la universidad: parecía que estuviera ocurriendo algo cercano a un milagro, y el éxito resultaba posible incluso para el distraído Monje Loco. No oculté nada. Los profesores locales no podían modificar las preguntas, que procedían de la Universidad de Calcuta.

Una mañana, recordando el examen de literatura inglesa, me di cuenta de que había cometido un grave error. Una sección del examen estaba dividida en dos grupos: A o B, y C o D. En lugar de responder una pregunta de cada grupo, respondí dos del Grupo I y omití por completo el Grupo II. La máxima calificación que podía obtener era 33, tres puntos por debajo del mínimo requerido de 36. Corrí hacia el Maestro, angustiado.

—Señor, he cometido un error imperdonable. No merezco las bendiciones divinas a través de Romesh. Soy completamente indigno.

—Ánimo, Mukunda –me dijo Sri Yukteswar con un tono despreocupado. Señaló el cielo azul–. Es más probable que el Sol y la Luna intercambien sus posiciones en el cielo que tú fracases en obtener tu título.

Salí del *ashram* con el ánimo más tranquilo, aunque me parecía matemáticamente inconcebible que pudiera aprobar. Levanté la vista al cielo una o dos veces con aprensión; el Sol seguía firmemente en su sitio.

Al llegar al Panthi, escuché a un compañero decir:

—Acabo de enterarme de que este año, por primera vez, han reducido la calificación mínima en literatura inglesa.

Entré como un rayo en su habitación; me miró alarmado.

Lo interrogué sin rodeos.

—Monje de cabello largo –me dijo riendo–, ¿qué te pasa ahora con los estudios? ¿Por qué llorar a última hora? Pero sí, es cierto: la nota mínima se ha reducido a 33.

Dando saltos de alegría, corrí a mi habitación, donde me arrodillé y alabé las perfecciones matemáticas de mi Padre Divino.

Cada día me conmovía la sensación clara de una presencia espiritual que me guiaba a través de Romesh. Un incidente especialmente significativo ocurrió en relación con el examen de bengalí. Romesh, que apenas había tocado ese tema, me llamó justo cuando salía hacia el examen.

—Romesh te está llamando –me advirtió impaciente un compañero–. No vuelvas; vamos a llegar tarde.

Pero ignoré su consejo y regresé.

—Nuestros chicos bengalíes suelen aprobar fácilmente bengalí –me dijo Romesh–. Pero tengo el presentimiento de que este año harán preguntas sobre literatura antigua. Escucha esto...

Y me explicó brevemente dos episodios de la vida de Vidyasagar, un renombrado filántropo.

Le di las gracias, salté sobre la bicicleta y me lancé al salón de exámenes. La hoja de examen tenía dos partes. La primera decía: «Escriba dos ejemplos de las obras de caridad de Vidyasagar». Mientras copiaba la información recién adquirida, susurré una oración de agradecimiento. Si no hubiera respondido a la llamada de última hora de Romesh, habría ignorado la vida benéfica de Vidyasagar... y eso me habría costado el curso completo.

La segunda instrucción era: «Escriba un ensayo en bengalí sobre la vida del hombre que más lo haya inspirado». Querido lector, no hace falta que te diga sobre quién escribí. Mientras llenaba página tras página alabando a mi gurú, sonreí al recordar mi promesa murmurada: «¡Llenaré las hojas con tus enseñanzas!».

Nunca sentí necesidad de consultar a Romesh sobre filosofía. Confiando en mi largo aprendizaje con Sri Yukteswar, ignoré de manera delibera el libro de texto. Curiosamente, la calificación más alta de todas mis materias fue en filosofía. En las demás, pasé apenas por encima del mínimo.

Es un placer dejar constancia de que mi desinteresado amigo Romesh recibió su propio título *cum laude*.

Mi padre estaba radiante de sonrisas en mi graduación.

—Casi pensaba que no aprobarías, Mukunda –confesó–. Pasas tanto tiempo con tu gurú…

El Maestro, como siempre, había percibido con claridad la crítica tácita de mi padre.

Durante años dudé si algún día vería esa palabra, «Licenciado», junto a mi nombre. Rara vez uso el título sin recordar que fue, en verdad, un don divino, conferido por razones que aún me resultan algo misteriosas. A veces escucho a hombres formados en la universidad admitir que muy poco de lo aprendido les acompañó tras la graduación. Esa confesión me consuela un poco por mis innegables carencias académicas.

El día en que recibí mi título de la Universidad de Calcuta, me arrodillé ante los pies de mi gurú y le agradecí todas las bendiciones que habían fluido de su vida a la mía.

—Levántate, Mukunda –dijo con una sonrisa indulgente–. El Señor simplemente encontró más conveniente hacerte graduado que reorganizar el Sol y la Luna.

CAPÍTULO 24

Me convierto en monje de la Orden de los Swamis

—Maestro, mi padre ha estado nervioso para que aceptara un puesto ejecutivo en el Ferrocarril Bengal-Nagpur. Pero lo he rechazado definitivamente. –Y añadí, con esperanza–: Señor, ¿no me harías monje de la Orden de los Swamis?

Lo miré con expresión suplicante. Durante los años anteriores, para probar la profundidad de mi determinación, él había rechazado esta misma solicitud. Pero en ese instante sonrió con amabilidad.

—Está bien. Mañana te iniciaré en la *swamiship* –dijo con serenidad. Y añadió–: Me alegra que hayas persistido en tu deseo de ser monje. Lahiri Mahasaya solía decir: «Si no invitas a Dios a ser tu invitado de verano, Él no vendrá en el invierno de tu vida».

—Querido maestro, nunca podría vacilar en mi meta de pertenecer a la Orden de los Swamis como tú, el venerado –le respondí, sonriendo con un afecto infinito.

—El que no está casado se ocupa de las cosas que pertenecen al Señor, de cómo puede agradar al Señor; pero el que está casado se ocupa de las cosas del mundo, de cómo puede agradar a su esposa.[1]

Había analizado las vidas de muchos de mis amigos que, después de someterse a cierta disciplina espiritual, terminaron casándose. Lanzados al mar de las responsabilidades mundanas, olvidaron su idea de meditar profundamente.

Para mí, otorgarle a Dios un lugar secundario en la vida era inconcebible. Aunque Él es el único Dueño del cosmos, derramando en silencio sobre nosotros sus dones de vida en vida, hay una cosa que aún no posee, y que cada corazón humano tiene el poder de retener o conceder: el amor del hombre. El Creador, al tomarse infinitas molestias por ocultar con misterio Su presencia en cada átomo de la creación, sólo pudo haber tenido un motivo: un deseo sensible de que los hombres lo busquen únicamente por libre albedrío. ¡Con qué guante de terciopelo, tejido de la más profunda humildad, no ha cubierto Él la mano de hierro de la omnipotencia!

El día siguiente fue uno de los más memorables de mi vida. Recuerdo que era un jueves soleado, en julio de 1914, unas semanas después de mi graduación universitaria. En el balcón interior de su ermita en Serampore, el Maestro sumergió un nuevo trozo de seda blanca en un tinte de ocre, el color tradicional de la Orden de los Swamis. Cuando la tela se secó, mi gurú la envolvió alrededor de mi cuerpo como una túnica de renunciante.

—Algún día irás a Occidente, donde se prefiere la seda –dijo–. Como símbolo, he elegido para ti este material en lugar del algodón habitual.

En la India, donde los monjes adoptan el ideal de la pobreza, un *swami* vestido de seda es una visión inusual. Sin embargo, muchos yoguis utilizan seda, ya que preserva mejor que el algodón ciertos flujos sutiles del cuerpo.

—No me gustan las ceremonias –comentó Sri Yukteswar–. Te haré *swami* de la manera *bidwat*, sin rituales.

---

1. I Corintios 7, 32-33.

La *bibidisa*, o iniciación formal en la *swamiship*, incluye una ceremonia de fuego, en la cual se realizan ritos funerarios simbólicos: el cuerpo físico del discípulo es representado como muerto y cremado en la llama de la sabiduría. Luego se otorga al nuevo *swami* un mantra, como: «Este *atma* es *Brahma*»,[2] «Tú eres Eso» o «Yo soy Él». Pero Sri Yukteswar, fiel a su amor por la simplicidad, prescindió de todos los ritos formales y me pidió que tan sólo eligiera un nuevo nombre.

—Te concederé el privilegio de que lo elijas tú mismo –dijo sonriendo.

—Yogananda –respondí, tras un instante de reflexión. El nombre significa literalmente «Felicidad (*ananda*) a través de la unión divina (*yoga*)».

—Que así sea. Dejando atrás tu apellido Mukunda Lal Ghosh, de ahora en adelante te llamarás Yogananda, de la rama Giri de la Orden de los Swamis.

Mientras me arrodillaba ante Sri Yukteswar y escuchaba por primera vez mi nuevo nombre, mi corazón se desbordó de gratitud. ¡Con cuánto cariño y dedicación había trabajado él para que el niño Mukunda algún día se transformara en el monje Yogananda! Canté con alegría unos versos del largo canto sánscrito del Señor Shankara:

Mente, ni intelecto, ni ego, ni sentimiento;
ni cielo, ni tierra, ni metales soy yo.
¡Yo soy Él, yo soy Él, Espíritu bendito, yo soy Él!
Ni nacimiento, ni muerte, ni casta tengo;
padre ni madre poseo.
¡Yo soy Él, yo soy Él, Espíritu bendito, yo soy Él!

---

2. Literalmente: «Esta alma es Espíritu». El Espíritu Supremo, lo No Creado, es completamente incondicionado (*neti, neti*, es decir, «ni esto, ni aquello») pero a menudo es referido en el *Vedanta* como *Sat-Chit-Ananda*, es decir, Ser-Conciencia-Dicha.

Más allá de los vuelos de la fantasía, sin forma soy yo,
permeando los miembros de toda vida;
no temo a la esclavitud; soy libre, siempre libre,
¡yo soy Él, yo soy Él, Espíritu bendito, yo soy Él!

Cada *swami* pertenece a la antigua orden monástica que Shankara organizó en su forma actual.[3] Como se trata de una orden formal, con una línea ininterrumpida de representantes santos que sirven como líderes activos, ningún hombre puede otorgarse a sí mismo el título de *swami*. Éste se recibe legítimamente sólo de otro *swami*; todos los monjes, por tanto, rastrean su linaje espiritual hasta un gurú común: el Señor Shankara. Por los votos de pobreza, castidad y obediencia al maestro espiritual, muchas órdenes monásticas católicas se asemejan en gran medida a la Orden de los Swamis.

Además de un nuevo nombre, que generalmente termina en *ananda*, el *swami* adopta un título que indica su vinculación formal con una de las diez subdivisiones de la orden. Estas *dasanamis*, o diez agnómenos, incluyen *Giri* (montaña), al cual pertenecen Sri Yukteswar y, por consiguiente, yo mismo. Otras ramas son *Sagar* (mar), *Bharati* (tierra), *Aranya* (bosque), *Puri* (distrito), *Tirtha* (lugar de peregrinación) y *Saraswati* (sabiduría de la naturaleza).

---

3. A veces llamado Shankaracharya. *Acharya* significa «maestro religioso». La fecha de Shankara es un centro de la disputa escolar habitual. Algunos registros indican que el incomparable monista vivió desde 510 a 478 a. C.; los historiadores occidentales lo asignan al final del siglo VIII d. C. Los lectores que estén interesados en la famosa exposición de Shankara de los Brahma Sutras encontrarán una cuidadosa traducción al inglés en el libro *System Of The Vedanta* del doctor Paul Deussen (Chicago: Open Court Publishing Company, 1912). Se pueden encontrar extractos breves de sus escritos en *Selected Works Of Sri Shankaracharya* (Madrás: Natesan & Co.).

El nuevo nombre de un *swami* posee, por tanto, un doble significado: representa la consecución de la suprema felicidad (*ananda*) a través de alguna cualidad divina –amor, sabiduría, devoción, servicio, yoga–, y alude también a una armonía con la naturaleza, reflejada en su inmensidad simbólica: montañas, océanos, cielos.

El ideal del servicio desinteresado a toda la humanidad y de la renuncia a los vínculos personales y ambiciones conduce a muchos *swamis* a participar activamente en obras humanitarias y educativas, tanto en la India como, en ocasiones, en el extranjero. Ignorando toda distinción de casta, credo, clase, color, sexo o raza, un *swami* sigue los preceptos de la hermandad universal. Su meta es la unidad absoluta con el Espíritu. Imbuyendo su conciencia, despierta y dormida, con el pensamiento, «Yo soy Él», camina por el mundo contento, estando en él pero no siendo de él. Sólo de esta manera puede justificar su título de *swami*, el que busca realizar la unión con el *Swa*, el Uno. No hace falta decir que no todos los *swamis* titulados alcanzan el alto ideal que encarna su nombre.

Sri Yukteswar fue tanto *swami* como yogui. Un *swami*, formalmente un monje por su integración en la antigua orden, no es de manera necesaria un yogui. Cualquiera que practique un método científico de comunión con Dios es un yogui; puede estar casado o no, vivir en el mundo o llevar una vida religiosa formal. Un *swami* puede, en teoría, seguir únicamente el camino de la renuncia racional y desapegada, pero un yogui se compromete en un proceso concreto y definido: una disciplina progresiva mediante la cual el cuerpo y la mente son purificados y el alma liberada. Sin dar nada por sentado, ni por razones emocionales ni por fe ciega, un yogui practica una serie de técnicas comprobadas de un modo meticuloso y trazadas por los antiguos *rishis*. El yoga ha producido, en cada era de la India, hombres que han alcanzado una verdadera libertad: auténticos Yogui-Cristos.

Como toda ciencia verdadera, el yoga es aplicable a personas de cualquier lugar y época. La teoría, sostenida por ciertos escritores ignorantes, de que el yoga es «inadecuado para los occidentales» es del todo falsa, y ha impedido, por desgracia, que muchos estudiantes sinceros busquen sus bendiciones. El yoga es el método para restringir la turbulencia natural de los pensamientos –esa inquietud mental que, sin excepción, impide a todos los hombres, de todas las tierras, vislumbrar su verdadera naturaleza espiritual–. El yoga no puede conocer barreras de Oriente y Occidente, del mismo modo que la luz del sol –sanadora y equitativa– no distingue a quién alcanza. Mientras el hombre posea una mente sujeta a la inquietud, existirá siempre una necesidad universal de yoga: el arte del dominio interior.

El antiguo *rishi* Patanjali definió «yoga» como «el control de las fluctuaciones de la mente».[4] Sus expositores muy breves y magistrales, los *Yoga Sutras*, constituyen uno de los seis sistemas de filosofía hindú.[5] En contraposición con las filosofías occidentales, los seis sistemas hindúes no sólo incorporan enseñanzas teóricas, sino también prácticas. Además de toda posible indagación ontológica, los seis sistemas formulan seis disciplinas definitivas dirigidas a la eliminación permanente del sufrimiento y la consecución de la dicha atemporal.

---

4. «Chitta vritti nirodha», Yoga Sutra I, 2. La fecha de Patanjali es desconocida, aunque varios estudiosos lo sitúan en el siglo II a. C. Los *rishis* ofrecieron tratados sobre todos los temas con tal visión que las edades no han podido desactualizarlos; sin embargo, para consternación posterior de los historiadores, los sabios no hicieron esfuerzo alguno por adjuntar sus propias fechas y personalidades a sus obras literarias. Sabían que sus vidas eran sólo temporalmente importantes como destellos de la gran Vida infinita, y que la verdad es intemporal, imposible de registrar y no es una posesión privada de ellos mismos.

5. Los seis sistemas ortodoxos (*saddarsana*) son *Sankhya*, *Yoga*, *Vedanta*, *Mimamsa*, *Nyaya* y *Vaisesika*. Los lectores con inclinaciones académicas disfrutarán de las sutilezas y la amplia visión de estas antiguas formulaciones, resumidas en inglés en *History of Indian Philosophy*, Volumen I, por el profesor Surendranath DasGupta (Cambridge University Press, 1922).

por B. K. Mitra en Kalyana-Kalpatur
EL SEÑOR EN SU ASPECTO COMO SHIVA
Al no tratarse de una figura histórica como Krishna, Shiva es el nombre que recibe Dios en el último aspecto de Su naturaleza tripartita: Creador, Preservador, Destructor. Shiva, el Aniquilador de la *maya* o ilusión, es representado simbólicamente en las escrituras como el Señor de los Renunciantes, el Rey de los Yoguis. En el arte hindú, se suele mostrar con la luna nueva en su cabello y con una guirnalda de serpientes enroscadas: antiguo emblema del mal superado y de la sabiduría perfecta. En su frente resplandece el tercer ojo, símbolo del conocimiento absoluto y la visión interior. Es el ojo de la omnisciencia, siempre abierto.

El hilo común que une los seis sistemas es la declaración de que ninguna libertad verdadera para el hombre es posible sin el conocimiento de la Realidad última. Las *Upanishads* posteriores respaldan los *Yoga Sutras* entre los seis sistemas, como los que contienen los métodos más eficaces para lograr la percepción directa de la verdad. A través de las técnicas prácticas del yoga, el hombre deja atrás para siempre los estériles reinos de la especulación y percibe en la experiencia la verdadera Esencia.

El sistema de yoga, según lo delineado por Patanjali, se conoce como el Camino Óctuple. Los primeros pasos, (1) *yama* y (2) *niyama*, requieren la observancia de diez moralidades negativas y positivas: evitar hacer daño a los demás, la falsedad, el robo, la incontinencia, la recepción de regalos (lo que trae obligaciones) y la pureza del cuerpo y la mente, la satisfacción, la autodisciplina, el estudio y la devoción a Dios.

Los siguientes pasos son: (3) *asana* (postura correcta); la columna vertebral debe mantenerse recta y el cuerpo firme en una posición cómoda para la meditación; (4) *pranayama* (control de *prana*, corrientes sutiles de la vida); y (5) *pratyahara* (retirada de los sentidos de los objetos externos).

Los últimos pasos son formas de yoga propiamente dichas: (6) *dharana* (concentración); mantener la mente en un solo pensamiento; (7) *dhyana* (meditación), y (8) samadhi (percepción supraconsciente). Éste es el Camino Óctuple del Yoga[6] que lleva al objetivo final de *Kaivalya* (Absoluto), un término que podría expresarse de manera más comprensible como «realización de la Verdad más allá de toda comprensión intelectual».

«¿Cuál es mayor? –podría preguntarse alguien– ¿un *swami* o un yogui?». Si y sólo si se alcanza la unidad final con Dios, todas las distinciones entre los diversos caminos se disuelven. Sin embargo, el *Bhagavad Gita* señala que los métodos del yoga son abarcadores. Sus técnicas no están destinadas sólo a ciertos tipos o temperamentos, como aquellos pocos inclinados a la vida monástica; el yoga no requiere una lealtad formal. Debido a

6. Que no hay que confundir con el Noble Sendero Óctuple del budismo, una guía para la conducta humana en la vida, que comprende lo siguiente: 1. Ideales Correctos; 2. Motivo Correcto; 3. Palabra Correcta; 4. Acción Correcta; 5. Medio de Vida Correcto; 6. Esfuerzo Correcto; 7. Recuerdo Correcto (del Ser); y 8. Realización Correcta (*samadhi*).

que la ciencia del yoga responde a una necesidad universal, su aplicabilidad es igualmente universal y natural.

Un verdadero yogui puede permanecer con dificultad en el mundo. Allí es como la mantequilla sobre el agua: intacto, flotante, no disuelto. No es como la leche de la humanidad no batida, fácilmente diluida por el entorno. Cumplir con las responsabilidades terrenales es, de hecho, el camino más elevado, siempre que el yogui, manteniendo la mente libre de implicación con deseos egotistas, juegue su papel como un instrumento dócil de Dios.

Hoy en día existen muchas grandes almas –viviendo en cuerpos americanos, europeos o de otras regiones no hindúes– que, aunque nunca hayan oído las palabras *yogui* o *swami*, encarnan verdaderamente esos términos. Ya sea a través de su servicio desinteresado a la humanidad, su dominio sobre las pasiones y los pensamientos, su amor sincero a Dios, o su gran poder de concentración, estos hombres y mujeres son, en un sentido profundo, yoguis: se han fijado el objetivo esencial del yoga, el autodominio. Es probable que muchos de ellos alcanzaran aún mayores alturas si se les enseñara la ciencia definitiva del yoga, que permite una dirección más consciente, precisa y poderosa de la mente y la vida.

El yoga ha sido superficialmente malinterpretado por ciertos escritores occidentales, pero sus críticos nunca han sido sus practicantes. Entre los numerosos tributos reflexivos al yoga se puede mencionar uno del doctor C. G. Jung,[7] el famoso psicólogo suizo.

«Cuando un método religioso se recomienda como "científico", puede estar seguro de su público en Occidente. El yoga cumple con esta expectativa –escribe Jung–. Aparte del encanto de lo nuevo y la fascinación de lo medio comprendido, hay una buena razón para que el yoga tenga muchos seguidores. Ofrece

7. El doctor Jung asistió al Congreso de Ciencia India en 1937 y recibió un título honorario de la Universidad de Calcuta.

la posibilidad de una experiencia controlable, y así satisface la necesidad científica de "hechos" y, además, debido a su amplitud y profundidad, su venerable edad, su doctrina y método, que incluyen cada fase de la vida, promete posibilidades inimaginables.

Cada práctica religiosa o filosófica significa una disciplina psicológica, es decir, un método de higiene mental. Los procedimientos puramente corporales del yoga[8] también significan una higiene fisiológica que es superior a la gimnasia ordinaria y los ejercicios de respiración, en la medida en que no es meramente mecanicista y científica, sino también filosófica; en su entrenamiento de las partes del cuerpo, une las partes con el todo del espíritu, como queda bastante claro, por ejemplo, en los ejercicios de *pranayama*, donde el *prana* es tanto la respiración como las dinámicas universales del cosmos.

Cuando lo que el individuo está haciendo se convierte también en un evento cósmico, el efecto experimentado en el cuerpo (la inervación) se une con la emoción del espíritu (la idea universal), y de esa fusión nace una unidad viva que ninguna técnica, por científica que sea, puede producir. La práctica del yoga es impensable, y también sería ineficaz sin los conceptos sobre los que se fundamenta. Une lo corporal y lo espiritual de un modo extraordinariamente completo.

En Oriente, donde estas ideas y prácticas se han desarrollado, y donde una tradición ininterrumpida durante milenios ha edificado los cimientos espirituales necesarios, el yoga es –como puedo fácilmente creer– el método perfecto y apropiado para fusionar cuerpo y mente en una unidad que difícilmente puede ponerse en duda. Esa unidad genera una disposición psicológi-

8. El doctor Jung se refiere aquí al Hatha Yoga, una rama especializada de posturas corporales y técnicas para la salud y longevidad. Hatha es útil y produce resultados físicos espectaculares, pero esta rama del yoga es poco utilizada por los yoguis que se dedican a la liberación espiritual.

ca que hace posibles intuiciones que trascienden la conciencia ordinaria».

El día occidental está, de hecho, muy próximo: un tiempo en el que la ciencia interna del autocontrol será reconocida como tan necesaria como la conquista externa de la naturaleza. Esta nueva era atómica presenciará el ensanchamiento y la maduración del pensamiento humano, al comprender, ya con una base científica indiscutible, que la materia no es otra cosa que energía condensada. Las fuerzas más sutiles de la mente humana pueden y deben liberar energías mayores que las contenidas en piedras y metales, para que el gigante atómico, recién desatado, no se vuelva contra el mundo en una destrucción sin sentido.[9]

---

9. En el relato de Platón sobre la Atlántida, en *Timeo*, habla del avanzado estado de conocimiento científico de sus habitantes. Se cree que el continente perdido desapareció alrededor del 9500 a. C. debido a un cataclismo natural; sin embargo, ciertos escritores metafísicos afirman que los atlantes fueron destruidos como resultado de su mal uso del poder atómico. Dos escritores franceses han compilado recientemente una *Bibliografía de la Atlántida*, enumerando más de 1700 referencias históricas y otras.

CAPÍTULO 25

Mi hermano Ananta y mi hermana Nalini

«Ananta no puede vivir; la arena de su karma para esta vida se ha agotado»: estas inexorables palabras surgieron en mi conciencia interior mientras me encontraba una mañana en profunda meditación. Poco después de haber ingresado en la Orden de los Swami, realicé una visita a mi lugar de nacimiento, Gorakhpur, como huésped de mi hermano mayor, Ananta. Una enfermedad repentina lo confinó en su cama, y yo lo cuidé con todo mi amor.

El solemne anuncio interior me llenó de tristeza. Sentí que no podía soportar quedarme más tiempo en Gorakhpur, presenciando impotente la partida de mi hermano. En medio de las críticas de incomprensión de mis familiares, abandoné la India en el primer barco disponible. Navegamos bordeando Birmania y el mar de la China hasta Japón. Desembarcamos en Kobe, donde pasé sólo unos días, ya que mi corazón se encontraba demasiado pesado para hacer turismo.

En el viaje de regreso a la India, el barco hizo escala en Shanghái. Allí, el doctor Misra, médico de a bordo, me acompañó a varias tiendas de curiosidades, donde seleccioné diversos obsequios para Sri Yukteswar, mi familia y amigos. Para Ananta compré una pieza grande de bambú tallado. Cuando el vendedor chino me entregó el recuerdo, se me cayó de las manos y exclamé:

—¡He comprado esto para mi querido hermano muerto!

Una clara comprensión me invadió: su alma se estaba liberando en el Infinito. El bambú, al caer, se quebró de forma tan abrupta y simbólica que no me quedó duda. Entre sollozos, escribí sobre su superficie: «Para mi querido Ananta, que ya ha partido».

El doctor me observaba con una sonrisa sardónica.

—Guarda tus lágrimas –comentó–. ¿Para qué llorar antes de estar seguro de que está muerto?

Cuando el barco llegó a Calcuta, el doctor Misra me acompañó una vez más. Mi hermano menor, Bishnu, nos esperaba en el muelle.

—Sé que Ananta ha dejado este mundo –le dije antes de que pudiera pronunciar ni una palabra–. Dinos, por favor, a mí y al doctor, ¿en qué fecha falleció?

Bishnu mencionó el día exacto: era el mismo en que compré los recuerdos en Shanghái.

—¡Oye! –exclamó el doctor Misra–. ¡No dejes que esto se sepa! Los profesores añadirán un año de estudios de telepatía al curso de medicina, ¡que ya es suficientemente largo!

Mi padre me abrazó con calidez al llegar a nuestra casa en Gurpar Road.

—Has llegado –dijo con cariño.

Dos lágrimas silenciosas cayeron de sus ojos. Nunca antes, normalmente poco expresivo, me había mostrado signos tan visibles de afecto. Aunque de semblante grave, mi padre tenía el corazón tierno de una madre. En todas sus relaciones con la familia, ese doble papel paternal se manifestaba con claridad.

Poco después de la partida de Ananta, mi hermana menor, Nalini, casi pasa, ella también, por las puertas de la muerte. Se salvó gracias a una sanación divina. Antes de relatar ese episodio, mencionaré algunas fases anteriores de su vida.

Nuestra relación cuando éramos niños no fue especialmente feliz. Yo era delgado; ella, aún más. Impulsado por un motivo inconsciente –que los psiquiatras no tendrían dificultad en identificar–, solía burlarme con frecuencia de su aspecto cadavérico. Las respuestas de Nalini eran igual de francas y carentes de tacto, como corresponde a la insensibilidad de la primera juventud. A veces, mi madre intervenía poniendo fin a nuestras peleas con una suave bofetada en mi oído... porque era el hermano mayor.

Con el tiempo, Nalini se prometió con un joven médico de Calcuta, Panchanon Bose. Mi padre le entregó una generosa dote –presumiblemente, como le comenté en broma a mi hermana, para compensar al futuro esposo por el destino de unirse con una vara humana.

Los elaborados ritos matrimoniales se celebraron a su debido tiempo. En la noche de bodas, me uní al gran y jovial grupo de familiares reunidos en la sala de nuestra casa en Calcuta. El novio estaba recostado sobre un enorme cojín de brocado de oro, con Nalini a su lado. Un espléndido sari[1] de seda morada no podía, lamentablemente, ocultar por completo su angularidad. Me refugié detrás del cojín de mi nuevo cuñado y le sonreí de manera amistosa. Él no había visto a Nalini hasta el día de la ceremonia nupcial, cuando finalmente descubrió lo que le había tocado en la lotería matrimonial.

Sintiendo mi simpatía, el doctor Bose señaló discretamente a Nalini y me susurró al oído:

—Oye, ¿qué es esto?

—Pues, doctor –respondí–, ¡es un esqueleto para que lo observes!

Convulsos de risa, mi cuñado y yo tuvimos que esforzarnos por mantener la compostura ante nuestros familiares reunidos.

Con los años, el doctor Bose se ganó el cariño de nuestra familia, a la que acudía siempre que surgía una enfermedad. Él

---

1. El vestido elegantemente drapeado de las mujeres indias.

y yo nos hicimos grandes amigos, bromeando a menudo juntos –casi siempre con Nalini como blanco.

—Es una extrañeza médica –me comentó un día divertido–. He probado de todo con tu delgada hermana: aceite de hígado de bacalao, mantequilla, malta, miel, pescado, carne, huevos, tónicos… Aun así, no consigo que aumente ni un gramo.

Ambos nos reímos de buena gana. Pocos días después, visité la casa de los Bose. Tenía un recado breve; pensaba marcharme sin que Nalini advirtiera que había estado allí. Al llegar a la puerta principal, escuché su voz cordial pero firme:

—Hermano, ven aquí. Esta vez no vas a escaparte. Quiero hablar contigo.

Subí las escaleras hacia su habitación. Para mi sorpresa, la encontré llorando.

—Hermano querido –me dijo–, enterremos la vieja hacha de guerra. Veo que ahora tus pies están firmemente plantados en el camino espiritual. Quiero ser como tú en todos los aspectos. –Añadió con esperanza–: Te ves bien… ¿puedes ayudarme? Mi esposo no se acerca a mí… ¡y lo quiero tanto! Pero quiero aún más avanzar en la realización de Dios, aunque tenga que seguir siendo delgada y poco atractiva.[2]

Mi corazón se conmovió profundamente ante su súplica. Nuestra nueva amistad fue avanzando con firmeza; un día, Nalini me pidió que me convirtiera en su maestro espiritual.

—Entréname de cualquier forma que quieras. Pongo mi confianza en Dios, no en los tónicos.

Con decisión, reunió un montón de frascos y botellas y los arrojó por el desagüe del techo. Como prueba de su fe, le pedí que eliminara de su dieta el pescado, la carne y los huevos.

Pasaron varios meses, durante los cuales Nalini siguió estrictamente las diversas reglas que le había indicado, siendo vegeta-

---

2. Dado que la mayoría de las personas en la India son delgadas, una corpulencia razonable se considera muy deseable.

riana a pesar de numerosas dificultades y tentaciones. Un día fui a visitarla.

—Hermana, has estado observando de manera fiel las normas espirituales –le dije–. Tu recompensa está cerca. –Sonreí con picardía–. ¿Cuán gruesa quieres ser? ¿Tan gorda como nuestra tía, que no ha visto sus pies en años?

—¡No! –exclamó entre risas–. Pero deseo ser tan corpulenta como tú.

Le respondí con solemnidad:

—Por la gracia de Dios, así como siempre he hablado con la verdad... ahora también te hablo con verdad.[3] A través de las bendiciones divinas, tu cuerpo cambiará a partir de hoy; en un mes tendrás el mismo peso que el mío.

Estas palabras, pronunciadas desde lo más profundo de mi corazón, se cumplieron. En treinta días, el peso de Nalini igualó al mío. La nueva redondez le dio belleza; su esposo se enamoró profundamente de ella. Su matrimonio, que había comenzado de manera tan poco auspiciosa, resultó ser feliz.

A mi regreso de Japón, supe que durante mi ausencia Nalini había sufrido la fiebre tifoidea. Corrí a su casa y me horrorizó encontrarla reducida a un mero esqueleto. Estaba en coma.

—Antes de que su mente se confundiera por la enfermedad –me dijo mi cuñado–, solía repetir: «Si el hermano Mukunda estuviera aquí, no estaría así». –Y añadió con desesperación–: Los otros médicos y yo no vemos esperanza. La disentería sanguínea se ha instalado tras su larga lucha contra la tifoidea.

Moví cielo y tierra con mis oraciones. Contraté a una enfermera angloindia que me brindó total cooperación, y apliqué a mi hermana varias técnicas de sanación yóguica. La disentería desapareció.

---

3. Las escrituras hindúes afirman que aquellos que dicen habitualmente la verdad desarrollarán el poder de materializar sus palabras. Lo que ordenen desde el corazón se hará realidad en la vida.

Pero el doctor Bose negó con la cabeza, con tristeza:

—Simplemente… ya no tiene más sangre que derramar.

—Se recuperará –afirmé con firmeza–. En siete días, su fiebre desaparecerá.

Una semana después, me emocionó ver a Nalini abrir los ojos y mirarme con un reconocimiento lleno de cariño. Desde aquel día, su recuperación fue rápida. Aunque recuperó su peso habitual, una secuela la marcó: sus piernas habían quedado paralizadas. Los mejores especialistas indios e ingleses la consideraban una lisiada irrecuperable.

La incesante lucha por su vida, librada mediante la oración, me había dejado agotado. Fui a Serampore a pedir ayuda a Sri Yukteswar. Sus ojos expresaron una profunda simpatía mientras le relataba la situación.

—Las piernas de tu hermana estarán bien al final de un mes –dijo–. Haz que lleve, junto a su piel, una banda con una perla de dos quilates sujeta con un broche.

Me postré a sus pies con un alivio gozoso.

—Señor, eres un maestro. Tu palabra sobre su recuperación es suficiente. Pero si insistes, inmediatamente conseguiré una perla para ella.

Mi gurú asintió.

—Sí, hazlo.

A continuación, describió con exactitud las características físicas y mentales de Nalini, a quien nunca había visto.

—Señor –pregunté–, ¿esto es un análisis astrológico? Usted no conoce su día ni su hora de nacimiento.

Sri Yukteswar sonrió.

—Existe una astrología más profunda, no dependiente del testimonio de calendarios ni relojes. Cada hombre es parte del Creador, del Hombre Cósmico. Posee un cuerpo celestial, además del terrenal. El ojo humano ve la forma física, pero el ojo interior penetra más allá, hasta el patrón universal del que cada hombre es una parte integral e individual.

Regresé a Calcuta y compré una perla para Nalini. Un mes después, sus piernas se curaron completamente.

Mi hermana me pidió que transmitiera su sincero agradecimiento a mi gurú. Él escuchó el mensaje en silencio. Pero al despedirme, hizo un comentario significativo:

—Muchos médicos le han dicho a tu hermana que nunca podrá tener hijos. Asegúrale que, en unos pocos años, tendrá dos hijas.

Años después, para alegría de Nalini, dio a luz a una niña... seguida, tiempo después, por otra.

—Tu maestro ha bendecido nuestro hogar, a toda nuestra familia –me dijo mi hermana–. La presencia de ese hombre es una santificación para toda la India. Querido hermano, por favor, dile a Sri Yukteswarji que, a través de ti, me considero humildemente una de sus discípulas del Kriya Yoga.

CAPÍTULO 26

La ciencia del Kriya Yoga

La ciencia del Kriya Yoga, mencionada con frecuencia en estas páginas, se hizo ampliamente conocida en la India moderna gracias a la intervención de Lahiri Mahasaya, el gurú de mi gurú. La raíz sánscrita *kri* significa «hacer», «actuar», «reaccionar». Esta misma raíz está presente en *karma*, la palabra que designa la ley natural de causa y efecto. Kriya Yoga puede entenderse, por tanto, como «unión (*yoga*) con lo Infinito a través de una acción determinada o un rito interior». Un yogui que sigue fielmente esta técnica es poco a poco liberado del karma o de la cadena universal de la causación.

Debido a ciertas regulaciones antiguas del sendero yóguico, no es posible ofrecer una explicación completa del Kriya Yoga en un libro dirigido al público general. La técnica real debe aprenderse a través de un Kriya*ban* o Kriya yogui cualificado; por ello, aquí sólo se ofrece una referencia general.

Kriya Yoga es un método psicofisiológico simple mediante el cual la sangre humana se libera del carbono y se recarga con oxígeno. Los átomos de este oxígeno adicional se transforman en corrientes de energía vital, que rejuvenecen los centros cerebrales y espinales.[1] Al reducir la acumulación de sangre venosa, el yogui disminuye –e incluso puede prevenir– la descomposición de los tejidos corporales. El yogui avanzado puede llegar a transmutar sus células en pura energía. Profetas como Elías, Jesús, Kabir y otros eran expertos en el uso del Kriya, o técnicas análogas, que les permitían desmaterializar sus cuerpos a voluntad.

Kriya es una ciencia milenaria. Lahiri Mahasaya la recibió de su gurú, Babaji, quien la redescubrió y esclareció después de que se perdiera durante la Edad Oscura.

—El Kriya Yoga que estoy devolviendo al mundo a través de ti en este siglo XIX –le dijo Babaji a Lahiri Mahasaya– es una reactivación de la misma ciencia que Krishna entregó, hace milenios, a Arjuna, y que más tarde fue conocida por Patanjali, Cristo, san Juan, san Pablo y otros discípulos.

El Kriya Yoga es mencionado por Krishna, el más grande de los profetas de la India, en un verso del *Bhagavad Gita*: «Ofreciendo la respiración que entra en la respiración saliente, y ofreciendo la respiración saliente en la respiración que entra, el yogui neutraliza ambas respiraciones; de este modo, libera la fuerza vital del corazón y la pone bajo su control».[2] La interpretación es: «El yogui detiene la descomposición del cuerpo añadiendo fuerza vital y previene las mutaciones de crecimiento en el cuerpo por el *apan* (corriente eliminatoria). Así, neutralizando la descomposición y el crecimiento al calmar el corazón, el yogui aprende a controlar la vida».

---

1. El reconocido científico George W. Crile de Cleveland explicó ante una reunión de 1940 de la Asociación Americana para el Avance de la Ciencia los experimentos con los que demostró que todos los tejidos corporales son eléctricamente negativos, excepto los tejidos del cerebro y del sistema nervioso, que permanecen eléctricamente positivos porque absorben oxígeno revitalizador a un ritmo más acelerado.

2. *Bhagavad Gita*, IV, 29.

Krishna también menciona[3] que fue él quien, en una encarnación anterior, comunicó el yoga indestructible a un antiguo iluminado, Vivasvat, quien se lo transmitió a Manu, el gran legislador.[4] Él, a su vez, instruyó a Ikshwaku, el padre de la dinastía solar de los guerreros de la India. Pasando así de uno a otro, el yoga real fue custodiado por los *rishis* hasta que llegaron las épocas materialistas.[5] Luego, debido al secreto sacerdotal y a la indiferencia humana, el conocimiento sagrado poco a poco se volvió inaccesible.

El Kriya Yoga es mencionado dos veces por el antiguo sabio Patanjali, el principal exponente del yoga, quien escribió: «El Kriya Yoga consiste en la disciplina del cuerpo, el control mental y la meditación sobre *Aum*».[6] Patanjali habla de Dios como el Sonido Cósmico real de *Aum* oído en la meditación.[7] *Aum* es

---

3. *Bhagavad Gita* IV, 1-2.

4. El autor de los *Manava Dharma Shastras*. Estos institutos de ley común canonizada siguen siendo efectivos en la India hasta el día de hoy. El erudito francés Louis Jacolliot escribe que la fecha de Manu «se ha perdido en la noche del período antehistórico de la India; y ningún erudito ha osado negarle el título de legislador más antiguo del mundo». En *La Biblia en la India*, páginas 33-37, Jacolliot reproduce referencias textuales paralelas para demostrar que el código romano de Justiniano sigue de cerca las leyes de Manu.

5. El inicio de las edades materialistas, según los cálculos de las escrituras hindúes, fue en 3102 a. C. Éste fue el comienzo de la edad descendente de Dwapara. Los eruditos modernos, que creen alegremente que hace 10 000 años todos los hombres estaban hundidos en una Edad de Piedra bárbara, desestiman como «mitos» todos los registros y tradiciones de civilizaciones muy antiguas en la India, China, Egipto y otras tierras.

6. Los aforismos de Patanjali, II, 1. Al usar las palabras Kriya Yoga, Patanjali se refería, ya sea a la técnica exacta enseñada por Babaji, o a una muy similar. Que se trataba de una técnica definida de control de la vida lo demuestra el Aforismo II, 49 de Patanjali.

7. Aforismos de Patanjali, I, 27.

la Palabra Creativa,[8] el sonido del Motor Vibratorio. Incluso el principiante en yoga pronto escucha interiormente el maravilloso sonido de *Aum*. Recibiendo este aliento espiritual dichoso, el devoto se asegura de que está en contacto real con los reinos divinos.

Patanjali hace una segunda referencia a la técnica de control de la vida o Kriya de la siguiente manera: «La liberación se puede lograr por medio de ese *pranayama* que se alcanza al disociar el curso de la inspiración y la espiración».[9]

San Pablo conocía el Kriya Yoga, o una técnica muy similar a él, por medio del cual podía cambiar las corrientes vitales hacia y desde los sentidos. Por lo tanto, pudo decir: «En verdad, protesto por nuestro regocijo que tengo en Cristo, muero todos los días».[10] Al retirar cada día su fuerza vital corporal, la unió por medio del yoga con el regocijo (bienaventuranza eterna) de la conciencia de Cristo. En ese estado feliz, estaba consciente de que estaba muerto al mundo ilusorio sensorial de *maya*.

En los estados iniciales de contacto con Dios (*sabikalpa samadhi*), la conciencia del devoto se fusiona con el Espíritu Cósmico; su fuerza vital es retirada del cuerpo, que aparece «muerto», o inmóvil y rígido. El yogui está completamente consciente de su condición corporal de animación suspendida. Sin embargo, a medida que progresa hacia estados espirituales más eleva-

---

8. Los «Al principio era la Palabra, y la Palabra estaba con Dios, y la Palabra era Dios... Todas las cosas fueron hechas por él; y sin él nada de lo que ha sido hecho fue hecho», Juan 1, 1-3. *Aum* (Om) de los Vedas se convirtió en la palabra sagrada Amin de los musulmanes, Hum de los tibetanos y amén de los cristianos (su significado en hebreo es «seguro», «fiel»). «Estas cosas dice el amén, el testigo fiel y verdadero, el principio de la creación de Dios», Revelaciones 3, 14.

9. *Aforismos* II, 49.

10. 1 Corintios 15, 31. «Nuestro regocijo» es la traducción correcta; no «vuestro regocijo», como se suele decir. San Pablo se refería a la omnipresencia de la conciencia de Cristo.

dos (*nirbikalpa samadhi*), se comunica con Dios sin fijación corporal, y en su conciencia ordinaria de vigilia, incluso en medio de exigentes deberes mundanos.[11]

—El Kriya Yoga es un método a través del cual la evolución humana puede acelerarse –explicaba Sri Yukteswar a sus estudiantes–. Los antiguos yoguis descubrieron que el secreto de la conciencia cósmica está íntimamente ligado al dominio de la respiración. Ésta es la única y eterna contribución de la India al tesoro mundial del conocimiento. La fuerza vital, que normalmente se absorbe en el mantenimiento de la bomba del corazón, debe ser liberada para actividades superiores mediante un método que calme y silencie las incesantes demandas de la respiración.

El Kriya yogui dirige mentalmente su energía vital para que gire, hacia arriba y hacia abajo, alrededor de los seis centros espinales (plexos medular, cervical, dorsal, lumbar, sacro y coxígeo), que corresponden a los doce signos astrales del zodiaco: el Hombre Cósmico simbólico. Un minuto y medio de revolución de energía en torno a la sensible médula espinal produce un sutil avance en la evolución del practicante; ese medio minuto de Kriya equivale a un año entero de desarrollo espiritual natural.

El sistema astral del ser humano, con seis constelaciones interiores (doce por polaridad) girando alrededor del sol del ojo espiritual omnisciente, está en relación directa con el sol físico y los doce signos zodiacales. Así, todos los hombres están afectados simultáneamente por un universo interior y otro exterior. Los antiguos *rishis* descubrieron que el entorno terrenal y celestial del hombre, en ciclos de doce años, lo impulsa de manera natural hacia adelante. Las escrituras afirman que el hombre

11. *Kalpa* significa «tiempo» o «eón». *Sabikalpa* significa «sujeto al tiempo o cambio»; permanece algún vínculo con *prakriti* o materia. *Nirbikalpa* significa «atemporal», «inmutable». Éste es el estado más alto de *samadhi*.

requiere un millón de años de evolución normal y libre de enfermedad para perfeccionar su cerebro lo suficiente como para expresar la conciencia cósmica.

Mil Kriyas practicadas en ocho horas proporcionan al yogui, en un sólo día, el equivalente a mil años de evolución natural: 365 000 años en un año. En tres años, un yogui del Kriya puede, mediante esfuerzo inteligente, lograr el mismo resultado que la naturaleza obtendría en un millón de años. Este atajo, por supuesto, sólo está al alcance de yoguis profundamente desarrollados, que bajo la guía de un gurú han preparado con cuidado sus cuerpos y cerebros para soportar y canalizar el poder que la práctica intensiva despierta.

El principiante de Kriya realiza su ejercicio tan sólo entre catorce y veintiocho veces, dos veces al día. Muchos yoguis alcanzan la emancipación en seis, doce, veinticuatro o cuarenta y ocho años. Un yogui que muere antes de lograr la plena realización lleva consigo el buen karma de su esfuerzo en Kriya; en su nueva vida, es impulsado armónicamente hacia su Meta Infinita.

El cuerpo del hombre promedio es como una lámpara de cincuenta vatios: no puede soportar los mil millones de vatios de energía que pueden despertarse con una práctica prematura o excesiva del Kriya. Por eso, mediante un aumento gradual y regular de los métodos simples e «infalibles» del Kriya, el cuerpo se transforma día a día, hasta adaptarse astralmente para expresar los infinitos potenciales de la energía cósmica: la primera manifestación materialmente activa del Espíritu.

El Kriya Yoga no tiene nada en común con los ejercicios de respiración no científicos enseñados por una serie de fanáticos mal informados. Sus intentos de retener de manera forzada la respiración en los pulmones no sólo son antinaturales, sino también desagradables. El Kriya, en cambio, va acompañado desde el principio por un aumento de la paz interior y por sensaciones regeneradoras y calmantes en la columna vertebral.

Esta técnica yóguica antigua convierte la respiración en mente. A través del progreso espiritual, uno llega a percibir la respiración como un acto de la mente: una respiración de ensueño.

Se podrían proporcionar muchos casos de la relación matemática entre la tasa respiratoria del hombre y las variaciones en sus estados de conciencia. Una persona cuya atención está completamente absorbida –ya sea siguiendo un argumento intelectual muy riguroso o intentando una hazaña física delicada– respira automáticamente de forma muy lenta. La fijación de la atención depende directamente de la respiración pausada; en cambio, las respiraciones rápidas o irregulares son un acompañamiento inevitable de estados emocionales perjudiciales: miedo, lujuria, ira. El mono inquieto respira unas 32 veces por minuto, en contraste con el promedio humano de 18. Animales como el elefante, la tortuga y la serpiente, conocidos por su longevidad, tienen tasas respiratorias inferiores a las del hombre. La tortuga, por ejemplo, que puede vivir hasta 300 años,[12] respira sólo cuatro veces por minuto.

Los efectos rejuvenecedores del sueño se deben a la desconexión temporal de la conciencia corporal y de la respiración. El hombre que duerme se convierte en un yogui; cada noche realiza de manera inconsciente el rito yóguico de liberarse de la identificación con el cuerpo y de fundir su fuerza vital con las corrientes curativas del cerebro y los seis subdinamos de sus centros espinales. Así, se sumerge sin saberlo en el reservorio de energía cósmica que sustenta toda vida.

El yogui voluntario realiza este proceso simple y natural de forma consciente, no inconsciente como el durmiente. El Kriya yogui emplea su técnica para saturar y vivificar todas las células de su cuerpo con luz, manteniéndolas magnetizadas. A nivel científico, hace innecesaria la respiración, sin caer en el sueño subconsciente ni en la inconsciencia.

---

12. Según la *Lincoln Library of Essential Information*, página 1030, la tortuga gigante vive entre 200 y 300 años.

Mediante el Kriya, la fuerza vital no se desperdicia en los sentidos, sino que se concentra para fusionarse con las energías más sutiles de la columna. Este refuerzo vital electrifica el cuerpo y el cerebro del yogui con el elixir espiritual. Así, se libera del lento camino de la observancia pasiva de las leyes naturales –como la alimentación, la luz solar o los pensamientos positivos–, que sólo conducen, por vías indirectas, a una meta que requiere un millón de años de evolución. Se necesitan doce años de vida sana para lograr un cambio perceptible en la estructura cerebral, y se requieren un millón de ciclos solares para refinarlo lo suficiente como para manifestar la conciencia cósmica.

Al desatar el nudo de la respiración –que ata el alma al cuerpo– el Kriya prolonga la vida y expande la conciencia hacia lo infinito. Supera la lucha entre mente y sentidos atados a la materia, y libera al devoto para que reintegre su reino eterno. Sabe que su verdadera naturaleza no está limitada por la envoltura física ni por la respiración: ese símbolo de la esclavitud mortal al aire y a las compulsiones elementales de la naturaleza.

La introspección o el «sentarse en silencio», es un intento no científico de separar la mente de los sentidos, todavía atados entre sí por la fuerza vital. La mente contemplativa que intenta volver a Dios es siempre arrastrada hacia los sentidos por esas corrientes. El Kriya, en cambio, controla directamente la mente a través de la fuerza vital; es el camino más directo, efectivo y científico hacia el Infinito. Frente al lento e incierto carro de bueyes de la teología, el Kriya es el camino del avión. El yoga, como ciencia empírica, considera todas las formas de concentración y ejercicios de meditación. Permite al devoto desconectar –o encender– a voluntad la corriente vital de los cinco «teléfonos» sensoriales: vista, oído, olfato, gusto y tacto. Al alcanzar este poder de desconexión, el yogui puede unir su mente, sin obstáculos, tanto con los mundos divinos como con el mundo material. Ya no es arrastrado involuntariamente por la fuerza vital hacia la marea sensorial del mundo exterior. Dueño de su cuerpo y de su mente, el Kriya yogui alcanza finalmente la victoria sobre el «último enemigo», la muerte.

«Así comerás a la muerte, que se alimenta de los hombres. Y una vez muerta la muerte, no habrá más muerte».[13]

La vida de un Kriya yogui avanzado no está determinada por los efectos de acciones pasadas, sino únicamente por las directrices de su alma. El devoto, así, evita los lentos y torpes monitores evolutivos de las acciones egoístas, buenas o malas, propias de la vida común: demasiado lentas para corazones de águila.

El método superior de vida del alma libera al yogui, que, despojado de la prisión del ego, respira el aire profundo de la omnipresencia. El cautiverio de la vida natural, en contraste, está regido por un ritmo humillante. Alineado con el orden evolutivo, el hombre no puede exigir concesión alguna a la prisa. Aun si no yerra contra las leyes de su dotación física y mental, necesita cerca de un millón de años de disfraces encarnados para alcanzar la emancipación final.

Los métodos telescópicos de los yoguis –que abandonan sus identificaciones físicas y mentales en favor de la individualidad del alma– se recomiendan a quienes se sublevan ante la perspectiva de mil años. Esta cifra aumenta aún más para el hombre común, que no vive ni en armonía con la naturaleza ni con su alma, sino que se enreda en complejidades antinaturales, ofendiendo en su cuerpo y pensamientos las dulces sanidades de la vida natural. Para él, incluso dos millones de años apenas bastarían para alcanzar la liberación.

El hombre grosero rara vez se da cuenta de que su cuerpo es un reino gobernado por el Alma Emperatriz, sentada en el trono del cráneo, con regentes subsidiarios en los seis centros espinales o esferas de conciencia. Esta teocracia se extiende sobre una multitud de súbditos obedientes: veintisiete mil millones de células, dotadas de inteligencia automática y certera con la que ejecutan todas las funciones de crecimiento, transformación y disolución del cuerpo; y cincuenta millones de pensa-

---

13. *Bhagavad Gita*, VI, 46.

mientos subyacentes, emociones y variaciones alternantes en la conciencia del hombre promedio durante una vida de sesenta años. Cualquier aparente insurrección de las células del cuerpo o del cerebro –ya sea como enfermedad o depresión– no se debe a su deslealtad, sino al mal uso, pasado o presente, de la individualidad o libre albedrío del hombre. Este albedrío, entregado junto con el alma, nunca le es revocado.

Identificándose con un ego superficial, el hombre asume que él es quien piensa, desea, siente, digiere y vive. Nunca admite –con sólo un poco de reflexión bastaría– que en su vida cotidiana no es más que un títere del karma y del entorno. Sus reacciones mentales, sentimientos, estados de ánimo y hábitos están condicionados por causas previas, de esta o de otras vidas. Pero por encima de todas esas influencias se alza su alma regia. Despreciando las verdades parciales y las libertades efímeras, el Kriya yogui va más allá de la ilusión hacia su Ser sin ataduras. Todas las escrituras proclaman que el hombre no es un cuerpo corruptible, sino un alma viviente; el Kriya le ofrece un método para verificar esa verdad.

«El ritual exterior no puede destruir la ignorancia, porque no se le opone directamente», escribió Shankara en sus célebres *Centurias*. «Sólo el conocimiento realizado destruye la ignorancia. Y ese conocimiento no surge por otro medio que no sea la indagación. "¿Quién soy yo? ¿Cómo nació este universo? ¿Quién lo creó? ¿Cuál es su causa material?" Éste es el tipo de indagación esencial». Como el intelecto no tiene respuesta a tales preguntas, los *rishis* desarrollaron el yoga: la técnica directa de la indagación espiritual.

El Kriya Yoga es el verdadero «rito de fuego» exaltado en la *Bhagavad Gita*. Los fuegos purificadores del yoga portan iluminación eterna, y difieren radicalmente de los rituales religiosos externos –a menudo ineficaces– donde la percepción de la verdad es quemada junto al incienso.

El yogui avanzado, al retener toda su mente, voluntad y sentimiento lejos de la falsa identificación con los deseos corporales, une su conciencia con las fuerzas supraconscientes de los santuarios espinales. Vive así en este mundo conforme al diseño divino, no impulsado por hábitos del pasado ni por nuevas necedades del ego. Ese yogui alcanza el cumplimiento de su Supremo Deseo, seguro en el último refugio del Espíritu inagotablemente dichoso.

El yogui ofrece sus anhelos humanos, con todas sus ramificaciones, a la hoguera monoteísta del Dios incomparable. Ésta es la verdadera ceremonia de fuego yóguica, donde los deseos pasados y presentes son consumidos como leña por el amor divino. La Llama Suprema recibe el sacrificio de toda la locura humana y el hombre queda puro. Sus huesos, despojados de toda carne deseosa, su esqueleto kármico blanqueado por los antisépticos soles de la sabiduría, queda limpio al fin, inofensivo ante el hombre y ante el Creador.

Al referirse a la eficacia segura y metódica del yoga, el Señor Krishna elogia al yogui tecnológico con estas palabras: el yogui es más grande que los ascetas que disciplinan el cuerpo, más grande aún que los seguidores del camino de la sabiduría o del camino de la acción. Sé tú, oh, discípulo Arjuna, un yogui.[14]

---

14. *Bhagavad Gita*, VI, 46.

CAPÍTULO 27

Fundación de una escuela de yoga en Ranchi

—¿Por qué eres reacio al trabajo organizativo?

La pregunta del Maestro me sorprendió. Lo cierto es que, en ese momento, yo consideraba a las organizaciones como «nidos de avispas».

—Es una tarea ingrata, señor –respondí–. Haga lo que haga el líder, siempre será criticado.

—¿Quieres toda la *channa* divina sólo para ti?

La mirada de mi gurú fue severa. Sus palabras, aunque breves, me atravesaron con la fuerza de una verdad ineludible.

—¿Crees que tú o cualquiera podría haber alcanzado el contacto con Dios a través del yoga si una línea de maestros generosos no hubiera estado dispuesta a transmitir su conocimiento? Dios es la miel, las organizaciones son las colmenas. Ambos son necesarios. Una forma sin espíritu es inútil, por supuesto. Pero ¿por qué no habrías tú de comenzar colmenas activas, llenas del néctar espiritual?

Su consejo me conmovió. No dije nada en ese momento, pero en mi corazón se despertó una resolución firme: compartiría con los demás las verdades que me habían liberado, las que había aprendido a los pies de mi gurú.

—Señor –oré en silencio–, que Tu Amor brille siempre en el santuario de mi devoción y que pueda despertar ese Amor en otros corazones.

Recordé entonces una observación que Sri Yukteswar había hecho en una ocasión anterior, antes de que me uniera a la orden monástica:

—¡Cómo extrañarás la compañía de una esposa en tu vejez! –había dicho–. ¿No crees que el hombre de familia, que trabaja para mantener a su esposa e hijos, cumple un papel meritorio ante los ojos de Dios?

—Señor –protesté con alarma–, sabes que mi único deseo en esta vida es desposar al Amado Cósmico.

Mi gurú se rio con alegría. Comprendí que sus palabras habían sido una prueba de mi fe.

—Recuerda –dijo con una gravedad serena– que quien abandona sus deberes mundanos sólo puede justificarse asumiendo una responsabilidad aún mayor hacia una familia más extensa.

El ideal de una educación integral para los jóvenes siempre había latido en mi corazón. Veía con claridad los frutos estériles de la enseñanza convencional, centrada tan sólo en el desarrollo físico e intelectual. Los valores morales y espirituales, sin los cuales ningún hombre puede conocer la verdadera dicha, estaban ausentes de los planes de estudio. Decidí fundar una escuela donde los jóvenes pudieran desarrollarse con plenitud hasta alcanzar la verdadera estatura de la humanidad. El primer paso lo di en Dihika, un pequeño rincón rural en Bengala, con sólo siete niños.

Un año después, en 1918, gracias a la generosidad del señor Manindra Chandra Nundy, el marajá de Kasimbazar, pude trasladar a mi creciente grupo a Ranchi, una ciudad de Bihar, a unos trescientos kilómetros de Calcuta. Ranchi, con uno de los climas más saludables de la India, se convirtió en el nuevo hogar de nuestra escuela. El palacio Kasimbazar, en Ranchi, fue transformado en la sede de la nueva escuela, a la que llamé «Brahmacharya Vidyalaya»[1] de acuerdo con los ideales educativos de los *rishis*. Sus *ashrams* forestales habían sido los antiguos centros de aprendizaje, tanto secular como divino, para la juventud de la India.

En Ranchi organicé un programa educativo que abarcaba tanto los grados de gramática como los de secundaria. El plan de estudios incluía asignaturas agrícolas, industriales, comerciales y académicas. Además, se impartían enseñanzas de concentración y meditación yogui, así como un sistema singular de desarrollo físico que denominé «Yogoda», cuyos principios descubrí en 1916.

Al comprender que el cuerpo humano funciona como una batería eléctrica, razoné que podía recargarse con energía mediante la intervención directa de la voluntad humana. Ninguna acción –por pequeña o grande que sea– es posible sin voluntad; por tanto, el hombre puede utilizar ese motor principal para renovar sus tejidos sin necesidad de aparatos ni ejercicios mecánicos. Enseñé a los estudiantes de Ranchi mis técnicas simples de Yogoda, a través de las cuales la fuerza vital, centrada en la médula oblonga, podía ser recargada consciente e instantáneamente desde el suministro inagotable de energía cósmica.

Los muchachos respondieron con entusiasmo a este entrenamiento, desarrollando una capacidad extraordinaria para mover la energía vital de una parte del cuerpo a otra y para mantener con soltura posturas corporales difíciles en perfecta esta-

---

1. *Vidyalaya*, «escuela». *Brahmacharya* aquí se refiere a una de las cuatro etapas en el plan védico para la vida del hombre, que incluye: (1) el estudiante célibe (*brahmachari*); (2) el hogar con responsabilidades mundanas (*grihastha*); (3) el ermitaño (*vanaprastha*); (4) el morador del bosque o vagabundo, libre de todas las preocupaciones terrenales (*sannyasi*). Este esquema ideal de vida, aunque no ampliamente observado en la India moderna, aún tiene muchos seguidores devotos. Las cuatro etapas se realizan religiosamente bajo la dirección de un gurú durante toda la vida.

bilidad.[2] Realizaron hazañas de fuerza y resistencia que muchos adultos poderosos no pudieron igualar. Mi hermano menor, Bishnu Charan Ghosh, se unió a la escuela de Ranchi; más tarde se convirtió en un destacado culturista físico en Bengala. Él y uno de sus estudiantes viajaron a Europa y América, ofreciendo exhibiciones de fuerza y habilidad que asombraron a los sabios universitarios, incluidos los de la Universidad de Columbia en Nueva York.

Al final del primer año en Ranchi, las solicitudes de admisión alcanzaron las dos mil. Pero la escuela, que en ese momento era únicamente residencial, sólo podía albergar a alrededor de cien. Pronto se añadió la enseñanza para estudiantes externos.

En el Vidyalaya tuve que hacer de padre-madre para los niños pequeños y hacer frente a muchas dificultades organizativas. A menudo recordaba las palabras de Cristo: «De cierto os digo que no hay nadie que haya dejado casa, hermanos o hermanas, padre o madre, mujer, hijos o tierras por mi causa y por la causa del evangelio, que no reciba cien veces más ahora, en este tiempo, casas, hermanos, hermanas, madres, hijos y tierras, con persecuciones; y en el mundo venidero, vida eterna».[3] Sri Yukteswar había interpretado así estas palabras: «El devoto que renuncia a las experiencias del matrimonio y la familia, y cambia los problemas de un pequeño hogar por las responsabilidades mayores del servicio a la sociedad emprende una tarea que suele ir acompañada de persecución por parte de un mundo que no comprende [...] pero también de una satisfacción divina en su interior».

---

2. Varios estudiantes estadounidenses también han dominado diversas *asanas* o posturas, entre ellos Bernard Cole, un instructor en Los Ángeles de las enseñanzas de la Self-Realization Fellowship.

3. Marcos 10, 29-30.

Yogoda Math, hermosa ermita de la Self-Realization Fellowship en Dakshineswar, a orillas del Ganges. Fundada en 1938 como un retiro de yoga para estudiantes de Oriente y Occidente.

Edificio principal de la Yogoda Sat-Sanga Brahmacharya Vidyalaya en Ranchi, Bihar, fundada en 1918 como una escuela de yoga para niños, que también ofrecía educación de nivel primario y secundario. Está vinculada a la misión filantrópica Lahiri Mahasaya Mission.

Un día, mi padre vino a Ranchi para darme la bendición paternal que había estado aguardando desde que rechacé su oferta de trabajo en el Ferrocarril Bengal-Nagpur.

—Hijo –me dijo–, ya me he reconciliado con tu elección de vida. Me alegra verte entre estos jóvenes alegres y deseosos de aprender; perteneces más aquí que entre los horarios inertes del ferrocarril. –Señaló a una docena de niños que me seguían de cerca–. Yo sólo tuve ocho hijos –comentó con una chispa en los ojos–, pero ¡puedo entender lo que sientes!

Con un gran huerto y poco más de cien mil metros cuadrados fértiles a nuestra disposición, los estudiantes, los maestros y yo disfrutábamos de largas jornadas de trabajo al aire libre. La escuela estaba llena de vida… y de mascotas. Una de ellas, un ciervo joven, se había ganado el corazón de todos. Yo también lo amaba entrañablemente; dormía en mi habitación y al amanecer se acercaba a mi cama en busca de una caricia.

Una mañana, como debía salir temprano a la ciudad de Ranchi, alimenté al cervatillo antes de lo habitual y advertí a los niños que no volvieran a darle nada hasta mi regreso. Pero uno desobedeció y le ofreció una cantidad excesiva de leche. Cuando volví por la tarde, me recibió la terrible noticia:

—El ciervo está agonizando por sobrealimentación.

Llorando, lo tomé en mi regazo y oré con desesperación a Dios, suplicándole que le devolviera la vida. Horas más tarde, abrió los ojos, se incorporó con dificultad y caminó. La escuela entera estalló de alegría.

Pero esa noche aprendí una lección que nunca olvidaré. Me quedé despierto velando al ciervo hasta las dos de la madrugada, momento en que me venció el sueño. Entonces soñé que el ciervo me hablaba: «Me estás reteniendo. Por favor, déjame ir». En sueños, respondí: «Está bien».

Me desperté de golpe y grité:

—¡Niños, el ciervo se está muriendo!

Corrimos hacia él. El animal hizo un último esfuerzo por levantarse, avanzó tambaleándose hasta mis pies… y cayó muerto.

Su vida había llegado a su fin. Según el karma colectivo que rige a los animales, su alma estaba lista para avanzar a una forma más elevada. Pero, por mi profundo apego –que luego comprendí era egoísta– y por mis fervientes plegarias, había logrado retenerlo dentro de las limitaciones de la forma animal de la cual el alma luchaba por liberarse. El alma del ciervo hizo su súplica en un sueño porque, sin mi amoroso permiso, no quería o no podía partir. Tan pronto como accedí, se marchó.

Todo dolor me abandonó; comprendí de nuevo que Dios quiere que sus hijos amen todo como una parte de Él, y que no caigan en la ilusión de que la muerte lo termina todo. El hombre ignorante sólo ve la insuperable muralla de la muerte, que oculta, aparentemente para siempre, a sus queridos amigos. Pero el hombre desapegado, aquel que ama a los demás como manifestaciones del Señor, entiende que en la muerte los seres queridos sólo han regresado a un breve espacio de alegría en Él.

La escuela de Ranchi, surgida de comienzos sencillos, se convirtió con el tiempo en una institución reconocida en la India. Muchos de sus departamentos siguen existiendo gracias a las contribuciones voluntarias de quienes desean perpetuar los ideales educativos de los *rishis*. Bajo el nombre general de Yogoda Sat-Sanga,[4] se han establecido florecientes sucursales en Midnapore, Lakshmanpur y Puri.

La sede de Ranchi mantiene un Departamento Médico donde se ofrecen gratuitamente medicamentos y atención por parte de médicos a los pobres de la región. El número de personas tratadas ha superado, en promedio, las 18 000 al año. La Vidyalaya también ha dejado su huella en los deportes de competición de la India y en el ámbito académico, donde muchos exalumnos han destacado en su posterior vida universitaria.

---

4. *Yogoda*: «yoga», «unión», «armonía», «equilibrio»; da, aquello que imparte. *Sat-Sanga*: *sat*, «verdad»; *sanga*, «compañía». En Occidente, para evitar el uso de un nombre en sánscrito, el movimiento Yogoda Sat-Sanga se ha bautizado como Self-Realization Fellowship.

La escuela, ahora en su vigésimo octavo año y centro de múltiples actividades,[5] ha sido honrada con la visita de eminentes figuras, tanto de Oriente como de Occidente. Uno de los primeros grandes maestros en examinar la Vidyalaya en su primer año fue Swami Pranabananda, el «santo de Benarés con dos cuerpos». Al observar las clases al aire libre, celebradas bajo la sombra de los árboles, y al ver por la tarde a los pequeños sentados en meditación yóguica durante horas, quedó profundamente conmovido.

—Me alegra el corazón –dijo– ver que los ideales de Lahiri Mahasaya para la formación adecuada de la juventud se están cumpliendo en esta institución. Que las bendiciones de mi gurú recaigan sobre ella.

Un joven sentado a mi lado se atrevió a interpelar al gran yogui:

—Señor, ¿debería ser monje? ¿Está mi vida dedicada sólo a Dios?

Swami Pranabananda sonrió con dulzura, aunque sus ojos parecían mirar más allá del presente.

—Hijo –respondió–, cuando crezcas, habrá una hermosa novia esperándote.

Aquel niño, efectivamente, se casó años después, tras haber planeado durante mucho tiempo ingresar en la Orden de los Swami.

Algún tiempo después de aquella visita, acompañé a mi padre a la casa en Calcuta donde Swami Pranabananda se alojaba temporalmente. Entonces recordé la predicción que me hiciera años atrás: «Te veré, junto con tu padre, más adelante».

Cuando mi padre entró en la habitación, el gran yogui se levantó de su asiento y lo abrazó con un respeto lleno de ternura.

---

5. Las actividades en Ranchi se describen con mayor detalle en el capítulo 40. La escuela de Lakshmanpur está bajo la hábil dirección del señor G. C. Dey. El departamento médico es supervisado con competencia por el doctor S. N. Pal y Sasi Bhusan Mullick.

—Bhagabati –dijo–, ¿qué estás haciendo por ti mismo? ¿No ves a tu hijo corriendo hacia el Infinito?

Me sonrojé al escuchar sus elogios delante de mi padre. El *swami* continuó:

—Recuerdas cuántas veces nuestro bendito gurú solía decir: «*Banat, banat, ban jai*».[6] Así que sigue practicando Kriya Yoga sin cesar y pronto llegarás a las puertas divinas.

El cuerpo de Pranabananda, que durante mi extraordinaria primera visita en Benarés se había mostrado saludable y vigoroso, ahora evidenciaba señales de envejecimiento, aunque su postura seguía siendo admirablemente erguida.

—Swamiji –le pregunté, mirándolo directamente a los ojos–, por favor, dime la verdad: ¿no sientes el paso del tiempo? A medida que el cuerpo se debilita, ¿tus percepciones de Dios son inferiores?

Sonrió con dulzura celestial.

—El Amado está más conmigo que nunca. –Su absoluta convicción sacudió mi mente y mi alma. Continuó–: Sigo recibiendo mis dos pensiones, una de Bhagabati aquí y otra de allá arriba.

Señalando el cielo con el dedo, el santo entró en éxtasis, y su rostro se iluminó de un resplandor divino. Aquella visión fue una respuesta más elocuente que cualquier palabra.

Al notar que la habitación de Pranabananda estaba llena de plantas y paquetes de semillas, le pregunté con curiosidad por su finalidad.

—He dejado Benarés de forma definitiva –dijo–, y ahora voy rumbo al Himalaya. Allí crearé un *ashram* para mis discípulos. Estas semillas producirán espinacas y otras verduras. Mis queridos vivirán de forma sencilla, dedicando su tiempo a la bendita unión con Dios. Nada más es necesario.

---

6. Una de las frases favoritas de Lahiri Mahasaya, dada como estímulo para la perseverancia de sus estudiantes. Una traducción libre sería: «¡Esforzándose, esforzándose, un día, el objetivo divino!».

Mi padre preguntó a su hermano discípulo cuándo regresaría a Calcuta.

—Nunca más –respondió el santo–. Éste es el año en que Lahiri Mahasaya me dijo que dejaría para siempre mi amado Benarés y partiría hacia el Himalaya, donde me despojaré de mi cuerpo mortal.

Al oír sus palabras, mis ojos se llenaron de lágrimas. Pero el *swami* me sonrió con serenidad. Me recordó a un niño celeste, confiado en el regazo de la Divina Madre.

El peso de los años no afecta a la plena posesión de los poderes espirituales supremos de un gran yogui. Puede renovar su cuerpo a voluntad; sin embargo, a veces escoge no retrasar el proceso de envejecimiento, permitiendo que su karma se disuelva en el plano físico. Así, utiliza su cuerpo envejecido como un instrumento que ahorra tiempo, evitando la necesidad de resolver el karma en una nueva encarnación.

Meses después, me encontré con un viejo amigo, Sanandan, uno de los discípulos cercanos de Pranabananda.

—Mi adorable gurú se ha ido –me dijo entre sollozos–. Fundó una ermita cerca de Rishikesh y nos ofreció una enseñanza amorosa. Cuando ya estábamos bien asentados y avanzando rápidamente en nuestra vida espiritual a su lado, un día propuso alimentar a una gran multitud de Rishikesh.

»Le pregunté por qué deseaba reunir a tanta gente

»—Ésta será mi última ceremonia de festival –respondió.

»No comprendí del todo el alcance de sus palabras.

»Pranabanandaji participó personalmente en la preparación de grandes cantidades de comida. Alimentamos a unas dos mil personas. Al terminar el banquete, se sentó en una plataforma elevada y ofreció un sermón inspirado sobre el Infinito. Al final, frente a miles de personas, se volvió hacia mí (yo estaba sentado junto a él en el estrado) y, con inusitada fuerza, dijo:

»—Sanandan, prepárate; voy a patear el marco.[7]

7. Es decir, abandonar el cuerpo.

»Después de un instante de asombro, grité con desesperación:

»—¡Maestro, no lo haga! ¡Por favor, por favor, no lo haga!

»La multitud guardó silencio. Nos observaban con una mezcla de curiosidad y respeto. Mi gurú me dirigió una sonrisa, pero su mirada, ya absorta en la Eternidad, no vaciló.

»—No seas egoísta –dijo con serenidad– ni llores por mí. Os he servido con alegría; ahora alegraos por mí y deseadme un buen viaje. Me voy a encontrar con mi Amado Cósmico. –En un susurro, Pranabanandaji añadió–: Pronto renaceré. Después de gozar un breve período de Bienaventuranza Infinita, regresaré a la Tierra y me reuniré con Babaji.[8] Pronto sabrás cuándo y dónde mi alma habrá sido encerrada en un nuevo cuerpo. –Y volvió a gritar–: "Sanandan, aquí pateo el marco con el segundo Kriya Yoga".[9]

»Miró el mar de rostros frente a nosotros y pronunció una bendición. Dirigiendo su mirada hacia su ojo espiritual interior, quedó inmóvil. Mientras la multitud desconcertada creía que meditaba en un estado extático, él ya había dejado el tabernáculo de carne y sumergido su alma en la inmensidad cósmica. Los discípulos tocaron su cuerpo, aún sentado en la postura del loto, pero ya no era carne cálida: sólo quedaba un cuerpo rígido. El inquilino se había marchado hacia la orilla inmortal.

Le pregunté a Sanandan dónde se reencarnaría Pranabananda.

—Ésa es una confesión sagrada que no puedo revelar a nadie –respondió con solemnidad–. Tal vez lo descubras por otro camino.

---

8. El gurú de Lahiri Mahasaya, quien aún vive (*véase* capítulo 33).

9. El segundo *Kriya*, tal como lo enseñó Lahiri Mahasaya, permite al devoto que lo ha dominado abandonar y regresar al cuerpo conscientemente en cualquier momento. Los yoguis avanzados usan la técnica del segundo *Kriya* durante la última salida de la muerte, un momento que invariablemente conocen de antemano.

Años más tarde lo supe gracias a Swami Keshabananda.[10] Unos años después de su nacimiento en un nuevo cuerpo, Pranabananda había ido a Badrinarayan, en el Himalaya, y allí se unió al grupo de santos alrededor del gran Babaji.

10. Mi encuentro con Keshabananda se describe en el capítulo 42.

CAPÍTULO 28

Kashi, renacido y redescubierto

—Por favor, no entréis en el agua. Nos bañaremos sumergiendo nuestros cubos –me dirigía a los jóvenes estudiantes de Ranchi que me acompañaban en una caminata de casi trece kilómetros a una colina vecina.

El estanque frente a nosotros resultaba tentador, pero había aparecido en mi mente un súbito desagrado. Aunque el grupo a mi alrededor siguió mi ejemplo y se limitó a llenar los cubos de agua, algunos muchachos no resistieron la tentación de sumergirse en aquellas aguas frescas. Apenas lo hicieron, grandes serpientes de agua comenzaron a deslizarse a su alrededor. Los chicos salieron del estanque con una agilidad cómica.

Al llegar a nuestro destino disfrutamos de un almuerzo campestre. Me senté bajo un árbol, rodeado de un grupo de estudiantes. Al verme en un estado de ánimo exultante, comenzaron a bombardearme con preguntas.

—Por favor, dígame, señor –preguntó un joven–, ¿permaneceré siempre con usted en el camino de la renuncia?

—Ah, no –respondí–, serás llevado a la fuerza a casa, y más tarde, te casarás.

Él protestó con vehemencia, incrédulo:

—¡Sólo si estoy muerto podrán llevarme a casa!

Pero pocos meses después, sus padres vinieron por él. A pesar de su resistencia entre lágrimas, se lo llevaron. Años más tarde se casó.

Tras responder muchas preguntas, se me acercó un muchacho llamado Kashi. Tendría unos doce años, era brillante y muy querido por todos.

—Señor –dijo–, ¿cuál será mi destino?

—Pronto estarás muerto –respondí, sin poder contener las palabras, que brotaron con una fuerza irresistible.

Esta revelación inesperada nos sorprendió y entristeció a todos. Me reprendí interiormente, sintiéndome como un *enfant terrible*, y decidí no contestar más preguntas.

Al regresar a la escuela, Kashi vino a mi habitación.

—Si muero, ¿me encontrará cuando renazca y me llevará otra vez por el camino espiritual? –sollozó.

Me sentí obligado a rechazar tan pesada carga. Pero durante semanas, Kashi insistió con tenacidad. Lo vi tan afectado, tan al borde de la ruptura, que finalmente lo consolé:

—Sí –prometí–. Si el Padre Celestial lo permite, trataré de encontrarte.

Durante las vacaciones de verano emprendí un breve viaje. Lamenté no poder llevar a Kashi conmigo. Lo llamé a mi habitación antes de partir y le di instrucciones precisas: debía resistir cualquier persuasión y permanecer en las vibraciones espirituales de la escuela. Tenía el presentimiento de que, si lograba no volver a casa, podría evitar la calamidad. Pero apenas partí, el padre de Kashi llegó a Ranchi. Durante quince días intentó quebrar su voluntad, prometiéndole que, si lo acompañaba sólo durante cuatro días a Calcuta para ver a su madre, luego podría regresar. Kashi se negó con rotundidad. Finalmente, el padre lo amenazó con llevárselo con ayuda de la policía. La idea de causar un escándalo que resultara perjudicial para la escuela alteró muchísimo al niño, quien accedió a marcharse.

Volví a Ranchi unos días después. Al enterarme de lo sucedido, tomé un tren de manera inmediata hacia Calcuta. Al llegar, contraté un carro de caballos. De manera extraña, al pasar sobre el puente Howrah, vi al padre de Kashi y a otros familiares vestidos de luto. Grité al cochero que se detuviera y corrí hacia ellos.

—¡Señor asesino! –grité sin medir mis palabras–, ¡ha matado a mi hijo!

El padre, abatido, ya había comprendido el error de haber obligado a Kashi a regresar. En los pocos días que el niño pasó en Calcuta, comió alimentos contaminados, contrajo cólera y murió.

Kashi, renacido y redescubierto.

Mi amor por Kashi y la promesa de reencontrarlo tras su muerte me atormentaban día y noche. No importaba adónde fuese: su rostro se me aparecía. Así comenzó una búsqueda memorable, tan intensa como la que, años atrás, emprendí por mi madre desaparecida.

Sentí que, dado que Dios me había otorgado la facultad de la razón, tenía el deber de emplearla al máximo para descubrir las leyes sutiles que me permitieran conocer la ubicación astral del niño. Comprendí que se trataba de un alma aún vibrando con deseos no cumplidos: una masa de luz flotando en algún lugar entre millones de almas luminosas en las regiones astrales. ¿Cómo sintonizar con él entre tantas luces vibrantes?

Aplicando una técnica secreta del yoga, transmití mi amor al alma de Kashi a través del micrófono del ojo espiritual, ese punto interior entre las cejas. Con la antena de mis manos y los dedos alzados, giraba una y otra vez, tratando de percibir la dirección hacia la cual había renacido como embrión. Esperaba, en la radio concentrada de mi corazón, recibir su respuesta.[1]

Mi hermano Bishnu; Motilal Mukherji de Serampore, un discípulo muy avanzado de Sri Yukteswar; mi padre; el señor Wright; yo mismo; Tulsi Narayan Bose; Swami Satyananda de Ranchi.

1. La voluntad, proyectada desde el punto entre las cejas, es conocida por los yoguis como el aparato de transmisión del pensamiento. Cuando el sentimiento se concentra tranquilamente en el corazón, actúa como una radio mental y puede recibir los mensajes de otros, de cerca o de lejos. En telepatía, las finas vibraciones de los pensamientos en la mente de una persona se transmiten a través de las vibraciones sutiles del éter astral y luego a través del éter terrestre más denso, creando ondas eléctricas que, a su vez, se traducen en ondas de pensamiento en la mente de la otra persona.

Un grupo de delegados en el Congreso Internacional de Liberales Religiosos de 1920 en Boston, donde pronuncié mi primer discurso en América. De izquierda a derecha: Rev. Clay MacCauley, Rev. T. Rhondda Williams, Prof. S. Ushigasaki, Rev. Jabez T. Sunderland, yo mismo, Rev. Chas. W. Wendte, Rev. Samuel A. Eliot, Rev. Basil Martin, Rev. Christopher J. Street, Rev. Samuel M. Crothers.

Intuí que Kashi regresaría pronto a la Tierra y que, si continuaba emitiendo incesantemente mi llamada, su alma respondería. Sabía que el más leve impulso que él enviara se manifestaría en mí: en los dedos, las manos, los brazos, la columna vertebral y los nervios.

Durante seis meses, con un celo inquebrantable, practiqué sin descanso la técnica de yoga. Día tras día, mantenía la antena de mi atención extendida hacia las regiones sutiles, enviando mi amor como un hilo invisible que buscaba a Kashi en el entramado astral. Una mañana, mientras caminaba con unos amigos por la bulliciosa zona de Bowbazar, en Calcuta, levanté las manos como era costumbre. Por primera vez hubo respuesta. Un estremecimiento recorrió mis dedos y palmas: impulsos eléctricos, finos como hilos de luz, vibraron en mi piel. Esas corrientes se tradujeron en un pensamiento fulminante, emergido de un rincón profundo de mi conciencia: *«¡Soy Kashi, soy Kashi…* ven a mí!».

El pensamiento se volvió casi audible mientras afinaba mi atención en la radio del corazón. En el susurro característico, ligeramente ronco de Kashi,[2] escuché su llamada una y otra vez. Tomé el brazo de uno de mis compañeros, Prokash Das,[3] y le sonreí con alegría.

—¡Parece que he localizado a Kashi!

Comencé a girar una y otra vez, para el evidente divertimento de mis amigos y de los transeúntes que pasaban. Pero los impulsos eléctricos sólo recorrían mis dedos cuando me orientaba hacia un sendero cercano, curiosamente llamado Serpentine Lane. Las corrientes astrales desaparecían en cuanto me giraba en otra dirección.

—¡Ah! –exclamé–. El alma de Kashi debe habitar ahora el vientre de alguna madre cuya casa se encuentra en este camino.

Mis compañeros y yo nos acercamos a Serpentine Lane; las vibraciones en mis manos alzadas se intensificaron, se volvieron más nítidas, más vivas. Como si fuera un imán, me sentí atraído hacia el lado derecho de la calle. Al llegar frente a cierta casa, me detuve, paralizado por la certeza. Llamé a la puerta, conteniendo la respiración, en un estado de excitación indescriptible. ¡Sentía que había alcanzado el final exitoso de mi larga, ardua –y ciertamente inusual– búsqueda!

Un sirviente abrió. Me dijo que su amo estaba en casa. El hombre descendió por la escalera del segundo piso y me sonrió, curioso. Apenas sabía cómo formular mi pregunta: una mezcla de audacia y necesidad.

---

2. Cada alma en su estado puro es omnisciente. El alma de Kashi recordaba todas las características de Kashi, el niño, y por lo tanto imitó su voz ronca para provocar mi reconocimiento.

3. Prokash Das es el actual director de nuestro Yogoda Math (ermita) en Dakshineswar, Bengala.

—Por favor, dígame, señor... ¿usted y su esposa esperan un hijo desde hace unos seis meses?

—Sí, así es –respondió con asombro contenido.

Al notar mi atuendo de *swami*, añadió con cortesía:

—Por favor, dígame cómo sabe usted esto.

Cuando le hablé de Kashi y de la promesa que le había hecho, el hombre, sorprendido, creyó mi historia con reverente atención.

—Un niño de piel clara nacerá para usted –le dije–. Tendrá un rostro amplio y un remolino en la parte superior de la frente. Su disposición será marcadamente espiritual.

Estaba convencido de que el niño que nacería llevaría las señales de mi querido estudiante de Ranchi.

Más adelante, visité al pequeño. Los padres, sin saberlo, habían elegido para él el mismo nombre: Kashi. Incluso en su infancia, mostraba un parecido asombroso con mi antiguo discípulo. Su actitud hacia mí fue de una afectuosa familiaridad; la atracción del pasado se encendió de nuevo, con una intensidad inconfundible.

Años más tarde, ya en mi estancia en América, recibí una carta del joven. Expresaba su profundo deseo de seguir el camino del renunciante. Le recomendé un maestro del Himalaya que, hasta hoy, guía al renacido Kashi.

CAPÍTULO 29

Rabindranath Tagore y yo comparamos nuestras escuelas

—Rabindranath Tagore nos enseñó a cantar como cantan los pájaros: de forma natural, como expresión espontánea del alma.

Bhola Nath, un brillante muchacho de catorce años de mi escuela de Ranchi me dio esta explicación después de que lo felicitara una mañana por sus melodiosos cantos. Con o sin motivo, el niño dejaba ir un flujo armonioso de melodías. Había asistido a la famosa escuela de Tagore, Santiniketan (Refugio de Paz) en Bolpur.

—Las canciones de Rabindranath han estado en mi boca desde mi más tierna infancia –le dije–. Toda Bengala, incluso los campesinos analfabetos, se deleita con su verso elevado.

Bhola y yo cantamos juntos algunos estribillos de Tagore, que ha puesto música a miles de poemas indios, algunos de su pluma y otros de origen antiquísimo.

—Conocí a Rabindranath poco después de que recibiera el premio Nobel de Literatura –comenté tras nuestra vocalización–. Me sentí impulsado a visitarlo por la admiración que me inspiraba su valiente desprecio por las críticas literarias. –Solté una carcajada.

Bhola, curioso, me pidió que le contara la historia.

—Los eruditos lo atacaron duramente por introducir un nuevo estilo en la poesía bengalí –comencé–. Mezcló expresiones coloquiales y clásicas, desafiando las limitaciones rígidas que tanto agradaban a los corazones de los eruditos. Sus canciones encierran profundas verdades filosóficas, envueltas en una forma emocionalmente vibrante, sin demasiado respeto por las convenciones literarias.

»Un crítico influyente lo llamó con desdén "poeta-paloma que vendía sus arrullos impresos por una rupia". Pero la venganza de Tagore fue luminosa: tras traducir su *Gitanjali* (*Ofrendas de canciones*) al inglés, el mundo occidental cayó rendido a sus pies. Un montón de eruditos, incluidos sus antiguos detractores, fueron a Santiniketan a felicitarle.

»Rabindranath los recibió tras una deliberada y prolongada espera. Escuchó en silencio sus elogios, con rostro imperturbable. Luego, les devolvió sus propias armas críticas con afilada elegancia:

»—Señores –dijo–, los pomposos honores que ahora me ofrecen se mezclan de manera incongruente con los hedores rancios de su pasado desprecio. ¿Qué vínculo puede haber entre este premio Nobel y su súbita agudeza para apreciar la poesía? Yo soy el mismo poeta que tanto les desagradó cuando por primera vez deposité humildemente mis flores en el santuario de Bengala.

»Los periódicos se hicieron eco del valiente reproche de Tagore. Admiré su franqueza: un hombre que no se dejó hipnotizar por la adulación.

»El secretario de Rabindranath, el señor C. F. Andrews,[1] quien iba simplemente vestido con un *dhoti* bengalí, me lo

1. El escritor y publicista inglés, amigo íntimo de Mahatma Gandhi. El señor Andrews es honrado en la India por sus numerosos servicios a su tierra adoptiva.

presentó en Calcuta. Se refería a Tagore con cariño como su *gurudeva*.

»Rabindranath me recibió con su característica gracia. Irradiaba un aura reconfortante de encanto, cultura y cortesía. Al preguntarle sobre su formación literaria, me respondió que, además de los grandes épicos religiosos de la India, una fuente de inspiración antigua era el poeta clásico Bidyapati.

»Inspirado por esos recuerdos, comencé a cantar su versión de una antigua canción bengalí: "Enciende la lámpara de tu amor". Bhola y yo entonamos los versos con gozo mientras paseábamos por los terrenos de Vidyalaya.

»Unos dos años después de fundar la escuela en Ranchi, recibí una invitación de Rabindranath para visitarlo en Santiniketan con el propósito de intercambiar ideas sobre nuestros respectivos ideales educativos. Acepté encantado. El poeta me esperaba en su estudio. Al entrar, pensé –como en nuestro primer encuentro– que era el modelo vivo más cercano a una humanidad ejemplar que un pintor pudiera desear. Su rostro, bellamente cincelado, tenía un aire patricio; su largo cabello y su barba fluida enmarcaban unos ojos grandes, derretidos, y una sonrisa angelical. Su voz –fluyente, casi flautística– era encantadora en sí misma. De presencia firme, alta y grave, combinaba una ternura casi femenina con la espontaneidad luminosa de un niño. Ninguna imagen idealizada de un poeta podría haber encontrado una encarnación más perfecta que este dulce cantor del alma.

»Nos sumergimos con entusiasmo en un estudio comparativo de nuestras escuelas, ambas fundadas en principios no ortodoxos. Descubrimos muchas coincidencias: instrucción al aire libre, simplicidad de vida y un amplio espacio para el espíritu creativo del niño. Sin embargo, Rabindranath daba un énfasis especial al estudio de la literatura y la poesía, y a la autoexpresión a través de la música y el canto, lo cual ya había observado en Bhola. En Santiniketan, los niños observaban períodos de silencio, pero no recibían formación específica en yoga.

»El poeta escuchó con atención halagadora mientras le explicaba los ejercicios energizantes de *Yogoda* y las técnicas de concentración que se enseñaban a todos los estudiantes en Ranchi.

»Me habló con una risa clara de sus propias luchas educativas en la infancia:

»—Huí de la escuela después de quinto grado.

»Comprendí de inmediato cómo su sensibilidad poética se había sentido ultrajada por la rigidez y el aire sombrío de las aulas tradicionales.

»—Por eso abrí Santiniketan bajo los árboles sombreados y el esplendor del cielo –dijo, señalando un pequeño grupo de niños que estudiaba en el jardín–. Un niño está en su entorno natural entre las flores y los pájaros cantores. Sólo así puede expresar plenamente la riqueza oculta de su don individual. La verdadera educación no puede ser forzada ni bombeada desde fuera; debe, más bien, ayudar a que broten de manera espontánea los tesoros infinitos de sabiduría que ya existen en su interior.[2]

»Asentí con convicción.

»—Los instintos idealistas y la necesidad juvenil de admirar a los grandes se marchitan cuando se los alimenta únicamente con estadísticas y fechas cronológicas.

»El poeta habló con ternura de su padre, Devendranath, cuya visión inspiró los comienzos de Santiniketan.

»—Mi padre me ofreció esta tierra fértil –me dijo Rabindranath–, donde ya había construido una casa de huéspedes y un templo. Comencé aquí mi experimento educativo en 1901, con apenas diez niños. Las ocho mil libras que recibí del pre-

---

2. «El alma, al haber nacido muchas veces, o, como dicen los hindúes, "viajar el camino de la existencia a través de miles de nacimientos" [...] no hay nada de lo que ella no haya adquirido conocimiento; no es de extrañar que sea capaz de recordar [...] lo que anteriormente conocía [...]. Porque la investigación y el aprendizaje es una reminiscencia total», Emerson.

mio Nobel fueron íntegramente destinadas al mantenimiento de la escuela.

»El mayor de los Tagore, Devendranath, conocido en toda la India como Maharishi, fue un hombre verdaderamente extraordinario, como puede apreciarse en su *Autobiografía.* Pasó dos años de su vida en meditación solitaria en el Himalaya. A su vez, el padre de Devendranath, Dwarkanath Tagore, fue célebre en toda Bengala por sus actos de generosa beneficencia pública. De este árbol ilustre ha brotado una familia de genios. Y no sólo Rabindranath: todos sus parientes han destacado en la expresión creativa. Sus hermanos, Gogonendra y Abanindra, figuran entre los artistas más reconocidos de la India;[3] otro hermano, Dwijendra, es un filósofo de gran visión, a cuya suave llamada responden los pájaros y las criaturas del bosque.

»Rabindranath me invitó a pasar la noche en la casa de huéspedes. Fue, en verdad, un espectáculo encantador ver al poeta, por la tarde, sentado con un grupo en el patio. El tiempo pareció plegarse hacia atrás: la escena ante mí evocaba la imagen de un antiguo ermitaño, un alegre cantor rodeado de sus devotos, todos envueltos en un halo de amor divino. Tagore tejía cada vínculo con los hilos de la armonía. Nunca agresivo, conquistaba el corazón con un magnetismo irresistible. Rara flor de la poesía, floreciendo en el jardín del Señor, atrayendo a los demás por su fragancia natural.

»Con su voz melodiosa, Rabindranath nos leyó algunos de sus poemas recién compuestos. Muchas de sus canciones y obras de teatro, escritas para el gozo de sus estudiantes, habían nacido allí mismo, en Santiniketan. Para mí, la belleza de su poesía residía en su arte sutil de referirse a Dios en casi cada estrofa, sin apenas mencionar el Nombre sagrado. "Bebido de la

---

3. Rabindranath también a sus sesenta años se dedicó a un estudio serio de la pintura. Se hicieron exposiciones de su obra «futurista» hace algunos años en capitales europeas y en Nueva York.

dicha de cantar –escribió–, me olvido de mí mismo y te llamo amigo, tú que eres mi Señor".

»Al día siguiente, después del almuerzo, me despedí del poeta con un pesar suave pero hondo. Me consolaba saber que su pequeña escuela había crecido hasta convertirse en una universidad internacional, Viswa-Bharati, donde sabios de todas las tierras han hallado un entorno ideal para el cultivo del espíritu.

Donde la mente esté sin miedo y la cabeza se mantenga
[erguida;
Donde el conocimiento sea libre;
Donde el mundo no haya sido fragmentado por muros
[domésticos estrechos;
Donde las palabras broten desde el fondo de la verdad;
Donde el esfuerzo incansable extienda sus brazos hacia
[la perfección;
Donde el claro río de la razón no haya perdido su cauce
en el árido desierto de la arena del hábito muerto;
Donde la mente sea guiada por Ti hacia pensamientos
[y acciones cada vez más amplios;
¡En ese cielo de libertad, Padre mío, despierte mi país![4]

RABINDRANATH TAGORE

---

4. *Gitanjali* (Nueva York: Macmillan Co.). Un estudio reflexivo sobre el poeta se puede encontrar en *The Philosophy Of Rabindranath Tagore*, del célebre erudito S. Radhakrishnan (Macmillan, 1918). Otro volumen expositivo es *Rabindranath Tagore: The Man And His Poetry* de B. K. Roy (Nueva York: Dodd, Mead, 1915). *Buddha And The Gospel Of Buddhism* (Nueva York: Putnam's, 1916), del eminente experto en arte oriental Ananda K. Coomaraswamy, contiene varias ilustraciones en color del hermano del poeta, Abanindra Nath Tagore.

CAPÍTULO 30

La ley de los milagros

El gran novelista Lev Tolstói escribió una encantadora historia, *Los tres ermitaños*. Su amigo Nicolás Roerich[1] resumió el cuento de la siguiente manera:

»En una isla vivían tres viejos ermitaños. Eran tan simples que la única oración que recitaban era: "Nosotros somos tres; Tú eres Tres; ten misericordia de nosotros". Grandes milagros se manifestaron con esta oración ingenua.

»El obispo local[2] tuvo conocimiento de los tres ermitaños y de su oración inadmisible, y decidió visitarlos para enseñarles

1. Este famoso artista y filósofo ruso vive desde hace muchos años en la India, cerca del Himalaya. «De las cumbres viene la revelación –ha escrito–. En las cuevas y sobre las cumbres vivieron los *rishis*. Sobre los picos nevados del Himalaya arde un resplandor brillante, más brillante que las estrellas y los fantásticos destellos de los relámpagos».

2. El relato puede tener una base histórica; una nota editorial nos informa de que el obispo conoció a los tres monjes cuando navegaba de Arcángel al monasterio de Slovetsky, en la desembocadura del río Dvina.

las invocaciones canónicas. Llegó a la isla y reprendió a los ermitaños: les dijo que su petición celestial era indignante, y procedió a enseñarles varias oraciones convencionales. Luego, el obispo se marchó en un barco. Pero, pronto vio una luz resplandeciente que seguía a la nave. Al acercarse, distinguió a los tres ermitaños tomados de las manos, corriendo sobre las olas en un intento por alcanzar su barco.

»—Hemos olvidado las oraciones que nos enseñaste –gritaron al llegar junto al obispo–. Hemos venido a pedirte que nos las repitas.

»El obispo, sobrecogido, negó con la cabeza.

»—Queridos míos –respondió humildemente–, continuad orando como antes.

¿Cómo caminaron aquellos tres santos sobre el agua? ¿Cómo resucitó Cristo su cuerpo crucificado? ¿Cómo obraron sus milagros Lahiri Mahasaya y Sri Yukteswar?

La ciencia moderna aún no tiene respuesta. Aunque con la irrupción de la bomba atómica y las maravillas del radar, el alcance de la mente humana se ha expandido abruptamente. La palabra «imposible» empieza a perder protagonismo en el vocabulario científico.

Las antiguas escrituras védicas afirman que el mundo físico opera bajo una ley fundamental: *maya*, el principio de relatividad y dualidad. Dios, la Única Vida, es Unidad Absoluta; no puede manifestarse como las múltiples formas separadas de la creación sin el velo ilusorio de *maya*. Esa ilusión cósmica es la gran hechicera. Cada gran descubrimiento científico moderno no ha hecho más que confirmar esta sencilla declaración de los *rishis*.

La tercera ley de Newton, por ejemplo, es una ley de *maya*: «A toda acción corresponde siempre una reacción igual y contraria; las acciones mutuas de dos cuerpos cualesquiera son siempre iguales y opuestas». Acción y reacción se reflejan con exactitud. «No puede existir una sola fuerza: debe haber siempre un par de fuerzas que se oponen».

Todas las actividades naturales fundamentales del universo delatan su origen mayávico. La electricidad, por ejemplo, es un fenómeno de atracción y repulsión: sus electrones y protones son cargas opuestas. El átomo, como la propia Tierra, es un imán con polos positivos y negativos. Todo el mundo de los fenómenos está sujeto al dominio implacable de la polaridad. No existe ley en la física, la química o cualquier ciencia que escape a este principio de contraste inherente.

Así, la ciencia física no puede formular leyes más allá de *maya*, pues está construida sobre su misma textura y estructura. La naturaleza es *maya* y la ciencia natural no puede evitar tratar con su esencia ineludible. Dentro de su dominio, *maya* es inagotable; ningún científico podrá hacer más que explorar, una tras otra, las infinitas facetas de su diversidad. Por eso, la ciencia permanece en un flujo perpetuo, incapaz de cerrarse sobre una verdad definitiva. Puede formular leyes sobre un cosmos ya existente y en funcionamiento, pero es impotente para detectar la ley que lo origina y lo sostiene. Ya se han descrito las majestuosas manifestaciones de la gravitación y la electricidad, pero ningún mortal sabe qué son en sí la gravitación y la electricidad.[3]

Superar la *maya* fue la tarea asignada a la humanidad por los profetas de todos los tiempos. Elevarse por encima de la dualidad de la creación y percibir la unidad del Creador se ha concebido como la meta suprema del ser humano. Quienes se aferran a la ilusión cósmica deben someterse a su ley esencial de polaridad: flujo y reflujo, ascenso y caída, día y noche, placer y dolor, bien y mal, nacimiento y muerte. Este patrón cíclico adquiere una angustiosa monotonía después de unos pocos miles de nacimientos humanos; entonces el alma comienza a dirigir su mirada esperanzada más allá de las compulsiones de *maya*.

---

3. Marconi, el gran inventor, hizo la siguiente admisión de insuficiencia científica ante las finalidades: «La incapacidad de la ciencia para resolver la vida es absoluta. Este hecho sería verdaderamente aterrador si no fuera por la fe. El misterio de la vida es, de hecho, el problema más persistente que jamás se haya planteado al pensamiento del hombre».

por B. K. Mitra en *Kalyana-Kalpatur*
UN GURÚ Y UN DISCÍPULO
Las ermitas en los bosques eran los antiguos centros de aprendizaje, tanto seculares como divinos, para la juventud de la India. Aquí, un venerable gurú, apoyado en un soporte de madera para la meditación, está iniciando a su discípulo en los augustos misterios del Espíritu.

Desgarrar el velo de *maya* es penetrar en el secreto de la creación. El yogui que despoja al universo de su disfraz ilusorio es el único auténtico monoteísta. Todos los demás, aún adorando un sólo nombre, rinden culto a imágenes paganas. Mientras el ser humano permanezca encadenado a las ilusiones dualísticas de la naturaleza, la *maya* de dos caras será su verdadera diosa. No podrá conocer al único Dios verdadero.

La ilusión del mundo, *maya*, se manifiesta a nivel individual como *avidya*, no-conocimiento, ignorancia. Ni la convicción intelectual ni el análisis racional pueden destruir a *maya* o *avidya*; sólo la realización directa del estado interior de *nirbikalpa samadhi* puede hacerlo. Los profetas del Antiguo Testamento, así como los videntes de todas las tierras y eras, hablaron desde ese estado de conciencia. Ezequiel (43, 1-2) afirma lo siguiente: «Luego me llevó a la puerta, a la puerta que mira hacia el este; y he aquí, la gloria del Dios de Israel vino por el camino del este; y su voz era como el estruendo de muchas aguas, y la tierra resplandecía con su gloria». A través del ojo divino en la frente –el este interior–, el yogui conduce su conciencia hacia la omnipresencia y escucha la Palabra, el sonido sagrado *Aum*: la vibración de muchas aguas, la única realidad subyacente a la creación.

Entre los innumerables misterios del cosmos, el más fenomenal es la luz. A diferencia de las ondas sonoras, que requieren aire u otro medio material para transmitirse, las ondas de luz atraviesan libremente el vacío del espacio interestelar. Incluso el antiguo concepto del éter como soporte de la luz ha sido descartado por Einstein, quien demostró que las propiedades geométricas del espacio hacen innecesaria esa hipótesis. Bajo cualquier marco, la luz permanece como la manifestación más sutil, la menos dependiente de lo material.

En la vasta arquitectura de la teoría de la relatividad, la velocidad de la luz –unos 300 000 kilómetros por segundo– se convierte en el único absoluto dentro de un universo en perpetuo flujo. Einstein demostró que esta constante determina todos los estándares humanos de tiempo y espacio. Ya no eternos ni inmutables, como se los concebía antes, el tiempo y el espacio han revelado su carácter relativo y finito, válidos sólo en referencia a la velocidad de la luz. Al fundirse el espacio con una dimensión relativa, el tiempo ha renunciado a su pretendida objetividad. Ha quedado desnudo, reducido a una mera ambigüedad. Con unas pocas ecuaciones, Einstein ha desterrado toda noción de realidad fija, salvo la de la luz.

En un desarrollo posterior, su teoría del campo unificado buscó integrar las leyes de la gravitación y del electromagnetismo en una única fórmula. Así, Einstein[4] redujo la estructura cósmica a variaciones de una sola ley, alcanzando por vía matemática lo que los antiguos *rishis* proclamaron con intuición espiritual: que la creación entera es una *maya* de formas múltiples pero de esencia única.

Sobre la épica relativista se alzan ahora las posibilidades de penetrar en el misterio del átomo. Los científicos modernos afirman que el átomo es más energía que materia, y que esta energía es, en su raíz, mental.

Sir Arthur Stanley Eddington lo expresa con claridad en *The Nature of the Physical World*: «La franca realización de que la ciencia física trata con un mundo de sombras es uno de los avances más significativos. En el mundo de la física vemos una representación de sombras del drama de la vida cotidiana. La sombra de mi codo descansa sobre la sombra de la mesa mientras la sombra de la tinta fluye sobre el papel-sombra. Todo es simbólico, y como símbolo lo considera el físico. Luego llega el alquimista: la mente, que transmuta los símbolos... Para decirlo crudamente, la sustancia del mundo es materia mental. La materia real y los campos de fuerza de la antigua física son irrelevantes, salvo en la medida en que la mente los haya tejido como imaginarios. El mundo externo se ha convertido así en un mundo de sombras. Al eliminar nuestras ilusiones, hemos eliminado la sustancia, porque la sustancia misma era una de nuestras más poderosas ilusiones».

Con el descubrimiento del microscopio electrónico llegó una confirmación visual de la esencia luminosa del átomo y de la ineludible dualidad de la naturaleza. *The New York Times* reportó así una demostración ante la Asociación Americana para el Avance de la Ciencia, en 1937:

---

4. Una pista sobre la dirección que tomó el genio de Einstein la da el hecho de que fue un discípulo de por vida del gran filósofo Spinoza, cuya obra más conocida es su *Ética demostrada según el orden geométrico*.

«La estructura cristalina del tungsteno, conocida hasta ahora sólo de manera indirecta mediante rayos X, apareció claramente delineada en una pantalla fluorescente, mostrando nueve átomos en sus posiciones precisas en la red espacial: un cubo, con un átomo en cada esquina y uno en el centro. Los átomos en la red cristalina del tungsteno se veían como puntos de luz dispuestos en un patrón geométrico. Contra ese cubo cristalino de luz, se podían observar las moléculas de aire que bombardeaban como puntos de luz danzantes, semejantes a los reflejos del sol sobre las aguas en movimiento. El principio del microscopio electrónico fue descubierto en 1927 por los doctores Clinton J. Davisson y Lester H. Germer, de los Laboratorios Bell Telephone en Nueva York. Advirtieron que el electrón poseía una naturaleza dual: se comportaba como partícula y como onda. Esta cualidad ondulatoria le confería al electrón una propiedad semejante a la de la luz, lo que llevó a buscar medios para "enfocar" electrones de forma análoga a como se enfoca la luz mediante lentes ópticas. Por su descubrimiento de esta naturaleza dual –predicha en 1924 por el físico francés Louis de Broglie, laureado con el Nobel– y por demostrar que todo el reino de la materia compartía esta personalidad dual, Davisson recibió también el premio Nobel de Física».

«El flujo del conocimiento –escribió el señor James Jeans en *The Mysterious Universe*– se está dirigiendo hacia una realidad no mecánica; el universo comienza a parecerse más a un gran pensamiento que a una gran máquina». Así, la ciencia del siglo XX empieza a sonar como una página de los antiguos Vedas. De la ciencia, entonces, si se lee con el oído filosófico afinado, el ser humano debe aprender la verdad fundamental: no existe un universo material. Su estructura es *maya*, ilusión. Los espejismos de realidad se disuelven bajo el escrutinio profundo. A medida que los antiguos pilares de un cosmos físico, uno tras otro, se derrumban, el hombre vislumbra su idolátrica dependencia, su transgresión contra el mandato divino: «No tendrás otro dioses ante mí».

En su célebre ecuación sobre la equivalencia entre masa y energía, Einstein demostró que la energía contenida en cualquier partícula es igual a su masa multiplicada por el cuadrado de la velocidad de la luz. La liberación de energía atómica se consigue aniquilando la materia: la «muerte» de la materia ha marcado el «nacimiento» de la era atómica.

La velocidad de la luz actúa como constante matemática, no porque 300 000 kilómetros por segundo tenga un valor absoluto, sino porque ningún cuerpo material –cuya masa crece con su velocidad– puede alcanzar esa velocidad. Dicho de otro modo, sólo un cuerpo cuya masa sea infinita podría igualar la velocidad de la luz.

Y es aquí donde se abre la puerta a la ley de los milagros.

Los maestros espirituales, capaces de materializar y desmaterializar cuerpos u objetos, de moverse con la velocidad de la luz o de utilizar rayos de luz para manifestar instantáneamente cualquier forma física, han cumplido con la condición einsteniana: su masa es infinita.

La conciencia de un yogui perfeccionado ya no se identifica con un cuerpo limitado, sino con la estructura universal misma. La gravedad, ya sea la fuerza newtoniana o la manifestación inercial según Einstein, no puede obligarlo a exhibir peso, esa condición propia de todos los objetos materiales. Quien se reconoce como Espíritu omnipresente ha trascendido las restricciones del cuerpo, del tiempo y del espacio. Sus «anillos de no paso» han cedido ante el disolvente supremo: «Yo soy Él».

«*Fiat lux*. Y hubo luz». El primer mandato de Dios al cosmos ordenado, según el Génesis, trajo a la existencia la única realidad atómica: la luz. En los rayos de este medio inmaterial tienen lugar todas las manifestaciones divinas. Los devotos de todas las edades han dado testimonio de la aparición de Dios como llama o como luz. Así se dice del Altísimo: «El Rey de reyes, y Señor de señores, que sólo tiene inmortalidad y habita en la luz a la cual ningún hombre puede acercarse».[5]

---

5. I Timoteo 6, 15-16.

Un yogui que, mediante meditación perfecta, ha fundido su conciencia con la del Creador percibe la esencia cósmica como luz. Para él, no existe diferencia entre los rayos de luz que conforman el agua y aquellos que componen la tierra. Libre de la conciencia material, liberado de las tres dimensiones del espacio y de la cuarta del tiempo, un maestro puede transferir su cuerpo de luz con la misma facilidad sobre los rayos de tierra, agua, fuego o aire. Una prolongada concentración en el ojo espiritual liberador le ha permitido destruir todas las ilusiones respecto a la materia y su peso gravitacional. Desde entonces, ve el universo como una masa esencialmente indiferenciada de luz.

«El principio de las imágenes ópticas –afirma el doctor L. T. Troland, de Harvard– es el mismo que el de las grabaciones de medio tono: están formadas por pequeños puntos o líneas tan diminutos que no pueden ser detectados por el ojo humano [...]. La sensibilidad de la retina es tan alta que una sensación visual puede ser provocada por muy pocos cuantos de luz del tipo adecuado». A través del conocimiento divino de los fenómenos de la luz, un maestro puede proyectar instantáneamente, de forma perceptible, los átomos de luz omnipresentes. La forma específica que toma esa proyección –ya sea un árbol, una medicina o un cuerpo humano– depende de los poderes de voluntad y visualización del yogui.

En la conciencia onírica del ser humano, cuando el sueño ha aflojado la sujeción del ego a las limitaciones cotidianas, la mente manifiesta de noche su omnipotencia de manera natural. Allí, en el sueño, aparecen los amigos fallecidos, los continentes lejanos, las escenas rescatadas de la infancia. Esa conciencia libre y no condicionada, conocida por todos en los fenómenos del sueño, es el estado que el maestro afinado con Dios ha logrado hacer permanente. Inocente de todo interés personal y empleando la voluntad creativa concedida por el Creador, un yogui reorganiza los átomos de luz del universo para dar respuesta a cualquier oración sincera de un devoto. Para eso fue creado el ser humano, y con él, la creación: para que se alzara como señor de *maya*, sabiendo que su verdadero dominio está por encima del cosmos ilusorio.

Y dijo Dios: «Hagamos al hombre a nuestra imagen, conforme a nuestra semejanza; y tenga dominio sobre los peces del mar, sobre las aves del cielo, sobre el ganado, sobre toda la tierra, y sobre todo reptil que se arrastra sobre ella».[6]

En 1915, poco después de haber ingresado en la Orden de los Swami, fui testigo de una visión de violentos contrastes. En ella se me reveló con claridad la relatividad de la conciencia humana; comprendí, con una nitidez sobrecogedora, la unidad de la Luz Eterna detrás de las dolorosas dualidades de *maya*. La visión descendió sobre mí una mañana, mientras estaba sentado en mi pequeña habitación, bajo el techo de la casa de Gurpar Road de mi padre. Llevaba meses reflexionando, con tristeza, sobre la devastación de la Primera Guerra Mundial.

Al cerrar los ojos en meditación, mi conciencia fue trasladada repentinamente al cuerpo de un capitán al mando de un acorazado. El trueno de los cañones rasgaba el aire; los disparos se intercambiaban entre las baterías costeras y los cañones del barco. Un proyectil masivo impactó el polvorín, y mi embarcación voló en pedazos. Me lancé al agua junto con los pocos marineros que habían sobrevivido a la explosión.

Con el corazón palpitante logré alcanzar la orilla. Pero una bala errante puso fin a mi huida: me alcanzó en el pecho. Caí al suelo, gimiendo. Todo mi cuerpo quedó paralizado, aunque aún era consciente de poseerlo, como quien percibe una pierna dormida.

Pensé: «Al fin, la misteriosa pisada de la Muerte me ha alcanzado». Con un último suspiro, estaba a punto de caer en la inconsciencia cuando, de pronto, me encontré de nuevo sentado en la postura de loto en mi habitación de Gurpar Road.

Me caían lágrimas incontrolables mientras me acariciaba y pellizcaba, tratando de convencerme de que mi cuerpo estaba

6. Génesis 1, 26.

intacto. Me balanceaba de un lado a otro, respirando con fuerza, intentando confirmar que aún vivía. En medio de ese desconcierto, mi conciencia fue de nuevo transferida al cuerpo sin vida del capitán, junto a la orilla ensangrentada. Una confusión absoluta se apoderó de mi mente.

—Señor –recé–, ¿estoy muerto o vivo?

Un fulgor deslumbrante llenó el horizonte. Una suave vibración, como de truenos distantes, se transformó en palabras:

—¿Qué tiene que ver la vida o la muerte con la Luz? Os he hecho a imagen de Mi Luz. Las relatividades de la vida y la muerte pertenecen al sueño cósmico. He aquí vuestro ser sin sueños. Despierta, hijo mío, despierta.

Como pasos en el despertar humano, el Señor inspira a los científicos, en el momento y el lugar precisos, para que descubran los secretos de Su creación. Muchos avances modernos han permitido comprender que el cosmos es una expresión diversa de un único poder-luz, guiado por una inteligencia divina. Las maravillas del cine, la radio, la televisión, el radar, la célula fotoeléctrica –el ojo eléctrico omnividente– y las energías atómicas, todos se basan en el fenómeno electromagnético de la luz.

El arte del cine puede retratar cualquier milagro. Desde el punto de vista visual, ningún prodigio está prohibido a la lente del cineasta. Un cuerpo astral traslúcido puede verse elevarse de su forma física, caminar sobre el agua, resucitar a los muertos, revertir la secuencia natural de los acontecimientos, alterar el tiempo y el espacio. Al reunir las imágenes de luz como lo desea, el director cinematográfico realiza maravillas ópticas que un verdadero maestro produce con rayos de luz reales.

Las imágenes realistas del cine ilustran muchas verdades sobre la creación. El Director Cósmico ha escrito Sus propias obras y ha convocado los vastos elencos para el espectáculo de los siglos. Desde la oscura cabina de la eternidad, Él proyecta Su rayo creativo a través de los rollos de los filmes de las edades sucesivas, y las imágenes cobran vida en la pantalla del espacio. Del mismo modo que las escenas del cine parecen reales pero no son más que combinaciones de luz y sombra, la diversidad universal es una apariencia ilusoria. Las esferas planetarias, con su multitud de formas de vida, son figuras en una película cósmica, temporalmente reales para los sentidos humanos mientras el rayo creativo las proyecta en la pantalla de la conciencia.

Un público puede alzar la vista y ver que todas las imágenes en la pantalla surgen de un solo rayo de luz sin forma. De manera semejante, el drama multicolor del universo emana de la única luz blanca de una Fuente Cósmica. Con una imaginación inconcebible, Dios representa un espectáculo para Sus hijos, haciéndolos actores y espectadores a la vez en Su teatro planetario.

Un día entré en una sala de cine para ver un noticiero sobre los campos de batalla europeos. La Primera Guerra Mundial seguía su curso. El noticiero retrataba la carnicería con tanto realismo que salí del cine con el corazón profundamente conmovido.

—Señor –recé–, ¿por qué permites tanto sufrimiento?

Para mi intensa sorpresa, una respuesta acudió de inmediato en forma de una visión de los propios campos de batalla europeos. El horror de la lucha, los cuerpos muertos y moribundos superaban con creces en brutalidad cualquier representación del noticiero.

—Mira con atención. –Una suave voz habló a mi conciencia interior–. Verás que estas escenas que ahora se están representando en Francia no son más que un juego de claroscuro. Son la película cósmica, tan real y tan irreal como el noticiero de cine que acabas de ver: una obra dentro de otra obra. –Mi corazón seguía sin hallar consuelo. La voz divina continuó–: La creación es luz y sombra a la vez; de otro modo, no habría posibilidad de imagen. El bien y el mal de *maya* deben alternar siempre en supremacía. Si la alegría fuera constante en este mundo, ¿buscaría el hombre algo más? Sin el sufrimiento, apenas recordaría que ha abandonado su verdadero hogar. El dolor es un estímulo para el recuerdo. El camino de escape es la sabiduría. La tragedia de la muerte es una ilusión. Quien tiembla ante ella es como un actor ignorante que muere de miedo en escena cuando no se le dispara más que un cartucho de fogueo. Mis hijos son hijos de la luz; no dormirán para siempre en la ilusión.

Aunque había leído relatos sobre *maya* en las escrituras, ninguno me ofreció la comprensión profunda que me aportaron estas visiones y las palabras que las acompañaban. Los valores personales cambian radicalmente cuando uno se convence, no por argumento, sino por experiencia directa, de que la creación no es más que una vasta película y que la propia realidad se encuentra más allá de ella.

Al terminar de escribir este capítulo, me senté en la cama en la postura del loto. La habitación estaba tenuemente iluminada por dos lámparas de pantalla. Al levantar la vista, observé que el techo estaba salpicado de pequeñas luces mostaza, centelleantes, temblorosas, con un brillo semejante al del radio. Miríadas de rayos finos como lápices, semejantes a láminas de lluvia, se reunían en un pozo transparente que se derramaba en silencio sobre mí.

De inmediato, mi cuerpo físico perdió su densidad y se transformó en textura astral. Sentí una sensación de ingravidez; el cuerpo flotaba ligeramente, balanceándose hacia un lado y otro sin apenas tocar la cama. Miré a mi alrededor: los muebles y las paredes seguían como siempre, pero la acumulación de luz en el techo era tal que había desaparecido de mi vista. Me quedé estupefacto.

—Éste es el mecanismo cósmico del cine –dijo una voz que parecía brotar desde la propia luz–. Al proyectar su rayo sobre la pantalla blanca de tus sábanas, está produciendo la imagen de tu cuerpo. Tu forma no es más que luz.

Me miré los brazos y los moví de un lado a otro: no sentía su peso. Me embargó una alegría extática. Ese tallo de luz cósmica que florecía como mi cuerpo era una réplica viviente de los rayos que salen de la cabina de proyección en una sala de cine, manifestándose como imágenes en la pantalla.

Durante cierto tiempo experimenté esta imagen en movimiento de mí mismo, en el teatro tenue de mi dormitorio. De todas las visiones que he tenido, ninguna ha sido tan singular. Cuando la ilusión de un cuerpo sólido desapareció por completo y la comprensión de que todo lo que existe es, en esencia, luz, se hizo más profunda, contemplé la palpitante corriente de partículas de vida y oré en silencio:

—Luz divina, por favor, retira esta imagen corporal mía hacia Ti, como Elías fue llevado al cielo en una llama.

La oración me pareció, incluso a mí, sorprendente. El rayo desapareció. Mi cuerpo recobró su peso y se hundió en la cama. El enjambre de luces del techo titiló una vez más… y se desvaneció. Mi hora de partir de este mundo aún no había llegado.

«Además –pensé con una sonrisa filosófica–, a Elías bien podría no agradarle mi presunción».

CAPÍTULO 31

Una entrevista con la Sagrada Madre

—Reverenda Madre, en la infancia fui bautizado por su esposo profeta. Él fue el gurú de mis padres y también de mi propio maestro, Sri Yukteswarji. ¿Me concedería, por tanto, el privilegio de escuchar algunos recuerdos de su vida sagrada?

Me estaba dirigiendo a Srimati Kashi Moni, la compañera de vida de Lahiri Mahasaya. Aprovechando mi breve estancia en Benarés, estaba cumpliendo un anhelo largamente sentido: visitar a la venerable dama. Me recibió con gracia en la antigua residencia del maestro, situada en la sección de Garudeswar Mohulla de la ciudad. Aunque avanzada en edad, florecía como un loto, irradiando en silencio una fragancia espiritual. Era de complexión media, de cuello esbelto y piel clara. Sus grandes ojos luminosos suavizaban la expresión maternal de su rostro.

—Hijo, eres bienvenido aquí. Ven arriba.

Kashi Moni me condujo a una pequeña habitación donde, durante un tiempo, había vivido con su esposo. Me sentí muy honrado de estar en aquel santuario donde el maestro incomparable había aceptado representar el drama humano del matrimonio. La gentil dama me indicó un cojín junto a ella para que tomara asiento.

—Pasaron años antes de que llegara a comprender la verdadera altura divina de mi esposo –comenzó con serenidad–. Una noche, en esta misma habitación, tuve un sueño vívido. Ángeles gloriosos flotaban sobre mí con una gracia indescriptible. La visión era tan realista que desperté de inmediato. La habitación estaba envuelta en una luz deslumbrante y extraña.

»Mi esposo, sentado en la postura del loto, levitaba en el centro del cuarto, rodeado de ángeles que lo adoraban con las manos juntas en gesto de oración. Asombrada más allá de toda medida, estaba convencida de que aún seguía soñando.

»—Mujer –me dijo Lahiri Mahasaya–, no estás soñando. Abandona tu sueño, ahora y para siempre.

»Mientras descendía poco a poco al suelo, me postré a sus pies.

»—¡Maestro! –exclamé–. Una y otra vez me inclino ante ti. ¿Puedes perdonarme por haberte considerado sólo mi esposo? Me muero de vergüenza al comprender que he permanecido dormida en la ignorancia junto a alguien que está divinamente despierto. Desde esta noche ya no eres mi esposo, sino mi gurú. ¿Aceptarás a esta humilde servidora como tu discípula?[1]

»El maestro me tocó suavemente.

»—Alma sagrada, levántate. Eres aceptada. –Señaló a los ángeles–. Inclínate también ante cada uno de estos santos sagrados.

»Cuando terminé mis humildes reverencias, las voces angelicales se alzaron al unísono, como un coro extraído de alguna escritura ancestral.

»—Consorte del Ser Divino, eres bendecida. Te saludamos.

»Se inclinaron ante mis pies y, de pronto, sus formas resplandecientes desaparecieron. La habitación se oscureció.

»Mi gurú me pidió entonces que recibiera la iniciación en Kriya Yoga.

---

1. Esto nos recuerda la línea de Milton: «Él sólo para Dios, ella para Dios y para él».

»—Por supuesto –respondí–. Lamento no haber recibido tu bendición antes en mi vida.

»—No era todavía el momento. –Lahiri Mahasaya sonrió con ternura–. He estado ayudándote en silencio a disolver gran parte de tu karma. Ahora estás dispuesta y preparada.

»Me tocó la frente. Aparecieron masas de luz giratoria, que poco a poco adoptaron la forma del ojo espiritual: un óvalo de color azul intenso rodeado de anillos dorados y, en su centro, una estrella blanca de cinco puntas.

»—Penetra tu conciencia a través de la estrella –dijo mi gurú– y entra en el reino del Infinito.

»Su voz tenía ahora un matiz distinto, suave como una música lejana.

»Visión tras visión rompía como olas sobre las orillas de mi alma. Finalmente, las imágenes se disolvieron en un mar de bienaventuranza. Me perdí en una dicha sin límites. Cuando, horas más tarde, regresé a la conciencia de este mundo, el maestro me entregó formalmente la técnica del Kriya Yoga.

»Desde aquella noche, Lahiri Mahasaya no volvió a dormir en mi habitación. De hecho, ya no volvió a dormir. Permanecía siempre en la sala delantera, en compañía de sus discípulos, tanto de día como de noche.

La ilustre dama cayó en silencio. Como comprendía la singularidad de su relación con el sublime yogui, me atreví a pedirle otro recuerdo.

—Hijo, eres codicioso –dijo sonriendo con timidez–. Pero te contaré una historia más. –Se acomodó y prosiguió–: Voy a confesarte un pecado que cometí contra mi esposo-gurú. Algunos meses después de mi iniciación, empecé a sentirme abandonada. Una mañana, Lahiri Mahasaya entró en esta pequeña habitación a buscar un objeto.

»Lo seguí. Abrumada por una ilusión violenta, le hablé con dureza:

»—Pasas todo el tiempo con los discípulos. ¿Y tus responsabilidades con tu esposa e hijos? Lamento que no te intereses en traer más dinero para la familia.

»El maestro me miró un instante y, de pronto, desapareció. Sobrecogida y aterrada, escuché una voz que resonaba en cada rincón de la habitación:

»—Todo es nada. ¿No lo ves? ¿Cómo podría una nada como yo producir riquezas para ti?

»—¡Guruji! –grité–. Te imploro perdón un millón de veces. Mis ojos pecadores ya no pueden verte. Por favor, aparece en tu forma sagrada.

»—Estoy aquí.

»La voz llegó desde lo alto. Alcé la vista y vi al maestro materializarse en el aire, con su cabeza rozando el techo. Sus ojos brillaban como llamas cegadoras. Fuera de mí por el miedo, caí sollozando a sus pies cuando descendió tranquilamente al suelo.

»—Mujer –dijo–, busca la riqueza divina, no el mezquino oropel de la Tierra. Cuando hayas adquirido el tesoro interior, descubrirás que el sustento exterior llega por sí solo. –Luego añadió–: Uno de mis hijos espirituales proveerá para ti.

»Las palabras de mi gurú, naturalmente, se cumplieron: un discípulo dejó una considerable suma de dinero para nuestra familia.

Di las gracias a Kashi Moni por compartir conmigo sus maravillosas experiencias.[2] Al día siguiente regresé al hogar de Lahiri Mahasaya y pasé varias horas conversando sobre filosofía con Tincouri y Ducouri Lahiri. Estos dos santos, hijos del gran yogui de la India, seguían fielmente sus ideales. Eran hombres de tez clara, altos, fornidos, con espesas barbas, voces suaves y modales de antigua cortesía.

Su esposa no fue la única discípula mujer de Lahiri Mahasaya; hubo cientos más, incluida mi madre. En una ocasión, una devota le pidió al gurú una fotografía suya. Él accedió y, al entregársela, le comentó:

—Si la consideras una protección, entonces lo es; de lo contrario, no es más que una imagen.

---

2. La venerable madre falleció en Benarés en 1930.

Pocos días después, esa mujer y la nuera de Lahiri Mahasaya estaban estudiando el *Bhagavad Gita* sentadas a una mesa. Detrás de ellas colgaba la fotografía del gurú. De pronto, estalló una violenta tormenta eléctrica.

—Lahiri Mahasaya, protégenos –clamaron inclinándose ante la imagen.

Un rayo cayó sobre el libro que estaban leyendo, pero ambas salieron ilesas.

—Sentí como si una lámina de hielo me envolviera y me protegiera del fuego –explicó más tarde la discípula.

Lahiri Mahasaya obró también dos milagros notables en relación con otra discípula, Abhoya. Ella y su esposo, abogado en Calcuta, emprendieron un día un viaje a Benarés para visitar al maestro. Su carruaje se retrasó por el tráfico, y cuando llegaron a la estación de Howrah, el silbato del tren anunciaba la inminente partida hacia Benarés.

Abhoya, aún junto a la taquilla, permaneció serena.

—Lahiri Mahasaya, te ruego que detengas el tren –oró en silencio–. No podría soportar la angustia de esperar un día más para verte.

Las ruedas del tren giraban sin cesar, pero el tren no avanzaba. El maquinista y los pasajeros, desconcertados, descendieron para observar el fenómeno. Un guardia ferroviario inglés se acercó a la pareja. Contrario a todo protocolo, les ofreció su ayuda.

—Babu, deme el dinero. Yo compraré sus billetes mientras ustedes suben al tren.

Tan pronto como la pareja estuvo sentada y con los billetes en mano, el tren comenzó a moverse con normalidad. Los pasajeros y el maquinista corrieron de vuelta a sus asientos, sin comprender por qué se había detenido ni qué lo había hecho arrancar.

Al llegar a la casa del maestro en Benarés, Abhoya se postró ante él e intentó tocarle los pies.

—Contrólate, Abhoya –le dijo con dulzura–. ¡Cuánto te gusta molestarme! Como si no hubieras podido venir en el próximo tren.

En otra visita memorable, Abhoya no pedía intervención sobre un tren, sino sobre la cigüeña.

—Te ruego que bendigas a mi próximo hijo para que sobreviva. Ocho bebés han nacido de mis entrañas y todos han muerto poco después del parto.

El maestro le sonrió con compasión.

—Tu siguiente hijo vivirá. Pero debes seguir mis instrucciones con cuidado. La niña nacerá por la noche. Asegúrate de que la lámpara de aceite permanezca encendida hasta el amanecer. No te duermas, no permitas que se apague la luz.

Tal como había predicho el maestro, la hija de Abhoya nació por la noche. La madre ordenó a su enfermera que mantuviera la lámpara cargada de combustible. Ambas mujeres resistieron el sueño hasta la madrugada, pero finalmente se durmieron. El aceite se agotaba; la llama titilaba.

De pronto, la puerta del dormitorio se abrió de golpe con un estruendo. Las mujeres despertaron, alarmadas. Sus ojos contemplaron la figura luminosa de Lahiri Mahasaya.

—Abhoya, mira –dijo con calma–, la luz está a punto de extinguirse.

Señaló la lámpara, que la enfermera rellenó con rapidez. En cuanto volvió a brillar con fuerza, el maestro desapareció. La puerta se cerró tras él, y el cerrojo se aseguró sin que nadie lo tocara.

El noveno hijo de Abhoya sobrevivió. En 1935, cuando realicé mis indagaciones, aún vivía.

Uno de los discípulos de Lahiri Mahasaya, el venerable Kali Kumar Roy, me relató muchos detalles fascinantes sobre su vida con el maestro.

—A menudo fui huésped en su casa de Benarés durante semanas enteras –me contó Roy–. Observé que muchas figuras santas, *danda swamis*,[3] llegaban en la quietud de la noche para

3. El bastón, símbolo de la columna vertebral, es llevado de manera ritual por ciertas órdenes de monjes.

sentarse a los pies del gurú. A veces, durante las noches, se enfrascaban en discusiones sobre meditación y filosofía. Al amanecer, los ilustres visitantes partían. Durante mis visitas, comprobé que Lahiri Mahasaya no se acostó ni una sola vez para dormir.

»Durante los primeros tiempos de mi relación con el maestro, tuve que enfrentarme a la oposición de mi empleador. Era un hombre sumido en el materialismo.

»—No quiero fanáticos religiosos en mi personal –solía burlarse–. Si alguna vez conozco a tu gurú charlatán, le diré unas cuantas verdades.

»Esa amenaza no logró alterar mi rutina: seguía pasando casi todas las noches en presencia de mi maestro. Una noche, mi empleador me siguió y entró abruptamente en la sala. Sin duda, estaba dispuesto a pronunciar las demoledoras palabras que había prometido.

»Apenas se hubo sentado, Lahiri Mahasaya se dirigió al grupo, formado por unos doce discípulos:

»—¿Os gustaría ver una imagen?

»Cuando todos asentimos, nos pidió que oscureciéramos la habitación.

»—Sentaos uno detrás del otro, en círculo –dijo–, y colocad vuestras manos sobre los ojos del hombre que está delante de vosotros.

»Para mi asombro, incluso mi empleador, aunque a regañadientes, siguió las instrucciones. Pocos minutos después, el maestro nos preguntó qué estábamos viendo.

»—Señor –respondí–, aparece una hermosa mujer con un sari de bordes rojos, de pie junto a una planta de hojas de elefante.

»Todos los discípulos describieron la misma visión.

»El maestro se volvió hacia mi jefe.

»—¿Reconoces a esa mujer?

»—Sí –respondió visiblemente afectado–. He estado gastando mi dinero tontamente en ella, aunque tengo una buena esposa. Me avergüenza el motivo que me trajo aquí. ¿Me perdonará y me aceptará como discípulo?

»—Si llevas una vida moral durante seis meses, te aceptaré. De lo contrario –añadió con tono enigmático–, no será necesario iniciarte.

»Durante tres meses, mi empleador evitó la tentación; luego, volvió a su relación con aquella mujer. Dos meses después, murió. Así comprendí la profecía velada de mi gurú sobre la improbabilidad de su iniciación.

Lahiri Mahasaya tenía un amigo muy famoso: Swami Trailanga, de quien se decía que había vivido más de trescientos años. Ambos solían sentarse juntos a meditar. La fama de Trailanga estaba tan extendida que pocos hindúes pondrían en duda cualquiera de los milagros que se le atribuían. Si Cristo regresara a la Tierra y caminara por las calles de Nueva York mostrando sus poderes divinos, causaría el mismo asombro que Trailanga provocó décadas atrás al pasearse por los abarrotados callejones de Benarés.

En numerosas ocasiones se vio al *swami* beber los venenos más mortales sin sufrir daño alguno. Miles de personas –algunas aún vivas– lo vieron flotar en el Ganges. Durante días permanecía sentado sobre el agua, o sumergido bajo las olas durante largas horas. Una escena común en los *ghats* de Benarés era su cuerpo inmóvil sobre las abrasadoras losas de piedra, completamente expuesto al sol indio. Con esas hazañas, Trailanga enseñaba que la vida de un yogui no depende del oxígeno ni de las condiciones habituales. Ya fuera bajo el agua o sobre ella, bajo el sol abrasador o en la sombra, demostraba que vivía sostenido por la conciencia divina. La muerte no tenía poder sobre él.

Trailanga era grande no sólo espiritualmente, sino también a nivel físico. Su peso superaba los ciento treinta kilos: uno por cada año de su vida, se decía. Como casi nunca comía, el misterio se intensificaba. Pero un maestro puede ignorar sin esfuerzo todas las reglas comunes de la salud si así lo desea, por razones a menudo sutiles, conocidas sólo por él. Los grandes santos, despiertos del sueño de *maya*, comprenden que este mundo es una idea en la Mente Divina. Pueden hacer con el cuerpo lo que deseen, sabiendo que no es más que energía condensada.

Lo que los físicos ahora empiezan a entender, es decir, que la materia no es más que energía solidificada, los maestros iluminados lo han llevado a la práctica desde hace siglos.

Trailanga vivía completamente desnudo. La policía de Benarés lo consideraba un problema desconcertante. Como un nuevo Adán en el jardín del Edén, era del todo inconsciente de su desnudez. La policía, en cambio, lo era demasiado. Sin ceremonias, lo arrestaron y lo encarcelaron. Poco después, su enorme cuerpo fue visto, como de costumbre, caminando sobre el tejado de la prisión. La celda, aún cerrada con llave, no ofrecía ninguna pista sobre cómo pudo escapar.

Los desconcertados agentes de la ley cumplieron una vez más con su deber. Esta vez, se apostó un guardia frente a la celda del *swami*. Una vez más, la fuerza cedió ante la justicia. Pronto se vio a Trailanga paseando despreocupadamente por el tejado. La justicia es ciega; la policía, burlada, decidió seguir su ejemplo.

El gran yogui mantenía su silencio habitual.[4] A pesar de su rostro redondo y su enorme vientre en forma de barril, Trailanga comía sólo en algunas ocasiones. Después de semanas sin alimento, Trailanga rompía su ayuno con grandes recipientes de leche cuajada que le ofrecían sus devotos. Un escéptico, empeñado en desenmascararlo como charlatán, colocó ante él un balde lleno de una mezcla de cal, que se utilizaba para blanquear paredes.

—Maestro –dijo el materialista con fingida reverencia–, te he traído un poco de leche cuajada. Por favor, bébela.

Sin vacilar, Trailanga vació el recipiente hasta la última gota del ardiente líquido. Pocos minutos después, el hombre cayó al suelo, retorciéndose de dolor.

---

4. Trailanga era un *muni*, un monje que observa el *mauna*, el silencio espiritual. La raíz sánscrita *muni* está relacionada con el griego *monos*, «sólo», «único», de donde derivan las palabras inglesas *monk* («monje») y *monism* («monismo»).

—¡Ayuda, *swami*, ayuda! –gritaba–. ¡Estoy ardiendo! ¡Perdona mi malvada prueba!

El gran yogui rompió entonces su habitual silencio.

—Burlador –dijo con serenidad–, cuando me ofreciste veneno, no comprendiste que mi vida es una con la tuya. De no ser por mi conocimiento de que Dios habita en mi estómago como en cada átomo de la creación, la cal me habría matado. Ahora que has comprendido el significado divino del efecto bumerán, no vuelvas a hacer trucos a nadie.

El pecador, bien purgado y sanado por las palabras de Trailanga, se alejó poco a poco.

La reversión del dolor no fue resultado de la voluntad de Trailanga, sino de la aplicación infalible de la ley de la justicia, que rige incluso en la órbita más lejana de la creación. Los hombres realizados en Dios, como Trailanga, permiten que esa ley actúe de inmediato, pues han desterrado para siempre todas las corrientes del ego que podrían interferir en su curso.

Los ajustes automáticos de la rectitud, a menudo pagados con una moneda inesperada –como en el caso del aspirante a envenenador–, pueden ayudarnos a mitigar la impaciente indignación que sentimos ante las aparentes injusticias del mundo. «Mía es la venganza; yo pagaré, dice el Señor».[5] ¿Por qué recurrir a los escasos recursos del hombre, cuando el universo mismo conspira para la retribución? Las mentes obtusas descartan como imposibles la justicia divina, el amor, la omnisciencia y la inmortalidad. «Meramente conjeturas vagas de las Escrituras», objetan. Esa perspectiva insensible, carente de asombro ante el espectáculo cósmico, activa, de manera inevitable, una cadena de acontecimientos que conducen, más temprano que tarde, a su propio despertar.

La omnipotencia de la ley espiritual fue mencionada por Cristo en ocasión de su entrada triunfal en Jerusalén. Mientras los discípulos y la multitud gritaban de alegría y exclamaban:

5. Romanos 12, 19.

«Paz en el cielo, y gloria en las alturas», ciertos fariseos se quejaron del espectáculo poco digno:

—Maestro –protestaron–, reprende a tus discípulos.

Jesús les respondió:

—Os digo que, si ellos callaran, las piedras clamarían.[6]

Con esta reprimenda a los fariseos, Cristo señalaba que la justicia divina no es una abstracción simbólica. Un hombre de paz, aunque le arranquen la lengua de raíz, encontrará aún su voz y su defensa en la estructura misma de la creación, en el orden universal.

—¿Pensáis –decía Jesús– silenciar a los hombres de paz? Del mismo modo podríais intentar ahogar la voz de Dios, cuyas piedras mismas proclaman Su gloria y Su omnipresencia. ¿Queréis impedir que los hombres celebren la paz en el cielo y preferís que sólo se congreguen en multitudes para clamar por la guerra en la Tierra? Entonces preparaos, oh, fariseos, para derribar los cimientos del mundo; porque no sólo los pacíficos, sino también las piedras, la tierra, el agua, el fuego y el aire se levantarán contra vosotros, para testimoniar Su armonía ordenada.

La gracia del yogui semejante a Cristo, Trailanga, fue concedida una vez a mi *sajo mama*, mi tío materno. Una mañana, éste lo vio rodeado de devotos en un *ghat* de Benarés. Logró abrirse paso hasta él y, con un respeto profundo, tocó sus pies.

En ese instante, quedó libre de una dolorosa enfermedad crónica que lo había afligido durante años.[7]

La única discípula conocida que aún vive del gran yogui Trailanga es una mujer: Shankari Mai Jiew. Hija de uno de sus

---

6. Lucas 19, 37-40.

7. Las vidas de Trailanga y otros grandes maestros nos recuerdan las palabras de Jesús: «Y estas señales seguirán a los que creen: en mi nombre (la conciencia crística) echarán fuera demonios; hablarán nuevas lenguas; tomarán serpientes con sus manos; y si bebieren cosa mortífera, no les hará daño; sobre los enfermos pondrán sus manos, y sanarán», Marcos 16, 17-18.

discípulos, recibió el entrenamiento directo del maestro desde su infancia. Vivió durante cuarenta años en una serie de cuevas solitarias del Himalaya, cerca de Badrinath, Kedarnath, Amarnath y Pasupatinath. Esta *brahmacharini* (asceta femenina), nacida en 1826, ha superado ya el siglo de vida. Sin embargo, no muestra signos de envejecimiento: conserva el cabello negro, los dientes resplandecientes y una energía asombrosa. Sale de su retiro cada pocos años para asistir a los *melas*, las grandes fiestas religiosas.

Shankari Mai visitaba con frecuencia a Lahiri Mahasaya. Relató que un día, en la zona de Barackpur, cerca de Calcuta, mientras estaba sentada junto a él, su gran gurú, Babaji, entró silenciosamente en la habitación y conversó con ambos. Fue una de las pocas personas que ha afirmado que había visto juntos a los dos maestros.

En otra ocasión, Trailanga, saliendo de su habitual silencio, honró públicamente a Lahiri Mahasaya de una forma extraordinaria. Un discípulo presente en Benarés expresó su desconcierto.

—Señor –dijo–, ¿por qué usted, un *swami* renunciante, muestra tanto respeto hacia un hombre de familia?

Trailanga le respondió con serenidad:

—Hijo mío, Lahiri Mahasaya es como un divino gatito, que permanece donde la Madre Cósmica lo ha colocado. Mientras cumple con fidelidad su papel de hombre mundano, ha alcanzado esa perfecta autorrealización por la que yo he renunciado incluso a mi taparrabos.

CAPÍTULO 32

Rama es resucitado de entre los muertos

«Cierto hombre estaba enfermo y se llamaba Lázaro [...]. Al oírlo Jesús, dijo: "Esta enfermedad no es para muerte, sino para gloria de Dios, para que el Hijo de Dios sea glorificado por ella"».[1]

Una mañana soleada, en el balcón de su ermita en Serampore, Sri Yukteswar exponía las Escrituras cristianas. Además de algunos discípulos, yo estaba presente con un pequeño grupo de estudiantes de Ranchi.

—En este pasaje, Jesús se llama a sí mismo Hijo de Dios –explicó mi gurú–. Aunque estaba verdaderamente unido a Dios, su referencia aquí tiene un significado impersonal profundo. El Hijo de Dios es la Conciencia Crística o Divina en el hombre. Ningún mortal puede glorificar a Dios. El único honor que el hombre puede rendir a su Creador es buscarlo; no puede glorificar una Abstracción que no conoce. La gloria, el nimbo alrededor de la cabeza de los santos, es un testimonio simbólico de su capacidad para rendir homenaje divino.

1. Juan 11, 1-4.

Sri Yukteswar continuó leyendo la historia de la resurrección de Lázaro. Al concluir, entró en un largo silencio, con el libro sagrado abierto sobre las rodillas.

—Yo también tuve el privilegio de presenciar un milagro similar –dijo al fin, con solemne unción–. Lahiri Mahasaya resucitó a uno de mis amigos de entre los muertos.

Los jóvenes a mi lado se iluminaron con vivo interés. Yo también conservaba algo del niño que fui, y disfrutaba especialmente de cada relato que lograba arrancarle a mi maestro sobre las asombrosas experiencias que había vivido con su gurú.

—Mi amigo Rama y yo éramos inseparables –comenzó el Maestro–. Como era tímido y reservado, solía visitar a Lahiri Mahasaya sólo durante la medianoche o el amanecer, cuando la multitud de discípulos ya se había dispersado. Yo, como su amigo más cercano, era un canal a través del cual expresaba su mundo interior. Su compañía era para mí una fuente de inspiración constante. –El rostro de Sri Yukteswar se suavizó al evocar aquellos recuerdos–. Muy pronto sometieron a Rama a una dura prueba. Contrajo cólera asiático. Como nuestro maestro nunca se oponía al auxilio médico en casos graves, se llamó a dos especialistas.

»Mientras corrían de un lado a otro tratando de salvarlo, yo oraba con toda mi alma a Lahiri Mahasaya. Me apresuré a ir a su casa y le conté entre sollozos lo que había sucedido.

»—Los médicos están viendo a Rama. Estará bien –respondió mi gurú con una sonrisa serena.

»Regresé con el corazón aliviado, pero al llegar al lecho de Rama, lo encontré agonizando.

»—No durará más de una o dos horas –me dijo uno de los médicos con un gesto resignado.

»Volví a correr hacia la casa de Lahiri Mahasaya.

»—Los médicos son hombres concienzudos –repitió con calma el maestro–. Estoy seguro de que Rama estará bien.

»Me despidió con la misma alegría. Pero al regresar, los médicos ya se habían ido. Uno de ellos me dejó una nota: "Hemos hecho todo lo posible, pero su caso es terminal".

»Rama era, en efecto, la imagen misma de un moribundo. No lograba entender cómo las palabras de nuestro maestro podían no cumplirse, pero ver la vida de mi amigo desvaneciéndose me susurraba sin cesar: "Todo ha terminado". Debatiéndome entre la fe y la duda, hice lo que pude para cuidarlo. Entonces, contra toda expectativa, Rama abrió los ojos y gritó:

»—Yukteswar, corre a ver al Maestro y dile que me he ido. Pídele que bendiga mi cuerpo antes de los últimos ritos.

»Con estas palabras, Rama suspiró profundamente y exhaló su último aliento.[2]

»Lloré junto al cuerpo de mi amado amigo durante una hora. Siempre amante del silencio, ahora había alcanzado la quietud absoluta de la muerte. Otro discípulo entró en la habitación; le pedí que permaneciera allí hasta que yo regresara. Medio aturdido, volví a ver a mi gurú.

»—¿Cómo está Rama ahora? –preguntó Lahiri Mahasaya, con el rostro cubierto de sonrisas.

»—Señor, pronto verá cómo está –respondí con un nudo en la garganta–. En unas pocas horas verá su cuerpo... antes de que sea conducido al crematorio.

»Me derrumbé. Sollozaba abiertamente.

»—Yukteswar, contrólate. Siéntate en calma y medita.

»Mi gurú entró en *samadhi*. La tarde y la noche transcurrieron en un silencio inquebrantable; luché sin éxito por recuperar la paz interior.

»Al amanecer, Lahiri Mahasaya me miró con consuelo.

»—Veo que sigues alterado. ¿Por qué no me dijiste ayer que esperabas que ayudara a Rama con algún medicamento?

»Señaló entonces una lámpara en forma de copa que contenía aceite de ricino crudo.

»—Llena una pequeña botella con el aceite de esa lámpara. Pon siete gotas en la boca de Rama.

---

2. Una víctima de cólera suele estar completamente consciente hasta el momento de la muerte.

»—Señor –protesté con la voz apagada por la incredulidad–, está muerto desde el mediodía de ayer. ¿De qué sirve el aceite ahora?

»—No importa; simplemente haz lo que te pido.

»La serenidad alegre de Lahiri Mahasaya me resultaba incomprensible. Yo seguía sumido en el abismo del duelo. No obstante, vertí una pequeña cantidad de aceite en una botella y partí hacia la casa de Rama.

»Lo encontré rígido, aún envuelto por el abrazo implacable de la muerte. Sin prestar atención a su estado, abrí sus labios con mi dedo derecho y, con la mano izquierda y la ayuda del corcho, logré verter el aceite, gota a gota, sobre sus dientes apretados.

»Cuando la séptima gota tocó sus labios fríos, el cuerpo se estremeció violentamente. Un temblor recorrió sus músculos, de pies a cabeza. Con asombro, vi cómo se sentaba.

»—He visto a Lahiri Mahasaya en un resplandor de luz –exclamó Rama con una voz aún débil–. Brillaba como el sol. "Levántate; abandona tu sueño", me decía. "Ve con Yukteswar a verme".

»Apenas podía creer lo que presenciaba cuando Rama, tras aquella enfermedad fatal, se vistió con calma y, con fuerzas suficientes, caminó conmigo hasta la casa de nuestro gurú. Allí se postró con lágrimas de gratitud a los pies del maestro.

»Lahiri Mahasaya estaba fuera de sí de alegría. Sus ojos brillaban con picardía cuando me miró.

»—Yukteswar –dijo con una sonrisa luminosa–, espero que de ahora en adelante no olvides llevar contigo una botella de aceite de ricino. ¡Cada vez que veas un cadáver, simplemente administra el aceite! ¿Acaso siete gotas de aceite de lámpara no han de frustrar el poder de Yama?[3]

»—Guruji, te estás burlando de mí. No entiendo... por favor, señálame el error en mi comprensión.

---

3. El dios de la muerte.

—Te dije dos veces que Rama estaría bien, y aun así no pudiste creerme por completo –explicó Lahiri Mahasaya–. No quise decir que los médicos pudieran curarlo; sólo mencioné que estaban presentes. No había ninguna conexión causal entre mis dos afirmaciones. No quise interferir con ellos; también tienen que vivir. –Con una voz resonante de alegría, añadió–: Recuerda siempre que el inagotable *Paramatman*[4] puede sanar a cualquiera, con o sin médico.

»—Veo mi error –reconocí con remordimiento–. Ahora sé que tu simple palabra es vinculante para todo el cosmos.

Cuando Sri Yukteswar terminó la asombrosa historia, uno de los oyentes, fascinado, se atrevió a preguntar, con la sinceridad inocente de un niño:

—Señor, ¿por qué usó su gurú aceite de ricino?

—Hijo, el aceite no tenía ningún significado especial, salvo que yo mismo esperaba algo material, y Lahiri Mahasaya eligió el objeto más cercano como símbolo externo para despertar una mayor fe en mí. El maestro permitió que Rama muriera porque yo había dudado en parte. Pero como había dicho que estaría bien, la curación debía suceder, incluso si para eso debía rescatarlo de la muerte... una enfermedad que, por lo general, no tiene remedio.

Después de despedir al pequeño grupo, Sri Yukteswar me indicó con una seña que me sentara sobre una manta a sus pies.

—Yogananda –dijo con una gravedad inusual–, has estado rodeado desde tu nacimiento por discípulos directos de Lahiri Mahasaya. Aquel gran maestro vivió su vida sublime en una reclusión parcial, y se negó siempre a que se fundaran organizaciones en torno a sus enseñanzas. No obstante, hizo una predicción significativa: «Unos cincuenta años después de mi fallecimiento –dijo–, mi vida se escribirá debido al profundo interés que Occidente manifestará por el yoga. El mensaje yóguico dará la vuelta al mundo y contribuirá a establecer esa herman-

4. Literalmente «Alma Suprema».

dad del hombre que nace de la percepción directa del Único Padre». Hijo mío, Yogananda –continuó Sri Yukteswar–, tú debes cumplir tu parte en la difusión de ese mensaje y en la escritura de esa sagrada vida.

Cincuenta años después de la muerte de Lahiri Mahasaya, en 1895, culminaron en 1945, el mismo año en que se concluyó este libro. No puedo evitar sorprenderme ante la coincidencia de que ese mismo año haya marcado el inicio de una nueva era: la era de la energía atómica. Todas las mentes reflexivas se vuelven hoy, más que nunca, hacia los urgentes problemas de la paz y la hermandad. El uso continuado de la fuerza física podría destruir no sólo a los hombres, sino también los problemas que éstos se empeñan en preservar.

E incluso si la raza humana y sus obras desaparecieran sin dejar rastro por el paso del tiempo o por la bomba, el Sol no titubeará en su curso; las estrellas mantendrán su vigilia inalterable. La ley cósmica no puede ser detenida ni alterada. El hombre haría bien en armonizarse con ella. Si el cosmos está en contra de la violencia, si el Sol no lucha con los planetas, sino que se retira en su momento para dejarles su pequeño dominio, ¿qué sentido tiene nuestro puño de hierro? ¿Puede surgir alguna paz verdadera de ahí? No la crueldad, sino la buena voluntad, fortalece los cimientos del universo. Una humanidad en paz conocerá los frutos infinitos de la victoria: más dulces al paladar que cualquier otro cultivado en un suelo regado con sangre.

La verdadera Liga de las Naciones será una liga natural, innombrada, de corazones humanos. Las simpatías amplias y la visión esclarecida que pueden sanar las aflicciones terrenales no vendrán sólo de una reflexión intelectual sobre las diferencias humanas, sino del conocimiento íntimo de su unidad esencial: el parentesco del hombre con Dios. Para la realización del más alto ideal del mundo, esto es, la paz a través de la hermandad, que el yoga, ciencia del contacto personal con lo Divino, se extienda con el tiempo a todos los hombres de todas las tierras.

Aunque la civilización de la India es más antigua que cualquier otra, pocos historiadores han advertido que su prolongada supervivencia nacional no es un accidente, sino una consecuencia lógica de la devoción constante a las verdades eternas, ofrecidas generación tras generación por sus mejores hombres. Por pura continuidad del ser, por su obstinada permanencia ante las edades –¿pueden acaso los polvorientos eruditos decirnos cuántas?–, la India ha dado la respuesta más digna que pueblo alguno haya ofrecido jamás al desafío del tiempo.

La historia bíblica[5] de la súplica de Abraham al Señor para que la ciudad de Sodoma sea perdonada si se pueden encontrar allí diez hombres justos, y la respuesta divina «No la destruiré por amor a los diez», adquiere un nuevo significado a la luz de la escapatoria de la India del olvido de Babilonia, Egipto y otras grandes naciones que fueron alguna vez sus contemporáneas. La respuesta del Señor muestra claramente que una tierra vive, no por sus logros materiales, sino por sus obras maestras humanas.

Que se oigan de nuevo las palabras divinas en este siglo XX, doblemente teñidas de sangre antes de la mitad: ninguna nación que pueda producir diez hombres grandes a los ojos del Juez Incorrumpible conocerá la extinción. Siguiendo tales persuasiones, la India ha demostrado que no es desmemoriada ante los mil engaños del tiempo. Maestros autorrealizados en cada siglo han consagrado su suelo; sabios modernos semejantes a Cristo, como Lahiri Mahasaya y su discípulo Sri Yukteswar, se levantan para proclamar que la ciencia del yoga es más vital que cualquier avance material para la felicidad del hombre y la longevidad de una nación.

Ha aparecido publicada información muy escasa sobre la vida de Lahiri Mahasaya y su doctrina universal. Durante tres décadas, en la India, Estados Unidos y Europa, he encontrado un profundo y sincero interés por su mensaje de yoga liberador; ahora se necesita un relato escrito de la vida del maestro, como él predijo, en Occidente, donde las vidas de los grandes yoguis modernos son poco conocidas.

---

5. Génesis 18, 23-32.

Tan sólo se han escrito uno o dos pequeños folletos en inglés sobre la vida del gurú. Una biografía en bengalí, *Sri Sri*[6] *Shyama Charan Lahiri Mahasaya*, apareció en 1941. Fue escrita por mi discípulo, Swami Satyananda, quien durante muchos años ha sido el *acharya* (preceptor espiritual) de nuestro Vidyalaya en Ranchi. He traducido algunos pasajes de su libro e incorporado a esta sección dedicada a Lahiri Mahasaya.

Ahiri Mahasaya nació el 30 de septiembre de 1828 en una familia brahmín de antiguo linaje. Su lugar de nacimiento fue el pueblo de Ghurni, en el distrito de Nadia, cerca de Krishnagar, en Bengala. Era el hijo menor de Muktakashi, segunda esposa del estimado Gaur Mohan Lahiri. La primera esposa de éste, tras dar a luz a tres hijos, falleció durante una peregrinación. La madre de Lahiri Mahasaya murió cuando él aún era un niño. Poco se sabe sobre ella, salvo un hecho revelador: era una devota ferviente de Lord Shiva,[7] mencionado en las escrituras como el «Rey de los Yoguis».

El niño Lahiri, cuyo nombre de nacimiento era Shyama Charan, pasó sus primeros años en la casa ancestral de Nadia. A la edad de tres o cuatro años, se le observaba con frecuencia sentado bajo las arenas en la postura de un yogui, con su cuerpo completamente oculto, excepto por la cabeza.

La propiedad de los Lahiri fue destruida durante el invierno de 1833, cuando el cercano río Jalangi cambió su curso y se sumergió en las profundidades del Ganges. Uno de los templos de Shiva fundados por los Lahiri se fue al río junto con la casa

---

6. *Sri*, un prefijo que significa «santo», se une (generalmente dos o tres veces) a los nombres de los grandes maestros indios.

7. Una de las tres deidades de la Trinidad Divina: Brahma, Vishnu, Shiva, cuya obra universal es, respectivamente, la creación, la preservación y la disolución-restauración. Shiva (a veces escrito Siva), representado en la mitología como el Señor de los Renunciantes, aparece en visiones a sus devotos bajo diversas formas, como Mahadeva, el Asceta de cabello enmarañado, y Nataraja, el Danza Cósmica.

familiar. Un devoto rescató la imagen de piedra de Lord Shiva de las aguas turbulentas y la colocó en un nuevo templo, que ahora es bien conocido como el Sitio de Shiva de Ghurni.

Gaur Mohan Lahiri y su familia abandonaron Nadia y se trasladaron a Benarés, donde el padre erigió inmediatamente un templo de Shiva. Llevó su hogar según las líneas de la disciplina védica, con observancia regular del culto ceremonial, actos de caridad y estudio de las escrituras. Justo y de mente abierta, sin embargo, no ignoraba el beneficio de las ideas modernas.

El joven Lahiri recibió lecciones de hindi y urdu en grupos de estudio en Benarés. Asistió a una escuela dirigida por Joy Narayan Ghosal, y realizó sus estudios en sánscrito, bengalí, francés e inglés. Se dedicó a un estudio cercano de los Vedas, y el joven yogui escuchaba con entusiasmo las discusiones sobre las escrituras de eruditos brahmanes, incluido un erudito maratí llamado Nag-Bhatta.

Shyama Charan era un joven amable, gentil y valiente, querido por todos sus compañeros. Con un cuerpo bien proporcionado, brillante y fuerte, sobresalía en la natación y en muchas otras actividades habilidosas.

En 1846, Shyama Charan Lahiri se casó con Srimati Kashi Moni, hija de Sri Debnarayan Sanyal. Un modelo de esposa india, Kashi Moni llevaba con alegría las tareas del hogar y la obligación tradicional del ama de casa de servir a los invitados y a los pobres. La unión fue bendecida por dos santos hijos, Tincouri y Ducouri.

A la edad de 23 años, en 1851, Lahiri Mahasaya asumió el puesto de contable en el Departamento de Ingeniería Militar del gobierno inglés. Recibió numerosas promociones durante su servicio. Así, no sólo era un maestro a los ojos de Dios, sino también un éxito en el pequeño drama humano donde desempeñaba su papel como trabajador de oficina en el mundo.

A medida que las oficinas del Departamento del Ejército se trasladaban, Lahiri Mahasaya fue transferido a Gazipur, Mirjapur, Danapur, Naini Tal, Benares y otras localidades. Tras la muerte de su padre, Lahiri tuvo que asumir toda la responsabilidad de su familia, para quienes adquirió una tranquila residencia en el vecindario de Garudeswar Mohulla en Benares.

Fue a la edad de 33 años cuando Lahiri Mahasaya vio el cumplimiento del propósito para el cual se había reencarnado en la tierra. La llama oculta bajo las cenizas, que había estado humeando durante tanto tiempo, tuvo la oportunidad de estallar en llama. Un decreto divino, que descansaba más allá de la mirada de los seres humanos, actúa misteriosamente para traer todas las cosas a la manifestación exterior en el momento adecuado. Conoció a su gran gurú, Babaji, cerca de Ranikhet, y fue iniciado por él en el Kriya Yoga.

Este evento auspicioso no ocurrió sólo para él; fue un momento afortunado para toda la raza humana, muchos de cuyos miembros más tarde tuvieron el privilegio de recibir el regalo de despertar del alma a través del Kriya. El arte más alto del yoga, perdido o largamente desaparecido, comenzaba a vislumbrar de nuevo la luz. Muchos hombres y mujeres espiritualmente sedientos por fin encontraron su camino hacia las frescas aguas del Kriya Yoga. Del mismo modo que en la leyenda hindú, donde la Madre Ganges ofrece su bebida divina al devoto sediento Bhagirath, la inundación celestial del Kriya se desbordó desde los secretos rincones del Himalaya hacia los polvorientos lugares de los hombres.

CAPÍTULO 33

Babaji, El Yogui-Cristo de la India moderna

Las rocas del Himalaya del norte, cerca de Badrinarayan, aún están bendecidas por la presencia viva de Babaji, el gurú de Lahiri Mahasaya. Este maestro solitario ha conservado su forma física durante siglos, quizá incluso milenios. El inmortal Babaji es un *avatara*. Esta palabra sánscrita significa «descenso». Se forma a partir de *ava*, «abajo», y *tri*, «pasar». En las escrituras hindúes, *avatara* designa el descenso de la Divinidad a la carne.

—El estado espiritual de Babaji está más allá de la comprensión humana –me explicó Sri Yukteswar–. La visión limitada de los hombres no puede alcanzar su estrella trascendental. Intentar siquiera imaginar el logro de un avatar es en vano. Es inconcebible.

Los *Upanishads* han clasificado cuidadosamente cada etapa del progreso espiritual. Un *siddha* («ser perfeccionado») ha evolucionado desde el estado de *jivanmukta* («liberado mientras vive») hasta el de *paramukta* («suprema libertad»): aquel que ha escapado por completo de la servidumbre de la *maya* y del ciclo de reencarnación. El *paramukta* rara vez vuelve a un cuerpo físico. Si lo hace es un avatar: un instrumento enviado por Dios para portar bendiciones celestiales al mundo.

Un avatar no está sujeto a las leyes de la economía universal. Su cuerpo puro, visible como una imagen de luz, no debe nada a la naturaleza. A simple vista, puede no parecer distinto de otros hombres, pero su forma no proyecta sombra ni deja huella en el suelo. Son señales simbólicas de una libertad interna: ausencia de oscuridad y de esclavitud material. Sólo un hombre divinamente realizado conoce la Verdad que se encuentra tras las relatividades de la vida y la muerte. Omar Khayyam, tan incomprendido por los lectores superficiales, cantó de este hombre liberado en su inmortal obra *Rubaiyat*:

¡Ah, Luna de mi Delicia que no conoces mengua,
La Luna del Cielo está subiendo de nuevo;
¡Cuántas veces después subirá y mirará
A través de este mismo Jardín después de mí, en vano!

La «Luna de mi Delicia» es Dios, el eterno Polaris: nunca anacrónico, jamás eclipsado. La «Luna del Cielo» es el cosmos exterior, sujeto a la ley de la recurrencia periódica. Pero esas cadenas fueron disueltas para siempre por el visionario persa a través de su autorrealización. «¡Cuántas veces después subirá y mirará [...] después de mí, en vano!». Qué irónica frustración para un universo frenético: la omisión total que desarma toda su búsqueda.

Cristo expresó su libertad de otra manera. «Y vino un cierto escriba, y le dijo: "Maestro, te seguiré adonde quiera que vayas". Y Jesús le dijo: "Las zorras tienen guaridas y las aves del cielo tienen nidos, pero el Hijo del Hombre no tiene donde reclinar la cabeza"».[1]

Amplio con la omnipresencia, ¿podría Cristo realmente ser seguido sino en el Espíritu, que lo abarca todo?

---

1. Mateo 8, 19-20.

Krishna, Rama, Buda y Patanjali fueron algunos de los antiguos *avataras* indios. Una vasta literatura poética en tamil ha crecido alrededor de Agastya, un avatar del sur de la India. Se le atribuyen numerosos milagros, que realizó a lo largo de los siglos anteriores y posteriores a la era cristiana, y según la tradición, aún mantiene su forma física hasta hoy.

La misión de Babaji en la India ha sido ayudar a los profetas en el cumplimiento de sus dispensaciones espirituales particulares. Por ello, se le reconoce con el título escritural de *Mahavatar* («Gran Avatar»). Él mismo ha declarado que inició en el yoga a Shankara, el antiguo fundador de la Orden de los Swamis, y a Kabir, el famoso santo medieval. Su principal discípulo del siglo XIX fue, como sabemos, Lahiri Mahasaya, el revivificador del perdido arte de Kriya.

BABAJI, EL MAHAVATAR
Gurú de Lahiri Mahasaya
He ayudado a un artista a dibujar un verdadero retrato del gran Yogui-Cristo de la India moderna.

El Mahavatar está en constante comunión con Cristo; juntos, emiten vibraciones de redención y han delineado la técnica espiritual de salvación para esta era. La labor conjunta de estos dos maestros completamente iluminados –uno con cuerpo, el otro sin él– es inspirar a las naciones a abandonar las guerras suicidas, los odios raciales, el sectarismo religioso y los males del materialismo, que tarde o temprano regresan como un bumerán. Babaji es plenamente consciente de las tendencias de la época moderna, en especial de la influencia y complejidades de la civilización occidental. Reconoce la necesidad urgente de difundir las vías de autoliberación del yoga tanto en Oriente como en Occidente.

Que no existan referencias históricas sobre Babaji no debería sorprender. El gran gurú jamás ha aparecido abiertamente en ningún siglo. El deslumbrante foco de la publicidad no tiene lugar en sus planes milenarios. Al igual que el Creador, el único y silencioso Poder, Babaji obra en una humilde oscuridad.

Grandes profetas como Cristo o Krishna descienden con un propósito específico y espectacular; parten cuando ese propósito se ha cumplido. Otros *avataras*, como Babaji, emprenden una obra distinta: una tarea relacionada con el lento avance evolutivo del ser humano a lo largo de los siglos, más que con eventos puntuales en la historia. Estos maestros permanecen ocultos a la mirada grosera del público y poseen el poder de volverse invisibles a voluntad. Por esa razón –y porque suelen instruir a sus discípulos para que mantengan silencio sobre su existencia–, algunas figuras espirituales de gran relevancia permanecen desconocidas para el mundo. En estas páginas ofrezco apenas un indicio de la vida de Babaji. Sólo algunos hechos que él considera apropiados y útiles para su divulgación pública.

Nunca se han descubierto datos limitantes sobre su familia o su lugar de nacimiento. Su lengua habitual es el hindi, aunque se expresa con igual soltura en cualquier idioma. Ha adoptado el nombre sencillo de *Babaji* («padre venerado»), aunque otros títulos que le han dado los discípulos de Lahiri Mahasaya incluyen *Mahamuni Babaji Maharaj* («supremo santo extático»), *Maha Yogui* («el más grande de los yoguis»), *Trambak Baba* y *Shiva Baba* (nombres asociados a las manifestaciones de Shiva). ¿En realidad importa que ignoremos el linaje o el apellido de un maestro liberado en la Tierra?

—Siempre que alguien pronuncie con devoción el nombre de Babaji –dijo Lahiri Mahasaya–, ese devoto atrae una bendición espiritual instantánea.

El gurú inmortal no lleva señales de edad en su cuerpo. Su apariencia es la de un joven de unos veinticinco años. De piel clara, estatura y complexión medias, su cuerpo, hermoso y vigoroso, irradia un resplandor perceptible. Sus ojos son oscuros, serenos y compasivos; su cabello largo y lustroso tiene el tono del cobre bruñido. Un hecho notable es su extraordinaria semejanza con Lahiri Mahasaya. La similitud es tan precisa que, en sus últimos años, el propio Lahiri podría haber pasado por el padre del joven Babaji.

Swami Kebalananda, mi santo tutor de sánscrito, pasó un tiempo con Babaji en el Himalaya.

—El incomparable maestro se desplaza con su grupo de un lugar a otro en las montañas –me contó Kebalananda–. Su pequeño séquito incluye dos discípulos americanos altamente avanzados. Cuando Babaji decide que es el momento de marcharse, simplemente dice: *Dera danda uthao* («Levantemos nuestro campamento y nuestro bastón»). Lleva un *danda* simbólico, un bastón de bambú. Esas palabras son la señal para trasladarse instantáneamente a otro lugar. A veces se transportan astralmente; otras, el maestro prefiere caminar de pico en pico. Babaji sólo puede ser visto o reconocido por otros cuando él lo desea. Ha aparecido con distintas apariencias: en ocasiones sin barba ni bigote, otras veces con ellos. Como su cuerpo no envejece ni requiere alimento, rara vez come. Pero, por cortesía hacia los visitantes, acepta en ocasiones fruta o arroz cocido en leche y mantequilla clarificada.

»Conozco dos incidentes asombrosos de su vida –prosiguió Kebalananda–. Una noche, los discípulos estaban sentados alrededor de un gran fuego védico. De pronto, Babaji tomó un tronco en llamas y golpeó suavemente el hombro desnudo de un *chela* que estaba junto al fuego.

»—¡Señor, qué crueldad! –protestó Lahiri Mahasaya, que presenciaba la escena.

»—¿Preferirías haberlo visto reducido a cenizas, según el decreto de su karma pasado? –replicó el maestro.

»Entonces Babaji colocó su mano sobre el hombro desfigurado del discípulo.

—Esta noche te he librado de una muerte dolorosa. La ley kármica se ha cumplido a través de este leve sufrimiento.

»En otra ocasión, el círculo sagrado fue sorprendido por un extraño. Había escalado con increíble destreza hasta la repisa inaccesible cerca del campamento de Babaji.

»—Señor, debe de ser usted el gran Babaji –dijo el hombre con una reverencia indescriptible en el rostro–. Durante meses lo he buscado entre estas rocas. Le imploro que me acepte como discípulo.

»Cuando Babaji no respondió, el hombre señaló el abismo bajo sus pies:

»—Si me rechaza, saltaré. No deseo vivir sin su guía hacia lo Divino.

»—Entonces salta –respondió el maestro sin emoción–. No puedo aceptarte en tu estado actual de desarrollo.

»El hombre se arrojó al vacío. Los discípulos, atónitos, corrieron a recuperar el cuerpo. Cuando regresaron con él, Babaji colocó su mano sobre el cadáver. El hombre abrió los ojos y se postró humildemente ante el maestro.

»—Ahora estás listo para el discipulado –le dijo Babaji con una sonrisa–. Has pasado con valentía una prueba difícil. La muerte no volverá a tocarte; ahora eres uno de nuestro rebaño inmortal.

»Luego pronunció sus palabras habituales: *Dera danda uthao*. Todo el grupo desapareció de la montaña.

Un *avatara* vive en el Espíritu omnipresente; para él no existe distancia ni limitación. Sólo una razón puede motivar a Babaji a mantener su forma física a lo largo de los siglos: ofrecer a la humanidad un ejemplo concreto de sus propias posibilidades. Si el hombre nunca viera la Divinidad encarnada, seguiría oprimido por la ilusión mayávica de su propia mortalidad.

Jesús conocía desde el principio la secuencia de su vida. No la vivió por necesidad kármica, sino por la elevación de los corazones reflexivos. Sus discípulos –Mateo, Marcos, Lucas y Juan– registraron ese drama inefable para las generaciones venideras.

También Babaji, ajeno a la relatividad del tiempo, ha conocido desde siempre cada fase de su existencia. Sin embargo, se acomoda a la limitada percepción humana y representa escenas de su vida divina en presencia de testigos. Así ocurrió cuando Ram Gopal Muzumdar presenció el momento en que el maestro proclamó de manera abierta la posibilidad de la inmortalidad corporal, no por exhibicionismo, sino como inspiración para los buscadores sinceros. Los grandes hablan y actúan no por necesidad propia, sino por amor a los hombres, como Cristo mismo dijo: «Padre... supe que siempre me oyes; pero debido a la gente que está junto a mí, lo dije, para que crean que tú me has enviado».[2] Durante mi visita a Ranbajpur con Ram Gopal, «el santo insomne»,[3] me relató la maravillosa historia de su primer encuentro con Babaji.

—A veces salía de mi cueva aislada para sentarme a los pies de Lahiri Mahasaya, en Benarés –me contó Ram Gopal–. Una medianoche, mientras meditaba en silencio con un grupo de sus discípulos, el maestro realizó una solicitud sorprendente.

»—Ram Gopal –me dijo–, ve de inmediato al *ghat* de baño Dasasamedh.

»Me puse en camino sin demora. La noche estaba clara; la Luna y las estrellas brillaban con intensidad sobre el Ganges. Después de sentarme en paciente silencio durante un tiempo, mi atención se desvió hacia una enorme losa de piedra cerca de

---

2. Juan 11, 41-42.

3. El yogui omnipresente que observó que no me incliné ante el santuario de Tarakeswar (capítulo 13).

mis pies. Ésta comenzó a levantarse gradualmente, revelando la entrada a una cueva subterránea. La piedra, equilibrada de algún modo inexplicable, permanecía suspendida en el aire. Desde la oscuridad de la cueva emergió la figura de una joven, vestida con ropas sencillas, de una belleza asombrosa. Su cuerpo, rodeado por un halo suave y radiante, fue elevándose lentamente en el aire hasta descender frente a mí. Permaneció inmóvil durante unos instantes, absorta en un estado profundo de éxtasis.

Finalmente, abrió los ojos y habló con voz suave.

»—Soy Mataji,[4] la hermana de Babaji. Aquí tienes el fragmento refinado. Les he pedido a él y a Lahiri Mahasaya que vengan a mi cueva esta noche para discutir un asunto de gran importancia –dijo.

»Una luz nebulosa comenzó a flotar rápidamente sobre el Ganges. Su resplandor extraño se reflejaba en las aguas opacas. Se acercó cada vez más hasta que, con un destello cegador, se materializó junto a Mataji en la forma humana de Lahiri Mahasaya. Él se inclinó con humildad ante los pies de la santa mujer.

»Antes de que pudiera recuperarme del asombro, otra visión desconcertante apareció ante mí: una masa de luz mística giraba en el cielo como un remolino llameante. Descendió con rapidez y se condensó en la figura de un joven de belleza deslumbrante. Supe de inmediato que era Babaji. Tenía un asombroso parecido con Lahiri Mahasaya, salvo por el detalle de su juventud y su largo cabello brillante, como cobre vivo.

»Lahiri Mahasaya, Mataji y yo nos arrodillamos a los pies del gurú. Una oleada de gloria beatífica recorrió cada fibra de mi ser al entrar en contacto con su carne divina.

---

4. «Madre Santa». Mataji también ha vivido a través de los siglos; está casi tan avanzada espiritualmente como su hermano. Permanece en éxtasis en una cueva subterránea oculta cerca del *ghat* Dasasamedh.

»—Hermosa hermana –dijo Babaji–, tengo la intención de desprenderme de mi forma y sumergirme en la Corriente Infinita.

»—Ya he vislumbrado tu plan, amado maestro. Por eso quería hablar contigo esta noche –respondió Mataji, mirándolo con dulzura y súplica–. ¿Por qué deberías abandonar tu cuerpo?

»—¿Cuál es la diferencia –repuso él– si porto una ola visible o invisible sobre el océano de mi Espíritu?

»La gloriosa mujer respondió con un destello de ingenio:

»—Gurú inmortal, si no hay ninguna diferencia, entonces, por favor, no abandones nunca tu forma.[5]

»—Así sea –dijo Babaji con solemnidad–. Nunca dejaré mi cuerpo físico. Siempre permanecerá visible para, al menos, un pequeño número de personas en esta tierra. El Señor ha expresado Su propio deseo a través de tus labios.

»Mientras escuchaba con asombro esa conversación entre seres elevados, el gran gurú se volvió hacia mí con un gesto benigno.

»—No temas, Ram Gopal –dijo–, estás bendecido por ser testigo de esta promesa inmortal.

»Cuando la dulce melodía de su voz se desvaneció, las formas de Babaji y Lahiri Mahasaya comenzaron a levitar lentamente y se desplazaron sobre el Ganges. Una aureola de deslumbrante luz rodeaba sus cuerpos mientras desaparecían en la vastedad del cielo nocturno. La figura de Mataji flotó de regreso a la cueva y descendió suavemente; la losa de piedra se cerró sola, como movida por una palanca invisible.

»Inspirado profundamente, regresé al lugar de Lahiri Mahasaya. Al inclinarme ante él en las primeras luces del amanecer, mi gurú me sonrió con comprensión.

---

5. Este incidente recuerda a Tales. El gran filósofo griego enseñó que no existía diferencia entre la vida y la muerte. «Entonces –preguntó un crítico–, ¿por qué no mueres?». «Porque –respondió Tales– no existe ninguna diferencia».

»—Estoy feliz por ti, Ram Gopal –dijo–. El deseo que tantas veces me expresaste de encontrarte con Babaji y Mataji ha hallado finalmente un cumplimiento sagrado.

»Mis compañeros discípulos me informaron de que Lahiri Mahasaya no se había movido de su plataforma desde la tarde del día anterior.

»—Pronunció un maravilloso discurso sobre la inmortalidad después de que te marcharas al *ghat* Dasasamedh –me confió uno de los *chelas*.

»Por primera vez comprendí plenamente la verdad de los versículos de las escrituras: que un hombre autorrealizado puede aparecer en distintos lugares, en dos o más cuerpos simultáneamente.

»Lahiri Mahasaya luego me explicó muchos aspectos metafísicos del plan divino oculto para esta tierra –concluyó Ram Gopal–. Babaji ha sido elegido por Dios para permanecer en su cuerpo durante este ciclo mundial particular. Los siglos vendrán y se irán… pero el maestro inmortal permanecerá[6] contemplando el drama de los siglos, estará presente en este escenario terrestre.

---

6. «En verdad os digo, si un hombre guarda mi palabra (permaneciendo inquebrantablemente en la Conciencia Crística), nunca verá la muerte», Juan 8, 51.

CAPÍTULO 34

Materializando un palacio en el Himalaya

—La primera reunión de Babaji con Lahiri Mahasaya es una historia fascinante –dijo Swami Kebalananda–, y una de las pocas que nos ofrece una vista detallada al gurú inmortal.

Estas palabras sirvieron como preludio a un relato extraordinario. La primera vez que lo escuché me quedé literalmente cautivado. En muchas otras ocasiones, supliqué a mi amable tutor de sánscrito que lo repitiera. Más tarde, Sri Yukteswar me lo explicó en términos más o menos idénticos. Ambos lo habían escuchado directamente de la boca de Lahiri Mahasaya:

—Mi primer encuentro con Babaji ocurrió cuando tenía treinta y tres años –dijo el maestro–. Fue en el otoño de 1861. Yo estaba destinado en Danapur como contador del gobierno en el Departamento de Ingeniería Militar. Una mañana, el jefe de la oficina me llamó a su despacho.

»—¡Lahiri! –me dijo–. Acaba de llegar un telegrama de la oficina central. Te han destinado a Ranikhet. Allí se está creando un nuevo puesto militar.[1]

1. Actualmente un sanatorio militar. Hacia el año 1861, el gobierno británico ya había establecido ciertas comunicaciones telegráficas.

»Con un sirviente, emprendí el largo trayecto. Viajamos en caballo y carruaje, y llegamos en treinta días a Ranikhet, en el Himalaya.[2] Mi trabajo en la oficina no era exigente, lo que me permitía pasar muchas horas vagando por las magníficas colinas. Corría el rumor de que grandes santos bendecían la región con su presencia, y sentí un fuerte deseo de encontrarlos. Una tarde, durante una caminata a primera hora de la mañana, me sorprendió escuchar mi nombre desde la distancia. Continué mi vigorosa ascensión por la montaña Drongiri. Me sobrevino un ligero malestar al pensar que quizá no lograría regresar antes de que la selva cayera en tinieblas.

»Finalmente, alcancé un claro, bordeado por paredes rocosas salpicadas de cuevas. En uno de los salientes me esperaba un joven sonriente, que extendía su mano en señal de bienvenida. Me asombró comprobar que, salvo por el cabello de tono cobrizo, su rostro se parecía muchísimo mío.

»—¡Lahiri, has llegado! –me saludó con afecto en hindi–. Descansa aquí, en esta cueva. Fui yo quien te llamó.

»Entré en una pequeña gruta ordenada, que albergaba mantas de lana y varios *kamandulus* (cuencos para mendicantes).

»—Lahiri, ¿reconoces ese asiento? –dijo el yogui, señalando una manta doblada en un rincón.

»—No, señor –respondí desconcertado por la extrañeza de todo aquello–. De hecho, debo marcharme pronto, antes de que caiga la noche. Mañana tengo obligaciones en la oficina.

»El santo respondió entonces en inglés:

»—La oficina ha sido hecha para ti, y no tú para la oficina.

»Me quedé sin palabras. Este asceta del bosque no sólo hablaba inglés, sino que acababa de parafrasear las palabras de Cristo.[3]

---

2. Ranikhet, en el distrito de Almora de las Provincias Unidas, está situado a los pies del Nanda Devi, el pico más alto del Himalaya en la India británica.

3. «El sábado fue hecho para el hombre, y no el hombre para el sábado», Marcos 2, 27.

»—Veo que mi telegrama ha surtido efecto –dijo el yogui.

»La observación me resultó desconcertante. Le pregunté a qué se refería.

»—Me refiero al telegrama que te trajo a estas lejanas tierras. Fui yo quien se lo sugirió en silencio a la mente de tu superior. Cuando uno ha realizado su unidad con la humanidad, todas las mentes se vuelven estaciones transmisoras a través de las cuales se puede operar a voluntad. –Añadió con suavidad–: Lahiri, ¿seguro que esta cueva no te resulta familiar?

»Guardaba silencio absorto cuando el santo se acercó y me tocó suavemente la frente. En contacto con su mano magnética, una corriente extraordinaria recorrió mi cerebro y liberó dulces memorias latentes de una vida anterior.

»—¡Lo recuerdo! –exclamé con la voz entrecortada por sollozos de gozo–. ¡Tú eres mi gurú Babaji, quien siempre me ha pertenecido! Las escenas del pasado surgen vívidamente ante mí... ¡aquí, en esta cueva, pasé muchos años de mi última encarnación!

»Abrumado por los recuerdos, me lancé a abrazar con lágrimas los pies de mi maestro.

»—¡Durante más de tres décadas te he esperado aquí! –La voz de Babaji resonaba con amor celestial–. Te deslizaste y desapareciste en las tumultuosas olas de la vida más allá de la muerte. ¡El toque de tu karma te llevó lejos! Pero aunque tú me perdiste de vista, ¡yo nunca te perdí a ti! Te seguí por el mar astral, a través de la oscuridad y la tormenta, como una madre ave que vela por su cría. Cuando vivías en el vientre, cuando emergiste como un niño, ¡mi mirada estaba sobre ti! Cuando te sentabas en la postura del loto bajo las arenas de Nadia siendo un niño, yo estaba allí, invisible. Paciente, mes tras mes, año tras año, te he vigilado, esperando este día perfecto. –Extendió su brazo–. ¡He aquí tu cueva amada de antaño! La he mantenido limpia para ti. Aquí está tu *asana*, la manta donde solías sentarte a llenar de Dios tu corazón expansivo. Aquí está tu cuenco, del que tantas veces bebiste el néctar que yo mismo preparaba. ¡Mira cómo he mantenido reluciente la copa de latón, para que puedas volver a beber de ella! Ahora comprendes quién soy.

»—Mi gurú… ¿qué puedo decir? –murmuré con la voz quebrada–. ¿Dónde se ha escuchado jamás tal amor inmortal?

»Contemplé largamente, extasiado, a mi eterno tesoro: mi gurú en la vida y en la muerte.

»—Lahiri, necesitas purificación. Bebe el aceite de este cuenco y recuéstate junto al río.

»La sabiduría práctica de Babaji, pensé con una sonrisa nostálgica, siempre era inmediata. Obedecí sus palabras. Aunque la helada noche del Himalaya descendía sobre mí, una calidez reconfortante, como una radiación interna, comenzó a palpitar en cada célula de mi cuerpo. Me asombré: ¿acaso ese aceite desconocido contenía un calor cósmico?

»Vientos amargos aullaban en la oscuridad. Las frías olas del río Gogash lamían de vez en cuando mi cuerpo, extendido sobre la orilla pedregosa. Se oían rugidos de tigres en la lejanía, pero mi corazón estaba libre de temor. La nueva fuerza que pulsaba en mí me otorgaba una certeza imbatible. Varias horas se escurrieron sin darme cuenta, mientras los hilos del pasado y del presente se entretejían en la brillante trama de mi reencuentro con el maestro divino.

»Mis pensamientos fueron interrumpidos por pasos que se acercaban. En la oscuridad, una mano me ayudó con suavidad a incorporarme y me entregó ropa seca.

»—Ven, hermano –dijo mi acompañante–. El maestro te espera.

»Avanzamos por el bosque. A lo lejos, una luz constante resplandecía.

»—¿Será ya el amanecer? –pregunté–. No parece haber pasado toda la noche.

»—Es medianoche –respondió mi guía riendo suavemente–. Esa luz es el fulgor de un palacio dorado, materializado esta noche por el incomparable Babaji. En el remoto pasado, una vez expresaste el deseo de disfrutar de las bellezas de un palacio. El maestro ahora está cumpliendo ese deseo, liberándote de ese residuo kármico.[4] Aquí tienes el pasaje corregido. Este magnífico palacio será el escenario de tu iniciación en el Kriya Yoga esta noche –añadió mi guía–. Todos tus hermanos aquí reunidos entonan un himno de bienvenida, regocijándose por el fin de tu largo exilio. ¡Mira!

»Ante nosotros se alzaba un vasto palacio de deslumbrante oro. Engastado con innumerables joyas y rodeado de jardines exuberantes, ofrecía un espectáculo de grandeza inigualable. Santos de semblante angelical custodiaban las resplandecientes puertas, enrojecidas por el brillo de los rubíes. Diamantes, perlas, zafiros y esmeraldas de inmenso tamaño y fulgor adornaban los arcos decorativos.

Seguí a mi compañero hacia un amplio salón de recepción. El aire estaba impregnado de fragancias de incienso y rosas; suaves lámparas arrojaban un resplandor multicolor. Pequeños grupos de devotos –algunos de piel clara, otros de piel oscura– cantaban melodiosamente o meditaban en postura silenciosa, inmersos en una paz profunda. Una alegría vibrante llenaba la atmósfera.

»— Deleita tu vista; disfruta de los esplendores artísticos de este palacio, pues ha sido creado únicamente en tu honor –dijo mi guía, sonriendo con complicidad mientras yo no podía evitar expresar mi asombro.

»—Hermano –dije–, la belleza de esta estructura va más allá de los límites de la imaginación humana. Por favor, dime el misterio de su origen.

»—Con gusto te lo revelaré –respondió con los ojos brillando de sabiduría–. No hay nada inexplicable en esta manifestación. Todo el cosmos es un pensamiento materializado del Creador. Este pesado terrón terrestre, suspendido en el espacio, es un sueño de Dios. Él formó todas las cosas a partir de Su concien-

4. La ley kármica requiere que todo deseo humano encuentre su cumplimiento final. El deseo es así la cadena que ata al hombre a la rueda de las reencarnaciones.

cia, tal como el hombre, en su conciencia onírica, proyecta y vivifica un mundo con sus propias criaturas. Dios concibió primero la Tierra como una idea. Luego la animó: surgieron los átomos de energía. Los coordinó en esta esfera sólida. Todas sus moléculas están cohesionadas por la voluntad divina. Cuando Él retire Su voluntad, la Tierra se desintegrará en energía. La energía se disolverá en conciencia, y la idea de la Tierra desaparecerá de la objetividad. La sustancia de un sueño se mantiene gracias al pensamiento subconsciente del soñador. Cuando ese pensamiento se retira al despertar, el sueño y sus elementos se disuelven. Un hombre cierra los ojos y erige una creación onírica que, al despertar, se desvanece sin esfuerzo. Él sigue el modelo arquetípico divino. Del mismo modo, cuando el alma despierta a la conciencia cósmica, desmaterializa sin esfuerzo las ilusiones del sueño cósmico. Babaji, uno con la voluntad infinita, puede convocar a los átomos primordiales para que se combinen y manifiesten cualquier forma. Este palacio dorado, creado instantáneamente, es tan real como lo es esta Tierra. Babaji lo ha concebido en su mente y mantiene sus átomos unidos mediante su voluntad, del mismo modo que Dios sostiene el mundo mediante la Suya. –Hizo una pausa, y añadió–: Cuando esta estructura cumpla su propósito, Babaji la desmaterializará.

»Permanecí en silencio, abrumado. Entonces, mi guía hizo un amplio gesto con la mano.

»—Este palacio resplandeciente, ricamente ornamentado con gemas, no ha sido construido por el esfuerzo humano ni con oro y piedras preciosas arrancadas de la tierra con penurias. Se erige aquí, sólido, como un desafío monumental para el entendimiento humano.[5] Quien se realiza como hijo de Dios, igual que lo ha hecho Babaji, puede alcanzar cualquier meta por los poderes infinitos ocultos dentro de él. Una piedra común encierra en sí misma el secreto de una energía atómica

5. «¿Qué es un milagro? Es una reprobación, es una sátira implícita sobre la humanidad», Edward Young, en *Night Thoughts*.

asombrosa;[6] de igual manera, un mortal sigue siendo una planta de poder divino.

»El sabio tomó de una mesa cercana un elegante jarrón cuyo mango resplandecía con diamantes.

»—Nuestro gran gurú creó este palacio solidificando miles de millones de rayos cósmicos libres –explicó–. Toca este jarrón y sus diamantes: pasarán todas las pruebas de la experiencia sensorial.

»Examiné el jarrón y pasé la mano por las suaves paredes de la habitación, gruesas de oro reluciente. Cada joya dispersa con lujoso abandono habría enorgullecido a un rey. Una profunda satisfacción se apoderó de mi mente: un deseo sumergido, arraigado en el subconsciente a través de vidas pasadas, se vio simultáneamente colmado y extinguido.

»Mi majestuoso guía me condujo por arcos ornamentados y pasillos hacia una sucesión de estancias amuebladas de un modo suntuoso, dignas de un palacio imperial. Entramos en un gran salón. En su centro se alzaba un trono dorado, repleto de joyas que desprendían una mezcla deslumbrante de colores. Sobre él, sentado en la postura del loto, se encontraba el supremo Babaji. Me arrodillé ante él, sobre el resplandeciente suelo.

»—Lahiri, ¿aún te aferras a tus deseos oníricos de un palacio dorado? –Los ojos de mi gurú centelleaban como sus propios zafiros–. ¡Despierta! Toda tu sed humana está a punto de saciarse para siempre. –Murmuró unas palabras místicas de bendición–. Hijo mío, levántate. Recibe tu iniciación en el reino de Dios a través del Kriya Yoga.

»Extendió su mano, y ante nosotros apareció un *homa* (fuego sacrificial), rodeado de frutas y flores. Recibí la técnica liberadora del yoga ante ese altar encendido.

---

6. La teoría de la estructura atómica de la materia se expuso en los antiguos tratados indios *Vaisesika* y *Nyaya*. «Hay vastos mundos colocados dentro de los huecos de cada átomo, tan múltiples como las motas en un rayo de sol», *Yoga Vasishtha*.

»Los ritos culminaron con el amanecer. No sentía necesidad de dormir; recorrí el palacio, absorto en la contemplación de sus tesoros y sus obras de arte invaluables. Descendí a los jardines. Reconocí, cerca, las mismas cuevas y barrancos de montaña que el día anterior no tenían ninguna relación con terrazas floridas o arquitectura sagrada.

»De regreso al palacio, aún fabuloso, reluciente bajo la fría luz solar del Himalaya, busqué a mi maestro. Seguía allí, en su trono, rodeado por sus discípulos.

»—Lahiri, tienes hambre –dijo Babaji–. Cierra los ojos.

»—Cuando los abrí, el palacio encantado y sus jardines se habían desvanecido. Mi cuerpo, al igual que las formas de Babaji y los *chelas*, estaba ahora sentado sobre el suelo desnudo, en el mismo lugar donde antes se erguía la mansión, no lejos de las soleadas entradas de las grutas rocosas. Recordé que mi guía había anunciado que el palacio sería desmaterializado, y sus átomos liberados al pensamiento del que surgieron. Aun sorprendido, miré con confianza a mi gurú.

»—El propósito del palacio se ha cumplido –dijo Babaji. Tomó del suelo un recipiente de barro–. Coloca tu mano aquí y pide lo que desees.

»Apenas toqué el cuenco vacío, se llenó con *luchis* fritos en mantequilla caliente, curry y dulces raros. Me serví, y advertí que el recipiente permanecía siempre lleno. Al concluir la comida, busqué agua. Mi maestro señaló el mismo cuenco. ¡Oh! La comida había desaparecido. En su lugar, había agua, clara como la de un arroyo de montaña.

»—Pocos mortales saben que el reino de Dios incluye el de los logros mundanos –observó Babaji–. Lo divino se extiende hasta lo terrenal, pero lo terrenal, siendo ilusión, no puede contener la esencia de lo real.

»—Amado gurú, anoche me mostraste el vínculo de la belleza entre el cielo y la tierra.

»Sonreí al recordar el palacio desaparecido; ¡seguramente ningún simple yogui había recibido iniciación en los augustos misterios del Espíritu en medio de un lujo tan imponente!

Contemplé con tranquilidad el marcado contraste de la escena actual. El suelo árido, el techo celeste, las cuevas que ofrecían un refugio primitivo... todo parecía un entorno natural y armonioso para los santos seráficos que me rodeaban.

»Esa tarde me senté sobre mi manta, consagrada por las realizaciones de otras vidas. Mi divino gurú se acercó y posó su mano sobre mi cabeza. Entré en el estado de *samadhi nirbikalpa*, y permanecí, inamovible, en su dicha durante siete días. Atravesé las capas del *yo* y penetré en los reinos inmortales de la realidad. Todas las limitaciones ilusorias cayeron; mi alma se estableció por fin en el altar eterno del Espíritu Cósmico. Al octavo día, caí a los pies de mi maestro y le imploré que me permitiera permanecer junto a él, en aquella soledad sagrada.

»—Hijo mío –dijo Babaji abrazándome–, tu papel en esta encarnación debe cumplirse en el escenario exterior. Has sido bendecido prenatalmente por muchas vidas de meditación solitaria. Ahora debes entrar en el mundo de los hombres. Hay un propósito profundo en que no me hayas encontrado hasta ahora, cuando ya eres un hombre casado con modestas responsabilidades. No debes pensar en unirte a nuestra hermandad secreta en el Himalaya. Tu deber está en los mercados abarrotados, donde deberás ser ejemplo vivo del yogui ideal, el que, sin abandonar el hogar, alcanza al Supremo. Los gritos de muchos hombres y mujeres del mundo, desconcertados, no han caído en oídos sordos de los Grandes –continuó–. Has sido elegido para ofrecer consuelo espiritual a través del Kriya Yoga a numerosos buscadores sinceros. Los millones agobiados por los lazos familiares y las pesadas responsabilidades de la vida mundana tomarán nuevo aliento al verte a ti, un hombre de hogar como ellos. Deberás guiarlos para que comprendan que los más altos logros del yoga no están vedados al hombre de familia. Incluso en medio del mundo, el yogui que cumple con fidelidad sus deberes, sin apego ni motivación personal, recorre con seguridad el camino hacia la iluminación. No necesitas abandonar el mundo, porque en tu interior ya has roto todos sus lazos kármicos. No eres de este mundo, aunque debas seguir en él. Te aguardan aún muchos años en los que cumplirás conscientemente con tus deberes familiares, profesionales, cívicos y espirituales. Un nuevo aliento de esperanza divina penetrará en los corazones resecos de los hombres. De tu vida equilibrada entenderán que la liberación depende más de las renuncias internas que de las externas.

»Qué lejanas me parecían entonces mi familia, la oficina, el mundo… mientras escuchaba a mi gurú en la sublime soledad del Himalaya. Sin embargo, sus palabras, firmes como el diamante, resonaban con una verdad ineludible. Acepté con humildad abandonar aquel refugio sagrado de paz. Babaji me instruyó en las antiguas reglas rigurosas que rigen la transmisión del arte yogui de maestro a discípulo.

»—Concede la llave del Kriya sólo a los *chelas* cualificados –dijo–. Aquel que jure sacrificarlo todo en la búsqueda de lo Divino está preparado para desentrañar los últimos misterios de la vida a través de la ciencia de la meditación.

»—Oh, ángel gurú –dije entonces–, puesto que has favorecido a la humanidad resucitando el arte perdido del Kriya, ¿no podrías ampliar aún más ese beneficio relajando los estrictos requisitos para el discipulado? –Lo miré con un aire de súplica–. Te ruego que me permitas enseñar el Kriya también a aquellos que, aunque no puedan aún renunciar completamente por dentro, ansían sinceramente el despertar. Los hombres y mujeres torturados del mundo, perseguidos por el sufrimiento triple,[7] necesitan un estímulo especial. Tal vez nunca intenten el camino hacia la libertad si se les niega la iniciación en el Kriya.

»—Que así sea. El deseo divino se ha expresado a través de ti. –Con estas simples palabras, el misericordioso gurú abolió las estrictas salvaguardas que durante siglos habían mantenido al Kriya Yoga oculto al mundo–. Entrega el Kriya libremente a todos los que, con humildad, pidan ayuda. –Tras un breve si-

7. Sufrimiento físico, mental y espiritual; manifestado, respectivamente, en enfermedades, en insuficiencias psicológicas o «complejos», y en ignorancia del alma.

lencio, Babaji añadió–: Repite a cada uno de tus discípulos esta majestuosa promesa del *Bhagavad Gita*: *Swalpamasya Dharmasya, Trayata Mahato Bhoyat* ("Incluso un poco de esta práctica liberadora te salvará de temores terribles y sufrimientos colosales").[8]

»Al día siguiente, cuando me arrodillé a los pies de mi gurú para recibir su bendición de despedida, él percibió mi profunda renuencia a separarme de él.

»—No existe separación entre nosotros, hijo mío –dijo, tocando con afecto mi hombro–. Dondequiera que estés, cada vez que me invoques, estaré contigo al instante.

»Consolado por su maravillosa promesa y enriquecido con el oro recién hallado de la sabiduría divina, descendí la montaña. En la oficina, mis compañeros de trabajo me recibieron con asombro: durante diez días me habían creído perdido en las selvas del Himalaya. Poco después, llegó una carta de la oficina central: "Lahiri debe regresar a la oficina de Danapur.[9] Su traslado a Ranikhet fue un error. Se debió haber enviado a otro hombre para asumir los deberes allí".

»Sonreí al recordar las corrientes ocultas que me habían conducido a aquel rincón remoto de la India.

»Antes de regresar a Danapur, pasé unos días con una familia bengalí en Moradabad. Seis amigos vinieron a recibirme. Durante la conversación, que derivó hacia temas espirituales, mi anfitrión comentó con un aire sombrío:

»—Oh, estos días la India está desprovista de santos.

»—¡Babu! –protesté con calidez–. ¡Por supuesto que aún hay grandes maestros en esta tierra!

»Tomado por un fervor irresistible, relaté con entusiasmo mis experiencias en el Himalaya. El pequeño grupo me escuchó con cortesía pero sin convicción.

---

8. Capítulo II:40.

9. Una ciudad cerca de Benarés.

»—Lahiri –dijo uno de ellos con amabilidad–, tu mente ha debido quedar alterada en esos aires rarificados de montaña. Todo eso que cuentas parece fantasía.

»Encendido por la verdad que vivía en mí, hablé sin medir.

»—Si lo llamo, mi gurú aparecerá aquí mismo, en esta casa.

»El brillo de la curiosidad se encendió en cada rostro. La expectativa era natural. ¿Quién no querría ver a un santo manifestarse de la nada?

»Con cierta reticencia, pedí una habitación tranquila y dos mantas de lana nuevas.

»—El maestro se materializará desde el éter –dije–. Esperad en silencio fuera de la puerta. Pronto os llamaré.

»Me sumergí en meditación, invocando con humildad a mi gurú. La habitación oscura pronto se llenó de una pálida luz lunar; la figura luminosa de Babaji emergió en silencio.

»—Lahiri –afirmó con severidad–, ¿me llamas por una bagatela? La verdad es para los buscadores sinceros, no para los curiosos ociosos. Creer después de ver no tiene mérito; la verdad que trasciende los sentidos sólo la descubren quienes han vencido el escepticismo materialista. –Se detuvo un instante, con su mirada penetrante–. Déjame ir.

»Me arrojé a sus pies, arrepentido.

»—Santo gurú, reconozco mi grave error. Te imploro perdón. Sólo quise despertar fe en estas mentes cegadas espiritualmente. Has respondido con bondad a mi oración; te lo ruego, no te vayas sin dejar tu bendición a mis amigos. Aunque no crean, al menos buscaron confirmar la verdad de mis palabras.

»—Está bien –dijo con dulzura–. Me quedaré un momento. No deseo que tu palabra quede desacreditada ante tus amigos. –Su rostro se suavizó, pero añadió con tono firme–: De ahora en adelante, hijo mío, vendré siempre que me necesites, no cuando me llames.[10]

---

10. En el camino hacia el Infinito, incluso los maestros iluminados como Lahiri Mahasaya pueden sufrir por un exceso de celo y ser

»Un tenso silencio reinó en el pequeño grupo cuando abrí la puerta. Como si dudaran de sus sentidos, mis amigos permanecieron inmóviles, clavando la mirada en la figura luminosa sentada tranquilamente sobre la manta.

»—¡Esto es hipnosis masiva! –exclamó uno de ellos con la voz trémula–. ¡Nadie puede haber entrado en esta habitación sin que lo notáramos!

»Babaji, sin inmutarse, avanzó con una sonrisa serena y extendió la mano, invitando a cada uno a acercarse. Uno a uno, mis amigos tocaron con devoción la cálida y sólida carne de su cuerpo. El asombro los derrumbó: las rodillas se doblaron, las frentes buscaron el suelo. Lo imposible estaba allí, encarnado.

»Babaji los observó con una ternura silenciosa. Entonces dijo con un brillo travieso en los ojos:

»—Que se prepare el *halua*.[11]

»Babaji realizó esta afirmación, supe, para asegurar aún más al grupo sobre su realidad física. Mientras la papilla hervía, el divino gurú charlaba amistosamente. Grande fue la metamorfosis de estos Tomás incrédulos en devotos san Pablo. Después de comer, Babaji nos bendijo a cada uno de nosotros por turno. Hubo un destello repentino: fuimos testigos de la desmaterialización instantánea de los elementos electrónicos del cuerpo de Babaji en una luz vaporosa que se expandía. El poder de voluntad, afinado con Dios, del maestro había aflojado su dominio sobre los átomos de éter que mantenían unido su cuerpo; al instante, los billones de pequeñas chispas lifetrónicas se desvanecieron en el reservorio infinito.

---

sujetos a disciplina. En el *Bhagavad Gita*, leemos varios pasajes donde el gurú divino Krishna reprende al príncipe de los devotos, Arjuna.

11. Una papilla elaborada con sémola de trigo frita en mantequilla y hervida con leche.

»—Con mis propios ojos he visto al conquistador de la muerte –dijo Maitra,[12] uno del grupo, con devoción. Su rostro se había transfigurado con la alegría de su reciente despertar–. El supremo gurú ha jugado con el tiempo y el espacio como un niño juega con burbujas. He visto a uno que posee las llaves del cielo y de la tierra.

»Muy pronto regresé a Danapur. Firmemente anclado en el Espíritu, asumí de nuevo las múltiples obligaciones del negocio y familia propias de un hogar.

Lahiri Mahasaya también relató a Swami Kebalananda y a Sri Yukteswar la historia de otro encuentro con Babaji en circunstancias que recordaban la promesa del gurú: «Vendré siempre que me necesites».

—La escena fue un Kumbha Mela en Allahabad –explicó Lahiri Mahasaya a sus discípulos–. Fui allí durante unas breves vacaciones de mis deberes en la oficina. Mientras caminaba entre la multitud de monjes y *sadhus* que habían venido de lugares lejanos para asistir al festival sagrado, vi a un asceta cubierto de ceniza que sostenía un cuenco de limosna. Apareció en mi mente el pensamiento de que el hombre era un hipócrita que usaba los símbolos exteriores de la renuncia sin la correspondiente gracia interior.

»Tan pronto como pasé junto al asceta, mi asombrado ojo cayó sobre Babaji. Estaba arrodillado frente a un anacoreta de cabello enmarañado.

»—¡Guruji! –Me apresuré a su lado–. Señor, ¿qué hace usted aquí?

---

12. El hombre, Maitra, a quien Lahiri Mahasaya se refiere aquí, luego se volvió altamente avanzado en autorrealización. Conocí a Maitra poco después de mi graduación de la escuela secundaria; él visitó el eremitorio Mahamandal en Benarés mientras yo era residente. Me contó explicó la materialización de Babaji ante el grupo en Moradabad. «Como resultado del milagro –me explicó Maitra–, me convertí en un discípulo de por vida de Lahiri Mahasaya».

»—Estoy lavando los pies de este renunciante, y luego limpiaré sus utensilios de cocina.

»Babaji me sonrió como un niño; supe que me estaba insinuando que no debía criticar a nadie, sino ver al Señor residiendo igualmente en todos los templos del cuerpo, ya fueran de hombres superiores o inferiores.

»El gran gurú añadió:

»—Al servir a *sadhus* sabios e ignorantes, estoy aprendiendo la mayor de las virtudes, agradable a Dios sobre todas las demás: la humildad.

CAPÍTULO 35

La vida ejemplar de Lahiri Mahasaya

«Así nos corresponde cumplir toda justicia».[1] Con estas palabras a Juan el Bautista, y al pedirle a Juan que lo bautizara, Jesús estaba reconociendo los derechos divinos de su gurú.

A partir de un estudio reverente de la Biblia desde un punto de vista oriental[2] y de la percepción intuitiva, estoy convencido de que Juan el Bautista fue, en vidas pasadas, el gurú de Cristo. Existen numerosos pasajes en la Biblia que insinúan que Juan y

1. Mateo 3, 15.

2. Muchos pasajes bíblicos afirman que la ley de la reencarnación fue comprendida y aceptada. Los ciclos de reencarnación son una explicación más razonable para los diferentes estados de evolución en los que se encuentra la humanidad que la teoría occidental común, que asume que algo (la conciencia del ego) surgió de la nada, existió con diversos grados de vitalidad durante treinta o noventa años y luego regresó al vacío original. La naturaleza inconcebible de tal vacío es un problema que deleitaría el corazón de un escolástico medieval.

Jesús, en sus últimas encarnaciones, fueron, respectivamente, Elías y su discípulo Eliseo (éstas son las grafías en el Antiguo Testamento. Los traductores griegos escribieron los nombres como Elias y Eliseo, que reaparecen en el Nuevo Testamento en estas formas cambiadas).

El final mismo del Antiguo Testamento es una predicción de la reencarnación de Elías y Eliseo: «He aquí, yo os envío a Elías el profeta antes de que venga el gran y terrible día del Señor».[3] Así, Juan (Elías), enviado «antes de la llegada [...] del Señor», nació un poco antes para servir como heraldo de Cristo. Un ángel se le apareció a Zacarías, el padre, para testificar que su hijo Juan no sería otro que Elías.

«Pero el ángel le dijo: "No temas, Zacarías, porque tu oración ha sido escuchada, y tu mujer Isabel dará a luz a un hijo, y lo llamarás Juan [...]. Y muchos de los hijos de Israel se convertirán al Señor su Dios. E irá delante de él[4] en el espíritu y poder de Elías, para hacer volver los corazones de los padres hacia los hijos, y a los desobedientes a la sabiduría de los justos, para preparar al pueblo para el Señor"».[5] Jesús identificó dos veces de manera inequívoca a Elías con Juan: «Ya ha venido Elías, y no lo conocieron [...]. Entonces, los discípulos entendieron que les hablaba de Juan el Bautista».[6] De nuevo, Cristo afirma: «Porque todos los profetas y la ley profetizaron hasta Juan. Y si queréis recibirlo, éste es Elías, el que había de venir».[7] Cuando Juan negó que era Elías,[8] quiso decir que en la humilde vestimenta de Juan ya no venía en la elevación exterior de Elías el gran gurú. En su encarnación anterior, le había dado el «man-

3. Malaquías 4, 5.

4. «Delante de él», es decir, «delante del Señor».

5. Lucas 1, 13-17.

6. Mateo 17, 12-13.

7. Mateo 11, 13-14.

8. Juan 1, 21.

to» de su gloria y de su riqueza espiritual a su discípulo Eliseo. «Y Eliseo dijo: "Te ruego que me toque una doble porción de tu espíritu". Y él dijo: "Has pedido cosa difícil; sin embargo, si me vieres cuando fuere quitado de ti, te será hecho así [...]". Y tomó el manto de Elías, que cayó de él».[9]

Los roles se invirtieron, porque Elías-Juan ya no era necesario que fuera el gurú ostensible de Eliseo-Jesús, ahora perfeccionado en la realización divina.

Cuando Cristo fue transfigurado en la montaña,[10] era a su gurú Elías, junto con Moisés, a quien vio. De nuevo, en su hora de extrema necesidad en la cruz, Jesús clamó el nombre divino: «*Eli, Eli, lama sabachthani?*», es decir, Dios mío, Dios mío, ¿por qué me has desamparado? Algunos de los que estaban allí, cuando oyeron esto, dijeron: «Este hombre llama a Elías [...]. Veamos si Elías viene a salvarlo».[11]

El vínculo eterno de gurú y discípulo que existía entre Juan y Jesús también existió entre Babaji y Lahiri Mahasaya. Con tierna solicitud, el gurú inmortal cruzó las aguas letíneas que fluían entre las dos últimas vidas de su *chela* y guio los sucesivos pasos que dio el niño, y luego el hombre, Lahiri Mahasaya. Hasta que el discípulo alcanzó su trigésimo tercer año, Babaji no consideró que había llegado el momento de restablecer abiertamente el lazo que nunca se había roto. Entonces, tras su breve encuentro cerca de Ranikhet, el maestro, desinteresado, lo alejó de su pequeño grupo montañés, liberándolo para una misión en el mundo exterior. «Hijo mío, vendré siempre que me necesites». ¿Qué amante mortal puede otorgar tal promesa infinita?

Desconocido para la sociedad en general, comenzó a fluir un gran renacimiento espiritual desde una remota esquina de Benarés. Del mismo modo que la fragancia de las flores no pue-

---

9. 2 Reyes 2, 9-14.
10. Mateo 17,3.
11. Mateo 27, 46-49.

de evitarse, Lahiri Mahasaya, al vivir tranquilamente como un ideal de hogar, no podía ocultar su gloria innata. Poco a poco, desde todos los rincones de la India, las abejas devotas acudieron al néctar divino del maestro liberado.

El superintendente de la oficina inglesa fue uno de los primeros en advertir un extraño cambio trascendental en su empleado, a quien cariñosamente llamaba «Babu Extático».

—Señor, parece triste. ¿Cuál es el problema? –le preguntó Lahiri Mahasaya una mañana.

—Mi esposa está gravemente enferma en Inglaterra. Estoy desgarrado por la ansiedad.

—Te conseguiré alguna noticia sobre ella.

Lahiri Mahasaya salió de la habitación y se sentó un instante en un lugar apartado. Al regresar, sonrió con serenidad:

—Tu esposa está mejorando; ahora mismo te está escribiendo una carta.

El yogui citó incluso algunas frases exactas del contenido.

—Babu Extático, ya sé que no eres un hombre ordinario. Sin embargo, me cuesta creer que, a voluntad, puedas desterrar el tiempo y el espacio.

La carta que le había prometido finalmente llegó. El asombrado superintendente descubrió que no sólo explicaba las buenas noticias sobre la recuperación de su esposa, sino también las mismas frases que, semanas antes, Lahiri Mahasaya había pronunciado.

La esposa viajó a la India meses después. Visitó la oficina, donde el maestro se hallaba tranquilamente sentado en su escritorio. Se acercó con respeto.

—Señor –dijo–, fue su forma, rodeada de una gloriosa luz, la que vi junto a mi cama en Londres. En ese momento sané por completo. Poco después, pude emprender el largo viaje por mar hasta la India.

Día tras día, uno o dos devotos solicitaban la iniciación en Kriya al sublime gurú. Además de estos deberes espirituales, y de su vida laboral y familiar, el maestro adquirió un gran interés por la educación. Organizó grupos de estudio y tuvo un papel activo en el desarrollo de una escuela de secundaria en la sección bengalitola de Benarés. Sus discursos regulares sobre las escrituras llegaron a conocerse como su «Asamblea Gita», a la que acudían con fervor muchos buscadores de la verdad.

Con estas múltiples actividades, Lahiri Mahasaya intentó responder al desafío común: «Después de cumplir con los deberes laborales y sociales, ¿dónde está el tiempo para la meditación devocional?». Su vida equilibrada como gurú y cabeza de familia se convirtió en una silenciosa inspiración para miles de personas que se hacían la misma pregunta. Con un salario modesto, siendo ahorrativo, sin ostentación y accesible a todos, continuó su vida con naturalidad y felicidad en el mundo.

Aunque instalado en el asiento del Supremo, mostraba reverencia hacia todos los hombres, con independencia de sus méritos. Cuando sus discípulos lo saludaban, él inclinaba la cabeza en señal de respeto. Con humildad, a menudo tocaba los pies de los demás, pero en raras ocasiones permitía que le rindieran ese mismo honor, aunque era una costumbre tradicional muy arraigada.

Una característica esencial de su vida fue su entrega de la técnica del Kriya a personas de todas las religiones. No sólo hindúes, también musulmanes y cristianos se encontraban entre sus primeros discípulos. Monistas y dualistas, creyentes de distintas confesiones o sin ninguna fe establecida, fueron todos recibidos por el maestro sin distinción. Uno de sus discípulos más avanzados fue Abdul Gufoor Khan, un mahometano. Fue un acto de coraje por parte de Lahiri Mahasaya que, siendo brahmán de casta alta, hiciera tanto por disolver la mentalidad sectaria de su época. Personas de todas las clases sociales hallaron refugio bajo su guía. Como todos los profetas inspirados por Dios, Lahiri Mahasaya devolvió la esperanza a los intocables y a los oprimidos.

—Recuerda siempre que no le perteneces a nadie, y nadie te pertenece a ti. Reflexiona que algún día, de repente, tendrás que dejarlo todo en este mundo. Por lo tanto, entabla amistad con Dios ahora –les dijo a sus discípulos el gran gurú–. Prepárate para el próximo viaje astral de la muerte montando a diario en el globo de la percepción de Dios. A través de la ilusión, te ves como un conjunto de carne y huesos, que en el mejor de los casos es un nido de problemas.[12] Medita sin cesar, para que pronto puedas verte como la Esencia Infinita, libre de toda forma de miseria. Deja de ser prisionero del cuerpo; usando la clave secreta del Kriya, aprende a escapar al Espíritu.

El gran gurú animaba a los estudiantes a mantener la buena disciplina tradicional de su propia fe. Subrayando la naturaleza inclusiva del Kriya como una técnica práctica de liberación, Lahiri Mahasaya otorgaba a sus discípulos libertad para expresar sus vidas en conformidad con su entorno y su crianza.

—Un mahometano debe practicar su *namaj*[13] cuatro veces al día –señaló el maestro–. Cuatro veces al día un hindú debe sentarse a meditar. Un cristiano debe arrodillarse cuatro veces al día, rezando a Dios y luego leyendo la Biblia.

Con sabiduría, el gurú guiaba a sus seguidores hacia los caminos del Bhakti (devoción), Karma (acción), Jnana (sabiduría) o Raja (real o completo) Yoga, según las tendencias naturales de cada persona. El maestro, que era reservado al conceder permiso a los devotos que deseaban ingresar en el camino formal del monacato, siempre les advertía para que reflexionaran primero sobre las austeridades de la vida monástica.

El gran gurú enseñaba a sus discípulos a evitar la discusión teórica de las escrituras.

—Sólo es sabio el que se dedica a realizar, no sólo a leer, las antiguas revelaciones –decía–. Resuelve todos tus problemas a través de la meditación.[14] Intercambia las especulaciones religio-

---

12. «¡Cuántos tipos de muerte hay en nuestros cuerpos! Nada hay en ellos sino muerte», Martín Lutero, en *Charlas de sobremesa.*

13. La oración principal de los musulmanes, generalmente repetida cuatro o cinco veces al día.

14. «Busca la verdad en la meditación, no en los libros mohosos. Mira al cielo para encontrar la luna, no en el estanque», proverbio persa.

sas inútiles por el contacto real con Dios. Limpia tu mente de los escombros dogmáticos teológicos; deja entrar las frescas y curativas aguas de la percepción directa. Sintonízate con la activa guía interior; la Voz Divina tiene la respuesta para cada dilema de la vida. Aunque la astucia humana para meterse en problemas parece ser infinita, el Socorro Infinito no es menos ingenioso».

LAHIRI MAHASAYA
Discípulo de Babaji y gurú de Sri Yukteswar

La omnipresencia del maestro se manifestó un día ante un grupo de discípulos que escuchaban su explicación del *Bhagavad Gita*. Mientras explicaba el significado de *Kutastha Chaitanya*, o la Conciencia de Cristo presente en toda la creación vibratoria, Lahiri Mahasaya exclamó de repente:

—¡Me estoy ahogando en los cuerpos de muchas almas frente a la costa de Japón!

A la mañana siguiente, los *chelas* leyeron en el periódico un relato sobre la muerte de muchas personas cuyo barco había naufragado el día anterior cerca de Japón.

Los discípulos distantes a menudo eran conscientes de su presencia envolvente.

—Siempre estoy con aquellos que practican Kriya –les decía, de modo consolador, a los *chelas* que no podían permanecer cerca de él–. Los guiaré hacia el Hogar Cósmico a través de sus percepciones en expansión.

A Swami Satyananda le informó un devoto de que, aunque no podía viajar a Benarés, sin embargo, había recibido una precisa iniciación en Kriya durante un sueño. Lahiri Mahasaya se le había aparecido para instruirlo en respuesta a sus oraciones sinceras.

Si un discípulo descuidaba alguna de sus obligaciones mundanas, el maestro no dudaba en corregirlo con dulzura y firmeza.

—Las palabras de Lahiri Mahasaya eran suaves y curativas, incluso cuando debía hablar abiertamente de los defectos de un *chela* –me dijo una vez Sri Yukteswar. Y añadió con tristeza–: Ningún discípulo ha huido jamás de las flechas de nuestro maestro.

No pude evitar reír, pero aseguré sinceramente a Sri Yukteswar que, agudas o no, sus palabras siempre eran música para mis oídos.

Lahiri Mahasaya distribuía cuidadosamente la práctica del Kriya Yoga en cuatro iniciaciones progresivas.[15] Él otorgaba las tres técnicas superiores sólo después de que el devoto hubiera manifestado un progreso espiritual definido. Un día, cierto *chela*, convencido de que su valía no estaba siendo evaluada de la manera adecuada, expresó su descontento.

---

15. Como el Kriya Yoga es capaz de muchas subdivisiones, Lahiri Mahasaya sabiamente seleccionó cuatro pasos que él discernió como los que contenían la médula esencial, y que eran de mayor valor en la práctica real.

—Maestro –dijo–, seguramente ya estoy listo para la segunda iniciación.

En ese momento, la puerta se abrió para admitir a un humilde discípulo, Brinda Bhagat. Era un cartero de Benarés.

—Brinda, siéntate aquí a mi lado –dijo el gran gurú con una sonrisa afectuosa–. Dime, ¿estás listo para la segunda técnica de Kriya?

El pequeño cartero juntó las manos a modo de súplica.

—Gurudeva, no más iniciaciones, por favor. ¿Cómo puedo asimilar enseñanzas más altas? He venido a solicitar tus bendiciones, porque el primer divino Kriya me ha embriagado tanto que no puedo entregar mis cartas.

—Brinda ya nada en el mar del Espíritu.

Al escuchar estas palabras de Lahiri Mahasaya, otro discípulo bajó la cabeza.

—Maestro –dijo–, veo que he sido un mal trabajador al encontrar fallos en mis herramientas.

El cartero, que era un hombre sin educación, más tarde desarrolló su percepción a través del Kriya hasta el punto de que los eruditos de vez en cuando buscaban su interpretación sobre puntos complejos de las escrituras. Inocente tanto de pecado como de sintaxis, el pequeño Brinda adquirió renombre en el dominio de los sabios eruditos.

Además de los numerosos discípulos de Lahiri Mahasaya en Benarés, cientos de ellos acudieron desde partes distantes de la India. Él mismo viajó a Bengala en varias ocasiones, visitando las casas de los suegros de sus dos hijos. Así, bendecida por su presencia, Bengala se llenó de pequeños grupos de Kriya. En particular, en los distritos de Krishnagar y Bishnupur, muchos devotos silenciosos hasta el día de hoy han mantenido fluyendo la corriente invisible de meditación espiritual.

Entre los numerosos santos que recibieron Kriya de Lahiri Mahasaya se mencionan el ilustre Swami Vhaskarananda Saraswati de Benarés y el asceta de alta estatura de Deogarh, Balananda Brahmachari. Durante un tiempo, Lahiri Mahasaya trabajó como tutor privado para el hijo del marajá Iswari Narayan

Sinha Bahadur de Benarés. Reconociendo la realización espiritual del maestro, el marajá, al igual que su hijo, buscó la iniciación en Kriya, como también lo hizo el marajá Jotindra Mohan Thakur.

Varios discípulos de Lahiri Mahasaya con posiciones mundanas influyentes deseaban expandir el círculo de Kriya mediante publicidad. El gurú se negó a darles permiso. Un *chela*, el médico real del Señor de Benarés, comenzó un esfuerzo organizado para difundir el nombre del maestro como «Kashi Baba», el Exaltado de Benarés.[16] De nuevo, el gurú lo prohibió.

—Dejad que la fragancia de la flor del Kriya se difunda de manera natural, sin ningún despliegue –dijo–. Sus semillas echarán raíces en el suelo de corazones espiritualmente fértiles.

Aunque el gran maestro no adoptó el sistema de predicación a través del medio moderno de una organización o mediante la imprenta, sabía que el poder de su mensaje surgiría como una inundación irresistible, inundando por su propia fuerza las orillas de las mentes humanas. Las vidas cambiadas y purificadas de los devotos eran las simples garantías de la vitalidad inmortal del Kriya.

En 1886, veinticinco años después de su iniciación en Ranikhet, Lahiri Mahasaya se retiró con una pensión.[17] Con disponibilidad durante el día, cada vez más discípulos lo buscaban. El gran gurú permanecía ahora en silencio la mayor parte del tiempo, inmóvil en la tranquila postura del loto. Rara vez dejaba su pequeño salón, ni siquiera para dar un paseo o visitar otras partes de la casa. Llegaba un tranquilo flujo de *chelas*, casi sin cesar, para recibir el *darshan*, la visión sagrada del maestro.

---

16. Otros títulos que sus discípulos le otorgan a Lahiri Mahasaya son Yoguibar (el más grande de los yoguis), Yoguiraj (rey de los yoguis) y Munibar (el más grande de los santos), a los cuales yo he añadido Yogavatar (la encarnación del yoga).

17. Él había estado, en total, treinta y cinco años de servicio en un departamento del gobierno.

Para asombro de todos los que lo veían, el estado fisiológico habitual de Lahiri Mahasaya mostraba características sobrehumanas: ausencia de respiración, insomnio, cesación del pulso y del latido del corazón, ojos tranquilos que no parpadeaban durante horas y una profunda aura de paz. Ningún visitante se marchaba sin sentirse espiritualmente elevado; todos sabían que habían recibido la bendición silenciosa de un verdadero hombre de Dios.

El maestro permitió entonces que su discípulo, Panchanon Bhattacharya, abriera una institución llamada Misión Arya en Calcuta. Allí, el santo discípulo difundía el mensaje del Kriya Yoga y preparaba ciertos remedios herbales de tradición yóguica para el beneficio de todos.[18]

---

18. En los antiguos tratados sánscritos se encuentra un amplio conocimiento herbal. Se empleó hierbas del Himalaya en un tratamiento de rejuvenecimiento que despertó la atención mundial en 1938, cuando el método fue utilizado en Pundit Madan Mohan Malaviya, de 77 años, vicepresidente de la Universidad Hindú de Benarés. En 45 días, el notable académico recuperó de manera asombrosa su salud, fuerza, memoria y visión normal; aparecieron indicios de una tercera dentición, mientras que todas las arrugas desaparecieron. El tratamiento herbal, conocido como Kaya Kalpa, es uno de los 80 métodos de rejuvenecimiento descritos en el Ayurveda hindú o ciencia médica. Pundit Malaviya se sometió al tratamiento de las manos de Sri Kalpacharya Swami Beshundasji, quien afirma que nació en 1766. Él posee documentos que prueban que tiene más de 100 años; los reporteros de Associated Press comentaron que parecía que tuviera unos 40 años. Los antiguos tratados hindúes dividían la ciencia médica en 8 ramas: *salya* (cirugía); *salakya* (enfermedades por encima del cuello); *kayachikitsa* (medicina propiamente dicha); *bhutavidya* (enfermedades mentales); *kaumara* (cuidado de la infancia); *agada* (toxicología); *Rasayana* (longevidad); *Vagikarana* (tonificantes). Los médicos védicos usaban instrumentos quirúrgicos delicados, realizaban cirugía plástica, comprendían métodos médicos para contrarrestar los efectos de los gases venenosos, realizaban cesáreas y operaciones cerebrales, y eran expertos en la dinamización de medicamentos. Hipócrates, el famoso médico del siglo v a. C., tomó mucho de su materia médica de fuentes hindúes.

De acuerdo con la costumbre ancestral, el maestro daba a las personas en general un aceite de *neem*[19] para la cura de diversas enfermedades. Cuando el gurú pedía a un discípulo que destilara el aceite, este podía realizar la tarea con facilidad. Si alguien más lo intentaba, tenía extrañas dificultades y descubría que el aceite medicinal casi se había evaporado después de pasar por los procesos de destilación necesarios. Evidentemente, la bendición del maestro era un ingrediente necesario.

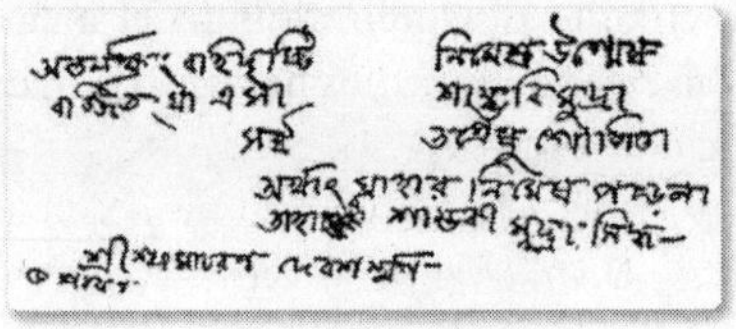

La caligrafía y firma de Lahiri Mahasaya, en escritura bengalí, se muestran sobre estas líneas. Las líneas corresponden a una carta dirigida a un *chela*, en la cual el gran maestro interpreta un verso en sánscrito de la siguiente manera: «Aquel que ha alcanzado un estado de calma en el cual sus párpados no parpadean ha logrado Sambhavi Mudra». Firmado: «*Sri Shyama Charan Deva Sharman*».

La Institución Arya Mission se encargó de la publicación de muchos de los comentarios del gurú sobre las escrituras. Al igual que Jesús y otros grandes profetas, Lahiri Mahasaya no escribió libros; sin embargo, sus penetrantes interpretaciones fueron registradas y organizadas por varios discípulos. Algunos de estos amanuenses voluntarios fueron más perspicaces que otros al transmitir correctamente la profunda visión del maes-

19. El árbol de margosa de la India oriental. Sus aplicaciones medicinales ahora se reconocen en Occidente, donde la corteza amarga del *neem* se usa como tónico, y el aceite de sus semillas y frutos ha demostrado que resulta de gran valor en el tratamiento de la lepra y otras enfermedades.

tro, pero, en general, sus esfuerzos resultaron acertados. Gracias a su celo, el mundo posee hoy comentarios inigualables de Lahiri Mahasaya sobre veintiséis escrituras antiguas.

Sri Ananda Mohan Lahiri, nieto del maestro, ha escrito un interesante folleto sobre el Kriya: «El texto del *Bhagavad Gita* es parte de la gran épica, el *Mahabharata*, que posee varios puntos de nudos (*vyas-kutas*). Mantén esos puntos de nudos sin cuestionar y no encontraremos nada más que historias míticas de un tipo peculiar y fácilmente mal entendido. Mantén esos puntos de nudos sin explicación y habremos perdido una ciencia que Oriente ha preservado con una paciencia sobrehumana tras una búsqueda de miles de años de experimentación».[20] Fueron los comentarios de Lahiri Mahasaya los que sacaron a la luz, sin recurrir a alegorías, la verdadera ciencia de la religión, hábilmente velada durante siglos bajo el acertijo de letras y la imaginería de las escrituras. El maestro demostró que la maraña incomprensible de palabras, las fórmulas aparentemente oscuras del culto védico, son portadoras de un significado profundo y científico [...].

---

20. «Una serie de sellos recientemente hallados en sitios arqueológicos del valle del Indo, datables en el tercer milenio a. C., muestran figuras sentadas en posturas de meditación que ahora se usan en el sistema de yoga, lo que justifica la inferencia de que incluso en ese tiempo ya se conocían algunos de los rudimentos de esta disciplina. No sería irracional concluir que la introspección sistemática con la ayuda de métodos estudiados se ha practicado en la India durante cinco mil años [...]. La India ha desarrollado ciertas actitudes religiosas y nociones éticas únicas, al menos en lo que respecta a su amplia aplicación en la vida. Una de ellas ha sido una tolerancia en cuestiones de creencias intelectuales y doctrinas, lo cual es asombroso para Occidente, donde durante muchos siglos fue común la captura de herejes, y las guerras sangrientas entre naciones por rivalidades sectarias eran frecuentes», Extractos de un artículo del Profesor W. Norman Brown en el número de mayo de 1939 del *Bulletin of the American Council of Learned Societies*, Washington, D. C.

»Sabemos que el hombre suele ser impotente ante el dominio insurgente de las pasiones negativas; pero éstas pierden su fuerza, y el hombre deja de hallar motivo para su indulgencia cuando despierta en él la conciencia de una dicha superior, más duradera, a través del Kriya. Aquí, la renuncia a las pasiones inferiores se sincroniza con la adquisición de una bienaventuranza real. Sin este proceso, cientos de máximas morales que se limitan a expresar prohibiciones resultan estériles para nosotros.

»Nuestro afán por la actividad mundana ha matado nuestro sentido de asombro espiritual. No podemos comprender la Gran Vida que subyace a todos los nombres y formas, precisamente porque la ciencia moderna nos ha enseñado cómo manipular los poderes de la naturaleza. Esta familiaridad ha engendrado un desprecio por sus secretos últimos. Nuestra relación con la naturaleza es hoy meramente utilitaria: la provocamos, la forzamos, la interrogamos, como si se tratara de una cautiva en el estrado de los testigos. Medimos sus respuestas con instrumentos humanos incapaces de captar sus valores ocultos.

»Pero cuando el ser humano entra en comunión con un poder superior, la naturaleza obedece automáticamente, sin esfuerzo ni tensión, la voluntad del hombre. Este dominio sin esfuerzo sobre las fuerzas naturales es lo que el materialista, carente de comprensión espiritual, denomina «milagro».

»La vida de Lahiri Mahasaya corrigió la noción errónea de que el yoga es una práctica esotérica reservada a unos pocos. Cada ser humano, mediante el Kriya, puede encontrar su camino hacia una comprensión correcta de su vínculo con la naturaleza y recuperar el sentido de reverencia espiritual ante todos los fenómenos, ya sean extraordinarios o aparentemente triviales, pese a la visión pragmática de la ciencia física.[21] Debemos tener

---

21. Uno piensa aquí en la observación de Carlyle en Sartor Resartus: «El hombre que no puede maravillarse, que no se maravilla habitualmente (y adora), aunque fuera presidente de innumerables Sociedades Reales y llevara […] la epítome de todos los laborato-

en cuenta que lo que era místico hace mil años ya no lo es, y que lo que es misterioso ahora puede llegar a ser inteligible legítimamente dentro de cien años. Es el Infinito, el Océano del Poder, lo que está detrás de todas las manifestaciones.

»La ley del Kriya Yoga es eterna. Es verdadera como las matemáticas; como las simples reglas de adición y sustracción, la ley del Kriya nunca puede ser destruida. Quemen hasta las cenizas todos los libros sobre matemáticas; los lógicos siempre redescubrirán tales verdades. Destruyan todos los libros sagrados sobre yoga, sus leyes fundamentales saldrán a la luz cada vez que aparezca un verdadero yogui que comprenda en sí mismo devoción pura y, en consecuencia, conocimiento puro».

Del mismo modo que Babaji es uno de los mayores avatares, un Mahavatar, y Sri Yukteswar un Jnanavatar o Encarnación de la Sabiduría, también se puede llamar con justicia a Lahiri Mahasaya Yogavatar, o Encarnación del Yoga. Según los estándares, tanto cualitativos como cuantitativos del bien, él elevó el nivel espiritual de la sociedad. En su poder para elevar a sus discípulos cercanos a una estatura semejante a la de Cristo y en su amplia difusión de la verdad entre las masas, Lahiri Mahasaya se encuentra entre los salvadores de la humanidad.

Su singularidad como profeta radica en su énfasis práctico en un método definido, el Kriya, abriendo por primera vez las puertas de la libertad del yoga a todos los hombres. Aparte de los milagros de su propia vida, seguramente el Yogavatar alcanzó el cénit de todas las maravillas al reducir las complejidades antiguas del yoga a una simplicidad efectiva que no está más allá del alcance de cualquier persona.

En relación con los milagros, Lahiri Mahasaya solía decir:

—La operación de leyes sutiles que son desconocidas para la gente en general no debe ser discutida públicamente ni publicada sin la debida discriminación.

---

rios y observatorios, con sus resultados, en su sola cabeza, no es más que un par de lentes detrás de los cuales no hay ojo».

Si en estas páginas he parecido contradecir sus cautelosas palabras, es porque me ha proporcionado una tranquilidad interna. Además, al registrar las vidas de Babaji, Lahiri Mahasaya y Sri Yukteswar, consideré prudente omitir muchas historias milagrosas verdaderas, que difícilmente podrían haberse incluido sin escribir un volumen explicativo de filosofía abstracta.

¡Nueva esperanza para nuevos hombres!

—La unión divina –proclamaba el Yogavatar– es posible a través del propio esfuerzo y no depende de creencias teológicas ni de la voluntad arbitraria de un dictador cósmico.

Gracias al uso de la clave Kriya, las personas que no pueden convencerse de la divinidad de ningún hombre finalmente contemplarán la divinidad plena de su propio ser.

CAPÍTULO 36

El interés de Babaji por Occidente

—Maestro, ¿alguna vez has conocido a Babaji?

Era una noche tranquila de verano en Serampore; las grandes estrellas tropicales brillaban sobre nuestras cabezas mientras yo me sentaba junto a Sri Yukteswar en el balcón del segundo piso de su ermita.

—Sí. –El Maestro sonrió por mi pregunta directa. Sus ojos se iluminaron con devoción–. Tres veces he sido bendecido con la visión del gurú inmortal. Nuestro primer encuentro fue en Allahabad, en un Kumbha Mela.

Las fiestas religiosas que se celebran en la India desde tiempos inmemoriales se conocen como Kumbha Mela. Siempre han mantenido con claridad sus objetivos espirituales a la vista de las multitudes. Los hindúes devotos se congregan por millones cada seis años para encontrarse con miles de *sadhus*, yoguis, *swamis* y ascetas de todo tipo. Muchos son ermitaños que sólo abandonan sus refugios aislados para asistir a estas reuniones y otorgar bendiciones a los hombres y mujeres del mundo.

—No era un *swami* en el momento en que conocí a Babaji –continuó Sri Yukteswar–. Pero ya había recibido la iniciación en Kriya de Lahiri Mahasaya. Él me animó a asistir a la reunión que se celebraría en enero de 1894, en Allahabad. Era mi primer *kumbha*; me sentía un tanto aturdido por el clamor y la agitación de la multitud.

»Al mirar a mi alrededor, no encontré rostro alguno que irradiara la luz de un maestro. Mientras cruzaba un puente en la orilla del Ganges, advertí que cerca había un conocido que se había detenido con su cuenco de limosna extendido. "Oh, esta feria no es más que un caos de ruido y mendigos", pensé desilusionado. "Me pregunto si los científicos occidentales, que amplían con paciencia los límites del conocimiento para el bien práctico de la humanidad no serán más gratos a Dios que estos ociosos que profesan religión pero se concentran en pedir limosna". Mis intensas reflexiones sobre la reforma social fueron interrumpidas por la voz de un alto *sannyasi* que se detuvo frente a mí.

»—Señor –dijo–, un santo te está llamando.

»—¿Quién es?

»—Ven y compruébalo tú mismo.

»Siguiendo vacilante esa escueta indicación, pronto me encontré junto a un árbol cuyas ramas albergaban a un gurú rodeado de un atractivo grupo de discípulos. El maestro, una figura brillante y singular, con ojos oscuros y radiantes, se levantó al ver cómo me acercaba y me abrazó.

»—Bienvenido, Swamiji –me dijo con afecto.

»—Señor –respondí con énfasis–, yo no soy un *swami*.

»—A quienes me es dado llamar *swami* por inspiración divina, jamás se les quita ese título.

»El santo habló con naturalidad, pero una profunda certeza vibraba en sus palabras. Me envolvió una oleada instantánea de bendición espiritual. Sonreí ante mi repentina elevación al antiguo orden monástico,[1] me incliné ante los pies del ser evidente y angelical en forma humana que me había honrado de esa manera.

»Babaji, pues efectivamente era él, me indicó que tomara asiento cerca de él, bajo el árbol. Era fuerte y joven, y se parecía

1. Sri Yukteswar fue posteriormente iniciado formalmente en la Orden de los Swamis por el Mahant (jefe del monasterio) de Buddh Gaya.

a Lahiri Mahasaya; sin embargo, la semejanza no me sorprendió, a pesar de haber escuchado muchas veces las extraordinarias similitudes entre ambos maestros. Babaji posee un poder por el cual puede impedir que surja un pensamiento específico en la mente de una persona. Evidentemente, el gran gurú deseaba que yo fuera del todo natural en su presencia, sin sentirme sobrecogido por el conocimiento de su identidad.

»—¿Qué piensas del Kumbha Mela?

»—Me he sentido muy decepcionado, señor –respondí–. Hasta el momento en que lo he conocido. De alguna manera, los santos y toda esta conmoción no parecen pertenecer al mismo lugar.

»—Hijo –dijo el maestro, aunque aparentemente yo tenía casi el doble de su edad–, por los defectos de muchos no juzgues el todo. Todo en la Tierra tiene un carácter mixto, como una mezcla de arena y azúcar. Sé como la sabia hormiga, que toma sólo el azúcar y deja intacta la arena. Aunque muchos *sadhus* aquí aún vagan en la ilusión, este *mela* está bendecido por unos pocos hombres de realización divina.

»En vista de mi propio encuentro con este maestro exaltado, estuve rápidamente de acuerdo con su observación.

»—Señor –comenté–, he estado pensando en los científicos de Occidente, con mucha más inteligencia que la mayoría de las personas congregadas aquí, que viven en Europa y América, profesan distintos credos e ignoran los verdaderos valores de encuentros como éste. Son hombres que podrían beneficiarse en gran medida del contacto con los maestros de la India. Pero, aunque altos en logros intelectuales, muchos occidentales están casados con el materialismo más extremo. Otros, famosos en ciencia y filosofía, no reconocen la unidad esencial de la religión. Sus credos sirven como barreras insuperables, que amenazan con separarlos de nosotros para siempre.

»—Veo que estás interesado en Occidente tanto como en Oriente. –El rostro de Babaji brilló con aprobación–. Sentí los dolores de tu corazón, lo bastante grande para todos los hombres, sean orientales u occidentales. Por eso te llamé. Oriente y

Occidente deben establecer un camino intermedio dorado, que combine actividad y espiritualidad. La India tiene mucho que aprender de Occidente en desarrollo material, y, a cambio, puede enseñar los métodos universales mediante los cuales Occidente podrá basar sus creencias religiosas en fundamentos inquebrantables de la ciencia yógica. Tú, Swamiji, tienes un papel que desempeñar en el siguiente intercambio armonioso entre Oriente y Occidente. Dentro de algunos años, te enviaré a un discípulo, a quien podrás enseñar para que difunda el yoga en Occidente. Las vibraciones de muchas almas que buscan espiritualmente llegan hasta mí como un torrente. Percibo santos potenciales en América y Europa esperando ser despertados.

En este punto de su relato, Sri Yukteswar dirigió por completo su mirada hacia mí.

—Hijo mío –dijo, sonriendo a la luz de la luna–, tú eres el discípulo que, hace años, Babaji prometió que me enviaría.

Me alegró saber que Babaji había dirigido mis pasos hacia Sri Yukteswar, pero me costaba visualizarme en el distante Occidente, lejos de mi amado gurú y la sencilla paz de la ermita.

—Entonces Babaji habló del *Bhagavad Gita* –continuó Sri Yukteswar–. Para mi asombro, indicó con palabras de alabanza que estaba al tanto de que yo había escrito interpretaciones de varios capítulos del *Gita*.

»—Te pido, Swamiji, por favor, que emprendas otra tarea –dijo el gran maestro–. ¿No escribirás un pequeño libro sobre la unidad básica subyacente entre las escrituras cristianas y las hindúes? Muestra, con referencias paralelas, que los hijos inspirados de Dios han expresado las mismas verdades, ahora oscurecidas por las diferencias sectarias de los hombres.

»—Maharaj[2] –respondí tímidamente–, ¡qué tarea! ¿Seré capaz de cumplirla?

»Babaji rio suavemente.

---

2. «Gran Rey», un título de respeto.

»—Hijo mío, ¿por qué lo dudas? –dijo con tono reconfortante–. De hecho, ¿de quién es todo este trabajo y quién es el Hacedor de todas las acciones? Lo que el Señor me ha hecho decir está destinado a materializarse como verdad.

»Me sentí fortalecido por las bendiciones del santo y acepté escribir el libro. Sintiendo con reticencia que había llegado la hora de partir, me levanté de mi asiento bajo las hojas.

»—¿Conoces a Lahiri?[3] –preguntó el maestro–. Es una gran alma, ¿verdad? Coméntale nuestro encuentro.

»Luego me dio un mensaje para Lahiri Mahasaya. Después de que me inclinara humildemente en señal de despedida, el santo sonrió con calidez.

»—Cuando tu libro esté terminado, te haré una visita –prometió–. Adiós por ahora.

»Abandoné Allahabad al día siguiente y tomé un tren hacia Benarés. Al llegar a la casa de mi gurú, le conté la historia del maravilloso santo en el Kumbha Mela.

»—Oh, ¿no lo reconociste? –Los ojos de Lahiri Mahasaya brillaban de risa–. Veo que no pudiste porque él lo evitó. ¡Él es mi incomparable gurú, el celestial Babaji!

»—¡Babaji! –repetí, asombrado–. ¡El Yogui-Cristo Babaji! ¡El salvador invisible-visible Babaji! ¡Oh, si pudiera recordar el pasado y estar una vez más en su presencia para mostrar mi devoción a sus pies de loto!

»—No importa –dijo Lahiri Mahasaya, consolador–. Él ha prometido que te verá de nuevo.

»—Gurudeva, el maestro divino me pidió que te diera un mensaje: «Dile a Lahiri –dijo– que la energía acumulada para esta vida está casi agotada; está casi terminada».

»Al pronunciar estas enigmáticas palabras, la figura de Lahiri Mahasaya tembló como si fuera tocada por un relámpago. En

---

3. Un gurú por lo general se refiere a su propio discípulo simplemente por su nombre, omitiendo cualquier título. Así, Babaji dijo «Lahiri», no «Lahiri Mahasaya».

un instante, todo a su alrededor cayó en silencio; su rostro sonriente se tornó increíblemente grave. Como una estatua de madera, sombría e inmóvil en su asiento, su cuerpo se volvió incoloro. Me alarmé y me quedé desconcertado. Nunca en mi vida había visto a esta alma alegre manifestar una gravedad tan terrible. Los demás discípulos presentes lo miraban con aprensión.

»Transcurrieron tres horas en total silencio. Luego, Lahiri Mahasaya retomó su actitud natural y alegre, y habló afectuosamente a cada uno de los *chelas*. Todos suspiraron aliviados.

»Me di cuenta, por la reacción de mi maestro, de que el mensaje de Babaji había sido una señal inequívoca: Lahiri Mahasaya entendió que su cuerpo pronto quedaría desocupado. Su espantoso silencio demostró que había controlado instantáneamente su ser, cortado su último lazo de apego al mundo material y huido hacia su identidad siempre viva en el Espíritu. El comentario de Babaji había sido su manera de decir: «Siempre estaré contigo».

»Aunque Babaji y Lahiri Mahasaya eran omniscientes y no necesitaban comunicarse entre sí a través de mí ni de ningún otro intermediario, los grandes a menudo se dignan a jugar un papel en el drama humano. En ocasiones transmiten sus profecías por medios ordinarios, para que el cumplimiento final de sus palabras infunda una mayor fe divina en un amplio círculo de hombres que más tarde conocerán la historia.

»Pronto abandoné Benarés y comencé a trabajar en Serampore en los escritos sagrados solicitados por Babaji –continuó Sri Yukteswar–. En cuanto empecé mi tarea, compuse un poema dedicado al gurú inmortal. Las melodiosas líneas fluían sin esfuerzo de mi pluma, aunque nunca antes había intentado escribir poesía en sánscrito.

»En la quietud de la noche me ocupé en una comparación entre la Biblia y las escrituras del *Sanatan Dharma*.[4] Citando las

---

4. Literalmente, «religión eterna», el nombre que recibe el cuerpo de enseñanzas védicas. Sanatan Dharma ha llegado a ser llamado hin-

palabras del bendito Señor Jesús, mostré que sus enseñanzas eran, en esencia, una con las revelaciones de los Vedas. Para mi alivio, mi libro estuvo terminado en poco tiempo; me di cuenta de que esta rápida bendición se debía a la gracia de mi *Param-Guru-Maharaj*.[5] Los capítulos aparecieron primero en el diario *Sadhusambad*; luego fueron impresos de manera privada como un libro por uno de mis discípulos de Kidderpore.

»La mañana después de haber concluido mis esfuerzos literarios –continuó el Maestro– fui al *Rai Ghat*, aquí, para bañarme en el Ganges. El *ghat* estaba desierto; permanecí inmóvil un rato, disfrutando de la paz soleada. Después de un baño en las aguas centelleantes, me dirigí a casa. El único sonido en el silencio era el de mi ropa empapada en el Ganges, que hacía un ruido suave con cada paso. Al pasar junto al gran árbol de *banyan* cerca de la orilla del río, un fuerte impulso me instó a mirar hacia atrás. Allí, bajo la sombra del *banyan* y rodeado por algunos discípulos, estaba el gran Babaji.

»—¡Saludos, Swamiji! –La hermosa voz del maestro resonó para que pudiera asegurarme de que no estaba soñando–. Veo

---

duismo desde la época de los griegos, quienes designaron a las personas en las orillas del río Indo como «indoos» o «hindúes». La palabra hindú, propiamente hablando, se refiere sólo a los seguidores del Sanatan Dharma o hinduismo. El término indio se aplica igualmente a hindúes, musulmanes y otros habitantes del suelo de la India (y también, debido a un error geográfico confuso de Colón, a los aborígenes mongoloides americanos). El nombre antiguo de la India es Aryavarta, literalmente, «morada de los arios». La raíz sánscrita de arya es «digno, santo, noble». El uso posterior y etnológico incorrecto de Aryan para significar no características espirituales, sino físicas, llevó al gran orientalista Max Muller a decir pintorescamente: «Para mí, un etnólogo que habla de una raza aria, sangre aria, ojos y cabello arios es tan gran pecador como un lingüista que habla de un diccionario dolicocefálico o una gramática braquicéfala».

5. *Param-guru* es, literalmente, «gurú supremo» o «gurú más allá», que significa una línea o sucesión de maestros. Babaji, el gurú de Lahiri Mahasaya, fue el *param-guru* de Sri Yukteswar.

que has completado con éxito tu libro. Como prometí, estoy aquí para darte las gracias.

»Con el corazón latiendo rápidamente, me postré a sus pies.

»—Param-gurúji –dije suplicante–, ¿no honraréis tú y tus *chelas* mi hogar cercano con vuestra presencia?

»El supremo gurú sonrió y declinó mi invitación.

»—No, hijo –dijo–, somos personas a las que nos gusta el refugio de los árboles; este lugar es bastante cómodo.

»—Por favor, quédate un rato, Maestro. –Lo miré suplicante–. Regresaré enseguida con algunos dulces especiales.

»Cuando volví pocos minutos después con un plato de golosinas, ¡oh!, el majestuoso *banyan* ya no albergaba al grupo celestial. Busqué por todo el *ghat*, pero en mi corazón supe que el pequeño grupo ya había huido con alas etéricas.

»Me sentí profundamente herido. "Aunque nos volvamos a encontrar, no me importará si hablo o no otra vez con él", resolví. "Fue cruel irse tan de repente".

»Esto era, por supuesto, una ira de amor, nada más.

»Unos meses después, visité a Lahiri Mahasaya en Benarés. Al entrar en su pequeño salón, mi gurú sonrió al saludarme.

»—Bienvenido, Yukteswar –dijo–. ¿Acabas de encontrarte con Babaji en el umbral de mi habitación?

»—¿Por qué? No –respondí sorprendido.

»—Ven aquí.

»Lahiri Mahasaya me tocó suavemente en la frente; de inmediato vi, cerca de la puerta, la figura de Babaji, floreciendo como un loto perfecto. Recordé mi viejo dolor y no me incliné. Lahiri Mahasaya me miró asombrado.

»El divino gurú me miró con unos ojos insondables.

»—Estás molesto conmigo.

»—Señor, ¿por qué no debería estarlo? –respondí–. De repente llegaste con tu grupo mágico y de repente desapareciste.

»—Te dije que te vería, pero no te dije cuánto tiempo permanecería –Babaji rio suavemente–. Estabas muy emocionado. Te aseguro que fui bastante extinguido en el éter por la ráfaga de tu inquietud.

»Inmediatamente me sentí satisfecho con esta explicación nada halagadora. Me arrodillé a sus pies, y el supremo gurú me dio una palmada amable en el hombro.

»—Hijo, debes meditar más –dijo–. Tu mirada no es aún perfecta, no pudiste verme escondido tras la luz del sol.

»Con estas palabras en la voz de una flauta celestial, Babaji desapareció en el resplandor oculto.

»Ésta fue una de mis últimas visitas a Benarés para ver a mi gurú –concluyó Sri Yukteswar–. Tal como Babaji había predicho en el Kumbha Mela, la encarnación de Lahiri Mahasaya como casa estaba llegando a su fin. Durante el verano de 1895, su robusto cuerpo desarrolló un pequeño forúnculo en la espalda. Protestó contra la lanceta; estaba trabajando en su propia carne el mal karma de algunos de sus discípulos. Finalmente, algunos *chelas* se volvieron muy insistentes; el maestro respondió de manera críptica:

»—El cuerpo tiene que encontrar una causa para irse; estaré de acuerdo con lo que queráis hacer.

»Poco tiempo después, el incomparable gurú abandonó su cuerpo en Benarés. Ya no necesitaba buscarlo en su pequeño salón; me encuentro cada día de mi vida bendecido por su omnipresente guía.

Años más tarde, de la boca de Swami Keshabananda[6], un discípulo avanzado, escuché muchos detalles maravillosos sobre el fallecimiento de Lahiri Mahasaya.

—Unos días antes de que mi gurú dejara su cuerpo –me dijo Keshabananda–, se materializó ante mí mientras estaba sentado en mi ermita en Hardwar.

»—Ven enseguida a Benarés. –Con estas palabras, Lahiri Mahasaya desapareció.

»Inmediatamente tomé el tren hacia Benarés. En la casa de mi gurú encontré muchos discípulos reunidos. Durante horas

6. Mi encuentro con Keshabananda se describe en el capítulo 36.

ese día,[7] el maestro expuso la *Bhagavad Gita*; luego nos habló de manera sencilla.

»—Me voy a casa.

»Los sollozos de angustia brotaron como un torrente irresistible.

»—Sed consolados; resucitaré.

»Después de esta expresión, Lahiri Mahasaya giró su cuerpo tres veces en un círculo, se sentó en la postura del loto mirando al norte, y entró con tada su gloria en el *maha-samadhi* final.[8]

»El hermoso cuerpo de Lahiri Mahasaya, tan querido por los devotos, fue cremado con solemnes ritos de hogar en el Manikarnika Ghat, junto al sagrado Ganges –continuó Keshabananda–. Al día siguiente, a las diez de la mañana, mientras todavía estaba en Benarés, mi habitación se llenó de una gran luz. ¡He aquí! Ante mí estaba la forma de carne y hueso de Lahiri Mahasaya. Se veía exactamente igual que su antiguo cuerpo, excepto que parecía más joven y radiante. Mi divino gurú me habló.

»—Keshabananda –dijo–, soy yo. De los átomos desintegrados de mi cuerpo cremado, he resucitado una forma remodelada. Mi trabajo como hogar en el mundo ha terminado; pero no dejo la Tierra por completo. A partir de ahora pasaré un tiempo con Babaji en el Himalaya y con Babaji en el cosmos.

»—Con unas pocas palabras de bendición hacia mí, el maestro trascendental desapareció. Una inspiración maravillosa llenó mi corazón; me elevé en Espíritu, al igual que los discípu-

---

7. El 26 de septiembre de 1895 es la fecha en que Lahiri Mahasaya dejó su cuerpo. En unos días más habría alcanzado su sexagésimo octavo cumpleaños.

8. Enfrentarse al norte y girar tres veces el cuerpo son partes de un rito védico utilizado por los maestros que saben de antemano cuándo acaece la última hora para el cuerpo físico. La última meditación, durante la cual el maestro se fusiona con el AUM Cósmico, se llama *maha*, o *gran*, *samadhi*.

los de Cristo y Kabir[9] cuando miraron a sus gurús vivientes después de la muerte física.

»Cuando regresé a mi ermita aislada de Hardwar –continuó Keshabananda–, llevé conmigo las sagradas cenizas de mi gurú. Sé que él ha escapado de la jaula espacio-temporal; el ave de la omnipresencia está libre. Sin embargo, me reconfortó el corazón el poder guardar sus sagrados restos.

Otro discípulo que fue bendecido con la visión de su gurú resucitado fue el piadoso Panchanon Bhattacharya, fundador de la Institución Misión Arya de Calcuta.[10]

Visité a Panchanon en su hogar en Calcuta y escuché con deleite la historia de sus numerosos años con el maestro. Al final, me contó el evento más maravilloso de su vida.

—Aquí, en Calcuta –dijo Panchanon–, a las diez de la mañana del día siguiente de su cremación, Lahiri Mahasaya se me apareció en toda su gloria viviente.

---

9. Kabir fue un gran santo del siglo XVI cuyo amplio seguimiento incluía tanto hindúes como musulmanes. Al momento de su muerte, los discípulos discutieron sobre la forma de realizar las ceremonias funerarias. El maestro, exasperado, se levantó de su último sueño y dio sus instrucciones: «La mitad de mis restos será enterrada con los ritos musulmanes», dijo, «la otra mitad será cremado con un sacramento hindú». Luego desapareció. Cuando los discípulos abrieron el ataúd que contenía su cuerpo, no encontraron nada más que una deslumbrante variedad de flores *champak* de color dorado. La mitad de estas fueron obedientemente enterradas por los musulmanes, quienes veneran su santuario hasta el día de hoy.

   En su juventud, Kabir fue abordado por dos discípulos que querían orientación intelectual detallada a lo largo del camino místico. El maestro respondió simplemente: «El camino presupone distancia; si Él está cerca, no necesitas camino en absoluto. En verdad, me hace sonreír escuchar de un pez en el agua sediento».

10. Panchanon estableció, en un jardín de diecisiete acres en Deogarh, Bihar, un templo que contiene una estatua de piedra de Lahiri Mahasaya. Otra estatua del gran maestro ha sido colocada por discípulos en el pequeño salón de su hogar en Benarés.

Swami Pranabananda, el «santo con dos cuerpos», también me confió los detalles de su propia experiencia sobrenatural.

—Unos días antes de que Lahiri Mahasaya dejara su cuerpo –me comentó Pranabananda en el momento en que visitó mi escuela en Ranchi–, recibí una carta de él, pidiéndome que fuera de inmediato a Benarés. Sin embargo, me retrasé y no pude partir con rapidez. Mientras estaba realizando los preparativos para viajar, alrededor de las diez de la mañana, de repente me invadió una gran alegría al ver la figura resplandeciente de mi gurú.

»—¿Por qué apurarte para ir a Benarés? –dijo Lahiri Mahasaya sonriendo–. Allí ya no me encontrarás.

»Cuando me alcanzó la importancia de sus palabras, sollozé desconsolado, creyendo que sólo lo estaba viendo en una visión. El maestro se acercó a mí para reconfortarme.

»—Aquí, toca mi carne –repuso–. Estoy vivo, como siempre. No llores; ¿no estoy contigo para siempre?

De la boca de estos tres grandes discípulos ha surgido una historia de maravillosa verdad: a las diez de la mañana, al día siguiente de que el cuerpo de Lahiri Mahasaya fuera entregado a las llamas, el maestro resucitado, en un cuerpo real pero transfigurado, se apareció ante tres discípulos, cada uno en una ciudad diferente.

«Así que cuando este corruptible se haya revestido de incorrupción, y este mortal se haya revestido de inmortalidad, entonces se cumplirá la palabra que está escrita: "La muerte ha sido absorbida en victoria. ¡Oh muerte, dónde está tu aguijón! ¡Oh sepulcro, dónde está tu victoria!"».[11]

---

11. I Corintios 15, 54-55.

CAPÍTULO 37

Me voy a América

«¡América! ¡Seguramente estas personas son americanas!». Esto es lo que pensé mientras una visión panorámica de rostros occidentales pasaba ante mi vista interna.

Sumido en la meditación, estaba sentado detrás de unas cajas polvorientas en el almacén de la escuela de Ranchi. ¡Era difícil encontrar un lugar privado durante aquellos años tan ocupados con los jóvenes!

La visión continuó. Una gran cantidad de rostros,[1] todos mirándome fijamente, desfilaban como actores por el escenario de mi conciencia.

La puerta del almacén se abrió. Como era habitual, uno de los chicos había descubierto mi escondite.

—Ven aquí, Bimal –exclamé alegremente–. ¡Tengo noticias para ti: el Señor me llama a América!

—¿A América? –El chico repitió mis palabras con un tono que implicaba que hubiera dicho «a la Luna».

---

1. Muchos de esos rostros los he visto desde entonces en Occidente y los reconocí al instante.

—¡Sí! Me voy a descubrir América, como Colón. Él pensó que había encontrado la India; ¡seguramente existe un vínculo kármico entre esas dos tierras!

Bimal salió corriendo; pronto, toda la escuela se enteró de la noticia por ese periódico de dos patas. Llamé a los desconcertados maestros y les confié la escuela.[2]

—Sé que mantendrán siempre al frente los ideales de educación de yoga de Lahiri Mahasaya –les dije–. Les escribiré con frecuencia; si Dios quiere, algún día regresaré.

Las lágrimas se me agolparon en los ojos mientras echaba una última mirada a los pequeños y a los soleados terrenos de Ranchi. Sabía que una época definida en mi vida había llegado a su fin; de ahora en adelante viviría en tierras lejanas. Tomé el tren hacia Calcuta unas horas después de mi visión. Al día siguiente recibí una invitación para servir como delegado de la India en un Congreso Internacional de Liberales Religiosos en América. Se iba a realizar ese año en Boston, bajo los auspicios de la Asociación Unitaria Americana.

Con la cabeza dándome vueltas, busqué a Sri Yukteswar en Serampore.

—Guruji, acabo de recibir una invitación para hablar en un congreso religioso en América. ¿Debo ir?

—Todas las puertas están abiertas para ti –respondió el Maestro–. Es ahora o nunca.

—Pero, señor –dije con consternación–, ¿qué sé yo sobre hablar en público? Rara vez he pronunciado una conferencia y nunca en inglés.

—Inglés o no inglés, tus palabras sobre el yoga serán escuchadas en Occidente.

Reí.

---

2. Swami Premananda, ahora líder de la Iglesia de la Autorrealización de Todas las Religiones en Washington, D. C., fue uno de los estudiantes en la escuela de Ranchi cuando me marché a América. (Entonces era Brahmachari Jotin).

—Bueno, querido Guruji, difícilmente creo que los americanos aprendan bengalí. Por favor, bendíceme para poder superar los obstáculos del idioma inglés.[3]

Cuando le conté a mi padre mis planes, se sorprendió profundamente. Para él, América parecía increíblemente remota; temía que nunca volviera a verme.

—¿Cómo vas a ir? –preguntó muy serio–. ¿Quién te va a financiar?

Como él había soportado los gastos de mi educación y de toda mi vida, sin duda esperaba que su pregunta detuviera mi proyecto en un punto embarazoso.

—El Señor seguramente me financiará. –Con esta respuesta, pensé en la similar que le había hecho mucho tiempo atrás a mi hermano Ananta en Agra. Sin mucha astucia, añadí–: Padre, quizás Dios ponga en tu mente ayudarme.

—¡No, nunca! –Me miró con tristeza.

Me sorprendió, por lo tanto, cuando al día siguiente mi padre me entregó un cheque con una gran cantidad de dinero.

—Te doy este dinero –dijo– no en mi calidad de padre, sino como un fiel discípulo de Lahiri Mahasaya. Ve entonces a esa lejana tierra de Occidente y difunde allí las enseñanzas sin credo del Kriya Yoga.

Me conmovió profundamente el espíritu desinteresado con el que mi padre había podido dejar con rapidez a un lado sus deseos personales. La noche anterior pensó que mi viaje no era motivado por un deseo ordinario de viajar al extranjero.

—Quizá no nos volvamos a ver en esta vida –dijo con tristeza mi padre, que tenía sesenta y siete años en ese momento.

Una convicción intuitiva me impulsó a responder:

—Seguro que el Señor nos reunirá una vez más.

Mientras me ocupaba de los preparativos para dejar al Maestro y mi tierra natal en busca de las desconocidas costas de América, sentí no poca aprensión. Había oído muchas historias

---

3. Sri Yukteswar y yo conversábamos habitualmente en bengalí.

sobre el ambiente materialista del Occidente, muy diferente del trasfondo espiritual de la India, impregnada del aura centenaria de los santos. «Un maestro oriental que se atreva a enfrentarse a los aires occidentales –pensaba– debe ser más resistente que los desafíos de cualquier frío del Himalaya».

Una mañana temprano comencé a orar con una determinación inquebrantable de continuar, incluso de morir orando, hasta escuchar la voz de Dios. Quería Su bendición y la seguridad de que no me perdería en las nieblas del utilitarismo moderno. Mi corazón estaba decidido a ir a América, pero aún más firme estaba resuelto a escuchar el consuelo del permiso divino.

Oré y oré, ahogando mis sollozos. No tuve ninguna respuesta. Mi petición en silencio aumentó en un *crescendo* doloroso hasta que, al mediodía, alcancé un punto culminante; mi cerebro ya no pudo soportar la presión de mis angustias. Si lloraba una vez más con una profundidad aumentada de mi pasión interior, sentía como si mi cerebro fuera a estallar. En ese momento, se produjo un golpe en la puerta del vestíbulo que daba a la habitación de Gurpar Road en la que me encontraba. Al abrir la puerta, vi a un joven con la vestimenta escasa de un renunciante. Entró, cerró la puerta detrás de él y, rechazando mi invitación a sentarse, indicó con un gesto que deseaba hablar conmigo mientras permanecía de pie. «¡Debe ser Babaji!», pensé atónito, porque el hombre frente a mí tenía los rasgos de un joven Lahiri Mahasaya.

Él respondió a mi pensamiento.

—Sí, soy Babaji –dijo melodiosamente en hindi–. Nuestro Padre Celestial ha escuchado tu oración. Me ordena que te diga que sigas los mandatos de tu gurú y que vayas a América. No temas; serás protegido. –Después de una pausa vibrante, Babaji me habló de nuevo–. Tú eres el elegido para difundir el mensaje del Kriya Yoga en Occidente. Hace mucho tiempo conocí a tu gurú Yukteswar en un Kumbha Mela; le dije entonces que te enviaría a él para que te entrenara.

Me quedé sin palabras, ahogado en una reverencia devocional ante su presencia, profundamente conmovido al escuchar de su propia boca que él me había guiado hacia Sri Yukteswar. Me postré ante el gurú inmortal. Con gracia, me levantó del suelo. Después de darme muchas instrucciones sobre mi vida, me ofreció algunas enseñanzas personales y pronunció algunas profecías secretas.

—Kriya Yoga, la técnica científica de la autorrealización de Dios –dijo finalmente con solemnidad–, se extenderá por fin por todas las tierras y ayudará a armonizar las naciones a través de la percepción personal y trascendental del Padre Infinito gracias al hombre.

Con una mirada de poder majestuoso, el maestro me electrificó con un destello de su conciencia cósmica. En poco tiempo comenzó a dirigirse hacia la puerta.

—No intentes seguirme –dijo–. No serás capaz de hacerlo.

—¡Por favor, Babaji, no te vayas! –grité repetidamente–. ¡Llévame contigo!

Mirando hacia atrás, respondió:

—Ahora no. En otro momento.

Vencido por la emoción, ignoré su advertencia. Al intentar seguirlo, descubrí que mis pies estaban firmemente clavados al suelo. Desde la puerta, Babaji me lanzó una última mirada afectuosa. Levantó la mano en señal de bendición y se alejó, con mis ojos fijos en él, llenos de anhelo.

Después de unos minutos, mis pies quedaron libres. Me senté y entré en una profunda meditación, dándole las gracias a Dios no sólo por haber respondido a mi oración, sino también por bendecirme con un encuentro con Babaji. Mi cuerpo entero parecía santificado por el toque del antiguo y siempre joven maestro. Durante mucho tiempo había deseado contemplarlo.

Hasta ahora, nunca le he contado a nadie esta historia de mi encuentro con Babaji. Al considerarla la más sagrada de mis experiencias humanas, la he guardado en mi corazón. Pero se me ocurrió que los lectores de esta autobiografía podrían estar más inclinados a creer en la realidad de Babaji, el solitario, y sus intereses mundiales si relato que lo vi con mis propios ojos. He ayudado a un artista a dibujar una verdadera imagen del gran Yogui-Cristo de la India moderna; aparece en este libro.

La víspera de mi viaje a Estados Unidos me encontró en la santa presencia de Sri Yukteswar.

—Olvida que naciste hindú y no seas un americano. Toma lo mejor de ambos –dijo el Maestro con su tranquila sabiduría–. Sé tu verdadero ser, un hijo de Dios. Busca e incorpora en tu ser lo mejor de todos tus hermanos, dispersos por la Tierra en diversas razas. –Luego me bendijo–: Todos los que vengan a ti con fe, buscando a Dios, serán ayudados. A medida que los mires, la corriente espiritual que emana de tus ojos entrará en sus cerebros y cambiará sus hábitos materiales, haciéndolos más conscientes de Dios. –Continuó–: Tu destino de atraer almas sinceras es muy bueno. Dondequiera que vayas, incluso en un desierto, encontrarás amigos.

Ambas bendiciones se han demostrado ampliamente. Llegué solo a América, a un desierto sin un solo amigo, pero allí encontré a miles de ellos dispuestos a recibir las enseñanzas espirituales probadas por el tiempo.

Dejé la India en agosto de 1920, en *The City of Sparta*, el primer barco de pasajeros que zarpó hacia América después de que concluyera la Primera Guerra Mundial. Sólo pude reservar mi pasaje de manera bastante milagrosa, después de muchas dificultades burocráticas relacionadas con la obtención de mi pasaporte.

Durante el viaje de dos meses, uno de los pasajeros descubrió que yo era el delegado indio al congreso de Boston.

—Swami Yogananda –dijo, con la primera de muchas pronunciaciones peculiares con las que más tarde escucharía mi nombre en boca de los estadounidenses–, por favor, dele a los pasajeros una conferencia el próximo jueves por la noche. Creo que todos nos beneficiaríamos de una charla sobre la batalla de la vida y cómo lidiarla.

Y yo mismo tenía que librar la batalla de mi propia vida, como descubrí el miércoles. Desesperado por organizar mis ideas en una conferencia en inglés, finalmente abandoné cualquier intento de preparación: mis pensamientos, como un potro salvaje ante una silla de montar, se negaban a someterse a las leyes de la gramática. Aun así, confiando plenamente en las seguridades previas de mi Maestro, me presenté el jueves ante la audiencia reunida en el salón del barco. Ninguna elocuencia surgió de mis labios. Permanecí en silencio ante la multitud. Tras un duelo mudo que duró diez minutos, el público comprendió mi apuro y comenzó a reír.

Yo, de pie, en el estrado frente a una de mis clases en Estados Unidos. Esta clase, con mil estudiantes de yoga, se llevó a cabo en Washington, D.C.

La situación no me resultaba graciosa. Indignado, elevé una oración en silencio a mi Maestro. «Tú puedes. Habla», resonó su voz dentro de mi conciencia.

Mis pensamientos se alinearon de inmediato con el idioma inglés. Cuarenta y cinco minutos después, la audiencia seguía atenta. La charla me valió varias invitaciones para futuras conferencias ante distintos grupos en América.

Nunca pude recordar una sola palabra de lo que dije. Gracias a discretas averiguaciones, supe por varios pasajeros que había dado una conferencia inspiradora, en un inglés fluido y correcto. Al escucharlo, di las gracias humildemente a mi gurú por su intervención oportuna, y comprendí una vez más que siempre estaba conmigo, deshaciendo todas las barreras del tiempo y el espacio.

Durante el resto del viaje por mar, sentí de vez en cuando punzadas de aprensión ante el siguiente desafío: la conferencia en inglés ante el congreso de Boston.

—Señor –oré–, por favor, que esta vez mi inspiración seas tú y no otra serie de carcajadas del público.

The City of Sparta atracó cerca de Boston a finales de septiembre. El 6 de octubre ofrecí mi primera conferencia en América, ante el congreso. Fue bien recibida. Respiré aliviado. El generoso secretario de la Asociación Unitaria Americana escribió el siguiente comentario en una publicación oficial de las actas[4] del congreso: «Swami Yogananda, delegado del Brahmacharya Ashram de Ranchi, India, trajo los saludos de su Asociación al Congreso. En un inglés fluido y con una entrega enérgica, ofreció una conferencia de carácter filosófico sobre la ciencia de la religión, que fue impresa en forma de folleto para su difusión más amplia. Sostuvo que la religión es universal y una. No podemos universalizar costumbres ni convicciones particulares, pero sí podemos universalizar el elemento común presente en todas las religiones, y pedir a todos por igual que lo sigan y obedezcan».

Gracias al generoso cheque de mi padre, pude quedarme en América después de concluir el congreso. Pasé cuatro años felices en Boston, viviendo con sencillez. pronuncié conferencias públicas, impartí clases y escribí un libro de poemas, *Songs of*

4. Nuevas Peregrinaciones del Espíritu (Boston: Beacon Press, 1921).

the Soul, con un prólogo del doctor Frederick B. Robinson, presidente del City College of New York.[5]

Con una gira transcontinental en el verano de 1924, hablé ante miles de personas en las principales ciudades de Estados Unidos. Terminé mi recorrido por Occidente con unas vacaciones en el hermoso norte de Alaska.

Con la ayuda de estudiantes generosos, a finales de 1925 había establecido una sede estadounidense en los Mount Washington Estates, en Los Ángeles. El edificio era el mismo que había visto años atrás en una visión mientras me encontraba en Cachemira. Me apresuré a enviar a Sri Yukteswar fotografías de estas lejanas actividades norteamericanas. Él respondió con una postal en bengalí, cuya traducción es la siguiente:

> 11 de agosto de 1926
>
> Hijo de mi corazón, oh Yogananda:
> Al ver las fotos de tu escuela y tus estudiantes, una alegría inmensa invade mi vida. No puedo expresar con palabras lo que siento; me derrito de dicha al ver a tus discípulos de yoga, procedentes de distintas ciudades. Al observar tus métodos de canto, afirmación, vibración curativa y oración divina, no puedo evitar darte las gracias desde lo más hondo de mi ser. Al ver la entrada, el camino sinuoso que sube por la colina y el hermoso paisaje que rodea los Mount Washington Estates, anhelo verlo con mis propios ojos.
> Todo va bien aquí. Que, por la gracia de Dios, siempre permanezcas en dicha.
>
> SRI YUKTESWAR GIRI

5. El doctor y la señora Robinson visitaron la India en 1939 y fueron huéspedes honorables en la escuela de Ranchi.

Los años transcurrieron con rapidez. Dediqué mis conferencias a todas las partes de mi nueva tierra, y dirigí cientos de clubes, colegios, iglesias y grupos de todas las denominaciones. Decenas de miles de estadounidenses recibieron la iniciación al yoga. A todos ellos les dediqué un nuevo libro de pensamientos oracionales en 1929, *Whispers from Eternity*, con un prólogo de Amelita Galli-Curci.[6]

Aquí transcribo un poema titulado «*¡Dios! ¡Dios! ¡Dios!*», compuesto una noche mientras estaba en una plataforma de conferencias:

Desde las profundidades del sueño,
Mientras asciende la escalera espiral de la vigilia,
Susurro:
¡Dios! ¡Dios! ¡Dios!
Tú eres el alimento, y cuando rompo mi ayuno
De la separación nocturna de Ti,
Te saboreo, y mentalmente digo:
¡Dios! ¡Dios! ¡Dios!
No importa dónde voy, el foco de mi mente
Siempre sigue girando hacia Ti;
Y en el estrépito de la actividad,
Mi grito de guerra silencioso siempre es:
¡Dios! ¡Dios! ¡Dios!
Cuando las ruidosas tormentas de las pruebas chillan,
Y cuando las preocupaciones me aúllan,
Ahogo su clamor, cantando a voz en cuello:
¡Dios! ¡Dios! ¡Dios!
Cuando mi mente teje sueños

---

6. La señora Galli-Curci y su esposo, Homer Samuels, el pianista, han sido estudiantes de Kriya Yoga durante veinte años. La inspiradora historia de los años de música de la famosa *prima donna* ha sido publicada recientemente (*La Vida de la Canción* de Galli-Curci, por C. E. LeMassena, Nueva York: Paebar Co., 1945).

Con hilos de recuerdos,
Entonces, en esa tela mágica, encuentro grabado:
¡Dios! ¡Dios! ¡Dios!
Cada noche, en el momento del sueño más profundo,
Mi paz sueña y llama,
¡Alegría! ¡Alegría! ¡Alegría!
Y mi alegría viene cantando siempre:
¡Dios! ¡Dios! ¡Dios!
Al despertar, comer, trabajar, soñar, dormir,
Servir, meditar, cantar, amando divinamente,
Mi alma constantemente tararea, inaudible para cualquiera:
¡Dios! ¡Dios! ¡Dios!

A veces, generalmente a principios de cada mes, cuando llegaban las facturas para el mantenimiento del Mount Washington y de otros centros de la Self-Realization Fellowship, pensaba con anhelo en la sencilla paz de la India. Pero a diario veía un entendimiento creciente entre Occidente y Oriente, y mi alma se regocijaba.

He encontrado el gran corazón de América en los maravillosos versos de Emma Lazarus, grabados en la base de la Estatua de la Libertad, la «Madre de los Exiliados»:

Desde su mano faro.
Brilla con una bienvenida mundial;
sus ojos suaves mandan
el puerto puenteado por el aire
que enmarca las ciudades gemelas.
«¡Guardad, tierras antiguas, vuestra pomposa historia!», [exclama ella
con labios silenciosos.
«Dadme a vuestros cansados, vuestros pobres,
vuestras masas apiñadas deseando respirar libres,
el miserable desecho de vuestra orilla rebosante.
Enviadme a estos, los sin hogar, los azotados por la tempestad,
yo alzo mi lámpara junto a la puerta dorada».

CAPÍTULO 38

Luther Burbank, un santo entre las rosas

—El secreto de la mejora en la cría de plantas, aparte de los conocimientos científicos, es el amor –Luther Burbank pronunció estas palabras de sabiduría mientras caminaba a mi lado en su jardín de Santa Rosa.

Nos detuvimos junto a un cantero de cactus comestibles.

—Cuando realizaba experimentos para crear cactus sin espinas –continuó Burbank–, solía hablarles a las plantas para transmitirles una vibración de amor. Les decía: «No tenéis nada que temer. No necesitáis vuestras espinas defensivas. Yo os protegeré». Poco a poco, fue surgiendo la planta útil del desierto en una variedad sin espinas.

Aquel milagro me cautivó.

—Por favor, querido Luther, dame algunas hojas de cactus para plantarlas en mi jardín del monte Washington.

Un trabajador que se encontraba cerca comenzó a cortarlas, pero Burbank lo detuvo.

—Yo mismo las recogeré para el *swami*. –Me entregó tres hojas, que más tarde planté con entusiasmo. Con el tiempo crecieron espléndidamente en una amplia finca.

El gran horticultor me explicó que su primer logro notable fue la gran patata, hoy conocida con su nombre. Con la energía incansable de un genio, continuó presentando al mundo cientos de mejoras cruzadas sobre la naturaleza: sus variedades Burbank de tomate, maíz, calabaza, cerezas, ciruelas, nectarinas, bayas, amapolas, lirios y rosas.

Mientras me conducía hacia el famoso nogal con el que había demostrado que la evolución natural puede acelerarse, enfoqué mi cámara.

—En sólo dieciséis años –me dijo– este nogal ha alcanzado una producción abundante que, en condiciones naturales, habría llevado el doble de tiempo.

La pequeña hija adoptiva de Burbank llegó corriendo al jardín con su perro.

—Ella es mi planta humana –repuso Luther saludándola con ternura–. Ahora veo a la humanidad como una planta gigantesca que, para su florecimiento, sólo necesita amor, bendiciones naturales del mundo exterior y una selección y cruce inteligentes. En el transcurso de mi vida he visto tal progreso en la evolución de las plantas que espero con optimismo un mundo sano y feliz, siempre que se les enseñe a los niños los principios de una vida simple y racional. Debemos regresar a la naturaleza y al Dios de la naturaleza.

—Luther, te encantaría mi escuela de Ranchi, con sus clases al aire libre y su atmósfera de alegría y sencillez.

Mis palabras tocaron una cuerda íntima en el corazón de Burbank: la educación infantil. Me bombardeó con preguntas, con el interés brillando en sus ojos profundos y serenos.

—Swamiji –dijo finalmente–, las escuelas como la tuya son la única esperanza de un futuro milenio. Me rebelo contra los sistemas educativos actuales, desconectados de la naturaleza y destructores de toda individualidad. Estoy contigo, con todo mi corazón y alma en tus ideales prácticos de educación.

Al despedirme del sabio bondadoso, me firmó un pequeño libro y me lo regaló.[1]

—Aquí está mi libro sobre *La formación de la planta humana*[2] –dijo–. Aquí tienes. Se necesitan nuevos métodos, experimentos audaces. A veces, los ensayos más atrevidos han logrado sacar lo mejor de las frutas y las flores. Las innovaciones educativas para los niños deberían, de igual manera, volverse más numerosas y valientes.

Luther Burbank, querido amigo,
posa conmigo en su jardín de Santa Rosa.

1. Burbank también me gratificó con una fotografía de sí mismo firmada. La atesoro tanto como un mercader hindú atesoró una vez una imagen de Lincoln. El hindú, que estuvo en América durante los años de la guerra civil, concibió tal admiración por Lincoln que no estuvo dispuesto a regresar a la India hasta haber obtenido un retrato del Gran Emancipador. Plantándose firmemente en la puerta de Lincoln, el mercader se negó a marcharse hasta que el asombrado presidente le permitió contratar los servicios de Daniel Huntington, el famoso artista de Nueva York. Cuando se concluyó el retrato, el hindú se lo llevó triunfante a Calcuta.

2. Nueva York: Century Co., 1922.

Leí con gran interés su pequeño libro esa noche. Su punto de vista, que vislumbraba un futuro glorioso para la humanidad, decía: «Lo más obstinado en este mundo, lo más difícil de torcer, es una planta una vez fijada en ciertos hábitos [...]. Recuerda que esta planta ha preservado su individualidad a lo largo del tiempo; tal vez sea pueda rastrearse hacia atrás a través de los eones del tiempo sin haber variado en gran medida en todo ese vasto período. ¿Supone usted, después de todas estas edades de repetición, que la planta no posee, si así puede decirse, una voluntad de tenacidad inigualable? De hecho, existen plantas, como ciertas palmas, tan persistentes que ningún poder humano ha podido aún cambiarlas. La voluntad humana es algo débil comparado con la voluntad de una planta. Pero observa cómo toda la obstinación vital de esta planta se rompe simplemente al combinarse con una nueva vida, al realizar con el cruce un cambio completo y poderoso en su ser. Luego, cuando llega la ruptura, fíjala con generaciones de paciente supervisión y selección, y la nueva planta emprenderá su camino sin volver jamás al antiguo, su voluntad tenaz rota y transformada por fin. Cuando se trata de algo tan sensible y maleable como la naturaleza de un niño, el problema resulta mucho más fácil».

Magnéticamente atraído hacia este gran estadounidense, lo visité una y otra vez. Una mañana llegué al mismo tiempo que el cartero, quien depositó en el estudio de Burbank cerca de mil cartas. Los horticultores le escribían desde todas partes del mundo.

—Swamiji, tu presencia es la excusa que necesito para salir al jardín –dijo Luther con alagría. Abrió un gran cajón del escritorio lleno de folletos de viaje–. Mira –señaló–, así es como viajo yo. Atado por mis plantas y mi correspondencia, satisfago mi deseo por tierras extranjeras con una mirada furtiva a estas fotos.

Mi coche esperaba en la entrada. Luther y yo conducimos por las calles del pequeño pueblo, cuyos jardines estaban repletos de sus propias variedades de rosas: Santa Rosa, Peachblow y Burbank.

—Mi amigo Henry Ford y yo creemos en la antigua teoría de la reencarnación –me confesó–. Aporta luz sobre aspectos de la vida que de otro modo serían inexplicables. La memoria no es una prueba de la verdad; el hecho de que el hombre no recuerde sus vidas pasadas no prueba que nunca las haya vivido. La memoria también está en blanco respecto a su vida en el útero o su infancia; ¡pero probablemente las pasó! –Se rio.

El gran científico había recibido la iniciación en Kriya durante una de mis visitas anteriores.

—Practico la técnica con devoción, Swamiji –afirmó. Después de muchas preguntas que hacían reflexionar sobre diversos aspectos del yoga, Luther comentó con lentitud–: Oriente posee enormes tesoros de conocimiento que Occidente apenas ha comenzado a explorar.

Su comunión íntima con la naturaleza, que le reveló muchos de sus secretos celosamente guardados, le otorgó una reverencia espiritual sin límites.

—A veces me siento muy cerca del Poder Infinito –me confesó tímidamente. Su rostro, sensible y bellamente modelado, se iluminó con sus recuerdos–. Entonces he podido curar a personas enfermas a mi alrededor, así como a muchas plantas aquejadas de algún mal. –Me habló de su madre, una cristiana sincera–. Muchas veces, después de su muerte –dijo Luther–, he sido bendecido por su aparición en visiones; ella me ha hablado.

Regresamos a su casa a regañadientes y a esas mil cartas que lo esperaban.

—Luther –intervine–, el mes que viene voy a iniciar una revista para presentar las ofrendas de la verdad de Oriente y Occidente. Por favor, ayúdame a elegir un buen nombre.

Discutimos varios títulos. Finalmente, acordamos llamarla *East–West*. De regreso en su estudio, Burbank me entregó un artículo que había escrito sobre *Ciencia y civilización*.

—Éste irá en el primer número de *East–West* –decidí con gratitud.

A medida que nuestra amistad se intensificaba, comencé a llamar a Burbank mi «santo americano». «He aquí un hombre

–decía– en quien no hay engaño». Su corazón era insondable, templado por la humildad, la paciencia y el sacrificio. Su pequeña casa entre las rosas era austera y sencilla; conocía la inutilidad del lujo y la alegría de poseer poco. La modestia con la que llevaba su fama científica me recordaba una y otra vez a los árboles que se inclinan bajo el peso de los frutos maduros. Es el árbol estéril el que levanta su copa con una jactancia vacía.

Estaba en Nueva York cuando, en 1926, mi querido amigo falleció. Entre lágrimas pensé: «Caminaría gustoso todo el camino hasta Santa Rosa por verlo una sola vez más». Me encerré lejos de secretarios y visitantes, y pasé las siguientes veinticuatro horas en soledad.

Al día siguiente realicé un rito conmemorativo védico frente a una gran fotografía de Luther. Un grupo de mis estudiantes estadounidenses, vestidos con ropa ceremonial hindú, cantaron himnos antiguos mientras se ofrecían flores, agua y fuego, símbolos de los elementos corporales y su liberación en la Fuente Infinita.

Aunque la forma de Burbank yace en Santa Rosa bajo un cedro del Líbano que él mismo plantó en su jardín, su alma me acompaña en cada flor que se abre al borde del camino. Retirado durante un tiempo en el vasto espíritu de la naturaleza, ¿no está Luther susurrando en sus vientos, caminando en sus amaneceres?

Su nombre ahora ha pasado a formar parte del patrimonio del lenguaje. Al incluir *burbank* como verbo transitivo, el diccionario *Webster's New International* lo define así: «Cruzar o injertar (una planta). Por extensión, mejorar (algo, como un proceso o institución), seleccionando las buenas características y rechazando las malas, o añadiendo buenas características».

—Amado Burbank –exclamé al leer la definición–, tu nombre ya es sinónimo de bondad.

LUTHER BURBANK
SANTA ROSA, CALIFORNIA
ESTADOS UNIDOS

22 de diciembre de 1924

He examinado el sistema Yogoda del Swami Yogananda y, en mi opinión, es ideal para entrenar y armonizar las naturalezas física, mental y espiritual del ser humano. El propósito del Swami es establecer escuelas del «Arte de Vivir» en todo el mundo, donde la educación no se limite únicamente al desarrollo intelectual, sino que también incluya la formación del cuerpo, la voluntad y los sentimientos.

A través del sistema Yogoda –un enfoque de desarrollo físico, mental y espiritual mediante métodos simples y científicos de concentración y meditación–, puede resolverse la mayoría de los problemas complejos de la vida, y la paz y la buena voluntad podrán florecer en la Tierra. La idea del Swami sobre la educación adecuada es de un sentido común claro, sin misticismos ni impracticabilidades; de otro modo, no contaría con mi aprobación.

Me alegra tener la oportunidad de unirme de todo corazón al Swami en su propuesta de escuelas internacionales centradas en el arte de vivir, que, de establecerse, serían lo más cercano al advenimiento del milenio que yo conozca.

Luther Burbank

CAPÍTULO 39

Therese Neumann, la católica estigmatizada

«Regresa a la India. He esperado pacientemente por ti durante quince años. Pronto nadaré fuera del cuerpo y llegaré a la Morada Radiante. ¡Yogananda, ven!». La voz de Sri Yukteswar resonó de forma sorprendente en mi oído interno mientras meditaba en mi sede de Mt. Washington. Su mensaje penetró en mi ser como un rayo tras atravesar muchísimos kilómetros en un abrir y cerrar de ojos.

¡Quince años! Sí, soy consciente, ahora es 1935. He pasado quince años difundiendo las enseñanzas de mi gurú en América. Y ahora él me llama.

Esa misma tarde le expliqué mi experiencia a un discípulo que estaba de visita. Su desarrollo espiritual bajo el Kriya Yoga era tan notable que a menudo lo llamaba «santo», recordando la profecía de Babaji: América también produciría hombres y mujeres de realización divina a través del antiguo camino yóguico.

Este discípulo y varios otros insistieron generosamente en hacer una donación para costear mis viajes. Resuelto el problema económico, comencé a organizar los preparativos para zarpar, recorriendo Europa, rumbo a la India. Fueron semanas agitadas en Mt. Washington. En marzo de 1935, hice que la Self-Realization Fellowship quedara legalmente constituida bajo las leyes del estado de California como una corporación educativa sin ánimo de lucro. A ella se destinan todas las donaciones públicas, así como los ingresos de la venta de mis libros, la revista, los cursos por correspondencia, la matrícula de las clases y todas las demás fuentes que ayudan a su sostenimiento.

—Volveré –les dije a mis estudiantes–. Nunca olvidaré América.

Durante el banquete de despedida que me ofrecieron en Los Ángeles mis queridos amigos, miré largo rato sus rostros y pensé con gratitud: «Señor, aquel que te recuerda como el Único Dador nunca carecerá de la dulzura de la amistad entre los mortales».

Zarpé desde Nueva York el 9 de junio de 1935[1] en el *Europa*. Me acompañaron dos estudiantes: mi secretario, el señor C. Richard Wright, y una anciana de Cincinnati, la señorita Ettie Bletch. Disfrutamos de unos días de paz en alta mar, un descanso bienvenido tras las apresuradas semanas previas. Sin embargo, nuestra tregua fue breve: la velocidad de los barcos modernos tiene sus inconvenientes.

Como cualquier grupo de turistas curiosos, recorrimos las calles de la enorme y antigua ciudad de Londres. Al día siguiente, me invitaron a pronunciar una conferencia en una gran reunión celebrada en Caxton Hall, donde el señor Francis Younghusband me presentó al público londinense. Más tarde, pasamos un día muy agradable como huéspedes del señor Harry Lauder en su finca en Escocia. Pronto cruzamos el Canal de la Mancha rumbo al continente: deseaba hacer una peregrinación especial a Baviera. Sentía que ésa sería mi única oportuni-

1. La inclusión tan precisa de una fecha completa se debe al hecho de que mi secretario, el señor Wright, llevaba un diario de viaje.

dad para visitar a la gran mística católica Therese Neumann, de Konnersreuth.

Años antes, había leído un relato asombroso sobre ella. El artículo presentaba la siguiente información:

1. Therese, nacida en 1898, sufrió una lesión a causa de un accidente a los veinte años que la dejó ciega y paralítica.
2. Milagrosamente, recuperó la vista en 1923 tras sus oraciones a santa Teresa de Lisieux, «la Pequeña Flor». Más tarde, sus miembros también sanaron de forma instantánea.
3. Desde 1923, no ha ingerido ningún alimento ni bebida, diaria excepción de una pequeña hostia consagrada.
4. En 1926, comenzaron a manifestarse en su cuerpo los estigmas –heridas sagradas que se corresponden con las de Cristo– en la cabeza, el pecho, las manos y los pies. Desde entonces, todos los viernes experimenta en su cuerpo la Pasión y sufre cada una de sus etapas con un dolor visible.
5. Aunque sólo habla alemán sencillo, durante sus trances de los viernes pronuncia frases en arameo antiguo. En momentos específicos de su visión también habla hebreo y griego.
6. Con autorización eclesiástica, ha sido observada en diversas ocasiones bajo vigilancia científica. El doctor Fritz Gerlich, editor de un periódico protestante alemán, viajó a Konnersreuth con el propósito de desenmascarar lo que consideraba un fraude católico. Sin embargo, terminó escribiendo una biografía que mostraba una profunda veneración hacia su figura.[2]

---

2. Otros libros sobre su vida son *Therese Neumann: A Stigmatist Of Our Day* y *Further Chronicles Of Therese Neumann*, ambos de Friedrich Ritter von Lama (Milwaukee: Bruce Pub. Co.).

Como siempre, ya fuera en Oriente u Occidente, sentía un vivo anhelo por conocer a un santo. Me alegré profundamente cuando llegó nuestro pequeño grupo, el 16 de julio, al pintoresco pueblo de Konnersreuth. Los campesinos bávaros mostraban un interés palpable por nuestro automóvil Ford, traído desde América, y su variada comitiva: un joven estadounidense, una anciana y un oriental de piel aceitunada con el cabello largo metido bajo el cuello del abrigo. La pequeña cabaña de Therese, limpia y ordenada, con geranios floreciendo junto a un pozo rústico, estaba, por desgracia, cerrada y en completo silencio. Los vecinos, e incluso el cartero del pueblo que pasaba por allí, no pudieron proporcionarnos ninguna información útil. Comenzó a llover. Mis compañeros sugirieron que nos marcháramos.

—No –dije con firmeza–, me quedaré aquí hasta encontrar alguna pista que me conduzca a Therese.

Dos horas más tarde, seguíamos en el interior del coche, en medio de una lluvia constante y gris. «Señor –pensé con cierta frustración–, ¿por qué me has traído hasta aquí si ella ha desaparecido?». Un hombre que hablaba inglés se detuvo junto a nosotros y nos ofreció amablemente su ayuda.

—No sé con certeza dónde está Therese –dijo–, pero suele visitar la casa del profesor Wurz, un maestro de seminario en Eichstätt, a unos ciento veinte kilómetros de aquí.

A la mañana siguiente, nos dirigimos en automóvil al apacible pueblo de Eichstätt, de calles estrechas y empedradas. El doctor Wurz nos recibió con cordialidad en su hogar.

—Sí, Therese está aquí –nos confirmó.

Al enviarle un mensaje, no tardó en llegar una respuesta a través de un mensajero.

—Aunque el obispo me ha pedido que no reciba visitas sin su autorización, recibiré al hombre de Dios de la India.

Conmovido por sus palabras, seguí al doctor Wurz escaleras arriba hacia el salón. Therese entró de inmediato, irradiando una paz serena. Llevaba un vestido negro y una cofia blanca inmaculada. Aunque tenía treinta y siete años, parecía mucho más joven: su rostro tenía la frescura y el encanto de una niña.

Saludable, bien formada, de mejillas sonrosadas y alegre, ésa era la mujer que no comía. Therese me saludó con un apretón de manos delicado. Ambos sonreímos, compartiendo una silenciosa comunión; sabíamos que los dos éramos amantes de Dios. El doctor Wurz se ofreció amablemente como intérprete. Mientras tomábamos asiento, noté que Therese me observaba con una mezcla de curiosidad e ingenuidad: los hindúes debían de ser una rareza en aquellas tierras bávaras.

—¿No comes nada? –pregunté, deseando oír la respuesta directamente de sus labios.

—Nada, excepto una hostia consagrada de harina de arroz, cada mañana a las seis.

—¿Qué tamaño tiene?

—Tan delgada como el papel, del tamaño de una pequeña moneda –añadió–. La recibo por razones sacramentales; si no está consagrada, no puedo tragarla.

—Seguramente no habrías podido vivir tantos años sólo con eso.

—Vivo de la luz de Dios.

Qué simple fue su respuesta, y al mismo tiempo, qué profundamente física y mística. Una explicación más elocuente que cualquier tratado.

—Veo que comprendes que la energía fluye hacia tu cuerpo desde el éter, el sol y el aire.

Una sonrisa rápida iluminó su rostro.

—Estoy tan feliz de saber que entiendes cómo vivo.

—Tu vida es una demostración viva del pasaje de Cristo «No sólo de pan vive el hombre, sino de toda palabra que sale de la boca de Dios».[3]

---

3. Mateo 4, 4. La batería del cuerpo humano no se sostiene sólo con comida gruesa (pan), sino con la energía cósmica vibratoria (palabra o AUM). La energía invisible fluye hacia el cuerpo humano a través de la puerta de la médula oblonga. Este sexto centro corporal se encuentra en la parte posterior del cuello, en la cima de los

De nuevo mostró alegría ante mi explicación.

—Es cierto. Una de las razones por las que estoy aquí en la Tierra hoy es para probar que el hombre puede vivir de la luz invisible de Dios y no sólo de comida.

—¿Puedes enseñar a otros cómo vivir sin comer? –pregunté.

Ella pareció sorprendida por la pregunta.

—No puedo hacer eso; Dios no lo desea –respondió con sencillez.

Mientras mi mirada se posaba en sus fuertes y gráciles manos, Therese me mostró una pequeña herida cuadrada, ya cicatrizada, en el centro de cada palma. En el dorso de cada mano, señaló otra herida más pequeña, en forma de media luna, también cicatrizada. Las dos marcas atravesaban completamente la mano. Aquella visión evocó en mí la imagen precisa de los grandes clavos de hierro cuadrados con extremos en media luna, aún usados en Oriente, aunque raros en Occidente.

Therese me habló brevemente de sus trances semanales:

—Como espectadora indefensa, observo toda la Pasión de Cristo.

Cada semana, desde la medianoche del jueves hasta la una de la tarde del viernes, sus heridas se abren y sangran; pierde aproximadamente cinco kilos de peso. Aunque sufre intensa-

---

cinco chakras espinales (palabra sánscrita para «ruedas» o centros de fuerza radiante). La médula es la entrada principal para el suministro del cuerpo de la fuerza vital universal (AUM) y está directamente conectada con el poder de voluntad del hombre, concentrado en el séptimo o centro de la Conciencia Cristica (*Kutaṣtha*), en el tercer ojo entre las cejas. La energía cósmica se almacena en el cerebro como un reservorio de infinitas potencialidades, que se menciona poéticamente en los Vedas como el «loto de mil pétalos de luz». La Biblia se refiere de manera invariable a AUM como el «Espíritu Santo» o la fuerza vital invisible que mantiene divinamente toda la creación. «¿Qué? ¿No sabéis que vuestro cuerpo es templo del Espíritu Santo que está en vosotros, el cual tenéis de Dios, y no sois vuestros?», 1 Corintios 6, 19.

mente por su amor compasivo, espera con alegría esas visiones semanales del Señor.

Comprendí de inmediato que su vida singular había sido dispuesta por Dios como testimonio para los cristianos, confirmando de forma viviente la autenticidad histórica de la vida y crucifixión de Jesús tal como se relata en el Nuevo Testamento. Su existencia mostraba de manera conmovedora el vínculo inquebrantable entre el Maestro de Galilea y sus devotos.

El profesor Wurz me relató algunas de sus experiencias personales con la santa:

—Algunos de nosotros, incluida Therese, hemos viajado juntos por toda Alemania durante días. Es un contraste impresionante: mientras nosotros hacemos tres comidas al día, ella no toma nada, y, sin embargo, permanece tan fresca como una rosa, ajena a la fatiga que los viajes nos provocan. Mientras nosotros nos volvemos impacientes por encontrar una posada, ella sigue alegre, como si el camino no pesara en absoluto. –El profesor añadió algunos datos fisiológicos relevantes–: Debido a su completa abstinencia de alimentos, su estómago se ha encogido. No tiene excreciones, pero sus glándulas sudoríparas funcionan normalmente; su piel está siempre suave y firme.

Al despedirnos, le expresé mi deseo de asistir a uno de sus trances.

—Sí, por favor, ven a Konnersreuth el próximo viernes –respondió con amabilidad–. El obispo te dará permiso. Me alegra que me hayas buscado en Eichstätt.

Therese me estrechó la mano varias veces con delicadeza y nos acompañó hasta la puerta. El señor Wright encendió la radio del automóvil; ella la observó con una mezcla de sorpresa y risa encantada. Cuando un grupo de jóvenes se acercó a mirar, Therese se retiró con timidez a la casa. La vimos luego en una ventana, donde nos saludó agitando la mano con un gesto casi infantil.

Al día siguiente conversamos con dos de sus hermanos, hombres afables y hospitalarios. Supimos entonces que Therese dormía sólo una o dos horas cada noche. A pesar de las múltiples heridas en su cuerpo, mantenía una energía constante. Amaba a los pájaros, cuidaba de un acuario de peces y trabajaba con frecuencia en el jardín. Su correspondencia era numerosa; muchos católicos le escribían pidiendo bendiciones y sanaciones. Diversas personas habían sanado de enfermedades graves a través de su oración.

Su hermano Ferdinand, de unos veintitrés años, explicó que Therese tenía el don de asumir los padecimientos ajenos por medio de la oración. Su abstinencia de alimentos había comenzado cuando oró para asumir en su garganta la enfermedad de un joven seminarista.

El jueves por la tarde, visitamos la casa del obispo. Observó mi larga cabellera con cierta sorpresa, pero con cordialidad accedió a extender el permiso necesario. No se exigía ninguna tarifa; la Iglesia sólo buscaba proteger a Therese del aluvión de turistas que, en años anteriores, se habían congregado los viernes por miles.

El viernes por la mañana, alrededor de las nueve y media, llegamos a Konnersreuth. Noté que la casa de Therese tenía una habitación especial, con un techo de vidrio que permitía que entrara mucha luz. Las puertas estaban abiertas, en contraste con nuestra visita anterior. Una fila de unas veinte personas esperaba, todas ellas con sus respectivos permisos. Algunas habían viajado desde muy lejos.

Therese había pasado mi primera prueba al intuir que mi deseo de verla era espiritual y no un simple impulso de curiosidad.

La segunda prueba ocurrió justo antes de subir a su habitación: entré en un profundo estado de trance yóguico, buscando establecer una comunión telepática con ella. Entramos en la habitación, llena de visitantes. Therese yacía tendida, vestida con una bata blanca. Con el señor Wright siguiéndome de cerca, me detuve justo en el umbral, sobrecogido ante un espectáculo extraño y aterrador.

De los párpados inferiores de Therese manaba sangre de forma fina y continua. Su mirada estaba fija en el ojo espiritual, situado en el centro de la frente. El paño que envolvía su cabeza se hallaba empapado de sangre, procedente de las heridas de los estigmas de la corona de espinas. La vestidura blanca estaba manchada de rojo a la altura del corazón, en el lugar donde el cuerpo de Cristo, hacía mucho tiempo, había sufrido la última afrenta de la lanza del soldado.

THERESE NEUMANN
La famosa estigmatizada católica que inspiró mi peregrinaje a Konnersreuth en 1935, Bavaria.

Las manos de Therese estaban extendidas en un gesto maternal, suplicante; su rostro mostraba una expresión a la vez torturada y divina. Parecía más delgada, transformada en muchos aspectos sutiles, además de los evidentes. Murmuraba palabras en un idioma desconocido, hablando con unos labios apenas temblorosos a personas que sólo ella podía ver con su mirada interna.

Mientras permanecía en sintonía con ella, comencé a ver las escenas de su visión. Observaba a Jesús mientras cargaba la cruz entre la multitud burlona.[4] De repente, levantó la cabeza con consternación: el Señor había caído bajo el peso cruel. La visión desapareció. En el agotamiento de la ferviente compasión, Therese se desplomó pesadamente contra su almohada.

En ese momento, escuché un fuerte golpe detrás de mí. Al girar la cabeza por un instante, vi a dos hombres que llevaban un cuerpo tendido. Como aún emergía del profundo estado supraconsciente, no reconocí de inmediato a la persona que había caído. Volví a fijar mi atención en el rostro de Therese: mortalmente pálido bajo los hilos de sangre, pero ahora sereno, irradiando pureza y santidad.

Miré de nuevo hacia atrás y vi al señor Wright de pie, con la mano contra su mejilla, de la que manaba sangre.

—Dick –pregunté ansiosamente–, ¿has sido tú quien ha caído?

—Sí –respondió–, me desmayé ante el espectáculo aterrador.

—Bueno –dije en tono tranquilizador–, eres valiente por regresar y enfrentarte de nuevo a esta visión.

Recordando la fila de peregrinos que esperaba con paciencia, el señor Wright y yo nos despedimos en silencio de Therese y dejamos su sagrada presencia.[5]

Al día siguiente, nuestro pequeño grupo emprendió viaje hacia el sur, agradecidos de no depender de trenes, sino de poder detener el Ford donde quisiéramos a lo largo del campo.

---

4. Durante las horas previas a mi llegada, Therese ya había pasado por muchas visiones de los últimos días de la vida de Cristo. Su trance generalmente comienza con escenas de los eventos que siguieron a la Última Cena. Sus visiones terminan con la muerte de Jesús en la cruz u, ocasionalmente, con su entierro.

5. Therese ha sobrevivido a la persecución nazi y todavía se encuentra en Konnersreuth, según los informes de prensa estadounidenses de 1945 desde Alemania.

Disfrutamos intensamente de cada momento del recorrido por Alemania, Holanda, Francia y los Alpes suizos. En Italia, hicimos una parada especial en Asís para rendir homenaje al apóstol de la humildad, san Francisco. Nuestro *tour* europeo concluyó en Grecia, donde visitamos los templos atenienses y contemplamos la prisión en la que el gentil Sócrates[6] había tomado su poción mortal. Se siente una gran admiración por el arte con el que los griegos han trabajado sus fantasías en alabastro.

Tomamos un barco por el soleado Mediterráneo y desembarcamos en Palestina. Vagamos día tras día por Tierra Santa, convencido más que nunca del valor de la peregrinación. El espíritu de Cristo es omnipresente en Palestina; caminé con reverencia a su lado en Belén, Getsemaní, el Calvario, el monte de los Olivos, junto al río Jordán y el mar de Galilea.

Nuestro pequeño grupo visitó el Pesebre, la tienda de carpintero de José, la tumba de Lázaro, la casa de Marta y María, y la sala de la Última Cena. La antigüedad se desplegaba ante nosotros; escena tras escena, vi el drama divino que Cristo una vez representó para los siglos.

De allí seguimos hacia Egipto, con su moderno El Cairo y sus antiguas pirámides. Luego cruzamos el estrecho mar Rojo y atravesamos el vasto mar Arábigo.

Y entonces… la India.

---

6. Un pasaje de Eusebio relata un interesante encuentro entre Sócrates y un sabio hindú. El pasaje afirma: «Aristóxeno, el músico, cuenta la siguiente historia sobre los indios. Uno de estos hombres se encontró con Sócrates en Atenas y le preguntó cuál era el alcance de su filosofía. "Una indagación sobre los fenómenos humanos", respondió Sócrates. Ante esto, el indio se echó a reír. "¿Cómo puede un hombre indagar sobre los fenómenos humanos –dijo– cuando es ignorante de los divinos?"». Aristóxeno fue discípulo de Aristóteles y un escritor notable sobre armónica en 330 a. C.

CAPÍTULO 40

Regreso a la India

Agradecido, inspiraba el aire bendito de la India. Nuestro barco, el *Rajputana*, atracó el 22 de agosto de 1935 en el inmenso puerto de Bombay. Incluso ese primer día en tierra fue un anticipo del año que se avecinaba: doce meses de actividad incesante. En el muelle me esperaban amigos con guirnaldas y saludos; pronto, en nuestra suite del Hotel Taj Mahal, se sucedía una corriente ininterrumpida de reporteros y fotógrafos.

Bombay era una ciudad nueva para mí. La encontré vibrante, con una modernidad enérgica y muchas huellas de Occidente. Las palmas bordeaban los amplios bulevares; magníficos edificios gubernamentales competían por la atención con los antiguos templos. Pero no había tiempo para el turismo. Estaba impaciente, ansioso por ver a mi amado gurú y a otros seres queridos. Tras consignar el Ford en un vagón de equipaje, nuestro grupo tomó el tren hacia el este, rumbo a Calcuta.[1]

---

1. Hicimos una parada en las Provincias Centrales, a mitad de camino a través del continente, para ver al Mahatma Gandhi en Wardha. Esos días se describen en el capítulo 44.

Al llegar a la estación de Howrah, encontramos tal multitud reunida para recibirnos que por un instante no pudimos descender del tren. El joven marajá de Kasimbazar y mi hermano Bishnu encabezaban el comité de recepción; no estaba preparado para la calidez ni la magnitud de nuestra bienvenida.

Precedidos por una hilera de automóviles y motocicletas, y en medio del alegre sonido de tambores y caracolas, la señorita Bletch, el señor Wright y yo, colmados de guirnaldas de flores de pies a cabeza, nos dirigimos lentamente a la casa de mi padre.

Mi padre, envejecido, me abrazó como a alguien que regresa de la muerte; durante un largo rato nos miramos en silencio, sin palabras, de pura alegría. Hermanos y hermanas, tíos, tías y primos, estudiantes y amigos de hace muchos años se agruparon a mi alrededor; no había un solo ojo seco entre nosotros. Ahora, cuando ya ha pasado al archivo de la memoria, la escena de la tierna reunión perdura vívidamente, inolvidable en mi corazón.

En cuanto a mi encuentro con Sri Yukteswar, las palabras me fallan. Que la siguiente descripción de mi secretario sirva de testimonio: «Hoy, lleno de las más altas expectativas, llevé a Yoganandaji de Calcuta a Serampore», anotó el señor Wright en su diario de viaje. «Pasamos junto a tiendas pintorescas, una de ellas el lugar favorito donde Yoganandaji comía durante sus días universitarios, y finalmente entramos en un estrecho y amurallado callejón. Un giro repentino a la izquierda, y allí, ante nosotros, se erguía el sencillo pero inspirador *ashram* de dos pisos, con su balcón de estilo español sobresaliendo de la planta superior. La impresión general era la de una solitaria paz.

»Con gran humildad caminé detrás de Yoganandaji hacia el patio dentro de los muros de la ermita. Con los corazones latiendo rápidamente, subimos algunos viejos escalones de cemento, pisados, sin duda, por innumerables buscadores de la verdad. La tensión aumentaba a medida que avanzábamos. Ante nosotros, cerca de la cima de las escaleras, apareció tranquilamente el Gran Ser, Swami Sri Yukteswarji, de pie en la noble postura de un sabio.

»Mi corazón se agitó y se hinchó al sentirme bendecido por el privilegio de estar en su sublime presencia. Las lágrimas nublaron mi vista ansiosa cuando Yoganandaji se arrodilló y, con la cabeza inclinada, ofreció su gratitud y saludo del alma, tocando con su mano los pies de su gurú y luego, en humilde reverencia, su propia cabeza. Luego se levantó y fue abrazado por ambos lados del pecho por Sri Yukteswarji.

»Al principio, no se pronunció ninguna palabra, pero el sentimiento más intenso se expresó en las frases mudas del alma. ¡Cómo brillaban sus ojos y se encendían con el calor de la renovada unión del alma! Una tierna vibración recorrió el tranquilo patio, e incluso el sol se escapó de las nubes para añadir un repentino resplandor de gloria.

»De rodillas ante el maestro, ofrecí mi propio amor y agradecimiento no expresados, tocando sus pies, endurecidos por el tiempo y el servicio, y recibiendo su bendición. Luego me puse de pie y me enfrenté a dos hermosos ojos profundos que humeaban con introspección, pero radiantes de alegría. Entramos en su sala de estar, cuyo lado entero se abría al balcón exterior, que ya habíamos visto desde la calle. El maestro se apoyó en un diván gastado, sentado sobre un colchón cubierto en el suelo de cemento. Yoganandaji y yo nos sentamos cerca de los pies del gurú, con cojines de color naranja para apoyarnos y aliviar nuestra posición sobre la estera de paja.

»Intenté una y otra vez entender la conversación en bengalí entre los dos Swamijis –porque descubrí que el inglés es nulo cuando están juntos, aunque Swamiji Maharaj, como llaman otros al gran gurú, puede y a menudo lo habla–. Pero percibí la santidad del Gran Ser a través de su sonrisa, que calentaba el corazón, y sus ojos chisporroteantes. Una cualidad fácilmente discernible en su conversación alegre y seria es una decidida positividad en la afirmación, la marca de un hombre sabio que sabe, porque sabe a Dios. Su gran sabiduría, fuerza de propósito y determinación son evidentes en todos los aspectos.

»Estudiándolo con devoción de vez en cuando, observé que es de gran estatura, además de atlético, endurecido por las pruebas y sacrificios de la renuncia. Su porte es majestuoso. Una frente decididamente inclinada, como buscando los cielos, domina su rostro divino. Tiene una nariz bastante grande y poco agraciada, con la que se divierte en momentos de ocio, moviéndola con los dedos como un niño. Sus poderosos ojos oscuros están rodeados por un anillo etéreo de color azul. Su cabello, partido por el medio, comienza como plateado y cambia a vetas de oro plateado y negro plateado, hasta terminar en rizos en sus hombros. Su barba y bigote son escasos o finos, pero parecen realzar sus rasgos y, como su carácter, son profundos y ligeros al mismo tiempo.

»Tiene una risa jovial y estruendosa que procede de lo profundo de su pecho, haciendo que su cuerpo tiemble y se sacuda en todo su ser, muy alegre y sincera. Su rostro y estatura son impresionantes en su poder, al igual que sus dedos musculosos. Se mueve con un paso digno y una postura erguida.

»Vestía de manera sencilla con el *dhoti* y la camisa comunes, ambos una vez teñidos de un fuerte color ocre, pero ahora de un naranja desvanecido.

»Al observar a mi alrededor, noté que esta habitación algo deteriorada sugería el desapego del dueño por las comodidades materiales. Las paredes blancas y descoloridas de la larga cámara estaban rayadas con yeso azul que se desvanecía. En un extremo de la habitación colgaba una foto de Lahiri Mahasaya, adornada con una simple devoción. También había una vieja foto que mostraba a Yoganandaji como lo había visto al llegar a Boston, de pie con los otros delegados en el Congreso de las Religiones.

»Observé una curiosa fusión de modernidad y antigüedad. Un enorme candelabro de cristal cortado, cubierto de telarañas por el desuso, colgaba del techo, y en la pared había un calendario moderno y brillante. Toda la habitación emanaba una fragancia de paz y calma. Más allá del balcón, pude ver las palmas de coco que se alzaban sobre la ermita en silenciosa protección.

»Es interesante observar que el maestro sólo tiene que hacer sonar las manos y, antes de terminar, es atendido por algún pequeño discípulo. Por cierto, me atrae mucho uno de ellos, un joven delgado llamado Prafulla,[2] con un largo cabello negro hasta los hombros, un par de ojos negros penetrantes y una sonrisa celestial; sus ojos centelleaban, mientras las comisuras de sus labios se alzaban como las estrellas y la luna creciente que aparecen al atardecer.

»La alegría de Swami Sri Yukteswarji ante el regreso de su "producto" era evidente, aunque contenida; parecía también tener curiosidad por el "producto del producto". Sin embargo, el predominio del aspecto sabio en su naturaleza hacía difícil que sus emociones se manifestaran externamente.

»Yoganandaji le presentó algunos obsequios, como es tradición cuando un discípulo vuelve junto a su gurú. Más tarde, compartimos una comida sencilla pero sabrosa, compuesta enteramente de una mezcla de arroz y vegetales. Sri Yukteswarji pareció complacido por mi esfuerzo en seguir ciertas costumbres indias, como, por ejemplo, comer con los dedos.

»Después de varias horas en las que volaron frases en bengalí y se intercambiaron sonrisas cálidas y miradas de alegría silenciosa, rendimos reverencia a sus pies, nos despedimos con un *pronam*,[3] y partimos hacia Calcuta con un recuerdo eterno de un encuentro y un saludo sagrados. Aunque escribo principalmente sobre mis impresiones externas de él, siempre fui consciente de la verdadera base del santo: su gloria espiritual. Sentí su poder, y llevaré ese sentimiento como mi divina bendición».

De América, Europa y Tierra Santa llevé muchos regalos para Sri Yukteswar. Los recibió con una sonrisa, sin hacer ningún comentario. Para mi propio uso había adquirido en Alema-

---

2. Prafulla era el muchacho que había estado presente con el maestro cuando se acercó una cobra (*véase* capítulo 12).

3. Literalmente, «nombre sagrado», una palabra de saludo entre los hindúes, acompañada de las manos juntas en forma de plegaria levantadas del corazón a la frente en señal de saludo. Un *pronam* en la India sustituye el saludo occidental de apretón de manos.

nia un bastón-paraguas combinado. Ya en la India, decidí ofrecérselo al Maestro.

—De verdad que aprecio este obsequio –dijo, y sus ojos me miraron con una afectuosa comprensión. De todos los regalos, el bastón fue el que solía mostrar con más agrado a los visitantes.

—Maestro, permíteme conseguir una alfombra nueva para la sala de estar –le propuse, al advertir que la piel de tigre sobre la que se sentaba descansaba sobre una alfombra deshilachada.

—Hazlo si lo deseas –respondió sin entusiasmo–. Mira: mi estera de tigre está limpia y en orden. Soy monarca en mi pequeño reino. Más allá de estas paredes está el vasto mundo, siempre interesado por lo exterior.

Mientras hablaba, sentí que los años se esfumaban: volvía a ser el joven discípulo forjado en los fuegos diarios de su silenciosa disciplina.

En cuanto logré despegarme de Serampore y Calcuta, partí con el señor Wright hacia Ranchi. La bienvenida fue apoteósica, una verdadera ovación. Las lágrimas acudieron a mis ojos mientras abrazaba a los maestros abnegados que habían sostenido la bandera de la escuela durante mis quince años de ausencia. Los rostros radiantes y las sonrisas luminosas de los estudiantes eran una prueba viva del valor de su formación en yoga.

Sin embargo, la escuela pasaba por una crisis financiera severa. El viejo marajá, el señor Manindra Chandra Nundy, cuyo palacio de Kasimbazar había sido donado como edificio principal, había fallecido. Muchas actividades gratuitas y benéficas estaban en peligro por la falta de apoyo económico.

Pero América me había enseñado algo de su sabiduría práctica y su espíritu indomable. Pasé una semana lidiando con los problemas más urgentes. Luego vinieron entrevistas en Calcuta con líderes y educadores, una larga conversación con el joven marajá de Kasimbazar, una petición a mi padre, y –como respuesta al esfuerzo conjunto– las bases tambaleantes de Ranchi comenzaron a estabilizarse. Varias donaciones, incluyendo un generoso cheque de mis estudiantes norteamericanos, llegaron justo a tiempo.

Unos meses después, Ranchi fue incorporada legalmente. Mi sueño de toda la vida se cumplía: un centro educativo yóguico con fondos permanentes, fruto de aquella visión que me había guiado desde mis humildes inicios, en 1917, con apenas siete niños.

Después de 1935, el alcance de Ranchi fue mucho más allá de una simple escuela para varones. Hoy, la Misión Shyama Charan Lahiri Mahasaya despliega actividades humanitarias a gran escala.

La Yogoda Sat-Sanga Brahmacharya Vidyalaya imparte clases al aire libre en gramática y materias de nivel secundario. Los estudiantes, tanto residentes como externos, reciben también formación vocacional. Son ellos mismos quienes gestionan muchas de sus actividades mediante comités autónomos. Desde el principio, comprendí que los niños que disfrutan engañando a un maestro suelen acatar con gusto las normas que imponen sus compañeros. Yo mismo no fui un alumno ejemplar, y por ello sentí siempre una simpatía natural hacia las travesuras infantiles.

Se fomentan los deportes y juegos; los campos resuenan con prácticas de hockey y fútbol. Los estudiantes de Ranchi suelen ganar la copa en competencias. El gimnasio al aire libre es reconocido en toda la región. La recarga muscular a través de la fuerza de voluntad es una característica de Yogoda: la dirección mental de la energía vital hacia cualquier parte del cuerpo. A los chicos también se les enseña *asanas* (posturas), manejo de espada y *lathi* (bastón), además de *jujitsu*. Las Exposiciones de Salud Yogoda en la Ranchi Vidyalaya han sido visitadas por miles de personas.

La enseñanza de las materias básicas se imparte en hindi a los Kols, Santals y Mundas, tribus aborígenes de la provincia. Se han organizado clases exclusivas para niñas en aldeas cercanas.

Pero el sello distintivo de Ranchi es la iniciación en Kriya Yoga. Los niños practican cada día sus ejercicios espirituales, recitan cantos del *Gita* y reciben lecciones prácticas en simplicidad, sacrificio, honor y verdad. El mal se les presenta como aquello que conduce a la miseria; el bien, como las acciones que generan una felicidad verdadera. Se les enseña que el mal es como miel envenenada: dulce en apariencia, mortal en esencia.

La superación de la inquietud física y mental mediante la concentración ha dado unos frutos asombrosos. No es raro ver a un niño de nueve o diez años sentado durante más de una hora en postura ininterrumpida, con la mirada fija en el ojo espiritual. A menudo, la imagen de estos estudiantes de Ranchi vuelve a mi mente cuando contemplo a universitarios de todo el mundo que apenas pueden permanecer inmóviles durante una clase.[4]

---

4. El entrenamiento mental a través de ciertas técnicas de concentración ha producido, en cada generación india, hombres de memoria prodigiosa. Sir T. Vijayaraghavachari, en el *Hindustan Times*, describió las pruebas a las que se sometieron a los «hombres de la memoria» profesionales modernos de Madrás. «Estos hombres –escribió– eran inusualmente eruditos en la literatura sánscrita. Sentados en medio de una gran audiencia, eran capaces de pasar las pruebas que varios miembros del público les ponían simultáneamente. La prueba era la siguiente: una persona comenzaría a tocar una campana y el número de campanadas tenía que ser contado por el "hombre de la memoria". Una segunda persona dictaría de un papel un largo ejercicio de aritmética, que implicaba suma, resta, multiplicación y división. Un tercero recitaría del *Ramayana* o el *Mahabharata* una larga serie de poemas, los cuales debían ser reproducidos; un cuarto pondría problemas de versificación que requerían la composición de versos con el metro adecuado sobre un tema determinado, cada línea debía terminar en una palabra específica; un quinto hombre llevaría a cabo, con un sexto, una disputa teológica, cuyo lenguaje exacto debía ser citado en el orden preciso en que los disputantes la habían realizado, y un séptimo hombre hacía girar una rueda, cuyo número de revoluciones debía ser contado. El experto en memoria debía hacer simultáneamente todas estas hazañas puramente por procesos mentales, ya que no se le permitía usar papel ni lápiz. El esfuerzo sobre las facultades debe haber sido enorme. Normalmente, los hombres, por envidia inconsciente, tienden a infravalorar tales esfuerzos fingiendo creer que sólo implican el ejercicio de las funciones inferiores del cerebro. Sin embargo, no es sólo una cuestión de memoria. El factor más importante es la inmensa concentración de la mente».

Ranchi se encuentra a unos seiscientos metros sobre el nivel del mar; el clima es suave y equilibrado. El terreno, de unos cien mil metros cuadrados, junto a un gran estanque de baño, alberga uno de los mejores huertos de la India, con quinientos árboles frutales: mangos, guayabas, lichis, *jackfruit* y palmeras de dátiles. Los chicos cultivan sus propias hortalizas e hilan en sus *charkas*.

Una casa de huéspedes da la bienvenida, con cordial hospitalidad, a los visitantes occidentales. La biblioteca de Ranchi cuenta con alrededor de mil volúmenes en inglés y bengalí, así como con numerosas revistas, donadas tanto desde Oriente como desde Occidente. Allí se conserva una colección de las escrituras del mundo. Un museo bien organizado exhibe objetos arqueológicos, geológicos y antropológicos: trofeos, en gran parte, de mis viajes a lo largo de esta tierra tan variada del Señor.

El hospital caritativo y dispensario de la Misión Lahiri Mahasaya, con numerosas ramas al aire libre en aldeas remotas, ya ha atendido a 150 000 personas pobres de la India. Los estudiantes de Ranchi reciben formación en primeros auxilios y han prestado un servicio ejemplar a la provincia durante momentos críticos de inundaciones o hambrunas.

En el huerto se alza un templo dedicado a Shiva, con una estatua del bendito maestro Lahiri Mahasaya. Bajo los árboles de mango se celebran oraciones diarias y clases de escritura.

Se han fundado prósperas escuelas secundarias afiliadas, inspiradas en el modelo residencial y yóguico de Ranchi. Entre ellas, el Yogoda Sat-Sanga Vidyapith para chicos, en Lakshmanpur, Bihar, y la escuela secundaria Yogoda Sat-Sanga con su ermita en Ejmalichak, Midnapore.

Un majestuoso Yogoda Math fue consagrado en 1939 en Dakshineswar, directamente sobre el Ganges. Situado a pocos kilómetros al norte de Calcuta, el nuevo eremitorio ofrece un refugio de serenidad a los habitantes de la ciudad. Hay alojamientos adecuados para visitantes occidentales y, en especial, para aquellas personas entregadas en la realización espiritual. Las actividades del Yogoda Math incluyen el envío quincenal de las enseñanzas de Self-Realization Fellowship a estudiantes en diversos rincones de la India.

Es innecesario subrayar que todas estas actividades educativas y humanitarias han sido posibles gracias al servicio desinteresado y a la entrega constante de numerosos maestros y trabajadores. No enumero aquí sus nombres, pues son muchos; pero en mi corazón, cada uno ocupa un lugar brillante. Inspirados por los ideales de Lahiri Mahasaya, estos maestros han renunciado a prometedoras metas mundanas para servir con humildad, para dar con generosidad.

El señor Wright entabló muchas amistades con los chicos de Ranchi. Vistiendo un simple *dhoti*, vivió durante un tiempo entre ellos. En Ranchi, Calcuta, Serampore –dondequiera que fuera–, mi secretario, dotado de un vívido talento para la descripción, anotaba sus vivencias en su diario de viaje. Una tarde le hice una pregunta:

—Dick, ¿cuál es tu impresión de la India?

—Paz –respondió de un modo reflexivo–. El aura racial es paz.

CAPÍTULO 41

Un idilio en el sur de la India

—Eres el primer occidental, Dick, en entrar en ese santuario. Muchos otros lo han intentado en vano.

Al escuchar estas palabras, el señor Wright se mostró sorprendido y, a continuación, complacido. Acabábamos de salir del hermoso templo Chamundi, en las colinas con vistas a Mysore, en el sur de la India. Allí nos habíamos inclinado ante los altares de oro y plata de la diosa Chamundi, deidad patrona de la familia del marajá reinante.

—Como recuerdo de este honor único –dijo el señor Wright, guardando cuidadosamente unos pocos pétalos de rosa bendecidos–, siempre conservaré esta flor, que el sacerdote ha rociado con agua de rosas.

Mi compañera y yo[1] estábamos pasando el mes de noviembre de 1935 como invitados del estado de Mysore. El marajá, H. H. Sri Krishnaraja Wadiyar IV es un príncipe ejemplar, do-

---

1. La señorita Bletch, incapaz de mantener el ritmo activo impuesto por el señor Wright y por mí, permaneció felizmente con mis parientes en Calcuta.

tado de una devoción inteligente por su pueblo. Al ser un hindú piadoso, confió el cargo de *dewan* o primer ministro al competente Mirza Ismail, un mahometano. Los siete millones de habitantes de Mysore gozan de representación popular tanto en una Asamblea como en un Consejo Legislativo.

El heredero del marajá, Su Alteza el Yuvaraja Sir Sri Krishna Narasingharaj Wadiyar, nos había invitado a mi secretario y a mí a visitar su reino ilustrado y progresista. Durante las últimas dos semanas me dirigí a miles de ciudadanos y estudiantes de Mysore: en el ayuntamiento, el colegio del marajá, la Escuela de Medicina de la Universidad; y en tres reuniones multitudinarias en Bangalore, celebradas en la Escuela Secundaria Nacional, el Colegio Intermedio y el Ayuntamiento de Chetty, donde se congregaron más de tres mil personas. No sé si mis entusiastas oyentes creyeron en el radiante retrato que tracé de América, pero los aplausos eran siempre más estruendosos cuando hablaba de los beneficios mutuos que podrían derivarse del intercambio de lo mejor de Oriente y Occidente.

El señor Wright y yo disfrutábamos ahora de una tranquila pausa bajo el clima tropical. Su diario de viaje ofrece el siguiente testimonio de sus impresiones sobre Mysore:

«Campos de arroz de un verde brillante, interrumpidos por parches de caña de azúcar con flecos plateados, se extienden al pie de colinas rocosas que parecen emergencias oscuras sobre el tapiz esmeralda del paisaje. El juego de colores se vuelve aún más dramático cuando el sol, como un actor majestuoso, se retira tras las colinas en su reposo crepuscular.

»Pasamos muchos momentos de éxtasis contemplando, casi sin darnos cuenta, el lienzo siempre cambiante de Dios, extendido a lo largo del firmamento. Sólo Su toque es capaz de producir colores que vibran con la frescura de la vida. Esa juventud del color se pierde cuando el hombre intenta imitarla con simples pigmentos. El Señor, en cambio, utiliza un medio más sencillo y supremo: rayos de luz, que no son ni aceites ni tintes, sino la vida misma. Lanza aquí un rayo y se convierte en rojo. Agita de nuevo su pincel de luz y el rojo se funde con el naranja, el dorado, y, de pronto, traza una pincelada púrpura que hiere suavemente las nubes, dejando en sus bordes un hilo sangrante de rojo. Una y otra vez juega, de noche y de día, siempre cambiante, siempre nuevo, siempre fresco. Sin patrones, sin duplicados, sin colores idénticos. La belleza del tránsito indio del día a la noche no tiene parangón en ningún otro lugar. A menudo, parece como si Dios hubiera cogido todos los colores de su paleta y los hubiera arrojado al azar al cielo, en un torbellino caleidoscópico que incendia los cielos.

»Debo relatar el esplendor de una visita al anochecer a la enorme presa Krishnaraja Sagar, construida a poco más de diecinueve kilómetros de Mysore.[2] Yoganandaji y yo subimos a un pequeño autobús y, con un niño pequeño como encargado oficial o sustituto de la batería, partimos por un camino de tierra liso, justo cuando el sol se ponía en el horizonte y se aplastaba como un tomate demasiado maduro.

»Nuestra travesía nos llevó más allá de los omnipresentes campos de arroz cuadrados, a través de hileras de reconfortantes árboles de *banyan*, entre un bosque de altísimas palmas de coco, con una vegetación casi selvática. Finalmente, al llegar a la cima de una colina, nos encontramos cara a cara con un inmenso lago artificial que reflejaba las estrellas y el perfil de las palmas y otros árboles. A su alrededor, encantadores jardines en terrazas,

---

2. Esta presa, una enorme instalación hidroeléctrica, ilumina la ciudad de Mysore y suministra energía a fábricas de seda, jabones y aceite de sándalo. Los recuerdos de sándalo de Mysore poseen una fragancia deliciosa que el tiempo no consume; un pequeño pinchazo reaviva el aroma. Mysore cuenta con algunas de las empresas pioneras más grandes de la India, incluidas las minas de oro de Kolar, la fábrica de azúcar de Mysore, las enormes acerías y fábricas de hierro en Bhadravati y el económico y eficiente ferrocarril del estado de Mysore, que abarca gran parte de la extensión del estado. El marajá y el yuvaraja, que fueron mis anfitriones en Mysore en 1935, han fallecido recientemente. El hijo del yuvaraja, el actual marajá, es un gobernante emprendedor y ha añadido a las industrias de Mysore una gran fábrica de aviones.

una hilera de luces eléctricas bordeando la presa, y debajo, un espectáculo deslumbrante: haces de colores danzaban sobre fuentes que recordaban géiseres como chorros de tinta brillante derramándose. Cascadas de azul espléndido, cataratas rojas intensas, surtidores verdes y amarillos, elefantes que lanzaban agua. Una miniatura de la Feria Mundial de Chicago, destacando con modernidad en esta antigua tierra de arrozales y gente sencilla que nos había proporcionado una bienvenida tan afectuosa que, honestamente, temí que haría falta algo más que mi fuerza para llevar a Yoganandaji de regreso a América.

»Otro privilegio poco común: mi primer paseo en elefante. Ayer, el Yuvaraja nos invitó a su palacio de verano para disfrutar de un recorrido en una de sus enormes bestias. Subí por una escalera dispuesta para alcanzar el *howdah*, una especie de silla acolchada de seda parecida a una caja. Y entonces comenzó el rodar, sacudirse, balancearse y tambalearse al descender por un barranco... ¡Demasiado emocionado para quejarme o gritar, simplemente me aferré con todas mis fuerzas a la vida!».

El sur de la India, rico en yacimientos históricos y arqueológicos, es una tierra de un encanto definido y, sin embargo, indefinible. Al norte de Mysore se encuentra el estado nativo más grande de la India, Hyderabad, una meseta pintoresca cortada por el poderoso río Godavari. Llanuras fértiles, las encantadoras Nilgiris o Montañas Azules, y otras regiones con colinas áridas de piedra caliza o granito.

La historia de Hyderabad es larga y colorida. Comienza hace tres mil años con los reyes andhra, continúa con dinastías hindúes hasta el año 1294 y luego pasa a manos de una línea de gobernantes musulmanes que aún perdura.

Las expresiones más impresionantes de arquitectura, escultura y pintura de toda la India se encuentran en Hyderabad, en las antiguas cuevas talladas en la roca de Ellora y Ajanta. El templo Kailasa de Ellora, un colosal santuario monolítico, está repleto de figuras talladas de dioses, hombres y bestias en proporciones que recuerdan las obras de Miguel Ángel. Ajanta alberga cinco catedrales y veinticinco monasterios, excavaciones en roca sostenidas por enormes pilares con frescos donde artistas y escultores dejaron inmortalizado su genio.

La ciudad de Hyderabad alberga la Universidad Osmania y la imponente mezquita Mecca Masjid, donde pueden congregarse hasta diez mil fieles para la oración.

El estado de Mysore es también una joya paisajística. A unos novecientos metros sobre el nivel del mar, abundan los densos bosques tropicales, hábitat natural de elefantes salvajes, bisontes, osos, panteras y tigres. Sus dos principales ciudades, Bangalore y Mysore, son limpias, modernas, llenas de parques y jardines públicos.

La arquitectura y escultura hindúes alcanzaron su mayor esplendor en Mysore entre los siglos XI y XV, bajo el patrocinio de reyes hindúes. El templo de Belur, una obra maestra del siglo XI terminada durante el reinado del rey Vishnuvardhana, es insuperable por su delicadeza en los detalles y su imaginería exuberante.

En el norte de Mysore se hallan pilares de roca que datan del siglo III antes de nuestra era y que conmemoran al rey Asoka. Este emperador, de la dinastía Maurya, gobernó casi toda la India, así como Afganistán y Baluchistán. Considerado incluso por historiadores occidentales como un soberano sin igual, dejó grabado en piedra este mensaje:

«Esta inscripción religiosa ha sido grabada para que nuestros hijos y nietos no piensen que es necesaria una nueva conquista; que no crean que la conquista por la espada merece el nombre de conquista; que no vean en ella nada más que destrucción y violencia; que consideren como verdadera conquista sólo la conquista de la religión. Tales conquistas tienen valor en este mundo y en el siguiente».

Asoka fue nieto de Chandragupta Maurya, conocido por los griegos como Sandrocottus, quien en su juventud conoció a Alejandro Magno. Más tarde, Chandragupta derrotó a las guarniciones macedonias en la India, repelió al ejército griego invasor de Seleuco en el Punjab y recibió en su corte al embajador griego Megasthenes.

Mis compañeros y yo posamos frente al «sueño hecho de mármol», el Taj Mahal en Agra.

Las historias de esa época fueron meticulosamente registradas por historiadores griegos como Arriano, Diodoro, Plutarco y Estrabón, cuyas obras fueron traducidas por el doctor J. W. M'Crindle[3] para arrojar luz sobre la antigua India. La característica más admirable de la fallida invasión de Alejandro fue el profundo interés que mostró por la filosofía hindú y por los yoguis y hombres santos con los que en ocasiones de encontraba, y cuya compañía buscaba con entusiasmo. Poco después de su llegada a Taxila, en el norte de la India, envió a un mensajero, Onesícrito, discípulo de la escuela helenística de Diógenes, para localizar a un maestro indio llamado Dandamis, un gran *sannyasi* que vivía retirado en el bosque.

3. Seis volúmenes de *Ancient India* (Calcuta, 1879).

—Salve a ti, oh maestro de brahmanes –dijo Onesícrito al encontrarlo–. El hijo del poderoso dios Zeus, Alejandro, Señor Soberano de todos los hombres, te convoca. Si acudes, te recompensará con grandes regalos; si rehúsas, te cortará la cabeza.

El yogui recibió la amenaza con absoluta calma y «ni siquiera levantó la cabeza de su lecho de hojas».

—Yo también soy hijo de Zeus, si es que Alejandro lo es –respondió–. No deseo nada de lo que posee Alejandro. Estoy satisfecho con lo que tengo, mientras lo veo vagar con sus hombres por mar y tierra sin obtener provecho alguno, en un andar sin fin. –Y añadió–: Ve y dile a Alejandro que Dios, el Rey Supremo, no es autor de injusticias insolentes, sino el creador de la luz, la paz, la vida, el agua, el cuerpo del hombre y las almas. Él recibe a todos cuando la muerte los libera y no está sujeto a enfermedad ni corrupción. Sólo a Él rindo homenaje, pues detesta la matanza y no incita a la guerra. Alejandro no es un dios –continuó el sabio, con sereno desprecio–, ya que debe probar la muerte. ¿Cómo puede alguien como él proclamarse amo del mundo, si aún no se ha sentado en un trono de dominio interior? No ha entrado en el Hades, ni conoce el curso del Sol a través de las regiones centrales de la Tierra, y hay pueblos en las fronteras de su imperio que ni siquiera han escuchado su nombre. –Y concluyó con una ironía que atravesaba como una lanza–: Si los dominios actuales de Alejandro no son lo bastante amplios para sus deseos, que cruce el Ganges. Allí encontrará una región vasta, capaz de albergar a todos sus hombres, si este lado del mundo le resulta demasiado estrecho.[4] Sin embargo, has de saber esto: lo que Alejandro ofrece y los regalos que promete son para mí cosas completamente inútiles. Las cosas que

4. Ni Alejandro ni ninguno de sus generales cruzaron jamás el Ganges. Al encontrar una feroz resistencia en el noroeste, el ejército macedonio se negó a avanzar más allá; Alejandro se vio obligado a abandonar la India y buscar sus conquistas en Persia.

valoro y considero de verdadero provecho son estas hojas que me sirven de casa, estas plantas en flor que me dan alimento cada día y el agua que es mi bebida. Todas las demás posesiones, acumuladas con gran preocupación, suelen acabar siendo ruinosas para quienes las persiguen, y causan solamente dolor y aflicción, males que ya abruman bastante al pobre mortal. En cuanto a mí, me recuesto sobre las hojas del bosque, y al no tener nada que deba custodiar, cierro los ojos en un sueño tranquilo. Si tuviera algo que guardar, eso me robaría el sueño. La tierra me da todo lo necesario, como una madre que amamanta a su hijo. Voy adonde quiero, libre de las preocupaciones que esclavizan a otros. Si Alejandro me corta la cabeza, no podrá destruir también mi alma. Mi cabeza, entonces en silencio, quedará atrás; mi cuerpo será una vestidura rasgada sobre la tierra de la cual provino. Yo, convertido en Espíritu, ascenderé a mi Dios, quien nos encerró a todos en carne para probar si, mientras vivimos en la tierra, obedecemos Sus leyes. Él nos pedirá cuentas al final, pues es el juez de toda soberbia y maldad. Los gemidos de los oprimidos se convierten en castigo del opresor. Que Alejandro intimide con esas amenazas a quienes desean riquezas y temen la muerte, pues contra nosotros esas armas no valen nada. Los brahmanes no aman el oro ni temen morir. Ve entonces y dile esto a Alejandro: «Dandamis no necesita nada de lo que tú posees, y por eso no irá a ti. Si quieres algo de Dandamis, ve tú a él».

Alejandro escuchó con atención el mensaje del yogui transmitido por Onesícrito, y «sintió un deseo más profundo que nunca de conocer personalmente a Dandamis, quien, aunque anciano y desnudo, fue el único adversario al que, siendo conquistador de naciones, reconocía como igual».

En Taxila, Alejandro invitó a varios ascetas brahmanes conocidos por su habilidad para responder a cuestiones filosóficas con una sabiduría concisa. Plutarco relata el siguiente intercambio verbal. Alejandro planteaba todas las preguntas:

—¿Quiénes son más numerosos, los vivos o los muertos?

—Los vivos, porque los muertos ya no son.

—¿Qué engendra a los animales más grandes, el mar o la tierra?

—La tierra, porque el mar es sólo una parte de ella.

—¿Cuál es la bestia más inteligente?

—Aquella con la que el hombre aún no está familiarizado. –El hombre teme lo que no conoce.

—¿Qué fue primero, el día o la noche?

—El día fue primero, por un día. –La respuesta dejó perplejo a Alejandro. El sabio añadió–: Las preguntas imposibles exigen respuestas imposibles.

—¿Cómo puede un hombre hacer que lo amen?

—Será amado si, aun teniendo gran poder, no inspira temor.

—¿Cómo puede un hombre llegar a ser un dios?[5]

—Haciendo aquello que es imposible para un hombre.

—¿Qué es más fuerte, la vida o la muerte?

—La vida, porque soporta tantos males.

Alejandro logró llevarse de la India, como maestro, a un verdadero yogui. Este hombre fue Swami Sphines, llamado «Kalanos» por los griegos porque el santo, devoto de Dios en la forma de Kali, saludaba a todos pronunciando su nombre auspicioso.

Kalanos acompañó a Alejandro hasta Persia. En una fecha determinada, en Susa (Persia), Kalanos abandonó su envejecido cuerpo al entrar voluntariamente en una pira funeraria, ante la mirada de todo el ejército macedonio. Los historiadores relatan el asombro de los soldados al ver que el yogui no mostraba temor al dolor ni a la muerte, y que no se movió ni una sola vez mientras era consumido por las llamas. Antes de dirigirse a su cremación, Kalanos abrazó a todos sus compañeros cercanos, pero evitó despedirse de Alejandro, a quien el sabio hindú sólo le dijo:

---

5. A partir de esta pregunta, podemos suponer que el «Hijo de Zeus» albergaba de vez en cuando la duda de si realmente había alcanzado la perfección.

—Te veré pronto en Babilonia.

Alejandro abandonó Persia y murió un año después en Babilonia. Las palabras de su gurú indio habían sido su forma de decir que estaría presente con él tanto en la vida como en la muerte.

Los historiadores griegos nos han legado muchas imágenes vívidas e inspiradoras de la sociedad india. Arriano nos dice que la ley hindú protege a las personas y «ordena que nadie entre ellas sea esclavo bajo ninguna circunstancia, sino que, disfrutando todos de la libertad, respeten el derecho de todos. Pues aquellos que no han aprendido ni a dominar a otros ni a humillarse ante ellos alcanzarán la vida mejor adaptada para todas las vicisitudes del destino».[6]

Otro texto afirma: «Los indios no prestan dinero con usura, ni saben cómo pedirlo prestado. Es contrario a sus costumbres establecidas que un indio cometa o sufra una injusticia, y por eso no hacen contratos ni requieren garantías». Se nos dice que la curación se llevaba a cabo mediante métodos simples y naturales: «Las enfermedades se curan más bien regulando la dieta que con el uso de medicamentos. Los remedios más valorados son los ungüentos y emplastos. Todos los demás se consideran, en gran medida, perjudiciales». La participación en la guerra estaba restringida a los *kshatriyas*, la casta de los guerreros: «Ni siquiera un enemigo que se encontrara con un labrador trabajando en su tierra le haría daño, pues los hombres de esta clase, considerados benefactores públicos, están protegidos de cualquier daño. La tierra, al permanecer sin ser devastada y producir abundantes cosechas, proporciona a los habitantes los recursos necesarios para hacer la vida placentera».[7]

---

6. Todos los observadores griegos comentan la ausencia de esclavitud en la India, una característica completamente opuesta a la estructura de la sociedad helenística.

7. *Creative India*, del profesor Benoy Kumar Sarkar, ofrece una visión completa de los logros antiguos y modernos de la India y sus valores

El emperador Chandragupta, que en 305 a. C. había derrotado al general de Alejandro, Seleuco, decidió siete años después entregar las riendas del gobierno de la India a su hijo. Viajó entonces al sur de la India y pasó los últimos doce años de su vida como un asceta sin posesiones, buscando la autorrealización en una cueva rocosa en Sravanabelagola, hoy honrada como un santuario en Mysore. Cerca de allí se alza la estatua más grande del mundo tallada en una sola roca: una colosal imagen de Comateswara, esculpida por los jainistas en el año 983 d. C. en honor a su santo.

Los omnipresentes santuarios religiosos de Mysore recuerdan una y otra vez a los numerosos grandes santos del sur de la India. Uno de estos maestros, Thayumanavar, nos ha dejado el siguiente poema desafiante:

Puedes controlar a un elefante enfurecido;
Puedes cerrar la boca del oso y el tigre;
Puedes montar un león;
Puedes jugar con la cobra;
Por alquimia puedes ganarte la vida;
Puedes vagar por el universo de incógnito;
Puedes hacer vasallos a los dioses;
Puedes ser eternamente joven;
Puedes caminar sobre el agua y vivir en el fuego;
Pero el control de la mente es mejor y más difícil.

En el hermoso y fértil estado de Travancore, en el extremo sur de la India, donde el tráfico se transporta a través de ríos y canales, el marajá asume cada año una obligación hereditaria para expiar el pecado incurrido por las guerras y la anexión, en

---

distintivos en economía, ciencia política, literatura, arte y filosofía social (Lahore: Motilal Banarsi Dass, Editores, 1937, 714 pp.).

Otro volumen recomendado es *Indian Culture Through The Ages*, de S. V. Venatesvara (Nueva York: Longmans, Green & Co.).

un pasado lejano, de varios pequeños estados a Travancore. Durante cincuenta y seis días al año, el marajá visita el templo tres veces al día para escuchar himnos védicos y recitaciones; la ceremonia de expiación finaliza con el *lakshadipam* o la iluminación del templo con cien mil luces.

El gran legislador hindú Manu[8] ha delineado los deberes de un rey: «Debe derramar beneficios como Indra (señor de los dioses); recaudar impuestos con suavidad e imperceptiblemente, como el sol obtiene vapor del agua; penetrar en la vida de sus súbditos como el viento que va a todas partes; impartir justicia equitativa a todos como Yama (el dios de la muerte); atar a los transgresores con un lazo como Varun (deidad védica del cielo y el viento); agradar a todos como la Luna; consumir a los enemigos viciosos como el dios del fuego; y sostener a todos como la diosa de la tierra. En la guerra, un rey no debe luchar con armas venenosas o incendiarias, ni matar a enemigos débiles, desprevenidos o desarmados, ni a hombres que estén asustados, que supliquen protección o que huyan. Sólo debe recurrirse a la guerra como último recurso. Los resultados en la guerra son siempre inciertos».

La Presidencia de Madrás, en la costa sureste de la India, comprende la extensa ciudad costera de Madrás y Conjeeveram, la Ciudad Dorada, antigua capital de la dinastía Pallava,

---

8. Manu es el legislador universal; no sólo para la sociedad hindú, sino también para el mundo. Todos los sistemas de regulaciones sociales sabias e incluso de justicia están modelados según Manu. Nietzsche ha rendido el siguiente tributo: «No conozco ningún libro en el que se digan tantas cosas delicadas y amables sobre la mujer como en el Código de Manu; esos viejos venerables y santos tienen una manera de ser galantes con las mujeres que quizás no pueda ser superada [...] una obra incomparablemente intelectual y superior [...] repleta de valores nobles, está llena de un sentimiento de perfección, con una afirmación de la vida y un triunfante sentido de bienestar con respecto a sí mismo y a la existencia; el sol brilla en todo el libro».

cuyos reyes gobernaron durante los primeros siglos de la era cristiana. En la moderna Madrás, los ideales no violentos de Mahatma Gandhi han logrado gran aceptación; los distintivos gorros blancos del Mahatma se ven por todas partes. En el sur, en general, Gandhi ha impulsado reformas notables, tanto en los templos como en el sistema de castas, permitiendo el acceso de los intocables a los recintos sagrados.

El origen del sistema de castas, formulado por el legislador Manu, era en un principio admirable. Él entendía que los hombres se distinguen por una evolución natural en cuatro grandes categorías: aquellos que sirven a la sociedad mediante el trabajo físico (*sudras*); aquellos que contribuyen con la mente, la habilidad, el comercio y la agricultura (*vaisyas*); los que poseen talento para gobernar, proteger y dirigir (*kshatriyas*); y los de naturaleza contemplativa y espiritual (*brahmins*). Ni el nacimiento, ni los rituales, ni el estudio, ni la ascendencia pueden decidir si una persona pertenece a la casta superior. «Sólo el carácter y la conducta determinan», afirma el *Mahabarata*.[9] Manu instruyó

---

9. «La inclusión en una de estas cuatro castas originalmente no dependía del nacimiento de un hombre, sino de sus capacidades naturales demostradas por la meta en la vida que elegía alcanzar», nos dice un artículo de *East-West* de enero de 1935. «Esta meta podía ser: 1. kama, deseo, actividad de la vida de los sentidos (etapa *sudra*); 2. artha, ganancia, satisfacer pero controlar los deseos (etapa *vaisya*); 3. *dharma*, autodisciplina, la vida de responsabilidad y acción correcta (etapa *kshatriya*); 4. *moksha*, liberación, la vida de espiritualidad y enseñanza religiosa (etapa brahmán). Estas cuatro castas sirven a la humanidad a través de: 1. el cuerpo; 2. la mente; 3. la voluntad; 4. el Espíritu».

«Estas cuatro etapas tienen su correspondencia en los eternos *gunas* o cualidades de la naturaleza: *tamas*, *rajas* y *sattva*: obstrucción, actividad y expansión; o masa, energía e inteligencia. Las cuatro castas naturales están marcadas por los *gunas* como: 1. *tamas* (ignorancia); 2. *tamas-rajas* (mezcla de ignorancia y actividad); 3. *rajas-sattva* (mezcla de actividad correcta e iluminación); 4. *sattva* (iluminación). Así es como la naturaleza ha marcado a cada hombre con su casta, según la predominancia en él de uno o

a la sociedad para mostrar respeto a sus miembros en la medida en que posean sabiduría, virtud, edad, parentesco o, en última instancia, riqueza. En la India védica, las riquezas siempre fueron despreciadas si se acumulaban sin estar disponibles para fines caritativos. Los hombres ricos que no eran generosos ocupaban un rango bajo en la sociedad.

Cuando el sistema de castas se endureció con el tiempo en una atadura hereditaria surgieron serios males. Reformadores sociales como Gandhi y los numerosos movimientos sociales en la India actual están logrando un progreso lento pero seguro en la restauración de los valores originales de la casta, basados únicamente en la cualificación natural y no en el nacimiento. Cada nación en la Tierra tiene su propio karma productor de miseria con el que lidiar y eliminar; la India, con su espíritu versátil e invulnerable, demostrará que está a la altura de la tarea de reformar el sistema de castas.

Tan fascinante es el sur de la India que el señor Wright y yo anhelábamos prolongar nuestro idilio. Pero el tiempo, con su rudeza inmemorial, no nos concedió cortesías. Pronto debía

---

la mezcla de dos de los *gunas*. Por supuesto, todo ser humano posee los tres *gunas* en diferentes proporciones. El gurú podrá determinar correctamente la casta o el estado evolutivo de un hombre».

«En cierta medida, todas las razas y naciones observan en la práctica, si no en la teoría, las características de la casta. Donde hay gran licencia o la llamada libertad, particularmente en el matrimonio entre extremos de las castas naturales, la raza se debilita y se extingue. El *Purana Samhita* compara la descendencia de tales uniones con híbridos estériles, como la mula, que es incapaz de propagar su propia especie. Las especies artificiales son eventualmente exterminadas. La historia ofrece abundantes pruebas de numerosas grandes razas que ya no tienen representantes vivos. El sistema de castas de la India es reconocido por sus más profundos pensadores como el freno o la prevención contra la decadencia, que ha preservado la pureza de la raza y la ha llevado con seguridad a través de milenios de vicisitudes, mientras que otras razas se han perdido en el olvido».

dirigirme a la sesión de clausura del Congreso Filosófico de la India en la Universidad de Calcuta. Al final de nuestra visita a Mysore, disfruté de una conversación con el señor C. V. Raman, presidente de la Academia India de Ciencias. Este brillante físico hindú fue galardonado con el Premio Nobel en 1930 por su importante descubrimiento sobre la difusión de la luz: el «Efecto Raman», conocido hoy por todo escolar.

Despidiéndonos con reticencia de una multitud de estudiantes y amigos en Madrás, el señor Wright y yo partimos hacia el norte. En el camino nos detuvimos ante un pequeño santuario sagrado en memoria de Sadasiva Brahman,[10] cuya vida en el siglo XVIII está llena de relatos de milagros. Un santuario mayor de Sadasiva en Nerur, erigido por el rajá de Pudukkottai, es un lugar de peregrinación que ha sido testigo de numerosas sanaciones divinas.

Aún circulan entre los aldeanos del sur de la India muchas historias pintorescas sobre Sadasiva, un maestro iluminado y entrañable. Un día, mientras meditaba en *samadhi* a orillas del río Kaveri, Sadasiva fue arrastrado por una repentina inundación. Semanas después, fue hallado enterrado profundamente bajo un montículo de tierra. Cuando las palas de los aldeanos golpearon su cuerpo, el santo se levantó y caminó tranquilamente.

Sadasiva nunca hablaba ni vestía ninguna ropa. Una mañana, el yogui desnudo entró sin ceremonias en la tienda de un jefe mahometano. Sus mujeres gritaron alarmadas; el guerrero, furioso, le asestó un feroz golpe de espada, cortándole un brazo. El maestro se alejó sin inmutarse. Afligido por el remordimiento, el mahometano recogió el brazo del suelo y siguió a Sadasiva. El yogui insertó tranquilamente su brazo en el muñón san-

---

10. Su título completo era Sri Sadasivendra Saraswati Swami. El ilustre sucesor en la línea formal de Shankara, Jagadguru Sri Shankaracharya de Sringeri Math, escribió una inspiradora oda dedicada a Sadasiva. El *East-West* de julio de 1942 publicó un artículo sobre la vida de Sadasiva.

grante. Cuando el guerrero le pidió con humildad instrucción espiritual, Sadasiva escribió con su dedo sobre la arena: «No hagas lo que deseas, y entonces podrás hacer lo que te plazca».

El mahometano, elevado a un estado de conciencia superior, comprendió que el consejo paradójico del santo era una guía para la libertad del alma a través del dominio del ego.

Los niños de la aldea expresaron una vez su deseo, en presencia de Sadasiva, de asistir al festival religioso de Madura, a doscientos cuarenta kilómetros de distancia. El yogui indicó a los pequeños que tocaran su cuerpo. Y, milagrosamente, todo el grupo fue transportado al instante a Madura. Los niños deambularon felices entre miles de peregrinos. Unas horas después, el yogui llevó de regreso a sus pequeños discípulos mediante su simple método de transporte. Los padres, asombrados, escucharon los vívidos relatos de la procesión de imágenes y advirtieron que varios niños llevaban bolsas de dulces de Madura.

Un joven incrédulo ridiculizó la historia y al santo. A la mañana siguiente, se acercó a Sadasiva.

—Maestro –dijo con desdén–, ¿por qué no me llevas a mí al festival como hiciste ayer con los demás niños?

Sadasiva accedió; de inmediato, el joven se encontró entre la multitud de la lejana ciudad. Pero, ¡ay!, ¿dónde estaba el santo cuando el joven quiso regresar? El agotado muchacho tuvo que regresar a casa utilizando el antiguo y prosaico método de la caminata.

CAPÍTULO 42

Últimos días con mi gurú

—Guruji, me alegra encontrarte solo esta mañana.

Acababa de llegar a la ermita de Serampore, cargado con un aromático regalo de frutas y rosas. Sri Yukteswar me miró con dulzura.

—¿Cuál es tu pregunta? –El Maestro miró alrededor de la habitación como si buscara una escapatoria.

—Guruji, llegué a ti siendo un joven estudiante de secundaria; ahora soy un hombre adulto, incluso con uno o dos cabellos grises. Aunque me has colmado de un silencioso afecto desde el primer momento hasta hoy, ¿te das cuenta de que sólo una vez, el día que nos conocimos, me has dicho «te amo»? –Lo miré suplicante.

El Maestro bajó la mirada.

—Yogananda, ¿debo traer al frío reino del habla los cálidos sentimientos mejor guardados en el corazón sin palabras?

—Guruji, sé que me amas, pero mis oídos mortales anhelan escucharlo de tu boca.

—Sea como deseas. Durante mi vida de casado, a menudo anhelé tener un hijo a quien entrenar en el sendero del yoga.

Pero cuando entraste en mi vida me sentí satisfecho; en ti he encontrado a mi hijo. –Dos lágrimas cristalinas brillaban en los ojos de Sri Yukteswar–. Yogananda, siempre te amé.

—Tu respuesta es mi pasaporte al cielo.

Sentí cómo un peso se levantaba de mi corazón, disolviéndose para siempre con sus palabras. A menudo me había preguntado por su silencio. Aunque sabía que era un hombre sin emociones expresivas y contenido en sí mismo, a veces temía no haber logrado satisfacerlo por completo. Su naturaleza era extraña, nunca del todo comprensible; una naturaleza profunda y tranquila, insondable para el mundo exterior, cuyos valores había trascendido hace mucho tiempo.

Unos días después, cuando hablé ante un gran público en el Albert Hall de Calcuta, Sri Yukteswar accedió a sentarse a mi lado en la plataforma, junto con el marajá de Santosh y el alcalde de Calcuta. Aunque el Maestro no me dirigió palabra, lo observé de vez en cuando durante mi discurso y creí detectar un brillo de satisfacción en sus ojos.

Luego vino una charla ante los exalumnos del Colegio de Serampore. Mientras miraba a mis antiguos compañeros de clase y ellos me miraban a mí, su viejo Monje loco, no oculté las lágrimas de alegría. Mi profesor de filosofía, el elocuente doctor Ghoshal, se acercó a saludarme. Todas nuestras antiguas diferencias se habían disuelto gracias al alquimista llamado Tiempo.

Un Festival del Solsticio de Invierno se celebró a finales de diciembre en la ermita de Serampore. Como siempre, los discípulos de Sri Yukteswar llegaron desde todas partes, tanto de lejos como de cerca. Devocionales *sankirtans*, solos en la dulce y melódica voz de Kristo-da, un festín servido por jóvenes discípulos, el discurso profundamente conmovedor del Maestro bajo las estrellas en el patio abarrotado del *ashram*... ¡recuerdos, recuerdos y más recuerdos! Festivales jubilosos de los años ya pasados. Sin embargo, esa noche había una novedad.

—Yogananda, por favor, dirige unas palabras a la asamblea en inglés.

Los ojos del Maestro brillaban mientras hacía esta petición insusual por doble partida; ¿estaba pensando en el apuro que sufrí en el barco antes de dar mi primera conferencia en inglés? Conté la historia a mi audiencia de hermanos discípulos, concluyendo con un ferviente tributo a nuestro gurú.

—Su guía omnipresente estuvo conmigo no sólo en el barco, sino también cada día durante los quince años que permanecí en la vasta y hospitalaria tierra de América.

Después de que los invitados se retiraran, Sri Yukteswar me llamó a la misma habitación donde –una sola vez, después de un festival en mis primeros años– se me había permitido dormir en su cama de madera. Esta noche, mi gurú estaba sentado allí tranquilamente, con un semicírculo de discípulos a sus pies. Sonrió al verme entrar con rapidez en la habitación.

—Yogananda, ¿te marchas ahora a Calcuta? Por favor, regresa mañana. Tengo ciertas cosas que decirte.

A la tarde siguiente, con unas pocas y sencillas palabras de bendición, Sri Yukteswar me otorgó el título monástico de Paramhansa.[1]

—Ahora sustituye formalmente tu antiguo título de *swami* –dijo mientras me arrodillaba ante él.

Con una sonrisa silenciosa, pensé en la dificultad que tendrían mis estudiantes americanos para pronunciar «Paramhansaji».[2]

—Mi tarea en la Tierra ha terminado; ahora debes continuar. –El Maestro habló en voz baja, con los ojos calmados y

1. Literalmente, *param*, «supremo»; *hansa*, «cisne». En la tradición escritural, el *hansa* es representado como el vehículo de Brahma, el Espíritu Supremo; como símbolo de discernimiento, se cree que el cisne blanco *hansa* es capaz de separar el verdadero néctar *soma* de una mezcla de leche y agua. *Ham-sa* (pronunciado *hong-sau*) son dos palabras sagradas en sánscrito que poseen una conexión vibratoria con la respiración entrante y saliente. *Aham-Sa* significa literalmente «Yo soy Él».

2. Generalmente han evitado la dificultad llamándome *sir* (señor).

gentiles. Mi corazón palpitaba de miedo–. Por favor, envía a alguien para que se haga cargo de nuestro *ashram* en Puri –continuó Sri Yukteswar–. Dejo todo en tus manos. Serás capaz de llevar con éxito el barco de tu vida y el de la organización hasta las orillas divinas.

Las lágrimas caían de mis ojos mientras abrazaba sus pies; él se levantó y me bendijo con cariño.

Al día siguiente, llamé desde Ranchi a un discípulo, Swami Sebananda, y lo envié a Puri para que asumiera las responsabilidades del *ashram*.[3] Más tarde, mi gurú discutió conmigo los detalles legales para resolver su herencia; estaba ansioso por evitar la posibilidad de litigios por parte de sus familiares después de su muerte, en busca de la posesión de sus dos *ashrams* y otras propiedades, los cuales deseaba que fueran transferidos únicamente para fines caritativos.

—Hace poco tiempo se hicieron gestiones para que el Maestro visitara Kidderpore,[4] pero no al final no pudo ir. –Amulaya Babu, un hermano discípulo, hizo este comentario una tarde; sentí una fría ola de premonición. Ante mis insistentes preguntas, Sri Yukteswar simplemente respondió–: No iré más a Kidderpore.

Por un momento, el Maestro tembló como un niño asustado.

«El apego a la residencia corporal, que surge por su propia naturaleza [es decir, derivado de raíces inmemoriales, experiencias pasadas de la muerte] –escribió Patanjali–,[5] está presente en un grado mínimo incluso en los grandes santos». En algunos de sus discursos sobre la muerte, mi gurú solía agregar: «así

3. En el ashram de Puri, el Swami Sebananda aún dirige una pequeña pero próspera escuela de yoga para niños, así como grupos de meditación para adultos. Reuniones de santos y eruditos se celebran allí periódicamente.

4. Una sección de Calcuta.

5. Aforismos: II, 9.

como un pájaro que ha estado enjaulado durante mucho tiempo duda en dejar su hogar acostumbrado cuando la puerta se abre».

—Guruji –le rogué con un sollozo–, no digas eso. Nunca pronuncies esas palabras ante mi presencia.

El rostro de Sri Yukteswar se relajó en una sonrisa pacífica. Aunque se acercaba a su octogésimo primer cumpleaños, parecía saludable y fuerte.

Tras disfrutar día tras día del sol de amor de mi gurú, no expresado con palabras pero profundamente sentido, desterré de mi mente consciente las distintas insinuaciones que había hecho sobre su inminente partida.

—Señor, este mes se celebrará el Kumbha Mela en Allahabad. –Le mostré al Maestro las fechas del festival en un almanaque bengalí.[6].

—¿Realmente quieres ir?

---

6. Los *melas* religiosos son mencionados en el antiguo *Mahabharata*. El viajero chino Hieuen Tsiang dejó un relato sobre un gran Kumbha Mela celebrado en el año 644 d. C. en Allahabad. El *mela* más grande se celebra cada doce años; el siguiente en tamaño (*Ardha* o medio) *Kumbha* ocurre cada seis años. *Melas* más pequeños tienen lugar cada tres años, y atraen a alrededor de un millón de devotos. Las cuatro ciudades sagradas de los *melas* son Allahabad, Hardwar, Nasik y Ujjain.

   Los primeros viajeros chinos nos han dejado muchas imágenes impactantes de la sociedad india. El sacerdote chino Fa-Hsien escribió un relato de sus once años en la India durante el reinado de Chandragupta II (principios del siglo IV). El autor chino relata: «En todo el país nadie mata a ningún ser vivo, ni bebe vino [...]. No crían cerdos ni aves; no hay comercio de ganado, carnicerías ni destilerías. Habitaciones con camas y colchones, comida y ropa se proporcionan sin falta a los sacerdotes residentes y viajeros, y esto es igual en todos los lugares. Los sacerdotes se ocupan de ministraciones benévolas y de cantar liturgias, o se sientan en meditación». Fa-Hsien afirma que el pueblo indio era feliz y honesto; la pena capital era desconocida.

Sin percibir la renuencia de Sri Yukteswar a que me alejara de él, continué:

—Una vez contemplaste la bendita visión de Babaji en un Kumbha Mela en Allahabad. Tal vez en esta ocasión tenga la suerte de verlo.

—No creo que lo encuentres allí.

Mi gurú guardó silencio después de decir estas palabras, sin querer obstaculizar mis planes.

Cuando partí hacia Allahabad al día siguiente con un pequeño grupo, el Maestro me bendijo en silencio como solía hacerlo. Aparentemente, permanecía ajeno a las implicaciones en la actitud de Sri Yukteswar porque el Señor deseaba evitarme la experiencia de presenciar, impotente, el fallecimiento de mi gurú. Siempre ha sucedido en mi vida que, cuando las personas más queridas para mí han partido, Dios ha dispuesto de manera compasiva que yo estuviera lejos de la escena.[7]

Nuestro grupo llegó al Kumbha Mela el 23 de enero de 1936. La multitud en movimiento, de casi dos millones de personas, era una visión impresionante, incluso abrumadora. El genio peculiar del pueblo indio es la reverencia innata, incluso en el campesino más humilde, por el valor del Espíritu y por los monjes y *sadhus* que han renunciado a los lazos mundanos para buscar un anclaje divino. Existen impostores e hipócritas, sin duda, pero la India respeta a todos por el bien de los pocos que iluminan toda la Tierra con bendiciones sobrenaturales. Los occidentales que presenciaban este vasto espectáculo tenían una oportunidad única de sentir el pulso del país, el ardor espiritual al que la India debe su vitalidad inextinguible ante los golpes del tiempo.

---

7. No estuve presente en la muerte de mi madre, mi hermano mayor Ananta, mi hermana mayor Roma, mi Maestro, mi padre ni de varios discípulos cercanos (mi padre falleció en Calcuta en 1942, a la edad de ochenta y nueve años).

La mujer yogui Shankari Mai Jiew, única discípula viva del gran Swami Trailanga, estaba presente. Sentado junto a ella se encontraba Swami Benoyananda, director de nuestra escuela de yoga para niños de Ranchi, en Bihar. La fotografía fue tomada en el Kumbha Mela de Hardwar, en 1938; la santa tenía entonces 112 años.

Krishnananda, en la Kumbha Mela de Allahabad de 1936, con su dócil leona vegetariana.

Patio comedor del segundo piso en el ermitaño
de Sri Yukteswar en Serampore.
Estoy sentado (al centro) a los pies de mi gurú.

Durante el primer día, nuestro grupo estaba asombrado. Contemplamos incontables peregrinos sumergiéndose en el río sagrado para la remisión de sus pecados; más allá, se celebraban rituales solemnes de adoración; a lo lejos, vimos ofrendas devocionales esparcidas a los pies polvorientos de los santos. Un giro de cabeza y aparecía una hilera de elefantes, caballos ricamente enjaezados y camellos de Rajputana de paso pausado, o una curiosa procesión de *sadhus* desnudos, ondeando cetros de oro y plata, o banderas y estandartes de terciopelo.

Anacoretas vestidos sólo con taparrabos estaban sentados en pequeños grupos, con sus cuerpos embadurnados de ceniza, que los protegía del calor y del frío. En sus frentes, el ojo espiritual estaba marcado con un punto de pasta de sándalo. Miles de *swamis* de cabeza rapada aparecían, vestidos de ocre y llevando su bastón de bambú y su cuenco para limosnas. Sus rostros irradiaban la paz del renunciante mientras caminaban o debatían temas filosóficos con sus discípulos.

Aquí y allá, bajo los árboles y alrededor de enormes montones de troncos ardientes, se reunían otros pintorescos *sadhus*[8] con el cabello trenzado y amontonado en espirales sobre sus cabezas. Algunos llevaban barbas de varios metros de largo, rizadas y atadas en un nudo. Meditaban en silencio o extendían sus manos en bendición hacia la multitud que pasaba: mendigos, marajás sobre elefantes, mujeres con saris multicolores –cuyas pulseras y tobilleras tintineaban–, faquires con delgados brazos levantados en posturas grotescas, *brahmacharis* cargando soportes para la meditación y humildes sabios cuya solemnidad ocultaba una dicha interior. Por encima del estruendo, escuchábamos la incesante llamada de las campanas del templo.

En nuestro segundo día en la *mela*, mis compañeros y yo entramos en diversos *ashrams* y cabañas temporales, ofreciendo *pranams* a personajes santos. Recibimos la bendición del líder de la rama Giri de la Orden de los Swamis, un monje sonriente, delgado y ascético con ojos de fuego. Nuestra siguiente visita nos llevó a una ermita donde el gurú había observado, durante los últimos nueve años, votos de silencio y una estricta dieta frugívora. En el estrado central del salón del *ashram* estaba sentado un *sadhu* ciego, Pragla Chakshu, profundamente versado en los *shastras* y altamente venerado por todas las sectas.

Después de haber pronunciado un breve discurso en hindi sobre el Vedanta, nuestro grupo abandonó la pacífica ermita para saludar a un *swami* cercano, Krishnananda, un apuesto

---

8. Los cientos de miles de *sadhus* indios están controlados por un comité ejecutivo de siete líderes, que representan siete grandes regiones de la India. El actual *mahamandaleswar* o presidente es Joyendra Puri. Este santo hombre es en extremo reservado, y a menudo limita su discurso a tres palabras: Verdad, Amor y Trabajo. ¡Una conversación suficiente!

monje de mejillas sonrosadas e impresionantes hombros. Reclinada cerca de él estaba una leona domesticada. Sucumbiendo al encanto espiritual del monje –y no, estoy seguro, a su poderosa complexión–, el animal de la jungla sustituye cualquier tipo de carne por arroz y leche. El *swami* ha enseñado a la bestia de pelaje dorado a pronunciar «*Aum*» en un profundo y atractivo gruñido (¡una devota felina!).

Nuestro siguiente encuentro, una entrevista con un joven *sadhu* erudito, se describe a la perfección en el diario de viaje del señor Wright: «En el Ford, cruzamos el muy bajo Ganges por un crujiente puente flotante, avanzando como una serpiente entre la multitud y a través de estrechos y retorcidos senderos, pasando por la zona, en la ribera, que Yoganandaji me señaló como el lugar de encuentro de Babaji y Sri Yukteswarji. Al poco tiempo de descender del vehículo, caminamos cierta distancia a través del denso humo de las hogueras de los *sadhus* y sobre las arenas resbaladizas hasta llegar a un grupo de diminutas y muy modestas chozas de barro y paja.

»Nos detuvimos frente a una de estas humildes moradas temporales, con una entrada diminuta sin puerta, el refugio de Kara Patri, un joven *sadhu* errante conocido por su excepcional inteligencia. Allí estaba sentado, con las piernas cruzadas sobre un montón de paja. Su única vestimenta –y, por cierto, su única posesión– era un paño ocre que cubría sus hombros.

»Un verdadero rostro divino nos sonrió después de arrastrarnos a cuatro patas para entrar en la choza e inclinarnos en *pranam* a los pies de esta alma iluminada, mientras la linterna de queroseno de la entrada parpadeaba de un modo extraño, proyectando sombras danzantes sobre las paredes de paja. Su rostro, especialmente sus ojos y su perfecta dentadura, irradiaban luz y resplandor. Aunque el hindi me resultaba confuso, sus expresiones eran muy reveladoras; estaba lleno de entusiasmo, amor y gloria espiritual. Nadie podía equivocarse respecto a su grandeza.

»Imagina la vida feliz de alguien desapegado del mundo material: libre de la preocupación por la vestimenta; libre del ansia de comida, nunca pidiendo limosna, nunca tocando alimentos cocidos excepto en días alternos, nunca llevando un cuenco para mendigar; libre de todas las ataduras monetarias, nunca manejando dinero, nunca almacenando cosas, confiando siempre en Dios; libre de preocupaciones de transporte, nunca viajando en vehículos, sino caminando siempre a lo largo de las riberas de los ríos sagrados; nunca permaneciendo en un solo lugar más de una semana para evitar cualquier atadura emocional.

»¡Qué alma tan humilde! Extraordinariamente erudito en los Vedas y poseedor del título de *shastri* otorgado por la Universidad de Benarés. Una sensación sublime me invadió mientras me sentaba a sus pies. Todo parecía ser una respuesta a mi deseo de ver la verdadera y antigua India, pues él es un representante genuino de esta tierra de gigantes espirituales».

Interrogué a Kara Patri sobre su vida errante.

—¿No tienes ropa extra para el invierno?

—No, esto es suficiente.

—¿Llevas algún libro contigo?

—No, enseño de memoria a las personas que desean escucharme.

—¿Qué más haces?

—Deambulo por la ribera del Ganges.

Ante estas tranquilas palabras, me invadió un anhelo profundo por la simplicidad de su vida. Recordé América y todas las responsabilidades que pesaban sobre mis hombros.

«No, Yogananda –pensé con tristeza por un momento–, en esta vida, deambular por el Ganges no es para ti».

Después de que el *sadhu* me contara algunas de sus realizaciones espirituales, le hice una pregunta abrupta.

—¿Das estas descripciones basándote en el conocimiento de las escrituras o en tu experiencia interior?

—Mitad por aprendizaje en los libros –respondió con una sonrisa sincera– y mitad por experiencia.

Nos quedamos sentados en silencio meditativo, disfrutando de la paz del momento. Cuando dejamos su sagrada presencia, le dije al señor Wright:

—Es un rey sentado en un trono de paja dorada.

Esa noche cenamos en los terrenos de la *mela*, bajo las estrellas, comiendo en platos de hojas sujetas con palillos. El lavado de platos en la India se reduce al mínimo.

Pasamos dos días más en la fascinante Kumbha Mela. Luego seguimos hacia el noroeste, por las orillas del Jumna, hasta Agra. Una vez más contemplé el Taj Mahal. En mi memoria, Jitendra estaba a mi lado, maravillado ante el sueño de mármol. Luego continuamos hacia el *ashram* de Brindaban del Swami Keshabananda.

Mi propósito al buscar a Keshabananda estaba relacionado con este libro. Nunca había olvidado la petición de Sri Yukteswar de que escribiera la vida de Lahiri Mahasaya. Durante mi estancia en la India, aproveché cada oportunidad para contactar con discípulos directos y parientes del Yogavatar. Registrando sus conversaciones en extensas notas, verifiqué hechos y fechas, y recopilé fotografías, cartas antiguas y documentos. Mi porfolio sobre Lahiri Mahasaya comenzó a engrosarse; comprendí con inquietud que me esperaban arduos esfuerzos en mi labor de autor. Recé para estar a la altura de mi papel como biógrafo del colosal gurú. Varios de sus discípulos temían que en un relato escrito su maestro pudiera ser minimizado o malinterpretado.

—Es casi imposible hacer justicia con palabras frías a la vida de una encarnación divina –me comentó en una ocasión Panchanon Bhattacharya.

Otros discípulos cercanos compartían el mismo sentimiento y preferían mantener al Yogavatar oculto en sus corazones como el preceptor inmortal. No obstante, consciente de la predicción de Lahiri Mahasaya sobre su biografía, no escatimé esfuerzos en asegurar y corroborar los hechos de su vida exterior.

El Swami Keshabananda nos recibió con calidez en Brindaban, en su Katyayani Peeth Ashram, un imponente edificio de ladrillo con enormes pilares negros, rodeado por un hermoso jardín. Nos condujo de inmediato a una sala ornamentada con una ampliación fotográfica de Lahiri Mahasaya. Se acercaba ya a los noventa años, pero su cuerpo musculoso irradiaba fuerza y salud. Con su largo cabello, su barba blanca como la nieve y sus ojos chispeantes de alegría, era la viva encarnación de un patriarca. Le informé de que deseaba mencionar su nombre en mi libro sobre los maestros de la India.

—Por favor, cuénteme cosas sobre su vida anterior. –Le sonreí suplicante; los grandes yoguis suelen ser poco comunicativos.

Keshabananda hizo un gesto de humildad.

—Hay poco de importancia externa. Prácticamente toda mi vida la he pasado en las soledades del Himalaya, viajando a pie de una cueva silenciosa a otra. Durante un tiempo mantuve un pequeño *ashram* a las afueras de Hardwar, rodeado por un bosque de altos árboles. Era un lugar pacífico, poco visitado por viajeros debido a la ubicua presencia de cobras. –Aquí rio con fuerza–. Más tarde, una inundación del Ganges arrasó tanto la ermita como a las cobras. Entonces, mis discípulos me ayudaron a construir este *ashram* en Brindaban.

Uno de los miembros de nuestro grupo preguntó al *swami* cómo se protegía de los tigres del Himalaya.[9]

Keshabananda sacudió la cabeza.

—En esas altitudes espirituales –dijo–, los animales salvajes rara vez molestan a los yoguis. Una vez, en la selva, me encontré cara a cara con un tigre. Ante mi súbita exclamación, el animal quedó petrificado, como si se hubiera convertido en piedra. –El *swami* volvió a reír al recordar la escena–. En ocasiones abandonaba mi retiro para visitar a mi gurú en Benarés. Solía bromear

9. Parece que existen muchos métodos para burlar a un tigre. Un explorador australiano, Francis Birtles, contó que para él las selvas indias son «variadas, hermosas y seguras». Su amuleto de seguridad era papel atrapamoscas. «Cada noche extendía una cantidad de hojas alrededor de mi campamento y nunca me molestaron –explicó–. La razón es psicológica. El tigre es un animal de gran dignidad consciente. Ronda y desafía al hombre hasta que llega al papel atrapamoscas; entonces se escabulle. ¡Ningún tigre digno se atrevería a enfrentarse a un ser humano después de haberse sentado sobre un pegajoso papel atrapamoscas!».

conmigo por mis interminables viajes por las soledades del Himalaya. «Tienes la marca del espíritu errante en el pie», me dijo una vez. «Me alegra que el sagrado Himalaya sea lo bastante extenso para absorberte». Muchas veces –continuó Keshabananda–, tanto antes como después de su partida, Lahiri Mahasaya ha aparecido corporalmente ante mí. ¡Para él, ninguna cumbre del Himalaya es inaccesible!

Dos horas más tarde nos condujo al patio de comidas. Suspiré en silencio con desaliento: ¡otra comida de quince platos! En menos de un año de hospitalidad india, había ganado poco más de veintidós kilos. Sin embargo, rechazar cualquiera de los platillos, cuidadosamente preparados para los interminables banquetes en mi honor, habría sido considerado el colmo de la descortesía. En la India –¡y en ninguna otra parte, por desgracia! – un *swami* bien rellenito es considerado una visión encantadora.[10]

La señora Bletch, el señor Wright y yo en Egipto.

10. Después de regresar a América, adelgacé treinta kilos.

Rabindranath Tagore, el inspirado poeta de Bengala galardonado con el premio Nobel de Literatura.

El señor Wright y yo posamos con el venerable Swami Keshabananda y un discípulo en la majestuosa ermita de Brindaban.

Después de la cena, Keshabananda me condujo a un rincón apartado.

—Tu llegada no es inesperada –dijo–. Tengo un mensaje para ti. –Me sorprendí; nadie conocía mi plan de visitar a Keshabananda. El *swami* continuó–: El año pasado, mientras vagaba por el Himalaya septentrional, cerca de Badrinarayan, me perdí. Encontré refugio en una cueva espaciosa, que estaba vacía, aunque las brasas de una fogata ardían en un hueco del suelo rocoso. Preguntándome sobre el ocupante de aquel retiro solitario, me senté cerca del fuego, con la mirada fija en la entrada iluminada por el sol. «Keshabananda, me alegra que estés aquí». Estas palabras fueron pronunciadas detrás de mí. Me giré sobresaltado y quedé deslumbrado al contemplar a Babaji. El gran gurú se había materializado en un rincón de la cueva. Muy alegre por verlo de nuevo después de muchos años, me postré a sus sagrados pies. «Te llamé para que vinieras aquí –continuó Babaji–. Por eso te perdiste y fuiste guiado hasta mi morada temporal en esta cueva. Ha pasado mucho tiempo desde nuestro último encuentro; me complace saludarte una vez más». El maestro inmortal me bendijo con algunas palabras de ayuda espiritual, y luego añadió: «Tengo un mensaje para Yogananda. Él vendrá a verte tras su regreso a la India. Muchos asuntos relacionados con su gurú y con los discípulos supervivientes de Lahiri lo mantendrán muy ocupado. Dile, entonces, que no lo veré esta vez, como él espera con ansia, que lo veré en otra ocasión».

Me conmovió profundamente recibir de la boca de Keshabananda esta consoladora promesa de Babaji. Desapareció cierta tristeza en mi corazón; ya no lamenté que, tal como había insinuado Sri Yukteswar, Babaji no apareciera en el Kumbha Mela.

Pasamos la noche como huéspedes del *ashram* y nuestro grupo partió a la tarde siguiente hacia Calcuta. Mientras cruzábamos un puente sobre el río Jumna, disfrutamos de una magnífica vista del horizonte de Brindaban, justo cuando el sol incendiaba el cielo –un verdadero horno de Vulcano en colores, reflejado en las aguas tranquilas.

La playa del Jumna está santificada por los recuerdos de la infancia de Sri Krishna. Aquí jugó con dulzura inocente en sus *lilas* (juegos) con las *gopis* (pastoras), ejemplificando el amor supremo que siempre existe entre una encarnación divina y sus devotos. La vida del Señor Krishna ha sido malinterpretada por muchos comentaristas occidentales. Las alegorías de las Escrituras desconciertan a las mentes literales. Un error hilarante de un traductor ilustra este punto. La historia trata sobre un inspirado santo medieval, el zapatero Ravidas, que cantó en los términos sencillos de su propio oficio sobre la gloria espiritual oculta en toda la humanidad:

Bajo la vasta bóveda azul
Vive la divinidad vestida de cuero.

Uno podría reprimir una sonrisa al escuchar la interpretación literal que un escritor occidental dio al poema de Ravidas: «Entonces construyó una cabaña, colocó en ella un ídolo elaborado con cuero y se dedicó a su adoración».

Ravidas fue un hermano discípulo del gran Kabir. Una de sus discípulas más exaltadas fue Rani de Chitor. Ella invitó a un gran número de brahmanes a un banquete en honor a su maestro, pero ellos se negaron a comer con un humilde zapatero. Cuando se sentaron en altiva dignidad a consumir su comida «pura», de repente, cada brahmán vio a su lado la forma de Ravidas. Esta visión colectiva provocó un gran despertar espiritual en Chitor.

Pocos días después, nuestro pequeño grupo llegó a Calcuta. Ansioso por ver a Sri Yukteswar, me decepcionó saber que había abandonado Serampore y que ahora se encontraba en Puri, a unos cuatrocientos ochenta kilómetros al sur.

«Ven al *ashram* de Puri de inmediato». Este telegrama fue enviado el 8 de marzo por un hermano discípulo a Atul Chandra Roy Chowdhry, uno de los discípulos del Maestro en Calcuta. Al enterarme del mensaje, me angustié por sus implicaciones y caí de rodillas, implorando a Dios que salvara la vida de mi gurú. Cuando estaba a punto de salir de la casa de mi padre para tomar el tren, una voz divina habló en mi interior: «No vayas a Puri esta noche. Tu oración no puede ser concedida». «Señor –dije con el corazón destrozado–, ¿no deseas enfrentarte conmigo en un tira y afloja en Puri, donde tendrías que negar mis incesantes oraciones por la vida del Maestro? ¿Debe partir entonces para cumplir con deberes más altos de Tu mandato?».

Obedeciendo el mandato interior, no partí esa noche hacia Puri. La noche siguiente emprendí el viaje en tren; en el camino, a las siete en punto, una oscura nube astral cubrió repentinamente el cielo.[11] Más tarde, mientras el tren rugía hacia Puri, se me apareció una visión de Sri Yukteswar. Estaba sentado, con el rostro muy serio, y una luz a cada lado.

—¿Todo ha terminado? –Levanté los brazos a modo de súplica.

Él asintió poco a poco y luego desapareció.

Cuando llegué a las vías del tren en Puri a la mañana siguiente, aún albergando cierta esperanza contra todo pronóstico, un desconocido se acercó a mí.

—¿Has oído que tu Maestro ha partido?

Se alejó sin decir nada más; nunca supe quién era ni cómo supo dónde encontrarme.

Aturdido, me apoyé en la pared de la plataforma, siendo consciente de que, de diversas maneras, mi gurú intentaba transmitirme la devastadora noticia. Mi alma hervía con rebeldía, como un volcán. Para cuando llegué al *ashram* de Puri, estaba al borde del colapso. La voz interior repetía con ternura: «Cálmate. Tranquilízate».

Entré en la habitación del *ashram* donde el cuerpo de mi Maestro, increíblemente vivo, estaba sentado en la postura del loto, un cuadro de salud y belleza. Un poco antes de su partida,

11. Sri Yukteswar falleció a esta hora, las 19:00 horas, el 9 de marzo de 1936.

mi gurú había estado enfermo con fiebre, pero antes del día de su ascensión al Infinito, su cuerpo se había recuperado por completo. No importaba cuántas veces mirara su querida forma, lo cierto es que no podía aceptar que la vida la hubiera abandonado. Su piel era suave y tersa; en su rostro había una expresión beatífica de tranquilidad. Había renunciado de manera consciente a su cuerpo en la hora de la convocatoria mística.

—¡El León de Bengala se ha ido! –exclamé aturdido.

Llevé a cabo los solemnes ritos el 10 de marzo. Sri Yukteswar fue enterrado[12] con los antiguos rituales de los *swamis* en el jardín de su *ashram* en Puri. Sus discípulos llegaron más tarde desde lugares lejanos y cercanos para honrar a su gurú en un servicio conmemorativo durante el equinoccio de primavera.

El *Amrita Bazar Patrika*, el principal periódico de Calcuta, publicó su fotografía, junto a las siguientes palabras: «La ceremonia de Bhandara por la muerte de Srimat Swami Sri Yukteswar Giri Maharaj, de 81 años, tuvo lugar en Puri el 21 de marzo. Muchos discípulos viajaron a Puri para los ritos».

Uno de los más grandes exponentes del *Bhagavad Gita*, Swami Maharaj fue un gran discípulo de Yoguiraj Sri Shyama Charan Lahiri Mahasaya de Benarés. Swami Maharaj fue el fundador de varios centros de Yogoda Sat-Sanga (Self-Realization Fellowship) en la India y fue la gran inspiración detrás del movimiento de yoga que fue exportado a Occidente por Swami Yogananda, su principal discípulo. Fueron los poderes proféticos y la profunda realización de Sri Yukteswarji los que inspiraron a Swami Yogananda a cruzar los océanos y llevar a América el mensaje de los maestros de la India.

---

12. Las costumbres funerarias en la India requieren la cremación para los jefes de familia; los *swamis* y monjes de otras órdenes no son cremados, sino enterrados (existen excepciones ocasionales). Simbólicamente, se considera que los cuerpos de los monjes ya han sido cremados en el fuego de la sabiduría en el momento de tomar sus votos monásticos.

Sus interpretaciones del *Bhagavad Gita* y otras escrituras son testimonio de la profundidad del conocimiento filosófico de Sri Yukteswarji, tanto oriental como occidental, y permanecen como una revelación para la unidad entre Oriente y Occidente. Como creía en la unidad de todas las religiones, Sri Yukteswar Maharaj estableció la Sadhu Sabha (Sociedad de Santos) con la cooperación de líderes de diversas sectas y credos, para inculcar un espíritu científico en la religión. En el momento de su fallecimiento, nombró a Swami Yogananda como su sucesor en la presidencia de la Sadhu Sabha.

La India es hoy realmente más pobre con la partida de un hombre tan grande. Que todos aquellos que tuvieron la fortuna de acercarse a él inculquen en sí mismos el verdadero espíritu de la cultura y *sadhana* de la India que él personificó.

Regresé a Calcuta. Aún sin confiar en mí mismo para ir a la ermita de Serampore con todos sus recuerdos sagrados, llamé a Prafulla, el pequeño discípulo de Sri Yukteswar en Serampore, y organicé su ingreso a la escuela de Ranchi.

—La mañana en que partiste hacia el *mela* de Allahabad –me dijo Prafulla–, el Maestro cayó pesadamente sobre el sofá. «¡Yogananda se ha ido!», exlamó, «¡Yogananda se ha ido!». Y luego agregó enigmáticamente: «Tendré que decírselo de otra manera». Entonces se sentó en silencio durante horas.

Mis días estaban dominados por las conferencias, las clases, las entrevistas y las reuniones con viejos amigos. Detrás de una sonrisa vacía y una vida de actividad incesante, un río de tristeza oscurecía la corriente de dicha interior que durante tantos años había fluido bajo las arenas de todas mis percepciones.

«¿Adónde ha ido ese sabio divino?, clamé en silencio desde lo más profundo de un espíritu atormentado. No hubo respuesta. «Es mejor que el Maestro haya completado su unión con el Amado Cósmico», me aseguraba mi mente. «Está eternamente resplandeciente en el dominio de la inmortalidad». «Aunque nunca más lo verás en la vieja mansión de Serampore», se lamentaba mi corazón. «Ya no podrás llevar a tus amigos a conocerlo ni decir con orgullo: "¡Contemplad, ahí está el Jnanavatar de la India!"».

El señor Wright hizo los ajustes necesarios para que nuestro grupo zarpara de Bombay a Occidente a principios de junio. Después de una quincena de banquetes y discursos de despedida en Calcuta en mayo, la señorita Bletch, el señor Wright y yo partimos en el Ford hacia Bombay.

A nuestra llegada, las autoridades del barco nos pidieron que canceláramos nuestro pasaje, ya que no había espacio para el Ford, al que necesitaríamos de nuevo en Europa.

—No importa –le dije al señor Wright apesadumbrado–. Quiero regresar una vez más a Puri. –Y en silencio añadí–: Dejad que mis lágrimas caigan una vez más en la tumba de mi gurú.

CAPÍTULO 43

La resurrección de Sri Yukteswar

—¡Señor Krishna!

La gloriosa forma del avatar apareció envuelta en un resplandor fulgurante mientras me encontraba sentado en mi habitación del Hotel Regent en Bombay. La visión inefable surgió repentinamente ante mis ojos: brillaba sobre el tejado de un alto edificio al otro lado de la calle, mientras miraba, absorto, por la ventana abierta del tercer piso.

La figura divina me saludó con una sonrisa y un leve movimiento de cabeza. Al no comprender el mensaje que el Señor Krishna intentaba transmitirme, desapareció con un gesto de bendición. Sentí que algo grandioso, de naturaleza espiritual, estaba a punto de revelarse.

Mi viaje a Occidente se había pospuesto por el momento. Tenía programadas varias conferencias en Bombay antes de regresar durante un tiempo a Bengala.

Una semana después de la visión de Krishna, el 19 de junio de 1936, a las tres de la tarde, estaba sentado en mi cama cuando una luz beatífica hizo que saliera de la meditación. Ante mis ojos, abiertos y asombrados, toda la habitación se convirtió en un espacio extraño: la luz del sol se había transformado en esplendor celestial.

por B. K. Mitra en Kalyana-Kalpatur
KRISHNA, ANTIGUO PROFETA DE LA INDIA
La visión de un artista moderno sobre el maestro divino cuya enseñanza espiritual en el *Bhagavad Gita* se ha convertido en la «Biblia» del hinduismo. Krishna es representado en el arte hindú con una pluma de pavo real en el cabello (símbolo del *lila* del Señor, es decir, su juego o deporte creativo), y portando una flauta, cuyos encantadores sonidos despiertan, uno por uno, a los devotos de su sueño de *maya* o ilusión cósmica.

Sendas oleadas de éxtasis me invadieron al contemplar la forma viva, tangible, de Sri Yukteswar.

—¡Hijo mío! –dijo el Maestro con voz suave y una sonrisa angelical.

Por primera vez en mi vida no me incliné a sus pies; corrí hacia él con ansia y lo abracé con todas mis fuerzas. Un momento supremo. La angustia de los meses anteriores me pareció un precio insignificante comparado con la dicha torrencial que me inundaba ahora.

—Maestro mío, amado de mi corazón, ¿por qué me dejaste? –exclamé, incoherente de alegría–. ¿Por qué me dejaste ir al Kumbha Mela? ¡Cuánto me he reprochado haberte dejado!

—No quise interrumpir tu gozosa expectativa de visitar el lugar sagrado donde, por primera vez, encontré a Babaji. Te dejé sólo por poco tiempo… ¿No estoy aquí contigo de nuevo?

—Pero, ¿eres realmente tú, Maestro? ¿El mismísmo León de Dios? ¿Estás usando un cuerpo idéntico al que enterré bajo las arenas crueles de Puri?

—Sí, hijo mío, soy el mismo. Este cuerpo es de carne y hueso. Aunque yo lo percibo como etéreo, ante tus ojos es físico. Con átomos cósmicos he creado un cuerpo completamente nuevo, idéntico al que depositaste bajo las arenas del sueño en Puri, en tu mundo de ilusiones. He resucitado realmente, no en la Tierra, sino en un planeta astral. Sus habitantes están más preparados que los seres humanos para alcanzar los altos ideales que enseño. Allí, tú y otros amados exaltados vendréis un día a reuniros conmigo.

—¡Gurú inmortal, cuéntame más!

El Maestro rio con una alegría repentina.

—Por favor, querido… ¿podrías aflojar un poco tu abrazo?

—Sólo un poco –dije. Lo estrechaba con la fuerza de un pulpo. Aún podía percibir ese aroma natural, sutil y aromático que siempre había distinguido a su cuerpo. El contacto emocionante de su carne divina permanece, incluso hoy, en mis brazos y mis palmas cuando revivo aquellas horas gloriosas.

—Del mismo modo que los profetas son enviados a la Tierra para ayudar a los hombres a resolver su karma físico, yo he sido enviado por Dios para servir en un planeta astral como redentor –explicó Sri Yukteswar–. Se llama *Hiranyaloka* o Planeta Astral Iluminado. Allí ayudo a seres evolucionados a liberarse del karma astral y a alcanzar así la emancipación final de los ciclos de renacimiento astral. Los habitantes de Hiranyaloka están altamente desarrollados a nivel espiritual; todos ellos, en su última encarnación terrenal, alcanzaron, mediante la meditación, el poder para abandonar de manera consciente sus cuerpos físicos en el momento de la muerte. Ningún ser puede acceder a Hiranyaloka si no ha trascendido, aún en vida, el estado de *sabikalpa samadhi* para alcanzar el más alto estado de *nirbikalpa samadhi*.[1] Los habitantes de Hiranyaloka ya han atravesado las esferas astrales ordinarias, adonde casi todos los seres terrestres deben ir al morir. Allí han trabajado numerosas semillas de sus acciones pasadas, depurándolas en los mundos astrales. Sólo los seres verdaderamente avanzados son capaces de llevar a cabo esta labor redentora en ese plano. Después, para poder liberar sus almas de manera aún más profunda del capullo de las huellas kármicas que persisten en sus cuerpos astrales, estos seres superiores son llamados por la ley cósmica a renacer con nuevos cuerpos astrales en Hiranyaloka, el Sol astral o cielo luminoso, donde he resucitado para asistirlos. También hay en Hiranyaloka almas extremadamente evolucionadas que no proceden del plano astral, sino del mundo causal, más sutil y elevado.

Mi mente estaba ahora tan perfectamente armonizada con la de mi gurú que él me transmitía sus imágenes no sólo mediante palabras, sino también a través de la transferencia directa del pensamiento. Así captaba sus ideas de forma inmediata, ya condensadas.

—Has leído en las escrituras –prosiguió el Maestro– que Dios encerró al alma humana en tres envolturas sucesivas: el cuerpo de ideas o cuerpo causal; el cuerpo astral sutil, que es asiento de la mente y las emociones; y el cuerpo físico, denso y grosero. En la Tierra, el hombre opera con sus sentidos físicos. En el plano astral, un ser actúa mediante su conciencia y sus sentimientos, utilizando un cuerpo compuesto de partículas de

1. En *sabikalpa samadhi*, el devoto ha progresado espiritualmente hasta un estado de unión divina interior, pero no puede mantener su conciencia cósmica excepto en el estado de trance inmóvil. Mediante la meditación continua, alcanza el estado superior de *nirbikalpa samadhi*, en el cual se mueve con libertad por el mundo y realiza sus deberes externos sin perder la realización de Dios.

vida.[2] Un ser del mundo causal permanece en el ámbito dichoso de las ideas. Mi labor es con aquellos seres astrales que están preparándose para entrar en el mundo causal.

—Adorado Maestro, por favor, háblame más sobre el cosmos astral.

Aunque había aflojado un poco mi abrazo, tal como me lo había pedido Sri Yukteswar, mis brazos seguían rodeándolo. Tesoro más allá de todos los tesoros: mi gurú, que había desafiado a la muerte para volver a mí.

—Hay muchos planetas astrales llenos de seres astrales –comenzó el Maestro–. Los habitantes viajan de un planeta a otro en planos astrales, masas de luz que se desplazan más rápido que la electricidad o las energías radiactivas. El universo astral, compuesto por vibraciones sutiles de luz y color, es cientos de veces más vasto que el cosmos material. Toda la creación física cuelga como una pequeña canasta sólida bajo el gigantesco globo luminoso de la esfera astral.

»Así como existen incontables soles y estrellas físicas en el espacio, también hay innumerables sistemas solares y estelares de naturaleza astral. Sus planetas tienen soles y lunas astrales, más bellos que los del mundo físico. Los astros luminosos se asemejan a auroras boreales: el sol astral brilla con un resplandor más intenso que la suave radiación de su luna. El día y la noche astrales son más largos que los de la Tierra.

»El mundo astral es de una belleza infinita: puro, limpio, perfectamente ordenado. No existen planetas muertos ni tierras estériles. Están ausentes las imperfecciones terrestres: no hay

---

2. Sri Yukteswar usó la palabra *prana*; la he traducido como «partículas de vida». Las escrituras hindúes se refieren no sólo al *anu*, «átomo», y al *paramanu*, «más allá del átomo», energías electrónicas más sutiles, sino también al *prana*, «fuerza creadora lifetrónica». Los átomos y electrones son fuerzas ciegas; el *prana* es inherentemente inteligente. Las «partículas de vida» pránicas en los espermatozoides y óvulos, por ejemplo, guían el desarrollo embrionario según un diseño kármico.

malas hierbas, bacterias, insectos ni serpientes. A diferencia de los climas cambiantes y las estaciones del mundo físico, los planetas astrales mantienen una temperatura constante, como una primavera perpetua, con ocasionales nieves blancas resplandecientes y lluvias de luces multicolores. Abundan los lagos de ópalo, los mares luminosos y los torrentes de arcoíris.

»El universo astral ordinario, no el cielo sutil de Hiranyaloka, está habitado por millones de seres astrales que han llegado, en muchos casos recientemente, desde la Tierra. Junto a ellos viven hadas, sirenas, peces y animales luminosos, duendes, gnomos, semidioses y espíritus de diversa índole, todos distribuidos entre los distintos planetas según sus cualificaciones kármicas. Se han dispuesto diversas mansiones esféricas, o regiones vibratorias, para albergar tanto a los espíritus nobles como a los degradados. Los buenos pueden moverse libremente, mientras que los malignos están confinados a zonas específicas. Del mismo modo que los seres humanos viven sobre la tierra, los gusanos bajo el suelo, los peces en el agua y las aves en el aire, los habitantes astrales de diferentes grados habitan regiones vibracionales que les corresponden por derecho natural.

»Entre los ángeles caídos, expulsados de otros mundos, surgen fricciones y conflictos. En sus guerras utilizan explosivos de partículas de vida o rayos vibratorios mántricos.[3] Estas entidades habitan en las regiones sombrías del cosmos astral inferior, trabajando para expiar su karma maligno.

»En los vastos reinos que se extienden por encima de la prisión oscura del astral inferior, todo es brillante y hermoso. El cosmos astral está más armonizado de manera natural con la

---

3. Adjetivo de *mantra*, sonidos semilla entonados que son disparados por el arma mental de la concentración. Los *Puranas* (antiguos *shastras* o tratados) describen estas guerras mántricas entre *devas* y *asuras* (dioses y demonios). Un *asura* intentó una vez matar a un *deva* con un poderoso canto. Pero debido a una mala pronunciación, la bomba mental actuó como un bumerán y mató al demonio.

voluntad divina y con el plan de perfección que el mundo terrenal. Cada objeto astral se manifiesta principalmente por la voluntad de Dios y, en parte, por la llamada de la voluntad de los propios seres astrales. Éstos poseen el poder de modificar o embellecer la forma y la gracia de todo lo que ha sido creado por el Señor. Él les ha otorgado libertad y privilegio para cambiar o perfeccionar el universo astral según su deseo. En la Tierra, un sólido debe convertirse en líquido u otra sustancia mediante procesos físicos o químicos. En cambio, en el plano astral, los sólidos pueden transformarse en líquidos, gases o energía pura de manera inmediata y sólo mediante un acto de voluntad.

»La Tierra está oscurecida por la guerra y el asesinato en mar, tierra y aire –continuó mi gurú–, pero los reinos astrales viven en armonía y justicia. Los seres astrales pueden materializar o desmaterializar sus cuerpos a voluntad. Flores, peces o animales pueden transformarse, temporalmente, en formas humanas astrales. Todos los seres astrales son libres de asumir cualquier forma y pueden comunicarse con facilidad. Ninguna ley natural fija los limita: cualquier árbol astral, por ejemplo, puede ser requerido con éxito para producir un mango astral, otra fruta, una flor o cualquier otro objeto deseado. Aunque existen ciertas restricciones kármicas, no hay distinciones sobre la deseabilidad de las distintas formas: todo vibra con la luz creadora de Dios.

»Nadie nace de una mujer. La descendencia es materializada por los seres astrales con la ayuda de su voluntad cósmica, en formas diseñadas y condensadas de una manera específica. El alma recientemente desencarnada llega a una familia astral por afinidad: es invitada y atraída por semejanza de tendencias mentales y espirituales.

»El cuerpo astral no está sujeto al frío ni al calor, ni a otras condiciones naturales. Su anatomía incluye un cerebro astral (el loto de mil pétalos de luz) y seis centros activos alineados en la *sushumna,* el eje cerebroespinal astral. El corazón absorbe energía cósmica y luz desde el cerebro astral, y las distribuye por los nervios y células astrales, las llamadas «partículas de vida».

Los seres astrales pueden afectar su organismo a través de la fuerza de estas partículas de vida, o mediante vibraciones mántricas.

»El cuerpo astral es una réplica exacta de la última forma física. Los seres astrales conservan la apariencia que tenían en su juventud durante su vida terrenal. En algunos casos, como el mío –añadió el Maestro, que irradiaba la esencia misma de la juventud–, un ser astral elige conservar su aspecto de anciano.

»A diferencia del mundo físico tridimensional, que se percibe sólo a través de los cinco sentidos, las esferas astrales son visibles gracias al sexto sentido: la intuición –prosiguió Sri Yukteswar–. A través del sentimiento intuitivo puro, los seres astrales ven, oyen, huelen, saborean y tocan. Poseen tres ojos: dos parcialmente cerrados, y un tercero, el ojo astral principal, dispuesto en vertical en el centro de la frente, que permanece siempre abierto. Los seres astrales tienen todos los órganos sensoriales externos (oídos, ojos, lengua, nariz y piel), pero emplean la percepción intuitiva para experimentar cualquier sensación a través de cualquier parte del cuerpo. Pueden ver con el oído, oír con la piel, saborear con los ojos o con la lengua, o tocar con la nariz.[4]

»El cuerpo físico del hombre está expuesto a innumerables peligros y puede ser herido o mutilado con facilidad. El cuerpo etéreo astral, aunque en ocasiones puede ser cortado o magullado, se regenera de inmediato por el simple acto de la voluntad.

—Gurudeva, ¿todas las personas astrales son hermosas?

—La belleza, en el mundo astral, se entiende como una cualidad espiritual y no como una mera conformación externa –respondió Sri Yukteswar–. Por eso, los seres astrales conceden poca importancia a los rasgos faciales. Sin embargo, tienen el privilegio de vestirse a voluntad con nuevos cuerpos astrales, materializados y llenos de color. Del mismo modo que los hombres del mundo físico se engalanan para ocasiones festivas, los

---

4. No faltan ejemplos de tales poderes incluso en la Tierra, como en el caso de Helen Keller y otros seres excepcionales.

seres astrales encuentran motivos para adornarse con formas especialmente diseñadas.

»Las festividades en los planetas superiores, como Hiranyaloka, se celebran cuando un alma alcanza la liberación del mundo astral y está lista para entrar en el cielo del mundo causal. En tales ocasiones, el Invisible Padre Celestial y los santos que se han fundido en Él se materializan con cuerpos de su elección y participan en la celebración. Para agradar a su devoto, el Señor adopta cualquier forma deseada. Si el devoto adoró a través del amor filial, lo ve como la Divina Madre. Para Jesús, en cambio, el aspecto paternal del Infinito fue el más entrañable. La individualidad que el Creador ha otorgado a cada alma hace que toda demanda, por más insólita o sutil que sea, encuentre respuesta en la versatilidad divina. Mi gurú y yo reímos con felicidad compartida.

»Los amigos de otras vidas se reconocen fácilmente en el mundo astral –continuó Sri Yukteswar con su voz melodiosa, parecida a una flauta–. Regocijándose en la inmortalidad de la amistad, comprenden la indestructibilidad del amor, de la que tantas veces se ha dudado durante las dolorosas y engañosas separaciones del mundo terrenal.

»La intuición de los seres astrales penetra el velo que separa los mundos y les permite observar las actividades humanas. Pero el hombre común no puede ver el plano astral salvo que haya desarrollado, aunque sea parcialmente, su sexto sentido. Miles de personas han vislumbrado de manera fugaz a un ser o a un paisaje astral.

»Los seres avanzados de Hiranyaloka permanecen despiertos en éxtasis durante la prolongada jornada astral, colaborando en la resolución de complejos problemas del gobierno cósmico y en la redención de las almas atadas a la Tierra. Cuando duermen, tienen ocasionales visiones astrales parecidas a los sueños. Sus mentes suelen mantenerse absortas en la consciencia suprema del estado de *nirbikalpa*, la bienaventuranza sin forma.

»Aun así, los habitantes de todos los planos astrales están sujetos a padecimientos mentales. Las almas más sensibles, en planetas elevados como Hiranyaloka, experimentan un profundo dolor si cometen errores de conducta o desvíos en su percepción de la verdad. Su esfuerzo constante consiste en armonizar cada pensamiento y cada acto con la perfección de la ley espiritual.

»La comunicación entre los seres astrales se realiza íntegramente por telepatía y visión astral. No existe confusión ni malentendidos como los que genera el lenguaje escrito o hablado en la Tierra. Así como los actores en una pantalla parecen moverse mediante proyecciones de luz sin necesidad de respirar, los seres astrales se desplazan y actúan como imágenes luminosas guiadas con inteligencia, sin depender del oxígeno. Mientras el hombre físico necesita sólidos, líquidos, gases y energía para sostenerse, los seres astrales se nutren sobre todo de luz cósmica.

—Maestro mío, ¿los seres astrales comen algo?

Bebía sus palabras con todos mis sentidos abiertos: mente, corazón y alma. Las verdades supraconscientes son eternamente reales, mientras que las percepciones sensoriales, aunque vívidas en su momento, son efímeras y pronto se desvanecen en la memoria. Las enseñanzas de mi gurú estaban grabadas con tal profundidad en el pergamino de mi ser, que, al elevar mi conciencia, podía revivirlas con absoluta claridad.

—En los suelos astrales abundan los vegetales luminosos con formas de rayos –respondió–. Los seres astrales se alimentan de estos vegetales y beben un néctar que fluye de gloriosas fuentes de luz, de arroyos y ríos astrales. Del mismo modo que las imágenes invisibles de las personas pueden extraerse del éter y hacerse visibles en un aparato de televisión, para luego desaparecer, los vegetales y las plantas del mundo astral son precipitados desde el éter por la voluntad de sus habitantes. Incluso jardines enteros, nacidos de la imaginación más fantástica, se materializan con flores aromáticas para luego disolverse de nuevo en su forma etérea. Aunque los seres que habitan planetas celestiales como Hiranyaloka casi no necesitan alimentarse, aún más elevada es la existencia de las almas que moran en el mundo causal, ya casi completamente liberadas, quienes no se nutren de otra cosa que no sea el maná de la bienaventuranza.

»El ser astral liberado de la Tierra se encuentra con una multitud de parientes (padres, madres, esposas, esposos y amigos) adquiridos durante diferentes encarnaciones en la Tierra,[5] a medida que aparecen de vez en cuando en varias partes de los reinos astrales. Por lo tanto, está desconcertado sobre a quién amar; aprende así a ofrecer un amor divino y equitativo para todos, como hijos e individualizaciones de Dios. Aunque la apariencia exterior de los seres amados puede haber cambiado más o menos según el desarrollo de nuevas cualidades en la última vida de cualquier alma en particular, el ser astral emplea su intuición infalible para reconocer a todos aquellos a los que alguna vez quiso en otros planos de existencia y darles la bienvenida a su nuevo hogar astral. Como cada átomo en la creación está dotado de una individualidad inextinguible,[6] un amigo astral será reconocido sin importar el disfraz que adopte, de la misma manera que en la Tierra la identidad de un actor puede desvelarse mediante una observación minuciosa a pesar de cualquier disfraz.

»La duración de la vida en el mundo astral es mucho mayor que en la Tierra. El período de vida promedio de un ser astral avanzado es de quinientos a mil años, medido según los estándares temporales terrestres. Así como ciertos árboles de secuoya sobreviven milenios más que la mayoría de los árboles o como algunos yoguis viven varios cientos de años mientras que la mayoría de los hombres mueren antes de los sesenta, de igual manera algunos seres astrales viven mucho más allá del promedio

---

5. En una ocasión, al Señor Buda le preguntaron por qué un hombre debía amar a todas las personas por igual. «Porque –respondió el gran maestro– en las innumerables y variadas vidas de cada hombre, cada ser ha sido en algún momento querido por él».

6. Las ocho cualidades elementales que forman parte de toda vida creada, desde el átomo hasta el hombre, son: tierra, agua, fuego, aire, éter, movimiento, mente e individualidad (*Bhagavad Gita*: VII, 4).

habitual de existencia astral. Los visitantes del mundo astral permanecen allí por un período más largo o más corto, de acuerdo con el peso de su karma físico, el cual los atrae nuevamente a la Tierra dentro de un tiempo determinado.

El ser astral no tiene que enfrentarse dolorosamente a la muerte al momento de abandonar su cuerpo luminoso. No obstante, muchos de estos seres sienten cierto nerviosismo ante la idea de dejar su forma astral para asumir la más sutil, la del cuerpo causal. El mundo astral está libre de la muerte involuntaria, de las enfermedades y de la vejez. Estos tres temores son la maldición de la Tierra, donde el ser humano ha permitido que su conciencia se identifique casi por completo con un frágil cuerpo físico que necesita ayuda constante del aire, la comida y el sueño simplemente para poder existir.

La muerte física va acompañada de la desaparición del aliento y la desintegración de las células del cuerpo carnal. La muerte astral consiste en la dispersión de las partículas de vida, esas unidades manifiestas de energía que constituyen la vida de los seres astrales. Al morir físicamente, un ser pierde la conciencia del cuerpo de carne y se vuelve consciente de su cuerpo sutil en el mundo astral. Al experimentar la muerte astral en su debido momento, ese ser pasa de la conciencia del nacimiento y la muerte astrales a la del nacimiento y la muerte físicos. Estos ciclos recurrentes de encarnación física y astral son el destino ineludible de todos los seres no iluminados. Las definiciones escriturales del cielo y del infierno a veces despiertan en el ser humano recuerdos más profundos que el subconsciente, reminiscencias de su larga serie de experiencias en los mundos dichosos del astral y en los decepcionantes mundos terrenales.

—Amado Maestro –pregunté–, ¿podrías describir con más detalle la diferencia que existe entre el renacimiento en la Tierra y en las esferas astrales y causales?

—El hombre, como alma individualizada, es esencialmente un ser de cuerpo causal –explicó mi gurú–. Ese cuerpo es una matriz de treinta y cinco ideas, que Dios estableció como fuerzas básicas del pensamiento. A partir de ellas, formó luego el cuerpo astral sutil, compuesto por diecinueve elementos, y el cuerpo físico denso, formado por dieciséis.

»Los diecinueve elementos del cuerpo astral incluyen componentes mentales, emocionales y vitales. Entre ellos se encuentran: la inteligencia, el ego, el sentimiento y la mente (conciencia sensorial). A éstos se suman cinco instrumentos de conocimiento, que son las contrapartes sutiles de los sentidos de la vista, el oído, el olfato, el gusto y el tacto; cinco instrumentos de acción, que corresponden a las facultades ejecutivas de procreación, excreción, habla, locomoción y habilidad manual; y cinco instrumentos de la fuerza vital, responsables de cristalizar, asimilar, eliminar, metabolizar y hacer circular la energía en el interior del cuerpo. Este revestimiento sutil de diecinueve elementos sobrevive a la muerte del cuerpo físico, que está constituido por dieciséis elementos, tanto metálicos como no metálicos.

»Dios –continuó el Maestro– concibió diferentes ideas dentro de Sí mismo y las proyectó como sueños. Así nació la Dama del Sueño Cósmico, adornada con todos los colosales y sin fin ornamentos de la relatividad.

»En las treinta y cinco categorías de pensamiento que conforman el cuerpo causal, Dios diseñó todas las complejidades que dieron origen a los diecinueve componentes astrales y a los dieciséis físicos del ser humano. Mediante la condensación de fuerzas vibratorias, primero sutiles y luego densas, fue creado el cuerpo astral, y, más tarde, la forma física. Según la ley de la relatividad, por la cual la Simplicidad Primordial se transforma en multiplicidad infinita, el cosmos causal y el cuerpo causal se distinguen claramente del cosmos astral y su correspondiente cuerpo; de igual forma, el universo físico y el cuerpo carnal presentan características propias que los separan de las otras formas de existencia.

»El cuerpo físico no es más que una proyección objetivada y fija de los sueños del Creador. En la Tierra, las dualidades son constantes: enfermedad y salud, dolor y placer, pérdida y ganancia. El ser humano vive haciendo frente a limitaciones y resistencias propias de la materia tridimensional. Cuando su impulso vital se ve gravemente afectado por la enfermedad u otras causas, se produce la muerte: el pesado abrigo de la carne es entonces descartado, al menos de manera temporal. Pero el alma sigue envuelta en sus cuerpos astral y causal.[7] La fuerza adhesiva que mantiene unidos estos tres cuerpos es el deseo. El poder de los deseos insatisfechos es la raíz de toda la esclavitud humana.

»Los deseos físicos están arraigados en el egoísmo y en los placeres sensoriales. La compulsión o tentación de la experiencia sensorial es más poderosa que la fuerza del deseo vinculada a los apegos astrales o a las percepciones causales.

»Los deseos en el plano astral giran en torno al disfrute de las vibraciones. Los seres astrales se deleitan con la música etérea de las esferas y quedan embelesados ante la visión de la creación como una sucesión inagotable de formas de luz en constante transformación. También son capaces de oler, saborear y tocar la luz. Sus deseos, por tanto, se manifiestan como la capacidad de precipitar objetos y experiencias a partir de la luz o de pensamientos condensados en forma de sueños.

»Los deseos del plano causal, en cambio, se satisfacen exclusivamente a través de la percepción. Los seres casi liberados, envueltos tan sólo en el cuerpo causal, contemplan todo el universo como manifestaciones de las ideas-sueño de Dios. Pueden materializar cualquier cosa con un simple acto de pensamiento. Por ello, los goces sensoriales físicos o incluso los deleites astrales les resultan groseros y limitantes, como si asfixiaran la sensibilidad pura del alma. Los seres causales realizan sus deseos sin esfuerzo, materializándolos al instante.[8] Aquellos que sólo están

---

7. *Cuerpo* significa cualquier envoltura del alma, ya sea densa o sutil. Los tres cuerpos son jaulas para el Pájaro del Paraíso.

8. Del mismo modo que Babaji ayudó a Lahiri Mahasaya a liberarse de un deseo subconsciente de alguna vida pasada por un palacio, tal como se describe en el capítulo 34.

cubiertos por el delicado velo del cuerpo causal pueden manifestar universos, al igual que el Creador. Debido a que toda la creación está constituida por la textura del sueño cósmico, el alma revestida tenuemente en lo causal experimenta vastas realizaciones de poder.

»El alma, al ser invisible por naturaleza, sólo puede distinguirse por la presencia de su cuerpo o cuerpos. La mera existencia de un cuerpo indica que su presencia es posible debido a deseos insatisfechos.[9]

»Mientras el alma humana permanezca encerrada en uno, dos o tres envoltorios corporales (física, astral y causalmente atada) y sellada con los tapones de la ignorancia y el deseo, no podrá fundirse con el océano del Espíritu. Cuando el cuerpo físico es destruido por el martillo de la muerte, los otros dos revestimientos, el astral y el causal, aún persisten, impidiendo que el alma se una conscientemente a la Vida Omnipresente. Sólo cuando se alcanza la ausencia total de deseo a través de la sabiduría, su poder disuelve los dos velos restantes. Entonces, el alma, diminuta pero infinita en esencia, emerge libre y se funde con la Amplitud Inconmensurable.

Le pedí a mi divino gurú que arrojara más luz sobre ese mundo elevado y misterioso: el mundo causal.

—El mundo causal es de una sutileza indescriptible –respondió–. Comprenderlo requeriría una concentración tan profunda que permitiera cerrar los ojos y visualizar el cosmos astral y el cosmos físico en toda su vastedad (el globo luminoso y la pequeña canasta sólida) como si no fueran más que ideas. Si se lograra esta concentración sobrehumana, uno podría resolver

---

9. «Y les dijo: Dondequiera que esté el cuerpo, allí se juntarán las águilas» (Lucas 17, 37). Dondequiera que el alma esté encerrada en el cuerpo físico, astral o causal, allí también se reunirán las águilas del deseo –que se alimentan de las debilidades sensoriales humanas o de los apegos astrales y causales– para mantener al alma prisionera.

ambos cosmos, con todas sus complejidades, en pensamientos puros. Así se accedería al mundo causal, al punto de fusión entre mente y materia. Allí, todo lo creado (sólidos, líquidos, gases, energía, electricidad; seres, dioses, hombres, animales, plantas, bacterias) es percibido como formas de conciencia, del mismo modo en que un hombre puede cerrar los ojos y saber que existe, aunque su cuerpo ya no esté ante su vista física, sino como una idea.

»Lo que el ser humano sólo puede hacer en la imaginación, un ser causal lo realiza directamente en la realidad. La mente humana más vasta puede, en el pensamiento, desplazarse de planeta en planeta, caer en un abismo de eternidad o elevarse hacia el dosel galáctico, explorar con su luz interior las vías lácteas y espacios estrellados. Pero los seres del mundo causal tienen una libertad infinitamente mayor: manifiestan sus pensamientos al instante, sin obstrucción física, astral ni limitación kármica alguna.

»Comprenden que el cosmos físico no está compuesto, en última instancia, de electrones, ni el astral de partículas de vida: ambos provienen de partículas del pensamiento divino, las más diminutas posibles, fragmentadas por *maya*, la ley de la relatividad, que introduce la ilusión de separación entre el Noúmeno y sus manifestaciones.

»Las almas en el mundo causal se reconocen de manera mutua como puntos individualizados del Espíritu gozoso. Los seres causales perciben que la diferencia entre sus cuerpos y sus pensamientos no es más que una idea. Así como un hombre, al cerrar los ojos, puede visualizar una luz blanca deslumbrante o una tenue neblina azul, los seres causales, sólo con el pensamiento, pueden ver, oír, sentir, saborear y tocar; crean cualquier cosa, o la disuelven, mediante el poder de la mente cósmica.

»La muerte y el renacimiento en el mundo causal ocurren únicamente en el pensamiento. Los seres con cuerpo causal se alimentan sólo del néctar del conocimiento eternamente renovado. Beben de los manantiales de la paz, deambulan por la tierra sin senderos de las percepciones, nadan en la infinitud oceánica del gozo. ¡He ahí! ¡Observa sus luminosos cuerpos de pensamiento cruzar raudos más allá de trillones de planetas creados por el Espíritu, burbujas recién nacidas de universos, estrellas de sabiduría, sueños espectrales de nebulosas doradas, todo ello sobre el azul celeste del seno infinito!

»Muchos seres habitan el cosmos causal durante miles de años. A través de éxtasis cada vez más profundos, el alma liberada finalmente se despoja incluso del cuerpo causal y se reviste de la inmensidad total del cosmos causal. Entonces, todos los remolinos individuales de ideas (olas de poder, amor, voluntad, gozo, paz, intuición, calma, autocontrol y concentración) se funden en el Mar de la Bienaventuranza, eternamente jubiloso. El alma ya no necesita experimentar la alegría como una ola individualizada de conciencia; se funde con el Océano Único, donde todas las olas son vibraciones de risa eterna, estremecimientos cósmicos y plenitud absoluta.

»Cuando un alma sale del capullo de los tres cuerpos, escapa para siempre de la ley de la relatividad y se convierte en el inefable Siempre-Existente.[10] ¡Contempla la mariposa de la Omnipresencia, con sus alas grabadas de estrellas, lunas y soles! El alma, expandida en el Espíritu, permanece sola en la región de la luz sin luz, la oscuridad sin oscuridad, el pensamiento sin pensamiento, embriagada en el éxtasis de la alegría dentro del sueño cósmico de la creación de Dios.

—¡Un alma libre! –exclamé sobrecogido.

—Cuando un alma finalmente escapa de los tres frascos de las ilusiones corporales –continuó el Maestro–, se vuelve una con el Infinito sin perder su individualidad. Cristo ya había alcanzado esta libertad definitiva antes de nacer como Jesús. En

10. «Al que venciere, yo lo haré columna en el templo de mi Dios, y nunca más saldrá (es decir, no se reencarnará más) [...]. Al que venciere, le concederé sentarse conmigo en mi trono, así como yo he vencido y me he sentado con mi Padre en su trono» (Apocalipsis 3, 12, 21).

tres etapas de su existencia anterior, simbolizadas durante su vida terrenal por los tres días que abarcó su experiencia de muerte y resurrección, adquirió el poder de resucitar plenamente en el Espíritu.

»El ser humano no desarrollado debe atravesar incontables encarnaciones en los planos terrenal, astral y causal antes de liberarse de los tres cuerpos. Un maestro que alcanza esta libertad puede optar por regresar a la Tierra como profeta para guiar a otros hacia Dios; o, como en mi caso, puede elegir residir en el cosmos astral. Allí, un salvador asume de manera voluntaria parte de la carga kármica de sus habitantes[11] y así los ayuda a terminar su ciclo de reencarnación en el cosmos astral y pasar permanentemente a las esferas causales. O bien, un alma liberada puede entrar al mundo causal para ayudar a sus seres a acortar su permanencia en el cuerpo causal y así alcanzar la Libertad Absoluta.

—Oh, Resucitado, quiero saber más sobre el karma que obliga a las almas a regresar a los tres mundos.

«Podría oírle hablar eternamente», pensé. Nunca en su vida terrenal había podido asimilar tanta sabiduría de golpe. Por primera vez, una visión clara y definida se desplegaba ante mí sobre los enigmáticos espacios intermedios en el tablero de ajedrez de la vida y la muerte.

—El karma físico, o los deseos del hombre, deben resolverse por completo antes de que sea posible una estancia permanente en los mundos astrales –explicó mi gurú con su voz vibrante.

»En las esferas astrales hay dos clases de seres. Aquellos que aún arrastran karma terrenal pendiente deben reencarnarse en

---

11. Sri Yukteswar indicaba que, así como en su encarnación terrenal ocasionalmente había asumido el peso de enfermedades para aliviar el karma de sus discípulos, de igual manera en el mundo astral su misión como salvador le permitía asumir cierto karma astral de los habitantes de Hiranyaloka y, de este modo, acelerar su evolución hacia el mundo causal superior.

cuerpos físicos densos para saldar esas deudas. Tras la muerte, son visitantes temporales del mundo astral, no residentes permanentes.

»Los seres con karma físico no redimido no pueden, tras abandonar el cuerpo astral, acceder a la elevada esfera causal de las ideas divinas. Se ven obligados a oscilar entre el plano físico y el astral, pasando de la conciencia del cuerpo físico, compuesto por dieciséis elementos densos, a la del cuerpo astral, de diecinueve elementos sutiles. Sin embargo, tras cada muerte física, un alma poco desarrollada suele quedar sumida en un profundo estupor, el sueño de la muerte, apenas consciente de la belleza del mundo astral. Tras ese descanso, retorna a la Tierra para nuevas lecciones, familiarizándose poco a poco con la textura sutil del plano astral a través de múltiples reencarnaciones.

»Los residentes estables del universo astral son aquellos que, liberados para siempre de los anhelos materiales, ya no necesitan volver a las vibraciones densas de la Tierra. Sólo les queda por resolver su karma astral y causal. Tras la muerte en el plano astral, acceden al mundo causal, infinitamente más fino y elevado. Después de cierto tiempo, determinado por la ley cósmica, se despojan también del cuerpo causal, y vuelven a Hiranyaloka u otro planeta astral similar en un nuevo cuerpo, para concluir la redención de su karma astral.

»Hijo mío –continuó Sri Yukteswar–, ahora puedes comprender por qué he resucitado por decreto divino: para servir como salvador de las almas que se reencarnan desde la esfera causal hacia el mundo astral, más que de aquellos que ascienden desde la Tierra. Las almas provenientes de la Tierra, si aún arrastran karma material, no acceden a los planos astrales más elevados como Hiranyaloka.

»Del mismo modo que la mayoría de los humanos no han aprendido, mediante la meditación, a valorar los gozos superiores de la vida astral y, tras la muerte, desean volver a los placeres limitados de la Tierra, también muchos seres astrales, durante la disolución de sus cuerpos, no logran contemplar el estado superior del gozo causal. Enfocados aún en las formas más llamativas del deleite astral, anhelan regresar a ese paraíso vibrante. El karma astral pendiente debe ser redimido antes de que, tras la muerte astral, un alma pueda establecerse de forma permanente en el mundo causal, que se halla tan sutilmente separado del Creador.

»Sólo cuando ya no existen deseos de experiencias en el placentero cosmos astral, y el alma no puede ser tentada a volver, uno accede al plano causal. Allí, completando la redención de su karma más sutil, el alma expulsa el último de los tres tapones de la ignorancia y, al liberarse del frasco final del cuerpo causal, se funde con lo Eterno.

»¿Comprendes ahora? –preguntó el Maestro con una sonrisa encantadora.

—Sí –dije–, mediante tu gracia. No tengo palabras para expresar mi alegría y gratitud.

Jamás canción o escritura alguna me habían transmitido un conocimiento tan luminoso. Aunque las escrituras hindúes mencionan los mundos causal y astral y los tres cuerpos del hombre, ¡qué distantes e inertes parecían en comparación con la calidez viva de mi Maestro resucitado! Para él, en realidad, no existía ningún país inexplorado del cual ningún viajero retorna.

—La interpenetración de los tres cuerpos del hombre –prosiguió mi gran gurú– se expresa de muchas maneras en su naturaleza triple. En el estado de vigilia, el ser humano es más o menos consciente de sus tres vehículos. Cuando está sensualmente absorto en el gusto, el olfato, el tacto, el oído o la vista, actúa sobre todo desde su cuerpo físico. Cuando visualiza o desea, está operando desde su cuerpo astral. Su dimensión causal se manifiesta cuando piensa, reflexiona o medita: los pensamientos cósmicos del genio descienden sobre aquel que suele entrar en contacto con su cuerpo causal.

—¡Oh, gurú angelical! –dije–, tu cuerpo se ve exactamente igual que cuando lloré sobre él por última vez en el *ashram* de Puri.

—Oh, sí –respondió–, este nuevo cuerpo es una copia perfecta del anterior. Puedo materializar o desmaterializar esta forma a voluntad, con mucha más frecuencia que cuando vivía en la Tierra. Ahora, mediante una rápida desmaterialización, viajo de manera instantánea a la velocidad de la luz, de un planeta a otro, o incluso entre el cosmos astral, causal y físico. –Mi divino gurú sonrió con dulzura–. Aunque ahora te mueves mucho más deprisa de aquí para acá, ¡no me ha resultado muy difícil encontrarte en Bombay!

—Oh, Maestro... estaba tan afligido por tu muerte...

—¿Y en qué momento morí? ¿No hay, acaso, una contradicción en eso?

Los ojos de Sri Yukteswar brillaron con amor... y con divertida ironía.

—Tú sólo estabas soñando en la Tierra; en esa Tierra viste mi cuerpo de ensueño –continuó–. Más tarde, enterraste esa imagen de sueño. Ahora mi cuerpo carnal más sutil, que estás viendo y que incluso ahora mismo estás abrazando con bastante fuerza, ha resucitado en otro planeta de ensueño más sutil de Dios. Algún día, ese cuerpo de ensueño más fino y ese planeta de ensueño más fino también desaparecerán; tampoco son eternos. Todas las burbujas de ensueño deben, finalmente, estallar con un toque final de vigilia. ¡Diferencia, hijo mío Yogananda, entre los sueños y la Realidad!

Esta idea de la resurrección vedántica[12] me dejó maravillado. Me avergoncé de haber sentido lástima por el Maestro al ver su cuerpo sin vida en Puri. Comprendí, por fin, que mi gurú había estado siempre plenamente despierto en Dios, percibiendo su vida en la Tierra, su tránsito y su resurrección como meras relatividades dentro del sueño cósmico de las ideas divinas.

---

12. Vida y muerte como meras relatividades del pensamiento. El *Vedanta* señala que Dios es la única Realidad; toda la creación o existencia separada es *maya* o ilusión. Esta filosofía del monismo alcanzó su máxima expresión en los comentarios de Shankara sobre los *Upanishads*.

—Ahora te he contado, Yogananda, las verdades de mi vida, mi muerte y mi resurrección. No me llores; difunde, más bien, la historia de mi resurrección. Desde la tierra soñada por Dios hasta otro planeta también soñado por Él, donde moran almas vestidas astralmente. ¡Una nueva esperanza será infundida en los corazones de los soñadores del mundo, atormentados por la miseria y el miedo a la muerte!

—¡Sí, Maestro! –exclamé. Estaba dispuesto, con todo mi ser, a compartir con otros la dicha de su regreso.

—En la Tierra, mis estándares eran incómodamente elevados, inadecuados para la mayoría. A menudo te reprendí más de lo que merecías. Pero superaste la prueba; tu amor brilló a través de todas mis nubes de severidad. –Con dulzura añadió–: Hoy también he venido a decirte que no volveré a llevar la severa mirada del reproche. Nunca más te regañaré.

¡Cuánto había extrañado sus correcciones! Cada reprensión había sido un ángel de protección.

—¡Queridísimo Maestro! ¡Repréndeme un millón de veces! ¡Hazlo ahora!

—No volveré a hacerlo. –Su voz era grave, aunque teñida de risa–. Tú y yo sonreiremos juntos mientras nuestras formas parezcan distintas dentro del sueño de *maya*. Al final, nos fundiremos como uno en el Amado Cósmico. Nuestra sonrisa será Su sonrisa. Nuestra canción unificada de alegría vibrará a través de la eternidad y será transmitida a las almas sintonizadas con Dios.

Durante las dos horas que pasó conmigo en la habitación del hotel en Bombay, Sri Yukteswar respondió a todas mis preguntas. Me iluminó sobre ciertos asuntos que no puedo revelar aquí. Varias profecías mundiales que pronunció aquel día de junio de 1936 ya se han cumplido.

—¡Ahora te dejo, amado! –dijo al despedirse.

Sentí cómo se desvanecía entre mis brazos.

—Hijo mío –dijo, y su voz vibró profundamente dentro de mí–, cada vez que entres por la puerta del *nirbikalpa samadhi* y me llames, acudiré a ti en carne y hueso, como hoy.

Con esa promesa celestial, Sri Yukteswar desapareció de mi vista. Desde una nube, una voz como un trueno musical repitió:

—¡Díselo a todos! Quien, mediante la realización del *nirbikalpa*, sepa que la Tierra es un sueño de Dios, podrá venir al planeta más fino, también soñado, de Hiranyaloka, y allí encontrará mi forma resucitada, igual a la que tuve en la Tierra. ¡Yogananda, díselo a todos!

La tristeza de la separación se disipó. El dolor por su muerte, que me había robado la paz durante tanto tiempo, huyó avergonzado. La bienaventuranza brotó como una fuente a través de los infinitos poros recién abiertos de mi alma. Antes obstruidos por el desuso, ahora se ensancharon en pureza, ante la inundación arrolladora del éxtasis. Pensamientos y sentimientos subconscientes de mis vidas pasadas se limpiaron de sus impurezas kármicas, iluminados por la visita divina de Sri Yukteswar.

En este capítulo de mi autobiografía he obedecido su mandato: he difundido la buena nueva, aunque vuelva a desconcertar a una generación indiferente. El hombre sabe arrastrarse; la desesperanza rara vez le resulta ajena. Pero eso es perversidad, no destino. El día que lo decidas, podrás entrar en el sendero hacia la libertad. Demasiado tiempo has escuchado el lúgubre consejo de los que te recuerdan «polvo eres» sin reconocer la grandeza del alma inconquistable.

No fui el único privilegiado en contemplar al Gurú Resucitado.

Una de las *chelas* de Sri Yukteswar era una anciana, cariñosamente conocida como Ma, cuyo hogar estaba cerca de la ermita de Puri. El Maestro solía detenerse a charlar con ella durante sus caminatas matutinas. La tarde del 16 de marzo de 1936, Ma llegó al *ashram* y pidió ver a su gurú.

—¿Por qué? –le respondió con tristeza Swami Sebananda, ahora a cargo de la ermita–. ¡El Maestro ha muerto hace una semana!

—Eso es imposible –respondió ella con una leve sonrisa–. ¿Tal vez intentas protegerlo de visitantes insistentes?

—No. –Sebananda le relató los detalles del entierro–. Ven, te llevaré al jardín delantero para que veas la tumba de Sri Yukteswarji.

Ma negó con la cabeza.

—¡No hay tumba! Esta mañana, a las diez, ha pasado frente a mi casa como siempre. Hemos hablado durante varios minutos bajo el sol. Me he dicho: «Ven esta tarde al *ashram*». ¡Aquí estoy! ¡Caen bendiciones sobre esta vieja cabeza canosa! El gurú inmortal quiso mostrarme en qué cuerpo trascendental me ha visitado esta mañana.

Sebananda, sobrecogido, cayó de rodillas.

—Ma –dijo–, ¡qué peso de dolor has levantado de mi corazón! ¡Él ha resucitado!

CAPÍTULO 44

Con Mahatma Gandhi en Wardha

—¡Bienvenidos a Wardha! –Mahadev Desai, secretario de Mahatma Gandhi, nos saludó a la señora Bletch, al señor Wright y a mí con estas cordiales palabras y con la entrega de guirnaldas de *khaddar*, el algodón hilado a mano.

Era una mañana de agosto, y nuestro pequeño grupo acababa de bajar del tren, agradecido de dejar atrás el polvo y el calor del trayecto. Confiamos nuestro equipaje a un carro de bueyes y subimos a un automóvil descubierto junto al señor Desai y sus compañeros, Babasaheb Deshmukh y el doctor Pingale. Un breve trayecto por caminos embarrados nos condujo a Maganvadi, el *ashram* del santo político de la India.

El señor Desai nos llevó directamente a la sala de escritura, donde Mahatma Gandhi se hallaba sentado con las piernas cruzadas. Sostenía una pluma en una mano y un pequeño trozo de papel en la otra. Una sonrisa amplia, cálida y encantadora iluminaba su rostro.

«¡Bienvenidos!», escribió en hindi, ya que era lunes, su día semanal de silencio.

Mahatma Gandhi
Disfruto de un tranquilo almuerzo con el santo político de la India en su *ashram* en Wardha, agosto de 1935.

Aunque era nuestro primer encuentro, nos sonreímos como viejos conocidos. En 1925, Gandhi había honrado con su presencia la escuela de Ranchi, dejando un elogioso mensaje en el libro de visitantes.

Aquel diminuto santo de poco más de cuarenta y cinco kilos irradiaba salud en todos los planos: físico, mental y espiritual. Sus suaves ojos marrones brillaban con inteligencia, sinceridad y discernimiento. Este hombre, que se ha enfrentado y superado mil batallas legales, sociales y políticas, no tiene igual entre los líderes del mundo. Ninguno ha alcanzado el lugar firme y profundo que Gandhi ocupa en el corazón de su pueblo, incluso entre los millones de analfabetos de la India. Su título más famoso, *Mahatma* («gran alma»), es un tributo espontáneo nacido del amor colectivo.[1] Para ellos, Gandhi limita su vestimenta al ampliamente caricaturizado taparrabos, símbolo de su unidad con las masas oprimidas que no pueden permitirse más que eso.

«Los residentes del *ashram* están completamente a su disposición; por favor, recurra a ellos para cualquier servicio»: con su característica cortesía, el Mahatma me entregó esta nota escrita apresuradamente mientras el señor Desai guiaba a nuestro grupo desde la sala de escritura hacia la casa de huéspedes.

Nuestro guía nos condujo a través de huertos y campos floridos hasta un edificio de tejas y ventanas enrejadas. En el patio delantero, un pozo de unos siete metros y medio de diámetro servía, según nos explicó el señor Desai, para abastecer de agua al ganado. Cerca de allí, una rueda de cemento giratoria se utilizaba para trillar arroz. Cada uno de nuestros pequeños dormitorios albergaba tan sólo lo esencial: una cama de cuerda hecha a mano. La cocina, encalada en blanco, tenía un grifo en una esquina y un fogón en la otra. Nos rodeaban los sonidos sencillos y bucólicos de la vida rural: el graznido de los cuervos y gorriones, el mugido del ganado y el golpeteo rítmico de los cinceles al labrar las piedras.

Al advertir el diario de viaje del señor Wright, el señor Desai tomó una página y escribió en ella una lista de los votos de *Satyagraha*,[2] tomados por todos los estrictos seguidores del Mahatma (*satyagrahis*): «No violencia; Verdad; No robar; Celibato; No posesión; Trabajo físico; Control del paladar; Intrepidez; Respeto igualitario por todas las religiones; *Swadeshi* (uso de productos manufacturados en el país); Liberación de la intocabilidad. Estos once votos deben ser observados con un espíritu

---

1. Su nombre de familia es Mohandas Karamchand Gandhi. Nunca se refiere a sí mismo como «Mahatma».

2. La traducción literal del sánscrito es «aferrarse a la verdad». *Satyagraha* es el famoso movimiento de no violencia dirigido por Gandhi.

de humildad». (El mismo Gandhi firmó esta página al día siguiente, añadiendo también la fecha: 27 de agosto de 1935).

Dos horas después de nuestra llegada, nos llamaron a mis compañeros y a mí para almorzar. El Mahatma ya se encontraba sentado bajo el pórtico del *ashram*, al otro lado del patio, frente a su estudio. Unos veinticinco *satyagrahis*, todos descalzos, estaban en cuclillas ante sus tazas y platos de bronce. Tras una oración comunitaria, se sirvió la comida desde grandes ollas de bronce: *chapatis* (pan integral sin levadura) rociados con *ghee*, *talsari* (vegetales hervidos y cortados en dados) y mermelada de limón.

Gandhi comió *chapatis*, remolacha hervida, algunas verduras crudas y naranjas. A un lado de su plato reposaba un gran trozo de hojas de *neem*, conocidas por su potente efecto depurador de la sangre. Con su cuchara, separó una porción y la colocó en mi plato. La tragué con agua, evocando mis días de infancia, cuando mi madre me obligaba a ingerir esa desagradable dosis. Gandhi, en cambio, saboreaba la pasta de *neem* bocado a bocado, con el mismo deleite que si estuviera comiendo un dulce exquisito.

En ese pequeño gesto advertí su extraordinaria capacidad para desligar la mente de los sentidos a voluntad. Recordé entonces su célebre apendicectomía, realizada años atrás: rechazó cualquier anestesia y conversó animadamente con sus discípulos durante toda la intervención, con su sonrisa constante reflejando una total ausencia de dolor.

Por la tarde, tuve la oportunidad de conversar con la célebre discípula de Gandhi, hija de un almirante británico: Madeleine Slade, hoy conocida como Mirabai.[3] Su rostro fuerte y sereno se

---

3. Recientemente se han difundido informes falsos y, por desgracia, malintencionados de que la señora Slade había roto todos sus lazos con Gandhi y abandonado sus votos. La señora Slade, discípula *satyagraha* del Mahatma durante veinte años, hizo una declaración firmada a la United Press, fechada el 29 de diciembre de

iluminó de entusiasmo mientras me explicaba, en un impecable hindi, sus actividades diarias.

—El trabajo de reconstrucción rural es gratificante. Cada mañana, a las cinco, un grupo vamos a servir a los aldeanos cercanos y a enseñarles normas básicas de higiene. Nos encargamos de limpiar sus letrinas y sus chozas de barro con techo de paja. Los aldeanos son analfabetos; no pueden ser educados excepto con el ejemplo –dijo riendo alegremente.

La miré con admiración. Esta noble inglesa poseía una humildad cristiana tan auténtica que le permitía realizar tareas de saneamiento que, por lo general, sólo eran llevadas a cabo por los intocables.

—Llegué a la India en 1925 –me contó–. En esta tierra siento que he vuelto a casa. Ahora, jamás estaría dispuesta a regresar a mi antigua vida ni a mis antiguos intereses.

Conversamos un rato sobre América.

—Siempre me complace y me asombra –dijo– ver el profundo interés por los temas espirituales que demuestran muchos estadounidenses que visitan la India.[4]

Las manos de Mirabai pronto comenzaron a trabajar en el *charka*, la rueda de hilar omnipresente en todas las habitacio-

---

1945, en la que explicaba que una serie de rumores infundados surgieron después de que ella partiera, con la bendición de Gandhi, hacia un pequeño lugar en el noreste de la India, cerca del Himalaya, con el propósito de fundar allí su ahora próspero *Kisan Ashram* (centro de ayuda médica y agrícola para los campesinos). Mahatma Gandhi planea visitar el nuevo *ashram* en 1946.

4. La señorita Slade me recordó a otra distinguida mujer occidental, la señorita Margaret Woodrow Wilson, hija mayor del gran presidente estadounidense. La conocí en Nueva York; tenía un profundo interés por la India. Más tarde fue a Pondicherry, donde pasó los últimos cinco años de su vida, siguiendo felizmente un camino de disciplina a los pies de Sri Aurobindo Ghosh. Este sabio nunca habla; recibe en silencio a sus discípulos sólo en tres ocasiones al año.

nes del *ashram* y, gracias al Mahatma, difundida por toda la India rural.

Gandhi tiene razones tanto económicas como culturales para promover el resurgimiento de las industrias caseras, aunque no aboga por un rechazo fanático del progreso moderno. La maquinaria, los trenes, los automóviles y el telégrafo han desempeñado un papel importante en su propia vida colosal. Cincuenta años de servicio público –dentro y fuera de prisión, enfrentándose día tras día a los detalles prácticos y a las duras realidades del mundo político– no han hecho más que acrecentar su equilibrio, su mente abierta, su sensatez y su apreciación humorística del espectáculo humano.

Nuestro trío disfrutó de una cena a las seis en casa de Babasaheb Deshmukh. A las siete, la hora de la oración nos encontró de vuelta en el *ashram* de Maganvadi, subiendo a la azotea, donde unos treinta *satyagrahis* estaban agrupados en semicírculo alrededor de Gandhi. El Mahatma se hallaba en cuclillas sobre una estera de paja, con un antiguo reloj de bolsillo frente a él. El sol poniente arrojaba su último resplandor sobre las palmeras y los banianos; el zumbido de la noche y los grillos ya había comenzado. La atmósfera era de una serenidad absoluta; yo estaba extasiado.

Se entonó un canto solemne dirigido por el señor Desai, con respuestas del grupo, seguido de una lectura del *Gita*. El Mahatma me hizo señas para que ofreciera la oración final. Qué divina unidad de pensamiento y aspiración. Un recuerdo imborrable: la meditación en la azotea de Wardha bajo las primeras estrellas.

Puntualmente a las ocho, Gandhi rompió su silencio. Las titánicas labores de su vida lo obligaban a repartir su tiempo con rigurosa precisión.

—¡Bienvenido, Swamiji!

Esta vez, el saludo no se plasmó en un papel. Acabábamos de descender de la azotea a su sala de escritura, amueblada de forma sencilla con esteras cuadradas (sin sillas), un escritorio bajo con libros, papeles y algunas plumas corrientes (no estilográficas). En una esquina, un reloj sin pretensiones marcaba los segundos. Todo el ambiente estaba impregnado de una paz intensa, de devoción callada. Gandhi me regaló una de sus encantadoras, cavernosas y casi desdentadas sonrisas.

—Hace años –explicó–, comencé mi observancia semanal de un día de silencio como un medio para ganar tiempo y atender mi correspondencia. Pero ahora esas veinticuatro horas se han convertido en una necesidad espiritual vital. Un silencio periódico no es una tortura, sino una bendición.

Estuve completamente de acuerdo.[5] El Mahatma me preguntó sobre América y Europa; discutimos sobre la India y la situación mundial.

—Mahadev –dijo Gandhi cuando el señor Desai entró en la habitación–, por favor, haz las gestiones en el ayuntamiento para que Swamiji hable sobre yoga mañana por la noche.

Al despedirme del Mahatma, me entregó con amabilidad un frasco de aceite de citronela.

—Los mosquitos de Wardha no saben nada sobre *ahimsa*,[6] Swamiji –dijo riendo.

A la mañana siguiente, nuestro pequeño grupo desayunó temprano a base de una sabrosa papilla de trigo con melaza y leche. A las diez y media nos convocaron en el pórtico del *ashram* para almorzar con Gandhi y los *satyagrahis*. El menú del día incluía arroz integral, una nueva selección de verduras y semillas de cardamomo.

Al mediodía, paseé por los terrenos del *ashram* hasta llegar a los pastizales, donde unas cuantas vacas imperturbables pasta-

---

5. Durante años, en América había estado observando períodos de silencio, para consternación de visitantes y secretarios.

6. *Ahimsa*: «inocuidad», «no violencia», la piedra angular del credo de Gandhi. Nació en el seno de una familia de estrictos jainistas, quienes veneran la *ahimsa* como la virtud fundamental. El jainismo, una secta del hinduismo, fue fundado en el siglo VI a. C. por Mahavira, un contemporáneo de Buda. *Mahavira* significa «gran héroe»; ¡que contemple a través de los siglos a su heroico hijo Gandhi!

ban bajo el sol. La protección de las vacas es una pasión profunda en Gandhi.

—La vaca, para mí, representa todo el mundo subhumano, extendiendo la simpatía del hombre más allá de su propia especie –ha explicado el Mahatma–. A través de la vaca, el hombre es instado a ser consciente de su identidad con todo lo que vive. Es evidente por qué los antiguos *rishis* eligieron a la vaca para su apoteosis. Era la dadora de abundancia: no sólo proporcionaba leche, sino que también hacía posible la agricultura. La vaca es un poema de compasión; uno lee la compasión en este gentil animal. Es la segunda madre de millones de personas. Su protección significa la protección de toda la creación muda de Dios. La llamada de los seres inferiores es aún más poderosa porque no tienen voz.

Entre los rituales diarios obligatorios para el hindú ortodoxo, tres *yajnas* ocupan un lugar esencial. Uno de ellos es el *Bhuta Yajna*, la ofrenda de comida al reino animal. Esta ceremonia simboliza el reconocimiento por parte del hombre de su responsabilidad hacia las formas menos evolucionadas de la vida, instintivamente apegadas a las identificaciones corporales que también afectan al ser humano, pero sin contar con la cualidad liberadora de la razón. El *Bhuta Yajna* refuerza así la disposición del hombre a socorrer a los más débiles, del mismo modo que él mismo es sostenido por cuidados invisibles de seres superiores. Es también una ofrenda de gratitud por los dones renovadores de la naturaleza, pródiga en la tierra, el mar y el cielo. La barrera evolutiva de la incomunicación entre naturaleza, animales, humanidad y entidades astrales se vence mediante estos actos de amor silencioso.

Los otros dos *yajnas* diarios son *Pitri* y *Nri*. El *Pitri Yajna* consiste en una ofrenda de oblaciones a los ancestros, símbolo del reconocimiento por parte del hombre de su deuda con el pasado, cuya esencia de sabiduría sigue iluminando a la humanidad. El *Nri Yajna* es una ofrenda de comida a los desconocidos o a los pobres, expresión de las responsabilidades actuales del ser humano hacia sus contemporáneos.

A primera hora de la tarde, cumplí con un vecino *Nri Yajna* al visitar el *ashram* de niñas fundado por Gandhi. El señor Wright me acompañó en el breve trayecto en automóvil de apenas diez minutos. Nos recibieron pequeñas caritas florales bajo largos y coloridos *saris*. Al final de una breve charla en hindi,[7] que daba al aire libre, el cielo desató una repentina lluvia torrencial. Riendo, el señor Wright y yo subimos al automóvil y regresamos a Maganvadi entre cortinas de plata líquida. ¡Qué intensidad y esplendor tropical!

Al volver a entrar en la casa de huéspedes, me impresionó de nuevo la extrema sencillez y las señales de autosacrificio que se manifestaban por todas partes. El voto de no posesión de Gandhi fue una decisión temprana en su vida matrimonial. Renunció a una próspera carrera legal que le reportaba más de 20 000 dólares anuales, y repartió toda su riqueza entre los pobres.

Sri Yukteswar solía bromear con ternura sobre los conceptos erróneos en torno a la renunciación.

—Un mendigo no puede renunciar a la riqueza –decía–. Si un hombre se lamenta: «Mi negocio ha fracasado, mi esposa me ha abandonado, renunciaré a todo y entraré en un monasterio», ¿a qué sacrificio se refiere? No ha renunciado a la riqueza ni al amor; ¡ellos han renunciado a él!

Los santos como Gandhi, en cambio, han hecho no sólo renuncias materiales tangibles, sino también sacrificios mucho más profundos: la renunciación del egoísmo y de los objetivos personales. Han fundido su ser más íntimo con el destino colectivo de la humanidad.

---

7. El hindi es la lengua franca de toda la India. Un idioma indoeuropeo basado en gran parte en raíces sánscritas, el hindi es la lengua vernácula principal del norte de la India. El dialecto principal del hindi occidental es el hindustani, escrito tanto en caracteres *devanagari* (sánscrito) como en caracteres árabes. Su subdialecto, el urdu, es hablado por los musulmanes.

La extraordinaria esposa del Mahatma, Kasturabai, no protestó cuando él decidió no reservar ninguna parte de su patrimonio ni para ella ni para sus hijos. Casados desde jóvenes, ambos hicieron voto de celibato tras el nacimiento de varios hijos.[8] Kasturabai, serena heroína en la intensa epopeya compartida con su esposo, lo siguió a prisión, compartió sus ayunos de tres semanas y asumió con firmeza su parte en las interminables responsabilidades que Gandhi cargaba sobre sus hombros. Ella le rindió este conmovedor tributo: «Te doy las gracias por haberme ofrecido el privilegio de ser tu compañera y ayuda de por vida. Te doy las gracias por el matrimonio más perfecto del mundo, basado en el *brahmacharya* y no en el sexo. Te doy las gracias por haberme considerado tu igual en tu labor por la India. Te doy las gracias por no haber sido uno de esos esposos que pasan el tiempo en juegos, carreras, mujeres, vino y canciones, cansándose de su esposa e hijos como un niño se cansa de sus juguetes. Qué agradecida estoy de que no buscaras enriquecerte a costa del trabajo de otros. Qué agradecida estoy de que pusieras a Dios y a tu país por encima de los sobornos. De que tuvieras el coraje de tus convicciones y una fe plena en

---

8. Gandhi ha descrito su vida con una franqueza demoledora en *La historia de mis experimentos con la verdad* (*The Story of My Experiments With Truth*, Ahmedabad: Navajivan Press, 1927-29, 2 volúmenes). Esta autobiografía ha sido resumida en *Mahatma Gandhi, His Own Story*, editada por C. F. Andrews, con una introducción de John Haynes Holmes (Nueva York: Macmillan Co., 1930).

Muchas autobiografías, repletas de nombres célebres y acontecimientos coloridos, guardan un silencio casi total respecto a cualquier fase de análisis o desarrollo interior. Uno termina de leer estos libros con cierta insatisfacción, como si dijera: «He aquí un hombre que conoció a muchas personas notables, pero que nunca se conoció a sí mismo». Esa reacción es imposible ante la autobiografía de Gandhi; él expone sus faltas y evasivas con una devoción impersonal a la verdad, rara en los anales de cualquier época.

Dios. Qué agradecida estoy por un esposo que, incluso por encima de mí, puso a Dios y a su país. Te doy las gracias por tu paciencia conmigo y por que soportaras mis fallos juveniles, cuando me quejaba y me rebelaba contra el cambio que impusiste en nuestra forma de vida: de tener tanto, a tener tan poco. Desde niña, viví en casa de tus padres. Tu madre, grande y noble, me enseñó cómo ser una esposa valiente y digna, cómo conservar tu amor y tu respeto. A medida que te convertiste en el líder más amado de la India, nunca tuve el temor que sienten otras esposas cuando sus maridos escalan el éxito y las dejan atrás. Sabía que la muerte nos encontraría aún como marido y mujer».

Durante años, Kasturabai actuó como tesorera de los fondos públicos que Gandhi recaudó por millones. En muchos hogares de la India se cuentan historias humorísticas sobre esposos que tiemblan al ver a sus esposas llevar joyas a una reunión con el Mahatma: su lengua mágica, defendiendo la causa de los oprimidos, lograba que pulseras de oro y collares de diamantes pasaran directamente de los brazos y cuellos de las damas ricas a la cesta de donaciones.

Un día, la tesorera pública, Kasturabai, no pudo justificar la salida de cuatro rupias. Gandhi, sin excepciones, publicó un informe contable donde señalaba la discrepancia de su esposa.

He contado muchas veces esta historia a mis alumnos en América. Una noche, una mujer del público exclamó con indignación:

—Mahatma o no Mahatma, si él fuera mi esposo, le habría puesto un ojo morado por semejante insulto público.

Después de un intercambio humorístico sobre las esposas hindúes y las americanas, ofrecí una explicación más profunda:

—La señora Gandhi no considera al Mahatma tan sólo como su esposo, sino como su gurú, alguien que tiene derecho a reprenderla incluso por errores menores. Tiempo después de esa reprimenda pública, Gandhi fue sentenciado a prisión por motivos políticos. Mientras se despedía de ella con calma, Kasturabai se arrodilló ante él. «Maestro», dijo humildemente, «si alguna vez te he ofendido, por favor, perdóname».[9]

A las tres de la tarde de aquel día en Wardha, me dirigí, según lo acordado, a la sala de escritura del santo que había logrado lo extraordinario: hacer de su propia esposa una discípula inquebrantable. Un milagro poco común.

Gandhi levantó la mirada y me recibió con su inolvidable sonrisa.

—Mahatmaji –dije, mientras me sentaba en cuclillas a su lado sobre la estera sin cojines–, por favor, dime tu definición de *ahimsa*.

—La evitación de causar daño a cualquier ser vivo, en pensamiento o en acción.

—Qué ideal tan hermoso. Pero el mundo siempre preguntará: ¿no se puede matar a una cobra para proteger a un niño o a uno mismo?

—No podría matar a una cobra sin violar dos de mis votos: el de la valentía y el de la no violencia. Preferiría intentar calmar a la serpiente con vibraciones de amor. No puedo rebajar mis estándares para adaptarlos a mis circunstancias. –Y añadió, con su asombrosa franqueza–: ¡Debo confesar que no podría mantener esta conversación si estuviera frente a una cobra!

Hice un comentario sobre varios libros occidentales recientes sobre alimentación que se encontraban en su escritorio.

—Sí, la alimentación es importante en el movimiento *Satyagraha*, como en todo –respondió con una sonrisa–. Como promuevo la continencia total en los *satyagrahis*, siempre estoy

---

9. Kasturabai Gandhi murió en prisión en Poona el 22 de febrero de 1944. El habitualmente impasible Gandhi lloró en silencio. Poco después de que sus admiradores sugirieran un Fondo Conmemorativo en su honor, 125 *lacs* de rupias (casi cuatro millones de dólares) llegaron de toda la India. Gandhi ha dispuesto que el fondo se utilice para el bienestar de las aldeas entre mujeres y niños. Informa de sus actividades en su semanario en inglés *Harijan*.

tratando de descubrir la mejor dieta para el célibe. Uno debe conquistar el paladar antes de poder dominar el instinto procreador. La semidesnutrición o las dietas desequilibradas no son la respuesta. Tras superar la avidez interna por la comida, el *satyagrahi* debe seguir una dieta vegetariana racional, con todas las vitaminas, minerales y calorías necesarias. Con sabiduría interior y exterior respecto a la alimentación, el fluido sexual se transforma fácilmente en energía vital para todo el cuerpo.

El Mahatma y yo comparamos nuestros conocimientos sobre buenos sustitutivos de la carne.

—El aguacate es excelente –le dije–. Hay numerosos cultivos cerca de mi centro en California.

El rostro de Gandhi se iluminó con interés.

—Me pregunto si crecerían en Wardha. Los *satyagrahis* valorarían un nuevo alimento.

—Me aseguraré de enviar algunas plantas de aguacate desde Los Ángeles a Wardha –añadí–.[10] Los huevos son un alimento rico en proteínas, ¿están prohibidos para los *satyagrahis*?

—No los están los no fertilizados –respondió el Mahatma con una risa evocadora–. Durante años no los acepté en la dieta; incluso ahora, personalmente no los como. Una vez, una de mis nueras estaba al borde de la muerte debido a la desnutrición; su médico insistió en que debía comer huevos. No estuve de acuerdo y le aconsejé que le proporcionara algún sustitutivo. «Gandhiji», dijo el médico, «los huevos no fertilizados no contienen esperma de vida; no hay ningún acto de violencia implícito». Entonces, de inmediato permití que mi nuera comiera huevos; pronto recuperó la salud.

La noche anterior, Gandhi había expresado su deseo de aprender la técnica de Kriya Yoga de Lahiri Mahasaya. Me conmovió la mente abierta y el espíritu de búsqueda del Mahatma.

---

10. Envié plantas de aguacate a Wardha poco después de mi regreso a América. ¡Lamentablemente, murieron en el camino, incapaces de soportar los rigores del largo transporte oceánico!

En su búsqueda divina, revelaba aquella pureza receptiva que Jesús alabó en los niños: «de ellos es el reino de los cielos».

Había llegado la hora de mi esperada enseñanza; varios *satyagrahis* entraron en la habitación: el señor Desai, el doctor Pingale y otros que deseaban aprender la técnica del Kriya.

Primero enseñé los ejercicios físicos de Yogoda al pequeño grupo. El cuerpo se divide en veinte partes; la voluntad dirige la energía por turnos a cada sección. Pronto, todos vibraban ante mí como un motor humano. Era fácil observar el efecto ondulante en las veinte partes del cuerpo de Gandhi, que en todo momento estaban completamente a la vista. Aunque muy delgado, su aspecto no resultaba desagradable; su piel era tersa y no tenía arrugas.

Más tarde, inicié al grupo en la técnica liberadora del Kriya Yoga.

El Mahatma había estudiado con reverencia todas las religiones del mundo. Las escrituras jainistas, el Nuevo Testamento bíblico y los escritos sociológicos de Tolstói[11] son las tres principales fuentes de sus convicciones sobre la no violencia. Ha expresado su credo de la siguiente manera: «Creo que la Biblia, el Corán y el Zend-Avesta[12] están tan divinamente inspirados como los Vedas. Creo en la institución de los gurús, pero en esta época, millones de personas deben prescindir de un gurú, porque es raro encontrar una combinación de pureza y aprendizaje perfectos. Sin embargo, uno no debe desesperar de conocer la verdad de su propia religión, porque los fundamentos del hinduismo, al igual que los de toda gran religión, son inmutables y fácilmente comprensibles. Creo, como todo hindú, en Dios y en Su unidad, en la reencarnación y en la salvación… No puedo describir mi sentimiento por el hinduis-

---

11. Thoreau, Ruskin y Mazzini son otros tres escritores occidentales cuyas ideas sociológicas Gandhi estudió con detenimiento.

12. La escritura sagrada entregada a Persia alrededor del año 1 000 a. C. por Zoroastro.

mo más de lo que podría describir mi sentimiento por mi propia esposa. Ella me conmueve como ninguna otra mujer en el mundo podría hacerlo. No es que no tenga defectos; es probable que tenga muchos más de los que yo mismo veo. Pero existe el sentimiento de un vínculo indisoluble. Lo mismo siento por el hinduismo, con todos sus fallos y limitaciones. Nada me deleita tanto como la música del *Gita* o el *Ramayana* de Tulsidas. Cuando pensé que estaba dando mi último aliento, el *Gita* fue mi consuelo. El hinduismo no es una religión exclusiva. En él hay espacio para la adoración de todos los profetas del mundo.[13] No es una religión misionera en el sentido ordinario del término. Sin duda, ha absorbido muchas tribus dentro de su seno, pero esta absorción ha tenido un carácter evolutivo e imperceptible. El hinduismo le dice a cada hombre que adore a Dios de acuerdo con su propia fe o *dharma*,[14] y así vive en paz con todas las religiones».

A propósito de Cristo, Gandhi escribió: «Estoy seguro de que si Él estuviera vivo hoy entre los hombres, bendeciría la vida de muchos que quizás nunca hayan oído su nombre [...] tal como está escrito: "No todo el que me dice: Señor, Señor

---

13. La característica única del hinduismo entre las religiones del mundo es que no proviene de un único gran fundador, sino de las escrituras impersonales de los Vedas. El hinduismo, por lo tanto, da cabida a la incorporación devocional en su seno de profetas de todas las edades y todas las tierras. Las escrituras védicas regulan no sólo las prácticas devocionales, sino también todas las costumbres sociales importantes, en un esfuerzo por llevar cada acción del hombre en armonía con la ley divina.

14. Un término sánscrito amplio que significa «ley», «conformidad con la ley o justicia natural», «deber inherente a las circunstancias en las que un hombre se encuentra en un momento dado». Las escrituras definen el *dharma* como: «Las leyes naturales universales cuya observancia permite al hombre salvarse de la degradación y el sufrimiento».

[…] sino el que hace la voluntad de mi Padre".[15] En la lección de su propia vida, Jesús dio a la humanidad el propósito magnífico y el único objetivo hacia el cual todos deberíamos aspirar. Creo que Él no pertenece exclusivamente al cristianismo, sino al mundo entero, a todas las tierras y razas».

En mi última noche en Wardha, dirigí la reunión convocada por el señor Desai en el ayuntamiento. La sala estaba abarrotada hasta los alféizares de las ventanas, con unas cuatrocientas personas reunidas para escuchar la charla sobre yoga. Hablé primero en hindi y luego en inglés. Nuestro pequeño grupo regresó al *ashram* a tiempo para un último encuentro de buenas noches a Gandhi, envuelto en paz y correspondencia.

Era aún de noche cuando me levanté a las 5:00 horas. La vida del pueblo ya estaba en movimiento; primero, un carro de bueyes junto a las puertas del *ashram*, luego un campesino con su enorme carga equilibrada precariamente sobre su cabeza. Después del desayuno, nuestro trío buscó a Gandhi para despedirnos con *pronams*. El santo se levanta a las cuatro de la mañana para su oración matutina.

—Mahatmaji, adiós. –Me arrodillé para tocar sus pies–. ¡La India está segura en tus manos!

Han transcurrido varios años desde el idilio de Wardha; la Tierra, los océanos y los cielos se han oscurecido con un mundo en guerra. Sólo entre los grandes líderes, Gandhi ha ofrecido una alternativa práctica y no violenta al poder armado. Para remediar agravios y eliminar injusticias, el Mahatma ha empleado medios no violentos que, una y otra vez, han demostrado su eficacia. Expresa su doctrina con estas palabras: «He descubierto que la vida persiste en medio de la destrucción. Por lo tanto, debe existir una ley superior a la de la destrucción. Sólo bajo esa ley una sociedad bien ordenada sería inteligible y la vida valdría la pena. Si ésa es la ley de la vida, debemos aplicarla a nuestra existencia diaria. Dondequiera que haya guerras, dondequiera que nos en-

15. Mateo 7, 21.

frentemos a un oponente, conquistémoslo con amor. He descubierto que la ley cierta del amor ha respondido en mi propia vida de una manera en la que la ley de la destrucción nunca lo ha hecho. En la India hemos tenido una demostración palpable del funcionamiento de esta ley en la escala más amplia posible. No pretendo que la no violencia haya penetrado en los 360 millones de personas en la India, pero sí afirmo que lo ha hecho más profundamente que cualquier otra doctrina en un período de tiempo increíblemente breve. Se necesita un curso de entrenamiento bastante riguroso para alcanzar un estado mental de no violencia. Es una vida disciplinada, como la de un soldado. El estado perfecto se alcanza sólo cuando la mente, el cuerpo y el habla están en la debida coordinación. Cada problema encontraría su solución si nos determináramos a hacer de la ley de la verdad y la no violencia la ley de nuestra vida. Así como un científico logrará maravillas mediante diversas aplicaciones de las leyes de la naturaleza, un hombre que aplique las leyes del amor con precisión científica podrá conseguir maravillas aún mayores. La no violencia es infinitamente más maravillosa y sutil que las fuerzas de la naturaleza como, por ejemplo, la electricidad. La ley del amor es una ciencia mucho más grande que cualquier ciencia moderna.

»Consultando la historia, uno puede afirmar razonablemente que los problemas de la humanidad no se han resuelto mediante el uso de la fuerza bruta. La Primera Guerra Mundial produjo una bola de nieve de karma bélico que se enfrió hasta convertirse en la Segunda Guerra Mundial. Sólo el calor de la hermandad puede derretir la actual colosal bola de nieve del karma de guerra, que, de lo contrario, podría crecer hasta convertirse en una Tercera Guerra Mundial. Esta trinidad impía desterraría para siempre la posibilidad de una Cuarta Guerra Mundial mediante la destrucción final de las bombas atómicas. El uso de la lógica de la jungla en lugar de la razón humana para resolver disputas devolverá la Tierra a un estado salvaje. Si no somos hermanos en la vida, lo seremos en la muerte violenta.

»La guerra y el crimen nunca valen la pena. Los miles de millones de dólares que se evaporaron en el humo de la nada explosiva habrían sido suficientes para construir un mundo nuevo, casi libre de enfermedades y por completo libre de pobreza. No una tierra de miedo, caos, hambruna, peste y la danza macabra, sino una vasta tierra de paz, prosperidad y conocimiento en expansión».

La voz no violenta de Gandhi apela a la conciencia más elevada del ser humano. Que las naciones se alíen ya no con la muerte, sino con la vida; no con la destrucción, sino con la construcción; no con el aniquilador, sino con el Creador.

«Uno debe perdonar cualquier injuria –afirma el *Mahabharata*–. Se ha dicho que la continuación de la especie se debe a que el hombre es capaz de perdonar. El perdón es santidad; por el perdón el universo se mantiene unido. El perdón es la fuerza del fuerte; el perdón es sacrificio; el perdón es la quietud de la mente. El perdón y la gentileza son cualidades del que se posee a sí mismo. Representan la virtud eterna».

La no violencia es el resultado natural de la ley del perdón y el amor. «Si la pérdida de una vida se vuelve necesaria en una batalla justa –proclama Gandhi–, uno debe estar preparado, como Jesús, para derramar su propia sangre, no la de otros. Eventualmente, habrá menos sangre derramada en el mundo».

Algún día se escribirán epopeyas sobre los *satyagrahis* indios que resistieron el odio con amor, la violencia con no violencia, que permitieron ser masacrados sin piedad en lugar de tomar represalias. El resultado, en ciertas ocasiones históricas, fue que los oponentes armados arrojaron sus armas y huyeron, avergonzados, sacudidos hasta lo más profundo por la visión de hombres que valoraban la vida de otros más que la suya propia.

«Esperaría, si es necesario, por eras –dice Gandhi–, antes que buscar la libertad de mi país por medios sangrientos». Jamás el Mahatma olvida la majestuosa advertencia: «Todos los que tomen la espada perecerán por la espada».[16]

---

16. Mateo 26, 52.

Gandhi escribió: «Me llamo a mí mismo nacionalista, pero mi nacionalismo es tan amplio como el universo. Abarca a todas las naciones de la Tierra.[17] Mi nacionalismo incluye el bienestar del mundo entero. No quiero que mi India se levante sobre las cenizas de otras naciones. No deseo que la India explote a un solo ser humano. Quiero que la India sea fuerte para que pueda contagiar también a otras naciones con su fortaleza. No sucede así con ninguna nación en Europa hoy en día; no dan fuerza a los demás».

El presidente Wilson mencionó sus hermosos catorce puntos, pero afirmó: «Después de todo, si nuestro intento de alcanzar la paz fracasa, tenemos nuestras armas para respaldarnos». Yo quiero revertir esa posición y decir: «Nuestras armas ya han fracasado. Busquemos ahora algo nuevo; probemos la fuerza del amor y de Dios, que es la verdad. Cuando tengamos eso, no necesitaremos nada más».

A través de la formación por parte de Mahatma de miles de verdaderos *satyagrahis* (aquellos que han asumido los once rigurosos votos mencionados en la primera parte de este capítulo), que a su vez difunden el mensaje; mediante la educación paciente de las masas indias para que comprendan los beneficios espirituales y, eventualmente, materiales de la no violencia; armando a su pueblo con las armas no violentas de la no cooperación con la injusticia, la disposición a soportar indignidades, prisión, e incluso la muerte antes que recurrir a las armas; y mediante la movilización de la simpatía mundial a través de innumerables ejemplos de heroico martirio entre los *satyagrahis*, Gandhi ha demostrado de manera dramática la naturaleza práctica de la no violencia y su solemne poder para resolver disputas sin guerra.

Gandhi ya ha obtenido, mediante medios no violentos, un número mayor de concesiones políticas para su país de las que

---

17. «Que no se gloríe un hombre en esto, que ame a su país; que se gloríe más bien en esto, que ame a su prójimo», proverbio persa.

jamás ha conseguido ningún líder de cualquier nación, excepto por medio de las balas. Los métodos no violentos para erradicar todos los males e injusticias se han aplicado de manera sorprendente no sólo en la arena política, sino también en el delicado y complejo campo de la reforma social en la India. Gandhi y sus seguidores han eliminado muchas disputas de larga duración entre hindúes y musulmanes; cientos de miles de musulmanes ven en el Mahatma a su líder. Los intocables han encontrado en él a su intrépido y triunfante defensor. «Si en mi destino hay un renacimiento –escribió Gandhi– deseo nacer paria en medio de los parias, porque así podría prestarles un servicio más eficaz».

El Mahatma es, sin duda, un «gran alma», pero fueron millones de iletrados quienes tuvieron la percepción de otorgarle ese título. Este profeta gentil es honrado en su propia tierra. El humilde campesino ha sido capaz de estar a la altura del elevado desafío de Gandhi. El Mahatma cree de todo corazón en la nobleza inherente del hombre. Los fracasos inevitables nunca lo han desilusionado. «Incluso si el oponente lo traiciona veinte veces –escribe–, el *satyagrahi* está dispuesto a confiar en él la vigésima primera vez, porque una confianza implícita en la naturaleza humana es la esencia misma del credo».[18]

Un crítico realizó la siguiente observación:

—Mahatmaji, usted es un hombre excepcional. No debe esperar que el mundo actúe como usted.

—Es curioso cómo nos engañamos a nosotros mismos imaginando que el cuerpo puede ser mejorado, pero que es imposible evocar los poderes ocultos del alma –respondió Gandhi–. Estoy intentando demostrar que, si tengo alguna de esas facultades, soy tan frágil como cualquier otro, y que nunca he tenido

---

18. «Entonces Pedro se le acercó y le dijo: "Señor, ¿cuántas veces perdonaré a mi hermano que peque contra mí? ¿Hasta siete veces?". Jesús le dijo: "No te digo hasta siete veces, sino hasta setenta veces siete"», Mateo 18, 21-22.

nada extraordinario ni lo tengo ahora. Soy un individuo sencillo, propenso a cometer errores como cualquier otro mortal. Reconozco, sin embargo, que tengo la suficiente humildad para admitir mis errores y rectificar mi camino. Reconozco que tengo una fe inamovible en Dios y en su bondad, y una pasión inextinguible por la verdad y el amor. ¿Pero no es eso lo que cada persona tiene latente en su interior? Si queremos avanzar, no debemos repetir la historia, sino hacer una nueva. Tenemos que añadir algo a la herencia que nos dejaron nuestros ancestros. Si podemos hacer nuevos descubrimientos e inventos en el mundo fenoménico, ¿debemos declarar nuestra bancarrota en el dominio espiritual? ¿Es imposible multiplicar las excepciones hasta que se conviertan en la regla? ¿Debe el hombre ser siempre bestia primero y hombre después, si acaso lo es?[19]

Los estadounidenses bien pueden recordar con orgullo el exitoso experimento no violento de William Penn al fundar su colonia en Pensilvania en el siglo XVII. No había «fortalezas, ni soldados, ni milicia, ni siquiera armas». En medio de las guerras salvajes en la frontera y las masacres entre los nuevos colonos y los indios rojos, los cuáqueros de Pensilvania permanecieron

---

19. A Charles P. Steinmetz, el gran ingeniero eléctrico, le preguntaron una vez por Roger W. Babson: «¿Qué línea de investigación verá el mayor desarrollo en los próximos cincuenta años?». «Creo que el mayor descubrimiento se hará en el ámbito espiritual –respondió Steinmetz–. Aquí hay una fuerza que la historia enseña claramente que ha sido el mayor poder en el desarrollo de la humanidad. Sin embargo, apenas hemos jugado con ella y nunca la hemos estudiado seriamente como hemos hecho con las fuerzas físicas. Algún día la gente aprenderá que las cosas materiales no traen felicidad y son de poca utilidad para hacer que los hombres y mujeres sean creativos y poderosos. Entonces los científicos del mundo entregarán sus laboratorios al estudio de Dios y la oración y las fuerzas espirituales, que hasta ahora apenas han sido explorados. Cuando llegue ese día, el mundo verá más avances en una generación de los que ha visto en los últimos cuatro siglos».

indemnes. «Otros fueron asesinados; otros fueron masacrados; pero ellos estaban a salvo. Ninguna mujer cuáquera sufrió asalto; ningún niño cuáquero fue asesinado, ningún hombre cuáquero fue torturado». Cuando finalmente los cuáqueros fueron obligados a renunciar al gobierno del estado, «estalló la guerra y algunos habitantes de Pensilvania fueron asesinados. Pero sólo tres cuáqueros murieron, tres que habían caído tanto en su fe como para llevar armas de defensa».

«El recurso a la fuerza en la Gran Guerra (I) no logró traer tranquilidad –señaló Franklin D. Roosevelt–. La victoria y la derrota fueron igualmente estériles. El mundo debería haber aprendido esa lección».

«Cuantas más armas de violencia, más miseria para la humanidad –enseñó Lao-Tsé–. El triunfo de la violencia termina en un festival de luto».

«Estoy luchando por nada menos que la paz mundial –manifestó Gandhi–. Si el movimiento indio se lleva al éxito sobre la base de un Satyagraha no violento, dará un nuevo significado al patriotismo y, si me es permitido decirlo con toda humildad, a la vida misma».

Antes de que Occidente descarte el programa de Gandhi como el de un soñador nada práctico, que primero reflexione sobre una definición de Satyagraha proporcionada por el Maestro de Galilea: «Habéis oído que se dijo: "Ojo por ojo, y diente por diente"; pero yo os digo que no resistáis al mal,[20] antes bien, a cualquiera que te hiera en la mejilla derecha, vuélvele también la otra».

La época de Gandhi se ha extendido, con la hermosa precisión del tiempo cósmico, a un siglo ya desolado y devastado por dos guerras mundiales. Una escritura divina aparece en la pared de granito de su vida: una advertencia contra el derramamiento de más sangre entre hermanos.

---

20. Es decir, no resistáis el mal con el mal (Mateo 5, 38-39).

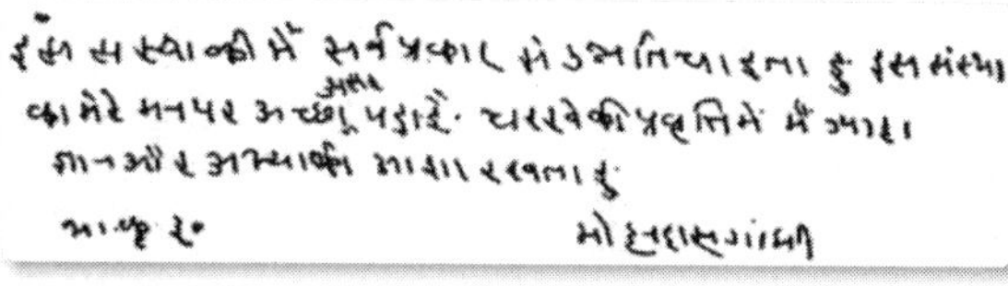

ESCRITURA A MANO DE MAHATMA GANDHI EN HINDI
Mahatma Gandhi visitó mi escuela secundaria con entrenamiento en yoga en Ranchi. Con amabilidad escribió las anteriores líneas en el libro de visitas de Ranchi. La traducción es la siguiente:
«Esta institución ha impresionado profundamente mi mente. Albergo grandes esperanzas de que esta escuela fomente el uso práctico del telar manual».
Firmado: «MOHANDAS GANDHI.
17 de septiembre de 1925».

En 1921, Gandhi diseñó una bandera nacional para la India. Las franjas son de color azafrán, blanco y verde; en el centro, el *charka* (rueda de hilar) es de color azul oscuro.
«El *charka* simboliza la energía, y nos recuerda que durante las eras de prosperidad en la historia de la India, el hilado manual y otras artes domésticas fueron importantes».

CAPÍTULO 45

La Madre Llena de Alegría

—Señor, por favor, no abandone la India sin echar un vistazo a Nirmala Devi. Su santidad es enorme. Se conoce en todas partes como Ananda Moyi Ma («Madre Llena de Alegría») –exclamó mi sobrina, Amiyo Bose, mirándome fijamente.

—¡Por supuesto! Me encantaría ver a la santa –añadí–. He leído sobre su avanzado estado de realización divina. Hace años apareció un pequeño artículo sobre ella en *East-West*.

—La conozco –prosiguió Amiyo–. Hace poco ha visitado mi pequeño pueblo de Jamshedpur. A petición de un discípulo, Ananda Moyi Ma fue a la casa de un hombre moribundo. Permaneció junto a su cama; al tocarle la frente, cesó el sonido de sus últimos instantes. La enfermedad se desvaneció de inmediato; para el alegre asombro del hombre, ya estaba recuperado.

Pocos días después, supe que la Madre Dichosa se hospedaba en la casa de un discípulo en la zona de Bhowanipur, en Calcuta. El señor Wright y yo partimos de inmediato desde la casa de mi padre en Calcuta. A medida que el Ford se acercaba a la casa de Bhowanipur, mi compañero y yo observamos una escena callejera inusual.

Ananda Moyi Ma estaba de pie en un automóvil descapotable, bendiciendo a una multitud de aproximadamente cien discípulos. Evidentemente, estaba a punto de partir. El señor Wright estacionó el Ford a cierta distancia y me acompañó a pie a la tranquila asamblea. La santa nos dirigió una mirada; bajó de su coche y se acercó a nosotros.

—¡Padre, has venido! –Con estas fervientes palabras, puso su brazo alrededor de mi cuello y apoyó su cabeza en mi hombro. El señor Wright, a quien acababa de comentar que no conocía a la santa, disfrutaba muchísimo de tan extraordinaria muestra de bienvenida. Los ojos de los cien *chelas* también se posaron, con cierta sorpresa, en aquella afectuosa imagen.

Inmediatamente percibí que la santa se hallaba en un elevado estado de *samadhi*. Del todo ajena a su vestimenta de mujer, se conocía a sí misma como el alma inmutable; desde ese plano, saludaba con regocijo a otro devoto de Dios. Me condujo de la mano hacia su automóvil.

—¡Ananda Moyi Ma, estoy retrasando tu viaje! –protesté.

—¡Padre, te encuentro por primera vez en esta vida después de siglos! –dijo–. Por favor, no te vayas todavía.

Nos sentamos juntos en los asientos traseros del coche. La Madre Dichosa pronto entró en un estado extático inmóvil. Sus hermosos ojos se elevaron al cielo y, medio abiertos, permanecieron inmóviles, contemplando el casi inalcanzable Elíseo interior. Los discípulos entonaban suavemente: «¡Victoria a la Divina Madre!».

Había conocido a muchos hombres de realización divina en la India, pero nunca antes había encontrado a una santa tan exaltada. Su rostro apacible resplandecía con la indescriptible alegría que le había conferido el nombre de Madre Dichosa. Una larga cabellera negra caía tras su cabeza sin cubrir. Un punto rojo de pasta de sándalo en su frente simbolizaba el ojo espiritual, siempre abierto en su interior. Su rostro era diminuto, igual que sus manos y sus pies: un contraste con su inmensa magnitud espiritual.

Le hice algunas preguntas a una *chela* cercana, mientras Ananda Moyi Ma permanecía absorta.

—La Madre Dichosa viaja muchísimo por la India; en muchas regiones tiene cientos de discípulos –me dijo la *chela*–. Sus valientes esfuerzos han impulsado muchas reformas sociales deseables. Aunque es brahmán, la santa no reconoce distinciones de casta.[1] Un grupo siempre viajamos con ella velando por su comodidad. La cuidamos como a una madre; ella no se fija en su cuerpo. Si nadie le diera comida, no comería ni haría preguntas. Incluso cuando le sirven alimentos no los toca. Para evitar que desaparezca de este mundo, nosotros, los discípulos, la alimentamos con nuestras propias manos. Durante días enteros suele permanecer en un trance divino, tan apenas respirando, sin pestañear. Uno de sus principales discípulos es su esposo. Hace muchos años, poco después de casarse, él tomó el voto del silencio.

La *chela* señaló a un hombre de hombros anchos y rasgos finos, de cabello largo y barba canosa. Estaba de pie, tranquilo, en medio de la reunión, con las manos unidas en actitud reverente de discípulo.

Rejuvenecida por su inmersión en lo Infinito, Ananda Moyi Ma CENTRABA ahora su conciencia en el mundo material.

—Padre, por favor dime dónde te alojas. –Su voz era clara y melodiosa.

—Actualmente en Calcuta o Ranchi; pero pronto regresaré a América.

—¿América?

—Sí. Una santa india sería sinceramente apreciada allí por los buscadores espirituales. ¿Te gustaría ir?

---

1. Encuentro algunos datos adicionales sobre la vida de Ananda Moyi Ma, publicados en *East-West*. La santa nació en 1893 en Dacca, en el centro de Bengala. A pesar de ser analfabeta, con su sabiduría, ha dejado perplejos a los intelectuales. Sus versos en sánscrito han asombrado a los eruditos. Ha brindado consuelo a los afligidos y ha llevado a cabo curas milagrosas con su mera presencia.

—Si el Padre me lleva, iré.

Esta respuesta causó alarma entre los discípulos cercanos.

—Veinte o más de nosotros siempre viajamos con la Madre Dichosa –me dijo uno de ellos con firmeza–. No podríamos vivir sin ella. Dondequiera que vaya, debemos ir nosotros.

A regañadientes, abandoné el plan, pues implicaba expandir inesperadamente y de forma muy poco práctica el proyecto.

—Por favor, ven al menos a Ranchi con tus discípulos –rogué al despedirme de la santa–. Como niña divina que eres, disfrutarás con los pequeños en mi escuela.

—Siempre que el Padre me lleve, iré gustosamente.

Poco tiempo después, el Vidyalaya de Ranchi se presentó en un gran despliegue festivo para la visita prometida de la santa. Los jóvenes esperaban con ilusión cualquier día de festividad: sin clases, con horas de música y un banquete para el clímax.

—¡Victoria! ¡Ananda Moyi Ma, *ki ja*i! –Este reiterado cántico de decenas de pequeñas gargantas entusiastas saludó a la comitiva de la santa al entrar por las puertas de la escuela. Lluvias de caléndulas, tintineo de címbalos, soplos vigorosos de caracolas y el retumbar del tambor *mridanga*.

La Madre Dichosa vagaba sonriendo por los soleados terrenos del Vidyalaya, llevando siempre consigo el paraíso portátil.

—Esto es hermoso –dijo Ananda Moyi Ma con gracia mientras yo la guiaba hacia el edificio principal. Se sentó a mi lado con una sonrisa infantil, la sonrisa de la amiga más cercana, haciendo sentir a uno esa intimidad, aunque un aura de lejanía siempre la envolvía, la paradójica separación de la Omnipresencia.

—Por favor, cuéntame algo de tu vida.

—El Padre lo sabe todo. ¿Para qué repetirlo?

Evidentemente, ella consideraba que la historia factual de una breve encarnación no merecía ser relatada.

Me reí y, suavemente, repetí mi pregunta.

—Padre, hay poco que contar. –Extendió sus gráciles manos en un gesto de modestia–. Mi conciencia nunca se ha asociado con este cuerpo temporal. Antes de llegar a esta tierra, Padre, yo era la misma. De niña, yo era la misma. Crecí y me hice mujer, pero todavía yo era la misma. Cuando la familia en la que nací organizó mi matrimonio, yo era la misma. Y cuando, embriagado por la pasión, mi esposo se acercó a mí y murmuró palabras entrañables, tocando ligeramente mi cuerpo, recibió una violenta descarga, como si lo hubiera alcanzado un rayo, pues incluso entonces yo era la misma.

»Mi esposo se arrodilló ante mí, juntó sus manos y me imploró perdón.

»—Madre –dijo–, porque he profanado tu templo corporal al tocarlo con el pensamiento de la lujuria, sin saber que en él no habitaba mi esposa, sino la Divina Madre, hago este solemne voto: seré tu discípulo, un seguidor célibe, cuidándote en silencio como un sirviente, sin hablar con nadie mientras viva. Que pueda así expiar el pecado que hoy he cometido contra ti, mi gurú.

»Incluso cuando acepté tranquilamente esta propuesta de mi esposo, yo era la misma. Y, Padre, ante ti ahora, yo soy la misma. Por siempre, aunque la danza de la creación cambie a mi alrededor en el salón de la eternidad, yo seguiré siendo la misma.

Ananda Moyi Ma se sumió en una profunda meditación. Su forma quedó inmóvil como una estatua; había huido a su siempre llamada morada. Las oscuras profundidades de sus ojos parecían sin vida y vidriosas. Esta expresión es común cuando las santas alejan su conciencia del cuerpo físico, que queda poco más que como un pedazo de arcilla sin alma. Permanecimos juntos durante una hora en ese éxtasis tránseco. Ella regresó a este mundo con una risita alegre.

—Por favor, Ananda Moyi Ma –dije–, ven conmigo al jardín. El señor Wright tomará algunas fotografías.

—Por supuesto, Padre. Tu voluntad es mi voluntad. –Sus gloriosos ojos conservaban el inmutable brillo divino mientras posaba para muchas fotografías.

¡Hora del banquete! Ananda Moyi Ma se agachó sobre su asiento de manta, con un discípulo a su lado para alimentarla. Como un infante, la santa, obedeciendo, tragó la comida después de que el *chela* se la acercara a los labios. Era evidente que la Madre Dichosa no distinguía entre curries y dulces.

Al acercarse el crepúsculo, la santa partió con su comitiva entre una lluvia de pétalos de rosa, con las manos en alto en señal de bendición para los pequeños muchachos, cuyos rostros brillaban con el afecto que ella había despertado sin esfuerzo.

«Amarás al Señor tu Dios con todo tu corazón, con toda tu alma, con toda tu mente y con todas tus fuerzas», proclamó Cristo. «Éste es el primer mandamiento».[2]

Dejando de lado cualquier apego inferior, Ananda Moyi Ma ofrece su única lealtad al Señor. No mediante las finas distinciones de los eruditos, sino por la lógica segura de la fe, la santa infantil ha resuelto el único problema de la vida humana: establecer la unidad con Dios. El hombre ha olvidado esta sencilla verdad, ahora nublada por un millón de cosas. Al rechazar un amor monoteísta hacia Dios, las naciones disfrazan su infidelidad con un respetuoso decoro ante los templos exteriores de la caridad. Estos gestos humanitarios son virtuosos porque, aunque desvían la atención del hombre de sí mismo por un momento, no lo liberan de su única responsabilidad en la vida, a la que Jesús se refiere como el primer mandamiento. La inspiradora obligación de amar a Dios se asume con el primer aliento del hombre, un aire otorgado gratuitamente por su único Benefactor.

En otra ocasión, después de su visita a Ranchi, tuve la oportunidad de ver a Ananda Moyi Ma. Estaba entre sus discípulos algunos meses después, en la plataforma de la estación de Serampore, esperando el tren.

—Padre, me voy al Himalaya –me dijo–. Unos discípulos generosos me han construido un eremitorio en Dehra Dun.

Al abordar el tren, me maravillé al ver que, ya fuera en medio de una multitud, en un tren, durante una comida o sentada en silencio, sus ojos nunca se apartaban de Dios. Dentro de mí aún oigo su voz, un eco de dulzura inconmensurable: «He aquí, ahora y siempre uno con lo Eterno, yo sigo siendo la misma».

---

2. Marcos 12, 30.

CAPÍTULO 46

La mujer yogui que nunca come

—Señor, ¿adónde nos dirigimos esta mañana? –preguntó el señor Wright, que conducía el Ford. Apartó la vista de la carretera lo suficiente como para mirarme con un brillo de interrogación. Día tras día, rara vez sabía qué parte de Bengala descubriría a continuación.

—Si Dios quiere –respondí con devoción–, nos dirigimos a ver una octava maravilla del mundo: ¡una santa mujer cuya dieta es el aire!

—Y seguimos sumando maravillas... después de Therese Neumann. –Pero el señor Wright rio con entusiasmo de todos modos; incluso aceleró. ¡Más material extraordinario para su diario de viaje! ¡Nada de lo que un turista habitual escribiría!

La escuela de Ranchi acababa de quedar atrás; nos habíamos levantado antes de que saliera el sol. Además de mi secretario y yo, tres amigos bengalíes formaban parte de la comitiva. Bebíamos el aire vigorizante, el vino natural de la mañana. Nuestro conductor guiaba el vehículo con cautela entre los campesinos matutinos y los carritos de dos ruedas, tirados lentamente por bueyes de joroba, con tendencia a disputar el camino a un intruso que hacía sonar el claxon.

—Señor, nos gustaría saber más sobre la santa que ayuna.

—Su nombre es Giri Bala –informé a mis compañeros–. La conocí hace años gracias a un caballero erudito, Sthiti Lal Nundy. A menudo venía a la casa de Gurpar Road a impartir clases a mi hermano Bishnu.

»—Conozco bien a Giri Bala –me dijo entonces Sthiti Babu–. Ella emplea una técnica de yoga que le permite vivir sin comer. Yo fui su vecino en Nawabganj, cerca de Ichapur.[1] Me empeñé en observarla con detenimiento; nunca hallé evidencia de que consumiera alimentos o bebidas. Mi interés era tan intenso que me acerqué al marajá de Burdwan[2] y le pedí que realizara una investigación. Asombrado por la historia, él la invitó a su palacio. Ella accedió a someterse a una prueba y vivió dos meses encerrada en una pequeña sección de su casa. Más tarde, regresó para una visita de veinte días al palacio, y luego, para una tercera prueba de quince días. El propio marajá me comentó que estos tres rigurosos escrutinios lo habían convencido sin lugar a dudas de que no comía.

»Esta historia de Sthiti Babu ha permanecido en mi mente durante más de veinticinco años –concluí–. A veces, en América, me preguntaba si el río del tiempo no se tragaría a la yoguini[3] antes de que pudiera conocerla. Debe estar ya bastante mayor. Ni siquiera sé dónde o si vive. Pero en unas pocas horas llegaremos a Purulia; su hermano tiene una casa allí.

A las diez y media, nuestro pequeño grupo estaba conversando con el hermano, Lambadar Dey, un abogado de Purulia.

—Sí, mi hermana vive. A veces se queda conmigo aquí, pero en este momento está en la casa familiar en Biur. –Lambadar Babu miró dudoso el Ford–. Dudo mucho que algún auto-

---

1. En el norte de Bengala.

2. H. H. Sir Bijay Chand Mahtab, ya fallecido. Sin duda, su familia posee algún registro de las tres investigaciones del marajá sobre Giri Bala.

3. Yoguini.

móvil se haya adentrado tanto como para llegar a Biur. ¡Sería mejor que todos se resignaran a las sacudidas de los antiguos carros de bueyes!

Al unísono, nuestra comitiva ofreció lealtad al Orgullo de Detroit.

—El Ford procede de América –le dije al abogado–. Sería una pena privarlo de la oportunidad de conocer el corazón de Bengala.

—¡Que Ganesh[4] vaya con vosotros! –exclamó Lambadar Babu riendo. Añadió con cortesía–: Si alguna vez lográis llegar, estoy seguro de que Giri Bala será feliz de veros. Está próxima a los setenta, pero sigue teniendo muy buena salud.

—Por favor, dígame, señor, ¿es absolutamente cierto que no come nada? –Miré directamente a sus ojos, esas ventanas reveladoras de la mente.

—Es cierto. –Su mirada era sincera–. En más de cinco décadas, nunca la he visto comer ni un solo bocado. Si el mundo se acabara de repente, nada me sorprendería más que ver comer a mi hermana. –Nos reímos juntos ante la improbabilidad de estos dos eventos cósmicos. Y continuó–: Giri Bala nunca ha buscado una soledad inaccesible para sus prácticas de yoga. Toda su vida ha vivido rodeada de familia y amigos. Todos están acostumbrados a su extraño estado. ¡Ninguno de ellos quedaría impávido si Giri Bala de repente decidiera comer algo! Mi hermana es naturalmente tímida, como corresponde a una viuda hindú, pero nuestro pequeño círculo en Purulia y en Biur sabe que es literalmente una «mujer excepcional».

La honestidad del hermano era evidente. Nuestro pequeño grupo le dio las gracias con calidez y partimos hacia Biur. En el camino, nos detuvimos en una tienda callejera para comer curry y *luchis*, atrayendo a una multitud de niños que se reunieron a observar cómo el señor Wright comía con las manos, al estilo

4. «Removedor de obstáculos», el dios de la buena fortuna.

simple hindú.[5] El voraz apetito nos obligó a fortalecernos para enfrentarnos a una tarde que, en ese momento aún desconocida, acabaría siendo bastante laboriosa.

Nuestro camino nos condujo hacia el este, a través de campos de arroz tostados por el sol, hasta la zona de Burdwan en Bengala. Seguimos por caminos bordeados de densa vegetación; el canto de los *maynas* y de los *bulbul* de garganta rasgada se escapaba de árboles con grandes ramas en forma de paraguas. De vez en cuando, un carro de bueyes, con su chirrido «*rini, rini, manju, manju*» que proferían las ruedas de madera con clavos de hierro, contrastaba marcadamente en la mente con el suave «*swish, swish*» de los neumáticos del automóvil sobre el aristocrático asfalto de las ciudades.

—¡Dick, detente! –Mi repentina petición provocó una protesta vibrante del Ford–. ¡Ese árbol tan lleno de mangos que se dobla está llamándonos a gritos!

Los cinco corrimos como niños hacia la tierra sembrada de mangos; el árbol había dejado caer con generosidad sus frutos maduros.

—Muchos mangos nacen para caer sin ser vistos –parafraseé–, y desperdician su dulzor en el suelo pedregoso.

—No se ve esto en América, Swamiji, ¿a que no? –se burló Sailesh Mazumdar, uno de mis estudiantes bengalíes.

—No –admití, cubierto de jugo de mango y satisfacción–. ¡Cómo he echado de menos esta fruta en Occidente! Un cielo hindú sin mangos es inconcebible.

Recogí una piedra y derribé una orgullosa belleza oculta en la rama más alta.

—Dick –pregunté entre bocados de ambrosía, cálida por el sol tropical–, ¿están todas las cámaras en el coche?

---

5. Sri Yukteswar solía decir: «El Señor nos ha dado los frutos de la buena tierra. Nos gusta ver nuestra comida, olerla, saborearla; ¡al hindú también le gusta tocarla!». A nadie le importaría oírla si no hay nadie más presente en la comida.

GIRI BALA
Esta gran mujer yogui no ha ingerido comida ni bebida desde 1880. Aparezco en una fotografía con ella, tomada en 1936, en su hogar en la aislada aldea bengalí de Biur. Su ayuno ha sido investigado rigurosamente por el marajá de Burdwan. Emplea una técnica de yoga para recargar su cuerpo con energía cósmica proveniente del éter, del sol y del aire.

—Sí, señor, en el compartimento de equipaje.

—Si Giri Bala resulta ser una verdadera santa, quiero escribir sobre ella en Occidente. Una yoguini hindú con poderes tan inspiradores no debería vivir y morir sin ser conocida, como la mayoría de estos mangos.

Media hora después seguíamos paseando en la paz silvestre.

—Señor –comentó el señor Wright–, deberíamos llegar a Giri Bala antes de que se ponga el sol, para tener suficiente luz para las fotos –añadió sonriendo–. Los occidentales son muy escépticos; no podemos esperar que crean en la señora sin fotografías.

Esta perla de sabiduría era indiscutible; me volví hacia la tentación y regresé al vehículo.

—Tienes razón, Dick –suspiré mientras avanzábamos–. Sacrifico el paraíso de los mangos en el altar del realismo occidental. ¡Debemos obtener las fotos!

El camino se volvió cada vez más difícil: los surcos profundos, los bultos de arcilla endurecida, las dolencias propias de la vejez del terreno. Nuestro grupo se bajaba del vehículo de vez en cuando para permitir que el señor Wright maniobrara más fácilmente el Ford, mientras los otros cuatro empujábamos desde detrás.

—Lambadar Babu tenía razón –reconoció Sailesh–. El coche no nos lleva, ¡nosotros llevamos al coche!

El tedioso sube y baja del automóvil se veía de tanto en tanto aliviado por la aparición de algún pueblo, cada uno con escenas de pintoresca simplicidad.

«Nuestro camino giraba y se retorcía entre huertos de palmas y antiguas aldeas vírgenes, que se acurrucaban bajo la sombra del bosque», registró el señor Wright en su diario de viaje, con fecha del 5 de mayo de 1936. «Son fascinantes estas agrupaciones de chozas de barro con tejado de palma, decoradas con uno de los nombres de Dios en la puerta; muchos pequeños niños desnudos juegan inocentemente por ahí, deteniéndose para mirarnos o corriendo desbocados al ver a este gran carruaje negro, sin bueyes, atravesando su aldea a toda velocidad. Las mujeres se asoman con timidez desde las sombras, mientras los hombres descansan con apatía bajo los árboles a la orilla del camino, curiosos bajo su actitud de desinterés. En un lugar, todos los aldeanos disfrutaban de un baño alegre en el gran estanque (con su ropa, que cambiaban deprisa cuando cubrían sus cuerpos mojados con paños secos). Las mujeres llevaban agua a sus hogares en grandes jarras de bronce.

»El camino nos llevó por una persecución alegre a través de montañas y laderas; saltamos y nos sacudimos, atravesamos pequeños arroyos, desviándonos por un sendero sin terminar, deslizándonos a través de lechos de ríos secos y arenosos. Finalmente, hacia las cinco de la tarde, nos encontramos cerca de nuestro destino: Biur. Este pequeño pueblo, en el interior del distrito de Bankura, oculto bajo la protección de un follaje denso, se vuelve inaccesible para los viajeros durante la temporada de lluvias, cuando los arroyos se convierten en torrentes furiosos y los caminos se retuercen escupiendo veneno de barro.

»Al pedir un guía entre un grupo de devotos que regresaban a casa tras la oración en un templo (en un campo solitario), fuimos asediados por una docena de muchachos escasamente vestidos que trepaban por los laterales del coche, ansiosos por conducirnos hasta Giri Bala.

»El camino se dirigía hacia un huerto de palmeras datileras que resguardaba un grupo de chozas de barro, pero antes de llegar, el Ford se inclinó durante un instante en un ángulo peligroso, fue lanzado al aire y cayó de nuevo. El estrecho sendero rodeaba árboles y un depósito, cruzaba crestas, se internaba en huecos y surcos profundos. El vehículo quedó anclado sobre un grupo de arbustos, luego se detuvo en una pequeña colina, lo que obligó a que se levantaran terrones; así continuamos, lenta y cuidadosamente. De repente, el camino quedó bloqueado por una masa de matorrales en medio de la ruta de los carritos, obligándonos a tomar un desvío por un precipitado risco hacia un depósito seco, cuyo rescate exigió raspar, entallar y cavar. Una y otra vez el camino parecía intransitable, pero la peregrinación debía seguir. Unos muchachos serviciales trajeron palas y derribaron los obstáculos (por los dioses, los tonos de Ganesh) mientras cientos de niños y padres observaban.

»Pronto fuimos abriéndonos paso por los dos surcos de la antigüedad, con mujeres mirando con los ojos muy abiertos desde las puertas de sus chozas, hombres siguiéndonos a nuestro lado y detrás, y niños correteando para aumentar la procesión. Quizás fuimos el primer automóvil en transitar esos caminos; la unión de carros de bueyes debe ser todopoderosa aquí. Qué sensación, un grupo conducido por un americano y pionero en un coche ruidoso que se adentraba en la fortaleza de su aldea, invadiendo la antigua privacidad y sacralidad.

»Al detenernos junto a un estrecho callejón, nos encontramos a menos de treinta metros de la casa ancestral de Giri Bala. Sentimos la emoción de la realización tras la larga lucha en el camino, coronada por un final accidentado. Nos acercamos a un gran edificio de dos pisos, de ladrillo y yeso, que dominaba las chozas de adobe circundantes; la casa estaba rehabilitándose, pues a su alrededor se alzaba la característica estructura tropical de bambús.

»Con una anticipación febril y un regocijo contenido, nos plantamos ante las puertas abiertas de la bendecida por la gracia del Señor, que le permitía vivir sin hambre. Los aldeanos, jóvenes y ancianos, desnudos y vestidos, mujeres algo distantes, pero también inquisitivas, y hombres y muchachos sin tapujos a nuestro paso, observaban este espectáculo sin precedentes.

»Pronto apareció en el umbral una figura menuda: Giri Bala. Estaba envuelta en un paño de seda opaca, de tono dorado; al modo típicamente indio, avanzó con modestia y vacilación, asomándose ligeramente por debajo del pliegue superior de su paño *swadeshi*. Sus ojos brillaban como brasas humeantes a la sombra de su tocado; nos cautivó un rostro benevolente y amable, un rostro de realización y comprensión, libre de la mancha del apego terrenal.

»Lentamente se acercó y asintió en silencio para que tomáramos varias fotografías con nuestras cámaras fijas y de cine.[6] Con paciencia y timidez, soportó nuestros métodos fotográficos de ajuste de postura y organización de la luz. Finalmente, habíamos tomado para la posteridad muchas fotografías de la única mujer en el mundo que se sabe que ha vivido sin comer ni beber durante más de cincuenta años (Therese Neumann, por supuesto, ha ayunado desde 1923). La expresión maternal de Giri Bala era lo más destacado mientras se presentaba ante nosotros, del todo cubierta por el paño suelto sin que se viera ninguna parte de su

6. El señor Wright también tomó imágenes en movimiento de Sri Yukteswar durante su último Festival del Solsticio de Invierno en Serampore.

cuerpo excepto su rostro de ojos bajos, sus manos y sus diminutos pies. Un rostro de rara paz y de inocente compostura: un labio ancho, infantil y tembloroso, una nariz delicadamente femenina, ojos estrechos y centelleantes y una sonrisa melancólica».

La impresión que tuvo el señor Wright sobre Giri Bala la compartí yo: la espiritualidad la envolvía como su suave y brillante velo. Ella se presentó ante mí con el gesto habitual de saludo de un laico hacia un monje. Su sencillo encanto y su serena sonrisa nos ofrecieron una bienvenida que superaba cualquier alabanza aduladora; se olvidó nuestro difícil y polvoriento viaje.

La pequeña santa se sentó en el porche con las piernas cruzadas. Aunque mostraba las cicatrices de la edad, no estaba demacrada; su piel de tono oliva se mantenía clara y con un aspecto saludable.

—Madre –dije en bengalí–, ¡durante más de veinticinco años he anhelado esta misma peregrinación! Tuve noticias de tu sagrada vida gracias a Sthiti Lal Nundy Babu.

Ella asintió en señal de reconocimiento.

—Sí, mi buen vecino en Nawabganj.

—Durante esos años he cruzado océanos, pero nunca he olvidado mi temprana intención de verte algún día. El sublime drama que estás representando aquí, de manera tan discreta, debería ser proclamado ante un mundo que hace mucho ha olvidado el alimento divino interior.

La santa levantó los ojos durante un instante, sonriendo con serena atención.

—Baba (padre venerado) sabe más –respondió con modestia.

Me alegró que no se hubiera ofendido; uno nunca sabe cómo reaccionarán los grandes yoguis o yoguinis ante la idea de la publicidad. Por lo general, la evitan, deseando perseguir en silencio la profunda investigación del alma. Una sanción interna les concede el momento oportuno para exhibir sus vidas abiertamente para el beneficio de las mentes curiosas.

—Madre –continué–, por favor, perdóname, entonces, por sobrecargarte con tantas preguntas. Responde amablemente sólo aquellas que te agraden; también entenderé tu silencio.

Ella extendió las manos en un gesto de gracia.

—Me alegra responder en la medida en que una persona tan insignificante como yo pueda dar respuestas satisfactorias.

—Oh, no, ¡no eres insignificante! –protesté sinceramente–. Eres un gran ser.

—Soy la humilde sirvienta de todos –añadió de manera pintoresca–. Me gusta cocinar y alimentar a la gente.

Una afición extraña, pensé, para una santa que no come.

—Cuéntame, Madre, con tus propias palabras, ¿vives sin comida?

—Eso es cierto –dijo.

Permaneció en silencio durante unos momentos; su siguiente comentario mostró que había estado luchando con la aritmética mental.

—Desde los doce años, cuatro meses, hasta mi edad actual de sesenta y ocho, un período de más de cincuenta y seis años, no he comido alimento ni tomado líquidos.

—¿Nunca tienes tentaciones de comer?

—Si sintiera antojo de comida, tendría que comer.

De manera sencilla, pero regia, afirmó esta verdad axiomática, tan bien conocida por un mundo que gira en torno a tres comidas al día.

—Pero algo debes comer –dije con una nota de reproche.

—¡Por supuesto! –Sonrió con una rápida comprensión–. Mi alimento proviene de las energías más sutiles del aire y la luz solar[7]

---

7. «Lo que comemos es radiación; nuestra comida es una gran cantidad de cuantos de energía», dijo el doctor George W. Crile de Cleveland a un grupo de médicos el 17 de mayo de 1933 en Memphis. «Esta radiación tan importante, que libera corrientes eléctricas para el circuito eléctrico del cuerpo, el sistema nervioso, es proporcionada a los alimentos por los rayos del sol. Los átomos son sistemas solares. Los átomos son los vehículos que se llenan de la radiación solar como si fueran muelles enrollados. Estos innumerables atomos de energía se toman como alimento. Una vez en el cuerpo humano, estos vehículos tensos, los átomos, se descargan

y del poder cósmico que recarga tu cuerpo a través de la médula oblongata.

—Baba lo sabe. –De nuevo asintió, su manera era tranquilizadora y sin énfasis–. Madre, por favor, explícame tus primeros años de vida. Es de gran interés para toda la India, e incluso para nuestros hermanos y hermanas allende los mares.

Giri Bala dejó de lado su habitual reserva y se relajó en un tono conversacional.

—Así sea –dijo con voz baja y firme–. Nací en estas regiones boscosas. Mi infancia fue poco destacada, salvo que estaba poseída por un apetito insaciable. Me habían prometido en matrimonio a una edad temprana.

»—Niña –me advertía mi madre a menudo–, intenta controlar tu glotonería. Cuando llegue el momento de que vivas entre extraños en la familia de tu esposo, ¿qué pensarán de ti si tus días transcurren nada más que comiendo?

»La calamidad que ella había previsto se cumplió. Yo tenía apenas doce años cuando me uní a la familia de mi esposo en Nawabganj. Mi suegra me avergonzaba a cada hora, día y noche, por mis hábitos de glotonería. Sin embargo, sus quejas re-

---

en el protoplasma del cuerpo, y esa radiancia provee nueva energía química, nuevas corrientes eléctricas. Tu cuerpo está hecho de tales átomos. Son tus músculos, cerebros y órganos sensoriales, como los ojos y los oídos».

Algún día, los científicos descubrirán cómo el hombre puede vivir directamente de la energía solar. «La clorofila es la única sustancia conocida en la naturaleza que de alguna manera posee el poder de actuar como una "trampa de luz solar" –escribe William L. Laurence en *The New York Times*–. Atrapa la energía de la luz solar y la almacena en la planta. Sin esto, la vida no podría existir. La energía que necesitamos para vivir la obtenemos de la energía solar almacenada en los alimentos vegetales que comemos o en la carne de los animales que ingieren las plantas. La energía que obtenemos del carbón o del petróleo es energía solar atrapada por la clorofila en la vida vegetal hace millones de años. Vivimos del sol por medio de la clorofila».

sultaron ser una bendición disfrazada; despertaron en mí tendencias espirituales que estaban latentes. Una mañana, su ridiculización fue implacable.

»—Muy pronto te demostraré –dije, herida hasta lo más profundo– que jamás volveré a tocar la comida mientras viva.

»Mi suegra se rio con desprecio.

»—¡Ah, sí! –exclamó–. ¿Cómo puedes vivir sin comer, si no puedes vivir sin comer en exceso?

»Esa observación no tenía réplica. Sin embargo, una resolución férrea fortaleció mi espíritu. En un lugar apartado busqué a mi Padre Celestial.

»—Señor –recé sin cesar–, por favor, envíame un gurú, uno que me enseñe a vivir con tu luz y no con la comida. Un éxtasis divino me envolvió. Guiada por un hechizo beatífico, me encaminé hacia el *ghat* de Nawabganj, en el Ganges. En el camino me encontré con el sacerdote de la familia de mi esposo. Señor venerable, por favor, dígame cómo vivir sin comer.

»Él me miró sin responder y, finalmente, habló de modo consolador.

»—Niña –respondió–, ven al templo esta tarde; realizaré para ti una ceremonia védica especial.

»Esa respuesta vaga no era la que yo buscaba, así que continué hacia el *ghat*. El sol de la mañana atravesaba las aguas y me purifiqué en el Ganges, como si se tratara de una iniciación sagrada. Al abandonar la orilla, con mi paño mojado alrededor, bajo la intensa luz del día, mi maestro se materializó ante mí.

»—Querida pequeñita –dijo con una voz llena de compasión amorosa–, yo soy el gurú enviado por Dios para que se cumpla tu urgente oración. Él se conmovió profundamente por la naturaleza tan inusual de tu petición. Desde hoy vivirás con la luz astral, y tus átomos corporales se nutrirán de la corriente infinita.

Giri Bala quedó en silencio. Tomé el lápiz y la libreta del señor Wright y traduje al inglés algunos puntos para su información. La santa retomó el relato, con su suave voz apenas audible:

—El *ghat* estaba desierto, pero mi gurú nos rodeó con un aura de luz protectora para que ningún bañista errante nos molestara. Me inició en una técnica Kriya que libera al cuerpo de la dependencia de la comida densa de los mortales. La técnica incluye el uso de cierto mantra [8] y un ejercicio de respiración más difícil de realizar para la persona promedio. No intervienen medicina ni magia; nada más que la Kriya.

A la manera del reportero de un periódico americano, que sin saberlo me había enseñado su procedimiento, le hice a Giri Bala numerosas preguntas sobre asuntos que pensé que serían de interés para el mundo. Ella me proporcionó, poco a poco, la siguiente información:

—Nunca he tenido hijos; hace muchos años me quedé viuda. Duermo muy poco, ya que para mí el sueño y la vigilia son lo mismo. Medito por la noche y atiendo a mis quehaceres domésticos durante el día. Apenas siento el cambio del tiempo de una estación a otra. Nunca he enfermado ni padecido enfermedad alguna. Sólo siento un leve dolor cuando me lesiono de manera accidental. No tengo excreciones corporales. Puedo controlar mi corazón y mi respiración. A menudo veo a mi gurú, así como a otras grandes almas, en visiones.

—Madre –le pregunté–, ¿por qué no enseñas a otros el método para vivir sin comer?

Mis ambiciosas esperanzas de ayudar a los millones hambrientos del mundo se quedaron de inmediato truncadas.

—No. –Negó con la cabeza–. Mi gurú me ordenó estrictamente que no divulgara el secreto. No es su deseo interferir con el drama de la creación de Dios. Los agricultores no me darían

---

8. Canto vibratorio potente. La traducción literal del mantra sánscrito es «instrumento del pensamiento», lo que significa los sonidos ideales e inaudibles que representan un aspecto de la creación; cuando se vocaliza en sílabas, un mantra constituye una terminología universal. Los poderes infinitos del sonido se derivan de AUM, la «Palabra» o el zumbido creativo del Motor Cósmico.

las gracias si enseñara a muchos a vivir sin comer. Los frutos jugosos quedarían inútiles en el suelo. Parece que la miseria, el hambre y la enfermedad son los azotes de nuestro karma que, en última instancia, nos impulsan a buscar el verdadero significado de la vida.

—Madre –dije lentamente–, ¿cuál es el propósito de que te hayan señalado para vivir sin comer?

—Para demostrar que el hombre es Espíritu –respondió, y su rostro se iluminó con sabiduría–. Para demostrar que, mediante el avance divino, puede aprender gradualmente a vivir con la Luz Eterna y no con la comida.

La santa se hundió en un profundo estado meditativo. Su mirada se volvió hacia el interior; las suaves profundidades de sus ojos se tornaron inexpresivas. Emitió un suspiro, preludio del éxtasis y del trance sin aliento. Durante un tiempo, había huido al reino sin preguntas, al cielo de la alegría interior.

La oscuridad tropical había caído. La luz de una pequeña lámpara de queroseno titilaba de manera intermitente sobre los rostros de unos veinte aldeanos agachados en silencio en las sombras. Las luciérnagas fugaces y las lejanas linternas de aceite de las chozas tejían patrones brillantes y misteriosos en la noche aterciopelada.

Era la dolorosa hora de la despedida; un lento y tedioso viaje aguardaba a nuestro pequeño grupo.

—Giri Bala –dije cuando la santa abrió los ojos–, por favor, regálame un recuerdo, un pedazo de uno de tus saris.

Ella regresó de inmediato con un trozo de seda de Benarés, extendiéndolo en su mano mientras de repente se postraba en el suelo.

—Madre –exclamé–, mejor permíteme tocar tus benditos pies.

CAPÍTULO 47

Regreso a Occidente

—He impartido muchas clases de yoga en la India y en América, pero debo confesar que, como hindú, me alegra sobremanera poder impartir una clase para estudiantes ingleses.

Los miembros de mi clase en Londres se rieron con aprecio; ninguna agitación política alteró jamás nuestra paz yóguica. India era ahora un recuerdo sagrado. Es septiembre de 1936; me encuentro en Inglaterra para cumplir una promesa que hice dieciséis meses antes: volver a pronunciar conferencias en Londres.

Inglaterra también es receptiva al mensaje atemporal del yoga. Reporteros y cámaras de noticias se agolpaban en mis aposentos en el Grosvenor House. El British National Council of the World Fellowship of Faiths organizó una reunión el 29 de septiembre en la Iglesia Congregacional de Whitefield, donde me dirigí al público sobre el importante tema de «Cómo la fe en la comunión puede salvar la civilización». Las conferencias a las ocho en Caxton Hall atrajeron a multitudes, de modo que en dos noches los que no cabían esperaron en el auditorio de Windsor House para mi segunda charla a las nueve y media. Las clases de yoga durante las semanas posteriores estuvieron tan concurridas que el señor Wright se vio obligado a trasladarlas a otro salón.

La tenacidad inglesa se expresa de forma admirable en una relación espiritual. Los estudiantes de yoga de Londres, de manera leal, se organizaron tras mi partida en un centro de la Self-Realization Fellowship, llevando a cabo sus reuniones de meditación cada semana durante los amargos años de la guerra.

Fueron semanas inolvidables en Inglaterra; días de turismo en Londres y luego por el hermoso campo. El señor Wright y yo empleamos el fiel Ford para visitar los lugares de nacimiento y las tumbas de los grandes poetas y héroes de la historia británica.

Nuestro pequeño grupo zarpó de Southampton hacia América a finales de octubre a bordo del *Bremen*. La majestuosa Estatua de la Libertad en el puerto de Nueva York provocó una emotiva exclamación de júbilo no sólo en los corazones de la señorita Bletch y del señor Wright, sino también en el mío.

El Ford, algo maltrecho por sus luchas con suelos ancestrales, seguía siendo poderoso; ahora se tendría que enfrentar con soltura al viaje transcontinental a California. A finales de 1936, ¡he aquí el monte Washington!

Las festividades de fin de año se celebran anualmente en el centro de Los Ángeles con una meditación grupal de ocho horas el 24 de diciembre (Navidad espiritual), seguida, al día siguiente, por un banquete (Navidad social). Las festividades de este año quedaron coronadas con la presencia de queridos amigos y estudiantes de ciudades lejanas que habían llegado para recibir a los tres viajeros del mundo.

El festín del día de Navidad incluyó delicias traídas desde muchísimos kilómetros para esta alegre ocasión: setas *gucchi* de Cachemira, *rasagulla* en lata y pulpa de mango, galletas *papar* y un aceite de la flor *keora* india que dio sabor a nuestro helado. La noche nos encontró reunidos alrededor de un enorme árbol de Navidad reluciente, y la chimenea cercana crepitaba con troncos de ciprés aromático.

¡Tiempo de regalos! Obsequios de los rincones más remotos de la Tierra: Palestina, Egipto, India, Inglaterra, Francia, Italia. ¡Cuán laboriosamente había contado el señor Wright los baúles en cada cruce en el extranjero, para que ninguna mano ladrona se llevara los tesoros destinados a los seres queridos en América! Inscripciones del olivo sagrado de Tierra Santa, delicados encajes y bordados de Bélgica y Holanda, alfombras persas, chales de cachemira finamente tejidos, bandejas de sándalo siempre aromáticas de Mysore, piedras de «ojo de toro» de Shiva de las Provincias Centrales, antiguas monedas indias de dinastías desaparecidas, jarrones y copas adornados con joyas, miniaturas, tapices, incienso y perfumes de templo, estampados de algodón *swadeshi*, trabajos en laca, tallas de marfil de Mysore, zapatillas persas con su largo y curioso dedo, antiguos manuscritos iluminados, terciopelos, brocados, gorras Gandhi, cerámicas, azulejos, trabajos en latón y alfombras de oración: ¡un botín de tres continentes!

Uno por uno, fui repartiendo los paquetes alegremente envueltos del enorme montón que había bajo el árbol.

—¡Hermana Gyanamata!

Le entregué una caja larga a la santa dama americana de rostro dulce y profunda realización, quien, durante mi ausencia, había estado a cargo en Mt. Washington. De entre los tejidos de papel sacó un sari de seda dorada de Benarés.

—Gracias, señor; me hace ver el desfile de la India.

—¡Señor Dickinson!

El siguiente paquete contenía un regalo que había comprado en un bazar de Calcuta. «Señor Dickinson, esto le gustará», pensé en ese momento. Un discípulo muy querido, el señor Dickinson, había estado presente en todas las festividades navideñas desde la fundación de Mt. Washington en 1925. En esta undécima celebración anual, se encontraba frente a mí, desatando las cintas de su pequeño paquete cuadrado.

—¡La copa de plata!

Conmovido, observó el presente, una alta copa para beber. Se sentó a cierta distancia, aparentemente aturdido. Le sonreí con afecto antes de retomar mi papel de Santa Claus.

La emotiva velada concluyó con una oración al Dador de todos los dones, seguida de un grupo cantando villancicos navideños. Más tarde, el señor Dickinson y yo conversamos.

—Señor –dijo–, por favor, permítame darle las gracias por la copa de plata. No encontré palabras esa misma noche para expresarlo.

—He traído el regalo especialmente para usted.

—¡Durante cuarenta y tres años he estado esperando esa copa de plata! Es una larga historia que he mantenido oculta. –El señor Dickinson me miró con timidez–. El comienzo fue dramático: me estaba ahogando. Mi hermano mayor me había empujado, mientras jugábamos, a una piscina de unos cuatro metros y medio de profundidad en un pequeño pueblo de Nebraska. En aquel momento, yo tenía apenas cinco años. Cuando estaba a punto de hundirme por segunda vez bajo el agua, apareció una deslumbrante luz multicolor que llenó todo el espacio. En medio, se vislumbraba la figura de un hombre de ojos tranquilos y con una sonrisa reconfortante. Mi cuerpo se hundía por tercera vez cuando uno de los compañeros de mi hermano dobló un alto y esbelto sauce en una curva tan baja que pude alcanzarlo con mis desesperados dedos. Los muchachos me levantaron hasta la orilla y me practicaron con éxito los primeros auxilios.

El señor E. E. Dickinson, de Los Ángeles,
buscaba una copa de plata.

Sri Yukteswar y yo en Calcuta, en 1935.
Él lleva el bastón-paraguas de regalo.

»Doce años después, siendo un joven de diecisiete, visité Chicago con mi madre. Era 1893. Se celebraba el gran Parlamento Mundial de Religiones. Mi madre y yo caminábamos por una calle principal cuando, de nuevo, vi el poderoso destello de luz. A pocos pasos, paseando con tranquilidad, estaba el mismo hombre de mi visión. Se acercó a un gran auditorio y desapareció por la puerta.

»—Madre –exclamé–, ¡ése era el hombre que apareció cuando me estaba ahogando!

»Ella y yo nos apresuramos a entrar en el edificio; el hombre estaba sentado en una plataforma de conferencias. Pronto nos enteramos de que se trataba de Swami Vivekananda de la India.[1] Tras haber ofrecido una charla que conmovió el alma, me acerqué a saludarlo. Él me sonrió con gracia, como si fuéramos viejos amigos. Yo era tan joven que no sabía expresar mis sentimientos, pero en mi corazón esperaba que él se ofreciera a ser mi maestro. Leyó mi pensamiento.

Un grupo de estudiantes y profesores de Ranchi posan con el venerable marajá de Kasimbazar (en el centro, de blanco). En 1918, cedió su palacio de Kasimbazar y unos cien mil metros cuadrados de Ranchi como sede permanente de mi escuela de yoga para chicos.

»—No, hijo mío, no soy tu gurú –dijo Vivekananda, mirando profundamente en mis ojos con sus bellos y penetrantes ojos–. Tu maestro vendrá más adelante. Él te entregará una copa de plata. –Después de una breve pausa, añadió sonriendo–: Él te derramará más bendiciones de las que ahora puedas contener.

1. El principal discípulo del maestro, semejante a Cristo, Sri Ramakrishna.

»Abandoné Chicago en unos días –continuó el señor Dickinson– y nunca volví a ver al gran Vivekananda. Pero cada palabra que pronunció quedó indeleblemente grabada en lo más profundo de mi conciencia. Pasaron años y ningún maestro apareció. Una noche, en 1925, recé con fervor para que el Señor me enviara a mi gurú. Unas horas más tarde, unos suaves acordes de melodía me despertaron del sueño. Un grupo de seres celestiales, portando flautas y otros instrumentos, apareció ante mis ojos. Tras llenar el aire de música gloriosa, los ángeles se desvanecieron lentamente.

»La noche siguiente, asistí por primera vez a una de tus conferencias aquí en Los Ángeles y supe entonces que mi oración había sido escuchada. –El señor Dickinson y yo nos sonreímos en silencio. Continuó–: Durante once años he sido tu discípulo de Kriya Yoga. A veces me preguntaba acerca de la copa de plata; casi me convencí de que las palabras de Vivekananda eran meramente metafóricas. Pero en la noche de Navidad, cuando me entregaste la caja cuadrada junto al árbol, vi por tercera vez en mi vida el mismo deslumbrante destello de luz. En otro instante, estaba contemplando el regalo de mi gurú que Vivekananda había previsto para mí cuarenta y tres años antes: ¡una copa de plata!

CAPÍTULO 48

En Encinitas, California

—¡Una sorpresa, señor! Durante su ausencia en el extranjero hemos construido esta ermita de Encinitas. ¡Es un regalo de bienvenida!

La hermana Gyanamata me condujo, sonriente, a través de un portón y por un sendero sombreado por árboles. Vi un edificio que se proyectaba como un gran transatlántico blanco hacia el azul marino.

Primero sin palabras, luego con «¡Oh!» y «¡Ah!», y finalmente con el vocabulario insuficiente de alegría y gratitud de un hombre, examiné el *ashram*: dieciséis habitaciones inusualmente grandes, cada una muy bien decorada. El majestuoso salón central, con inmensas ventanas del tamaño del techo, tiene vistas a un altar unido de césped, océano y cielo, una sinfonía en esmeralda, ópalo y zafiro. Un manto sobre la chimenea gigante del salón sostiene el retrato enmarcado de Lahiri Mahasaya, sonriendo con su bendición sobre este lejano paraíso del Pacífico.

Justo debajo del salón, incrustadas en el mismo acantilado, dos cuevas de meditación solitarias se enfrentan a las infinitudes del cielo y el mar. Verandas, rincones para tomarsel sol, hectáreas de huertos, un bosque de eucaliptos, caminos de piedra que atraviesan rosas y lirios hasta tranquilos cenadores, una larga escalera que termina en una playa aislada y las vastas aguas. ¿Acaso los sueños son tan concretos como lo que tenía ante mis ojos?

«Que los buenos, heroicos y generosos espíritus de los santos vengan aquí», reza una oración por un hogar del Zend-Avesta, fijada en una de las puertas de la ermita, «y que caminen de la mano con nosotros, otorgando las virtudes curativas de sus dones benditos tan extendidas como la tierra, tan lejanas como los ríos, tan elevadas como el sol, para el avance de los mejores hombres, para el incremento de la abundancia y la gloria. Que la obediencia venza a la desobediencia dentro de esta casa; que la paz triunfe sobre la discordia; la generosidad del corazón sobre la avaricia, la verdad sobre el engaño, el respeto sobre el desprecio. Que nuestras mentes se deleiten y nuestras almas se eleven, que nuestros cuerpos sean glorificados también; y, oh Luz Divina, que te veamos, y que al acercarnos, nos reunamos a tu alrededor y logremos tu compañía eterna».

Encinitas, California, con vistas al Pacífico. Edificio principal y parte de los terrenos de la Self-Realization Fellowship.

Este *ashram* fue posible gracias a la generosidad de algunos discípulos americanos, empresarios estadounidenses con muchas responsabilidades que, sin embargo, encontraron tiempo cada día para su Kriya Yoga. No tuve ninguna noticia acerca de la construcción de la ermita durante mi estancia en la India y Europa. Sentí asombro y deleite.

Durante mis primeros años en América, había recorrido la costa de California en busca de un pequeño lugar para un construir un *ashram* en la costa; siempre que encontraba un sitio adecuado, surgía algún obstáculo que lo frustraba. Ahora, mirando las amplias hectáreas de Encinitas,[1] humildemente vi cómo se había cumplido sin esfuerzo la antigua profecía de Sri Yukteswar: «una ermita junto al océano». Unos meses después, en la Pascua de 1937, realicé, en los suaves céspedes de Encinitas, el primero de muchos Servicios del Amanecer.

Como los magos de antaño, varios cientos de estudiantes miraban con asombro devocional el milagro diario, el rito del fuego solar en el cielo oriental. Al oeste se encontraba el Pacífico inagotable, que retumbaba con solemne alabanza; a lo lejos, un pequeño bote de vela blanca y el vuelo solitario de una gaviota. «¡Cristo, has resucitado!». No sólo con el sol vernal, sino también en el eterno amanecer del Espíritu.

Transcurrieron muchos meses felices; en la paz de una belleza perfecta pude completar en la ermita un trabajo largamente proyectado, *Cosmic Chants*. Trasladé al inglés, y con notas musicales occidentales, unas cuarenta canciones, algunas de ellas originales, y otras, adaptaciones mías de antiguas melodías. Incluían el canto de Shankara, «*Sin nacimiento, sin muerte*»; dos favoritas de Sri Yukteswar: «*¡Despierta, despierta, oh mi santo!*» y «*El deseo, mi gran enemigo*»; el vetusto «*Himno a Brahma*» en sánscrito; canciones bengalíes antiguas, «*Como un relámpago*» y

1. Encinitas, una pequeña localidad en la Carretera Costera 101, se encuentra a unos ciento sesenta kilómetros al sur de Los Ángeles y a unos cuarenta kilómetros al norte de San Diego.

«Han oído tu nombre», «¿Quién hay en mi templo?» de Tagore, y varias de mis composiciones: *«Siempre seré tuyo», «En la tierra más allá de mis sueños», «Sal del cielo silencioso», «Escucha el llamado de mi alma», «En el templo del silencio»* y *«Tú eres mi vida»*.[2]

Para el prefacio del libro de canciones, narré mi primera experiencia destacada con la recepción de los occidentales de los aires devocionales de Oriente. La ocasión había sido una conferencia pública del 18 de abril de 1926 en el Carnegie Hall en Nueva York.

—Señor Hunsicker –le confié a un estudiante estadounidense–, estoy planeando pedir a la audiencia que cante un antiguo canto hindú, «¡Oh Dios, Hermoso!».

—Señor –protestó el señor Hunsicker–, estas canciones orientales son ajenas al entendimiento estadounidense. ¡Qué vergüenza que la conferencia se viera empañada por una lluvia de abucheos!

Yo reí y manifesté mi desacuerdo:

—La música es un lenguaje universal. Los estadounidenses no dejarán de sentir la aspiración del alma en este elevado canto.[3]

---

2. Los nombres de las composiciones de Paramhansa Yogananda son, en orden: *«I Will be Thine Always», «In the Land Beyond my Dreams», «Come Out of the Silent Sky», «Listen to my Soul Call», «In the Temple of Silence»* y *«Thou Art my Life». (N. de la T.)*

3. A continuación, traduzco las palabras del canto de Guru Nanak:
¡Oh Dios hermoso! ¡Oh Dios hermoso!
En el bosque, Tú eres verde;
En la montaña, Tú eres alto;
En el río, Tú eres inquieto;
En el océano, Tú eres solemne.
Al que sirve, Tú eres servicio;
Al amante, Tú eres amor;
Al afligido, Tú eres simpatía,
¡Al yogui, Tú eres dicha!
¡Oh, Dios hermoso! ¡Oh, Dios hermoso!
¡A Tus pies, oh, me inclino!

Durante la conferencia, el señor Hunsicker se había sentado detrás de mí en la tarima, probablemente temiendo por mi seguridad. Sus dudas resultaron infundadas; no sólo no hubo abucheos, sino que, durante una hora y veinticinco minutos, las notas de «¡Oh Dios, Hermoso!» sonaron ininterrumpidamente desde tres mil gargantas. Ya no tan indiferentes, queridos neoyorquinos; vuestros corazones se habían elevado en una simple oda de regocijo. Aquella noche se produjeron curaciones divinas entre los devotos que, con amor, entonaban el bendito nombre del Señor.

La vida retirada de un juglar no fue mi destino durante mucho tiempo. Pronto comencé a dividir mi tiempo, cada dos semanas, entre Los Ángeles y Encinitas. Servicios dominicales, clases, conferencias en clubes y universidades, entrevistas con estudiantes, incesantes trabajos con la correspondencia, artículos para *East-West*, dirección de actividades en la India y en numerosos pequeños centros de ciudades estadounidenses. También se dedicó mucho tiempo a la organización de las enseñanzas de Kriya y otras actividades de la Self-Realization Fellowship, en una serie de estudios para aquellas personas a quienes les interesaba el yoga pero que se encontraban lejos, y cuyo celo no conocía límites de espacio.

La alegre dedicación de una Iglesia de la Autorrealización de Todas las Religiones (Self-Realization Church of All Religions) tuvo lugar en 1938 en Washington, D. C. Ubicada en terrenos ajardinados, la majestuosa iglesia se encuentra en una zona de la ciudad acertadamente denominada Friendship Heights. El líder de Washington es Swami Premananda, formado en la escuela de Ranchi y en la Universidad de Calcuta. Yo lo llamé en 1928 para que asumiera el liderazgo del centro de la Self-Realization Fellowship en Washington.

—Premananda –le dije durante una visita a su nuevo templo–, esta sede oriental es un memorial de piedra a tu incansable devoción. Aquí, en la capital de la nación, has enaltecido la luz de los ideales de Lahiri Mahasaya.

Premananda me acompañó desde Washington en una breve visita al centro de la Self-Realization Fellowship en Boston.

Qué alegría volver a ver al grupo de Kriya Yoga que se había mantenido firme desde 1920. El líder de Boston, el doctor M. W. Lewis, nos alojó a mi compañero y a mí en una *suite* moderna y muy bien decorada.

—Señor –me dijo el doctor Lewis sonriendo–, durante tus primeros años en América te alojaste en esta ciudad en una habitación individual sin baño. Quería que supieras que Boston posee algunos apartamentos lujosos.

Las sombras de una carnicería inminente se alargaban sobre el mundo; ya el oído agudo podía escuchar los espantosos tambores de guerra. Durante miles de entrevistas en California y a través de la correspondencia mundial, descubrí que hombres y mujeres buscaban en el interior de sus corazones; la trágica inseguridad exterior había potenciado la necesidad del Anclaje Eterno.

«De verdad hemos aprendido el valor de la meditación», me escribió en 1941 el líder del centro de la Self-Realization Fellowship en Londres, «y sabemos que nada puede alterar nuestra paz interior. En las últimas semanas, durante las reuniones, hemos escuchado alertas de bombardeo y presenciado la explosión de bombas de retardo, pero nuestros estudiantes aún se reúnen y disfrutan plenamente de nuestro hermoso servicio».

Llegó otra carta desde una Inglaterra devastada por la guerra, justo antes de que América entrara en el conflicto. Con palabras bastante patéticas, el doctor L. Cranmer Byng, destacado editor de la serie *The Wisdom Of The East*, escribió:

«Cuando leí *East-West*, me di cuenta de lo distantes que parecíamos estar, viviendo aparentemente en dos mundos diferentes. La belleza, el orden, la calma y la paz llegan desde Los Ángeles y entran en el puerto como una nave cargada con las bendiciones y el consuelo del Santo Grial a una ciudad asediada. Veo, como en un sueño, tu palmeral y el templo en Encinitas, con sus extensiones de océano y vistas a la montaña, y, sobre todo, la comunión de hombres y mujeres de mente espiritual, una comunidad comprendida en la unidad, absorta en el trabajo creativo y repleta de contemplación. Es el mundo de mi propia visión, a cuya creación esperaba aportar mi pequeño granito, y ahora [...]. Quizás en el cuerpo nunca alcance tus orillas doradas ni adore en tu templo. Pero es algo, y aún más, haber tenido la visión y saber que en medio de la guerra aún existe una paz que habita en tus puertos y entre tus colinas. Saludos a toda la Hermandad de parte de un soldado común, que escribe desde la atalaya esperando el amanecer».

Los años de guerra provocaron un despertar espiritual entre hombres cuyas distracciones nunca antes habían incluido el estudio del Nuevo Testamento. Una dulce destilación de las amargas hierbas de la guerra. Para satisfacer una necesidad creciente, se construyó y dedicó, en 1942, en Hollywood, una inspiradora y pequeña iglesia de la Autorrealización de Todas las Religiones. El enclave se encuentra frente a Olive Hill y al distante Planetario de Los Ángeles. La iglesia, terminada en azul, blanco y dorado, se refleja entre los jacintos de agua en una gran piscina. Los jardines están llenos de flores, con unos pocos ciervos de piedra sorprendidos, una pérgola de vidrieras y un pintoresco pozo de los deseos. Junto con las monedas y los deseos caleidoscópicos del hombre, han surgido muchas aspiraciones puras en busca del único tesoro del Espíritu. Una benignidad universal fluye de pequeños nichos que albergan estatuas de Lahiri Mahasaya y Sri Yukteswar, y de Krishna, Buda, Confucio, san Francisco y una hermosa reproducción de madreperla de Cristo en la Última Cena.

En 1943 se fundó otra iglesia de la Autorrealización de Todas las Religiones en San Diego. Un tranquilo templo en la cima de una colina se alza en un valle inclinado de eucaliptos, con vistas a la resplandeciente bahía de San Diego.

Sentado una tarde en este apacible refugio, estaba desgranando mi corazón en forma de canción. Bajo mis dedos, el dulce sonido del órgano del templo, y en mis labios, el lamento anhelante de un antiguo devoto bengalí que había buscado consuelo eterno:

En este mundo, Madre, nadie puede amarme;
En este mundo no conocen el amor divino.
¿Dónde hay un amor puro y afectuoso?
¿Dónde existe verdaderamente el amor por Ti? Allí es donde anhela estar mi corazón.

Mi compañero en la capilla, el doctor Lloyd Kennell, líder del centro de San Diego, esbozó una sonrisa al escuchar las palabras de la canción.

—Dime la verdad, Paramhansaji, ¿ha valido la pena? –quiso saber con una mirada sincera. Comprendí su lacónica pregunta–: ¿Has sido feliz en América? ¿Qué hay de las desilusiones, los desamores, los líderes de centro que no supieron guiar, los estudiantes que no pudieron ser enseñados?

—Bendito es el hombre a quien el Señor pone a prueba, doctor. Él ha sabido, de vez en cuando, imponerme una carga. –Al decir estas palabras recordé a todos los fieles, el amor, la devoción y la comprensión que habitaban en el corazón de América. Con suave énfasis proseguí–: ¡Mi respuesta es sí, mil veces sí! Ha valido la pena; ha sido una inspiración constante, más de lo que jamás soñé, ver a Occidente y Oriente acercarse en el único lazo duradero, el espiritual. –Y, en silencio, añadí una oración–: que Babaji y Sri Yukteswarji sientan que he cumplido mi parte, sin defraudar la alta esperanza en la que me enviaron.

Volví al órgano. Esta vez, mi canción se tiñó de un aire marcial.

La rueda abrasadora del Tiempo desgasta
Muchas vidas de luna y estrella,
Y muchas mañanas de radiante sonrisa;
Pero mi alma sigue marchando.
La oscuridad, la muerte y los fracasos competían;
Ferozmente intentaron bloquear mi camino;
Mi lucha contra la celosa fuerza de la Naturaleza
¡Pero mi alma sigue marchando!

La semana de Año Nuevo de 1945 me encontró trabajando en mi estudio en Encinitas, revisando el manuscrito de este libro.

—Paramhansaji, por favor, acompáñame fuera –dijo el doctor Lewis, que había venido de visita desde Boston, sonriéndome suplicante desde fuera de mi ventana.

Pronto paseábamos bajo el sol. Mi compañero señaló las nuevas torres que estaban construyéndose a lo largo del borde de la propiedad de la Hermandad, contigua a la carretera costera.

—Señor, veo muchas mejoras aquí desde mi última visita –afirmó el doctor Lewis, quien viene dos veces al año desde Boston a Encinitas.

—Sí, doctor, un proyecto que he considerado desde hace tiempo empieza a tomar forma. En estos hermosos alrededores he iniciado una pequeña colonia mundial. La hermandad es un ideal que se entiende mejor con el ejemplo que con el precepto. Un grupo armonioso aquí podría inspirar a otras comunidades ideales en todo el orbe.

—¡Una idea espléndida, señor! La colonia seguramente será un éxito si cada uno cumple bien su parte.

—«Mundo» es un término amplio, pero el hombre debe ampliar su lealtad, considerándose un ciudadano del mundo –continué–. Una persona que siente verdaderamente: «El mundo es mi patria; es mi América, mi India, mis Filipinas, mi Inglaterra, mi África»; nunca carecerá del espacio para una vida útil y feliz. Su orgullo local natural conocerá una expansión sin límites; estará en sintonía con las corrientes universales creativas.

El doctor Lewis y yo nos detuvimos sobre la piscina de loto, cerca de la ermita. Bajo nuestras figuras se extendía el ilimitado Pacífico.

—Estas mismas olas rompen también en las costas de Occidente y de Oriente, en California y en China –dijo mi compañero, arrojando una pequeña piedra en el primero de los muchos millones de kilómetros cuadrados oceánicos–. Encinitas es un lugar simbólico para una colonia mundial.

—Es cierto, doctor. Organizaremos aquí muchas conferencias y congresos sobre religión, e invitaremos a delegados de todas las tierras. Las banderas de las distintas naciones colgarán en nuestros salones. Se construirán diminutos templos en el recinto, dedicados a las principales religiones del mundo. Lo antes posible –continué–, planeo abrir un instituto de yoga en este lugar. El bendito rol del Kriya Yoga en Occidente apenas ha comenzado. ¡Que todos los hombres puedan saber que existe una técnica definida y científica de autorrealización para superar cualquier miseria humana!

Oradores en una reunión interracial en San Francisco en 1945 durante la celebración de la Conferencia de Paz. De izquierda a derecha, el doctor Maneck Anklesaria, John Cohee, yo, Hugh E. MacBeth y Vince M.

Tarde durante la noche, mi querido amigo, el primer Kriya yogui en América, discutió conmigo la necesidad de que existieran colonias mundiales con una base espiritual. Los males atribuidos a una abstracción antropomórfica llamada «sociedad» pueden ser asignados, de forma más realista, al hombre común. La utopía debe surgir en el seno privado antes de poder florecer en la virtud cívica. El hombre es un alma, no una institución; sólo sus reformas internas pueden conferir permanencia a las externas. Al enfatizar los valores espirituales y la autorrealización, una colonia ejemplar de hermandad mundial tiene el poder de emitir vibraciones inspiradoras mucho más allá de su localidad.

La Iglesia de la Autorrealización de Todas las Religiones en Washington, D.C., cuyo líder, Swami Premananda, aparece aquí conmigo.

Mi venerable padre, sentado en la tranquila postura del loto, Calcuta, 1936.

Día 15 de agosto de 1945, el final de la Segunda Guerra Mundial Global. Fin de un mundo, amanecer de una enigmática era atómica. Los habitantes de la ermita se reunieron en el salón principal para una oración para dar las gracias: «Padre Celestial, que nunca vuelva a suceder. ¡Que Tus hijos vayan de ahora en adelante como hermanos!».

Se había disipado la tensión de los años de guerra; nuestros espíritus se deleitaban al sol de la paz. Miré con alegría a cada uno de mis camaradas estadounidenses.

«Señor –pensé con gratitud–, le has concedido a este monje una gran familia».

Índice de ilustraciones

Mi padre, Bhagabati Charan Ghosh 14
Mi madre 29
Swami Pranabananda, «El Santo de los Dos Cuerpos» 37
Mi hermano mayor, Ananta 51
Reunión festiva en el patio de la ermita de mi gurú
en Serampore 52
Nagendra Nath Bhaduri, «El Santo que Levita» 83
Yo, a los seis años 90
Jagadis Chandra Bose, reconocido científico 90
Dos hermanos de Therese Neumann, en Konnersreuth ... 103
Maestro Mahasaya, el devoto dichoso 103
Jitendra Mazumdar, mi compañero en la «prueba
de la pobreza» en Brindaban 128
Ananda Moyi Ma, la «Madre Llena de Alegría» 129
Cueva del Himalaya ocupada por Babaji 129
Sri Yukteswar, mi Maestro 141
Self-Realization Fellowship, sede de Los Ángeles 151
Iglesia de la Autorrealización de Todas las Religiones,
Hollywood 151
La ermita junto al mar de mi gurú, en Puri 197
Iglesia de la Autorrealización de Todas las Religiones,
San Diego 263
Mis hermanas Roma y Nalini 263
Mi hermana Uma 264
El Señor en su aspecto como Shiva 285
Yogoda Math, ermita en Dakshineswar 315
Escuela Ranchi, edificio principal 315
Kashi, renacido y redescubierto 325

Bishnu, Motilal Mukherji, mi padre, el señor Wright, T. N. Bose, Swami Satyananda 326
Grupo de delegados en el Congreso Internacional de Liberales Religiosos, Boston, 1920 327
Un gurú y un discípulo en una antigua ermita 340
Babaji, el Yogui-Cristo de la India moderna 375
Lahiri Mahasaya 405
Escritura de Lahiri Mahasaya 410
Una clase de yoga en Washington, D. C. 433
Luther Burbank 441
Therese Neumann, de Konnersreuth, Baviera 455
El Taj Mahal, en Agra 474
Shankari Mai Jiew, única discípula viva del gran Swami Trailanga 491
Krishnananda con su leona domesticada 491
Grupo en el patio del comedor de la ermita de mi gurú en Serampore 492
La señora Bletch, el señor Wright y yo en Egipto 498
Rabindranath Tagore 499
Swami Keshabananda en su ermita en Brindaban 499
Krishna, antiguo profeta de la India 508
Mahatma Gandhi, en Wardha 532
Escritura de Mahatma Gandhi 553
Bandera nacional de India 553
Giri Bala, la mujer yogui que nunca come 565
El señor E. E. Dickinson 578
Mi gurú y yo 579
Estudiantes de Ranchi 580
Encinitas 584
Conferencia en San Francisco 592
Swami Premananda 593
Mi padre 593

Índice

1. Mis padres y mis primeros años 9
2. La muerte de mi madre y el amuleto místico 25
3. El santo con dos cuerpos 33
4. Mi fuga interrumpida al Himalaya 43
5. Un «Santo del Perfume» muestra sus maravillas 59
6. El Swami Tigre 69
7. El santo que levita 79
8. El gran científico de la India, J. C. Bose 87
9. El devoto bienaventurado y su romance cósmico 99
10. Me encuentro con mi Maestro, Sri Yukteswar 109
11. Dos chicos sin un centavo en Brindaban 123
12. Años en el *ashram* de mi Maestro 135
13. El santo que nunca duerme 175
14. Una experiencia de la conciencia cósmica 185
15. El robo de la coliflor 195
16. Venciendo las estrellas 209
17. Sasi y los tres zafiros 223
18. Un hacedor de milagros mahometano 231
19. Mi Maestro, desde Calcuta, aparece en Serampore 239
20. No visitamos Cachemira 243
21. Visitamos Cachemira 249
22. El corazón de una imagen de piedra 261
23. Recibo mi título universitario 271
24. Me convierto en monje de la Orden de los Swamis ... 279
25. Mi hermano Ananta y mi hermana Nalini 291
26. La ciencia del Kriya Yoga 299
27. Fundación de una escuela de yoga en Ranchi 311
28. Kashi, renacido y redescubierto 323

29. Rabindranath Tagore y yo comparamos nuestras escuelas 331
30. La ley de los milagros 337
31. Una entrevista con la Sagrada Madre 351
32. Rama es resucitado de entre los muertos 363
33. Babaji, El Yogui-Cristo de la India moderna 373
34. Materializando un palacio en el Himalaya 383
35. La vida ejemplar de Lahiri Mahasaya 399
36. El interés de Babaji por Occidente 415
37. Me voy a América 427
38. Luther Burbank, un santo entre las rosas 439
39. Therese Neumann, la católica estigmatizada 447
40. Regreso a la India 459
41. Un idilio en el sur de la India 469
42. Últimos días con mi gurú 485
43. La resurrección de Sri Yukteswar 507
44. Con Mahatma Gandhi en Wardha 531
45. La Madre Llena de Alegría 555
46. La mujer yogui que nunca come 561
47. Regreso a Occidente 575
48. En Encinitas, California 583